새롭게 쓴 회계원리

한올출판사

제4판을 내며

회계의 투명성을 높이기 위하여 국제적으로 인정된 회계기준을 도입할 필요가 있다. 많은 나라들이 국제회계기준을 채택하는 추세에 맞추어 우리나라도 이를 전면 수용하였다. 2009년부터 국제기준을 선택하는 기업은 '한국채택국제회계기준'을 적용하였으며, 상장법인은 2011년부터 '한국채택국제회계기준'을 의무적으로 적용하여야 한다. 한편, 한국회계기준원의 회계기준위원회는 기업회계기준(K-GAAP)을 수정·보완한 편람식 회계기준인 '일반기업회계기준'을 2009년 11월 27일자로 제정하고 2011년부터 한국채택국제회계기준을 선택하지 않은 일반기업(비상장기업)에게 적용하고 있다. 따라서 우리나라의 기업회계기준은 '한국채택국제회계기준(K-IFRS)'과 '일반기업회계기준'이 함께 적용되고 있다. 즉, 2011년부터 상장기업은 '한국채택국제회계기준'을 비상장기업은 '일반기업회계기준'을 적용받게 된다. 또한 현재 우리나라는 민간부문 비영리조직에 관한 회계처리기준이 없으므로, 민간부문 비영리조직이 재무제표를 작성할 때 '일반기업회계기준'을 참고할 수 있게 되었다.

국제회계기준의 전면적인 도입은 우리나라 회계환경에 큰 변화를 가져왔다. 제3판에서는 한국채택국제회계기준을 최대한 반영하였다. 현행 재무제표 종류 중 '대차대조표'는 '재무상태표'로 '손익계산서'는 '포괄손익계산서'로 그 명칭이 변경되고 처분계산서는 재무제표에서 제외되었다.

제1장과 제2장은 기초개념을 파악하도록 하였으며 제3장에서 제5장까지는 회계처리의 기본원리를 심화하는 내용이다. 제6장과 제7장은 회계정보의 보고, 제8에서 제10장까지는 기업의 활동에 따른 구체적인 회계처리방법을 기술하였다.

부족한 부분이 많이 있을 것이다. 부족한 부분은 계속적으로 보완하기로 하고 책이 나오기 까지 도움을 주신 한올출판사 임순재 사장님과 최실장님 그리고 출판과정에서 수고한 모든 분들에게 감사의 인사를 드린다.

2014년 2월
청담산방에서
저자 씀

CONTENTS

제1장 **기업활동과 회계정보 · 1**

제1절 회계정보와 의사결정 ··· 3
   1. 의사결정과 정보 ··· 3
   2. 회계정보와 의사결정 ······································ 4

제2절 기업의 형태와 목적 ··· 7
   1. 조직의 유형 ··· 7
   2. 기업의 형태 ··· 8
   3. 기업의 목적 ··· 9

제3절 기업의 의사결정과 회계 ······································ 16
   1. 의사결정자와 계약 ······································· 16
   2. 위험과 수익 ·· 17

제4절 정보이용자와 회계의 종류 ···································· 18
   1. 정보이용자 ··· 18
   2. 회계의 종류 ·· 24
  • 연습문제__27

제2장 **기업활동의 기록 · 31**

제1절 기업활동과 의사결정 ··· 33
   1. 재무활동 ··· 33
   2. 투자활동 ··· 35
   3. 영업활동 ··· 36
   4. 전환과정의 요약 ··· 37

제2절 회계정보시스템 ·· 38
   1. 정보시스템 ··· 38
   2. 경영정보시스템 ·· 40
   3. 회계정보시스템 ·· 40

제3절 회계정보의 처리과정 ··· 43

CONTENTS

1. 자산과 부채와 자본 ···················· 43
2. 수익과 비용 ···························· 46
3. 기업활동의 기록 ······················ 47

제4절 재무보고와 분석 ························ 53
1. 재무제표 ······························ 53
2. 재무분석 ······························ 59

• 연습문제__61

제3장
회계의 인식과 측정 · 65

제1절 회계의 기초적 개념 ····················· 67
1. 회계의 목적 ··························· 67
2. 회계공준 ····························· 68
3. 회계원칙 ····························· 70

제2절 일반적으로 인정된 회계원칙 ············· 72
1. 일반적으로 인정된 회계원칙 ·········· 72
2. 우리나라 기업회계기준 ··············· 73

제3절 회계의 측정 ··························· 75
1. 모험기업의 회계 ······················ 75
2. 계속기업의 회계 ······················ 77

제4절 회계측정과 시간차이 ··················· 79
1. 현금흐름 ····························· 79
2. 현금주의 회계측정 ···················· 80
3. 발생주의 회계측정 ···················· 81

제5절 발생주의와 현금주의의 조정 ············· 85

제6절 발생주의 계정의 목적 ·················· 87
1. 자산과 부채와 자본 ··················· 87
2. 수익과 비용 ·························· 89
3. 계정과 시간 ·························· 89

• 연습문제__91

CONTENTS

제4장 ── 회계정보의 처리 · 95

제1절 거래의 기록 ·· 97
　　1. 거래의 식별 ·· 97
　　2. 회계시스템의 형태 ·· 98
　　3. 계정의 기입 ·· 99
제2절 회계장부 ··· 102
　　1. 장부 ··· 102
　　2. 분개장 ··· 103
　　3. 총계정원장 ··· 103
제3절 회계기록의 순환과정 ······································ 105
　　1. 회계순환과정의 단계 ······································ 105
　　2. 거래의 분석과 기록 ·· 106
　　3. 시산표의 작성 ·· 111
제4절 수정기입과 정산표작성 ···································· 114
　　1. 수정기입 ··· 114
　　2. 정산표의 작성 ·· 116
제5절 재무제표의 작성 ··· 118
제6절 회계장부의 마감 ··· 119
　　1. 수정분개와 전기 ··· 119
　　2. 결산분개와 전기 ··· 121
　　3. 결산후시산표작성 ··· 126
　　4. 개시기입 ··· 126
보론 전산회계시스템의 예 ·· 128
　　1. 전산회계시스템 ·· 128
　　2. 거래의 입력 ·· 129
　　3. 거래의 요약 ·· 132
　　4. 회계과정의 완성 ··· 133
• 연습문제_135

CONTENTS

제5장 상품매매업의 회계 · 139

제1절 상기업의 회계 ·· 141
   1. 상기업의 회계 ·· 141
   2. 상기업의 재무제표 ·· 143

제2절 상품매매의 기록—계속기록법 ······················· 144
   1. 매출거래 ·· 144
   2. 매입거래 ·· 149

제3절 상품매매의 기록—실지재고조사법 ·················· 152
   1. 매출거래 ·· 152
   2. 매입거래 ·· 154

제4절 매출원가와 재고자산 ··································· 157
   1. 매출원가와 재고자산의 보고 ······················ 158
   2. 재고자산의 측정 ·· 158
   3. 재고자산의 저가평가 ··································· 165

제5절 정리분개와 정산표 ······································ 166
   1. 계속기록법의 정산표 ··································· 166
   2. 실지재고조사법의 정산표 ···························· 166

제6절 결산분개와 재무제표 ··································· 169
   1. 결산분개 ·· 169
   2. 재무제표 ·· 170
  • 연습문제__171

제6장 회계정보의 보고 · 175

제1절 재무제표의 작성 ··· 177
   1. 재무제표의 의의 ·· 177
   2. 재무제표의 작성과 표시의 일반원칙 ············· 178

CONTENTS

제2절   재무상태표 ···································· 181
　1. 재무상태표의 의의 ···················· 181
　2. 재무상태표의 표시방법 ·············· 182
　3. 재무상태표의 양식 ···················· 186

제3절   포괄손익계산서 ························ 188
　1. 포괄손익계산서의 의의 ·············· 188
　2. 포괄손익계산서 표시방법 ··········· 189
　3. 포괄손익계산서의 양식 ·············· 190

제4절   현금흐름표 ······························ 193
　1. 현금흐름표 의의 ······················ 193
　2. 현금흐름표 유용성 ···················· 193
　3. 현금흐름표의 작성 ···················· 194
　4. 현금흐름표의 내용 ···················· 196

제5절   자본변동표 ······························ 197
　1. 자본변동표의 의의 ···················· 197
　2. 자본변동표의 표시방법 ·············· 197
　3. 자본변동표의 양식 ···················· 198

제6절   재무제표의 이용 ······················ 199
　1. 재무제표의 상호관계 ················· 199
　2. 재무제표의 한계 ······················ 200
　3. 재무제표의 유용성 ···················· 202

• 연습문제__203

제7장 발생주의와 현금흐름표 ‣ 207

제1절 내부거래의 수정 ······················· 209
제2절 발생과 이연 ····························· 219
　1. 미수수익 ······························· 220
　2. 미지급비용 ··························· 221
　3. 선수수익 ······························· 223
　4. 선급비용 ······························· 225

CONTENTS

    5. 발생과 이연의 요약 ··· 226

제3절 순이익과 현금흐름의 조정 ·· 226

    1. 매출채권 ··· 230

    2. 재고자산 ··· 231

    3. 매입채무 ··· 232

    4. 미지급이자 ·· 233

    5. 감가상각 ··· 233

    6. 간접법을 위한 수정의 요약 ··· 234

제4절 현금흐름정보의 중요성 ··· 236

    1. 현금흐름의 해석 ··· 236

    2. 재무제표와 전환과정 ·· 238

• 연습문제__239

제8장 투자활동과 자산 · 243

제1절 자산의 유형 ··· 245

제2절 유동자산 ·· 246

    1. 현금및현금성자산 ··· 246

    2. 단기투자자산 ··· 253

    3. 매출채권 ··· 254

    4. 선급비용 ··· 258

    5. 이연법인세자산 ·· 258

    6. 기타당좌자산 ··· 260

    7. 재고자산 ··· 260

제3절 유가증권 ·· 262

    1. 유가증권의 분류 ··· 262

    2. 유가증권의 취득 ··· 263

    3. 유가증권의 평가 ··· 266

    4. 유가증권의 감액손실 ·· 268

    5. 유가증권의 분류변경 ·· 269

    6. 유가증권의 양도 ··· 271

CONTENTS

제4절 투자자산 ·· 272
　1. 투자자산의 의의 ··· 272
　2. 투자자산의 분류 ··· 272

제5절 유형자산 ·· 276
　1. 유형자산의 의의 ··· 276
　2. 유형자산의 취득원가 ·· 277
　3. 자본적 지출과 수익적 지출 ··· 279
　4. 감가상각 ··· 280
　5. 유형자산의 처분 ··· 286

제6절 무형자산 ·· 287
　1. 무형자산의 종류 ··· 287
　2. 무형자산의 상각 ··· 290

제7절 기타비유동자산 ··· 292
　1. 기타비유동자산의 의의 ·· 292
　• 연습문제__293

제9장
재무활동과 부채 ▸ 297

제1절 부채의 유형 ·· 299
제2절 유동부채 ·· 300
　1. 단기차입금 ··· 300
　2. 매입채무 ··· 300
　3. 미지급금과 미지급비용 ·· 302
　4. 선수금과 선수수익 ·· 302
　5. 예수금 ·· 303
　6. 부채성충당금 ·· 304
　7. 미지급법인세와 이연법인세 ··· 305
　8. 미지급배당금 ·· 306
　9. 유동성장기차입금 ··· 307

제3절 비유동부채 ··· 307
　1. 사채 ··· 308

CONTENTS

2. 전환사채와 신주인수권부사채 ································ 321

3. 장기차입금 ································ 321

4. 퇴직급여충당부채 ································ 321

5. 장기제품보증충당부채 ································ 322

6. 이연법인세부채 ································ 323

보론　가치의 결정 ································ 323

1. 가치에 영향을 미치는 요소 ································ 323

2. 가치결정과 금액, 기간, 위험 ································ 324

• 연습문제__331

제10장
재무활동과 자본 ▸ 335

제1절　자본의 의의 ································ 337

제2절　주주투자와 자본금 ································ 339

1. 주식회사 ································ 339

2. 보통주와 우선주 ································ 339

3. 주주투자와 자본금 변동 ································ 341

4. 감자 ································ 347

제3절　자본잉여금 ································ 348

1. 자본잉여금 ································ 348

2. 자본잉여금의 종류 ································ 348

제4절　기타포괄손익누계액 ································ 349

1. 매도가능증권평가손익 ································ 349

2. 해외사업환산손익 ································ 350

3. 현금흐름위험회피 파생상품손익 ································ 350

제5절　이익잉여금 ································ 350

1. 이익잉여금의 처분 ································ 350

2. 재투자와 이익잉여금 ································ 352

3. 배당금 ································ 355

CONTENTS

제6절 자본조정 ·· 357
   1. 자본조정의 의의 ··· 357
   2. 배당건설이자 ·· 357
• 연습문제__359

부 록 ᐅ 363
   1. 현가표 ·· 364

제 1 장

기업 활동과 회계정보

제1절   회계정보와 의사결정

제2절   기업의 형태와 목적

제3절   기업의 의사결정과 회계

제4절   정보이용자와 회계의 종류

회계는 조직에서 발생하는 경제적 사건을 화폐액으로 기술하는 것이다. 그러므로 여러분들이 회계를 이해하기 위해서는 조직을 이해하는 것이 필요하다. 이 장에서는 조직의 목적과 유형을 소개한다. 조직이 목적을 어떻게 성취하는지 조직에서 행해지는 의사결정의 유형과 목적, 의사결정을 하는데 있어서 회계정보의 역할 등을 소개하겠다. 이 책에서는 주로 기업조직의 회계를 다룬다. 기업의 경영활동은 재무활동 → 투자활동 → 영업활동이 일정한 주기를 가지고 반복하는 것이다. 이 장을 공부하면 회계는 조직에 관한 의사결정에 필요한 정보를 산출하는 시스템이라는 것을 이해하게 될 것이다.

이 장에서 다루는 주요 주제는 다음과 같다.

- 회계과정의 예시
- 조직의 목적과 기능
- 조직에서 이루어지는 의사결정의 유형
- 조직에 관한 의사결정을 하는데 있어서 회계의 역할

제1절 회계정보와 의사결정

1. 의사결정과 정보

의사결정(decision)은 둘 이상의 대안 중에서 최선의 하나를 선택하는 것이다. 모든 사람은 누구나 의사결정자이다. 우리는 매일 수많은 의사결정을 하며 생활을 영위해 나간다. 아침에 몇 시에 일어날 것이며, 아침식사 후에는 무엇을 할 것인가, 어떤 옷을 입고 외출할 것인가 등등 우리가 매일 매일 수행하는 의사결정은 그 수를 헤아리기 어려울 정도이다. 그 많은 의사결정 중 대부분은 그 결정이 어렵지 않으며, 그 결정의 영향도 그리 중요하지 아니하다. 그러나 어떤 의사결정은 그 결정이 우리의 생활에 미치는 영향력이 매우 중요하여 우리가 아주 신중하게 그 결정을 내려야 하는 사항들이 있다. 대학을 졸업한 후 대학원에 진학할 것인가 아니면 취업을 할 것인가, 취업을 한다면 어느 회사에 지원하는 것이 좋을지, 회사에서는 어느 분야의 업무가 적성에 맞으며 장래성이 있을지, 이러한 결정들은 향후 인생에 미치는 영향이 너무 중대하여 하루 아침에 간단히 결정할 수 없게 된다.

이러한 의사결정들은 왜 우리의 생활에 중대한 영향을 미치게 되는가? 그 이유는 현재의 의사결정에 따라 미래의 상황이 다르게 전개되기 때문이다. 따라서 현재의 의사결정을 함에 있어서 가장 중요하게 고려되어야 할 사항은 그 결정으로 인하여 미래의 상황이 어떻게 변하게 될 것인가 하는 질문이다. 그러나 미래의 상황은 우리가 확실하게 예측할 수 없다. 우리가 확실히 알지 못하는 것은 미래의 상황뿐만이 아니다. 현재의 사실과 상황 중에서도 개인에 따라서 확실하게 알지 못하는 것들이 많이 있다. 이와 같이 어떤 상황을 확실히 알고 있지 못한 상태를 불확실성 (uncertainty)의 상태라고 한다.

우리가 현재의 모든 상황을 확실히 알고 있거나, 현재의 의사결정에 따라 미래의 상황이 어떻게 변화할 것인가를 확실히 알 수 있다면, 우리는 언제나 최적의 의사결정(optimal decision making)을 할 수 있을 것이다. 최적의 의사결정을 위해서는 불확실성의 정도를 감소시키는 것이 가장 중요한 요소인 것이다. 그러면, 불확실성의 정도를 감소시키기 위하여 우리는 어떻게 하여야 하는가? 의사결정과 관련된 정확한 정보를 많이 수집하는 것이 불확실성을 감소시키기 위한 가장 효과적인 방법이다. 우리가 의사결정과 관련된 정보를 보다 많이 가지고 있을수록 우리는 확실성에 가까운 상태에서 결정을 내리게 된다. 그러므로 정보의 가치는 의사결정과 관련된 불확실성의 정도를 감소시켜 주는데 있는 것이다. 이와 같이 우리는 의사결정을 할 때 정보를 이용한다.

정보(information)는 우리가 세상을 이해하는데 도움이 되는 사실, 생각, 개념들을 말한다. 좋은 정보를 적절히 이용하면 더 나은 의사결정을 할 수 있다. 반대로, 좋지 않은 정보나 부적절한 정보를 이용하면 잘못된 의사결정을 하게 된다.

우리는 자동차 여행을 할 때 지도를 이용한다. 지도는 여행에 도움이 되는 정보를 제공해주기 때문이다. 우리가 목적지에 도착하는데 가장 짧고 가장 빠르고 가장 경치가 좋은 길을 선택하는데 도움을 준다. 우리가 얼마나 멀리 여행하려는지, 가야할 길이 얼마나 남았는지를 결정하는데 도움을 준다. 또 우리가 현재 어디에 있는지, 그곳에 어떻게 도착했는지, 우리가 바른 길로 접어들었는지, 지금 가고 있는 곳이 어디인지를 결정하는데 도움을 준다.

회계(accounting)는 조직에 관한 경제적 의사결정을 하는데 도움이 되는 정보를 제공한다. 회계정보는 조직에 있어서 지도와 같은 것이다. **회계정보(accounting information)는 의사결정자가 현재 어디에 있는지, 지나온 곳이 어딘지, 가려고 하는 곳이 어딘 지를 결정하는데 도움을 준다.** 지도에서는 킬로미터로 거리를 측정하지만 **회계는 조직의 경영활동을 화폐액으로 측정한다.**

2. 회계정보와 의사결정

정보는 우리가 사는 세상에 관하여 판단하고 믿음을 갖게 하는데 도움을 주므로 의사결정에서 중요한 요소이다. 의사결정을 하는데 정보는 어떤 역할을 하는가? 예를 들어보자. 김 어학군은 여러 학교가 있는 집 근처에서 어학학습용 CD를 판매하는 사업을 하려고 한다.

사업에 필요한 기본적 구성요소를 생각해 보자. 사업을 시작하고 운영하려면 무엇이 필요한가? 판매할 상품(CD)이 필요할 것이다. 따라서 필요한 상품을 공급자(제조회사)로부터 구입하여야 한다. 또 상품을 판매할 수 있는 장소와 상품을 판매할 종업원도 필요할 것이다. 상품구입대금, 판매장소 임차료, 종업원 급여, 잡비 등을 지급하기 위한 자금이 필요할 것이다.

사업을 시작할 것인가 말 것인가를 결정하기 위하여 다음 몇 가지 사항을 고려해 보아야 한다.

첫째, 상품을 얼마나 많이 판매할 수 있는가를 조사하여야 한다. 김 군은 설문을 통하여 수요를 조사하였으며, 다른 사업자에게 물어보고 조사한 결과 매월 약 12,000,000원의 상품을 판매할 수 있을 것으로 예측하였다.

둘째, 사업을 운영하는데 비용이 얼마나 드는가를 결정하여야 한다. 공급자와 상의한 결과 매월 필요한 상품의 원가는 8,000,000원이라고 파악되었다. 판매를 도와줄 종업원이 한사람 필요하다. 그 이외에도 매월 다음과 같은 비용이 필요할 것으로 예측하였다.

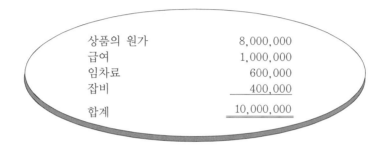

상품의 원가	8,000,000
급여	1,000,000
임차료	600,000
잡비	400,000
합계	10,000,000

셋째, 이러한 정보로 매월 2,000,000원(12,000,000−10,000,000)의 이익을 얻을 것으로 예상하였다.

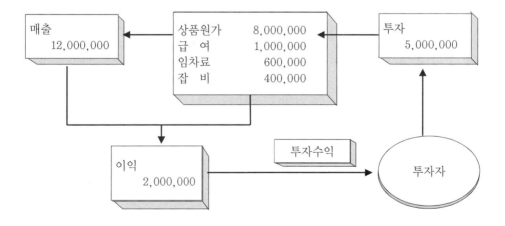

마지막으로, 위의 계산 결과를 토대로 이 사업은 수익성이 좋은 사업인지를 고려해 보아야 한다. 사업을 시작하기 위해서 첫 달의 상품구입대금, 장소 임차료, 종업원 급여, 잡비 등을 지급하기 위한 자금이 필요한데 5,000,000원을 투자해야 한다는 것을 알았다. 김 군은 사업에 5,000,000원의 자금을 투자할 만한가?

사업을 시작하기 위한 의사결정은 의사결정의 과정을 통하여 접근하여야 한다. 수집된 정보는 대안(사업을 할 것인지 은행에 자금을 예금 할 것인지)을 이해하는데 도움을 준다.

만일 김어학군이 5,000,000원을 사업에 투자하지 않고 은행에 예금한다면 매월 50,000원의 이자를 받을 수 있다고 하자. 기대이익 2,000,000원은 은행에 예금하였을 때 기대되는 이자수익 50,000원 보다 훨씬 높은 이익이다. 또 김 군은 사업에 많은 시간을 투자하여야 한다. 만일 사업을 시작하지 않았다면 다른 일을 하여 수익을 얻을 수 있을 것이다. 김군은 비용과 수익에 관한 정보만으로 의사결정을 할 수는 없다. 사업을 하여 벌 수 있는 금액에 관해 얼마나 확신을 가지고 있는지, 이 사업에 얼마나 많은 위험성이 있는지를 고려해야만 한다. 사업에 투자하는 것은 항상 위험이 따른다. **위험(risk)이란 이익이나 이자 등과 같은 결과에 대한 불확실성이다.** 기대했던 것 보다 판매량이 줄어들면 수익도 역시 줄어들게 될 것이다. 더구나, 판매가 부진하면 손실을 입을 수도 있다. 이러한 위험을 감수하겠는가? 회계는 우리가 기대하는 것에 관한 정보를 제공함으로써 의사결정을 하는데 도움을 준다. 우리는 정보를 평가 하고, 의사결정을 하여야 한다.

위의 예에서 사용한 수익, 비용, 이익과 같은 정보는 회계정보이고 수요예측과 같은 정보는 비회계정보이다. 회계는 조직에 관한 경제적 의사결정을 하는데 도움이 되는 정보를 제공한다. 회계는 조직의 경영활동을 화폐액으로 측정한다. 만일 사업을 계속하려면 회계정보의 필요성은 더욱 중요하게 된다. 가령 사업이 잘되어 은행에서 자금을 차입하여 확장하려 한다고 하자. 은행에서는 어학상점의 재무 상태와 경영성적, 장래의 이익계획 등에 관한 정보를 요구할 것이다. 이와 같이, 회계정보는 김 군이 어학상점을 경영하기 위한 의사결정에 필요할 뿐만 아니라 은행과 같은 외부자가 어학상점과 관계되는 의사결정을 하는데도 필요하다.

회계의 목적은 사람들이 조직의 경제적 활동에 관한 의사결정을 하는데 도움을 주는 것이다. 경제적 활동은 희소자원을 배분하는 것이다. 사람들은 언제든지 화폐, 재화, 서비스를 교환함으로써 희소자원을 배분한다. 우리 사회에서 모든 사람들은 이와 같은 경제적 활동을 하고 있으며 의사결정에 도움이 되는 회계 처리과정을 이용하고 있지만 너무 일반적이어서 그 이용을 실감하지 못하고 있다.

회계는 조직에 관한 의사결정을 하는 경영자, 소유주, 회원 등 여러 이해관계자들에게 정보를 제공해 주는 것이다. **이해관계자들이란 조직에 경제적 이해관계를 가지고 있는 사람들이나 조직 활동에 영향을 미치는 사람들을 말한다.**

제2절 기업의 형태와 목적

1. 조직의 유형

우리 사회에는 여러 가지 종류의 조직이 있다. 왜 이러한 조직이 필요한가? 사람들이 그들의 공동목표를 달성하기 위하여 함께 일하여야 하기 때문이다. 목표를 성취하기에는 목표가 너무 거대하고 복잡하며 비용이 많이 들기 때문에 협력이 필요하다. 모든 조직은 상품이나 서비스를 제공한다. 여러 사람들이 함께 일함으로 보다 많고 좋은 상품이나 서비스를 생산할 수 있을 것이다. 조직(organization)이란 공동목표를 달성하기 위해 여러 사람이 모인 집단이라고 할 수 있다.

은행은 금융서비스를 제공하는 하나의 조직이며, 대학은 교육이라는 서비스를 제공하는 조직이다. 마찬가지로 가전제품 및 여러 가지 상품을 고객에게 제공하는 제조회사도 하나의 조직이다. 조직은 사람으로 구성되어 있는 것이지 물리적 자산에 의해 구성되어 있는 것이 아니다. 즉, 은행건물이 조직이 아니라, 은행 안에서 일하며 지역사회에 금융서비스를 제공한다는 공통의 목표 아래 사람들로 이루어진 것이 조직인 것이다.

모든 조직이 동일한 목표를 가지고 있는 것은 아니다. 어떤 조직은 제품을 생산하여 이익을 얻는 것을 목표로 하고 있다. 또 다른 조직들은 자선사업을 목표로 삼고 있기도 하고(적십자), 좋은 음악을 제공하는 것을 목표로 삼기도 하며(교향악단), 정부차원의 서비스를 제공하기도 한다(보건복지부).

조직은 이익을 추구하느냐 않느냐에 따라 영리조직과 비영리조직으로 분류할 수 있다. 이익은 어떻게 발생하는가? 고객에게 제공한 상품이나 서비스의 판매 가격이 고객에게 제공한 상품이나 서비스의 원가보다 더 높아야 이익이 발생한다. **영리조직(business organizations)은 이익을 얻기 위하여 상품이나 서비스를 판매하는 조직이다.** 영리조직은 그들이 제공하는 상품과 서비스의 유형에 따라 상품판매업, 제조업, 서비스업으로 구분할 수 있다. **상품판매회사(merchandising companies)는 다른 회사가 생산한 상품을 고객에게 판매한다.** 잡화점, 백화점, 편의점이 그 예이다. **제조회사(manufacturing companies)는 제품을 생산하여 판매하는 회사로 제품을 소비자에게 직접 판매하기도 하고, 상품판매회사나 다른 제조회사에 판매하기도 한다.** 제조회사의 예로는 자동차회사, 정유회사, 가구회사, 컴퓨터회사, 제지회사 등을 들 수 있다. **서비스업(service companies)은 상품을 판매하는 것이 아니라 서비스를 판매한다.** 예를 들면, 은행, 보험회사, 법

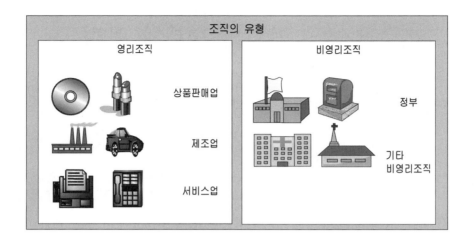

률회사, 회계법인 등은 서비스를 제공하는 회사이다. **이익을 얻으려는 의도 없이 상품이나 서비스를 제공하는 조직을 비영리조직(nonbusiness organizations)이라 한다.** 비영리조직에는 정부조직, 종교단체, 사회단체 등이 있다. 비록 조직이 추구하는 목표는 다르다고 하더라도 모든 조직은 경제적 의사결정을 위하여 회계정보를 필요로 한다.

2. 기업의 형태

기업은 어떤 형태로 조직되는가? 기업의 형태는 두 가지 범주로 분류될 수 있다. 기업이 그들 소유주와 법적 실체(legal entity)가 구분되는 기업이고, 다른 하나는 소유주와 법적 실체가 구분되지 않는 기업이다.

개인기업(proprietorships)과 조합(partnerships)은 소유주와 법적으로 구분되지 않는 기업이다. 개인기업은 소유주가 한 사람이며, 조합은 둘 이상의 소유주로 구성된다. 대부분의 개인기업과 조합은 소유주가 직접 회사를 경영한다. 사실 법률적 의미에서 소유주는 곧 기업이다. 개인기업은 상황변화에 민첩하게 대응 할 수 있다는 장점이 있으나, 소유주 개인의 경영능력에 의존하여야 하며, 대규모 자본조달이 어렵다.

조합은 몇 사람의 조합원으로 구성된다. 대부분 조합은 규모가 작으나 수천명 이상의 규모가 큰 조합도 있다. 조합은 개인기업보다는 큰 자본의 조달이 가능하며, 여러 사람의 전문지식과 경험을 활용할 수 있다. 그러나 대규모의 자본조달이 어려우며, 각 소유주간의 이해가 대립할 경우 그 해결이 어려울 수도 있다.

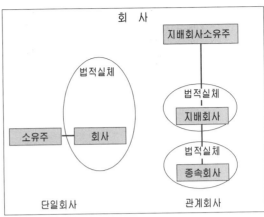

회사(corporation)는 그들 소유주와 법적 실체가 구분되는 기업이다. 회사는 계약을 체결할 권리, 재산을 소유·구입·매각할 권리, 주식을 판매할 권리 등을 가진 법적 실체이다. 자원은 개인이 소유하고 있는 것이 아니고 회사가 소유하고 있는 것이다. 회사는 대기업일 수도 있고 소기업일 수도 있다. 소기업은 주로 소유주가 경영한다. 하지만 대부분의 대기업 소유주는 회사를 경영하지 않는다. 대신 그들은 전문경영자를 고용한다. 대기업의 소유주는 주요 의사결정에 관한 투표권은 가지고 있으나 매일 매일 회사영업을 통제하지 아니한다. 대부분 대기업이 주식회사로 조직되는 하나의 이유는 다른 형태의 조직보다 자본시장에 더 쉽게 접근할 수 있음으로 자본조달이 용이하기 때문이다. 주주의 변경과 관계없이 주식회사는 계속적으로 존속한다. 또, 소유와 경영의 분리가 가능하다. 주주는 유한책임이며, 대규모 자금을 조달할 수 있다는 점이 주식회사의 장점이다. 반면에, 주식회사는 법인세를 부담하여야 한다. 그리고 소유주의 개념이 모호해져 경영자의 비능률이 우려된다(moral hazard).

3. 기업의 목적

1) 자원의 전환

기업의 목적은 한 형태의 자원을 사람들의 욕구에 부응하는 보다 가치 있는 다른 형태로 전환하는 것이다. 자원(resources)에는 광물이나 목재와 같은 천연자원, 건물이나 설비 같은 물리적 자원, 경영기술이나 노동력 같은 서비스자원, 현금과 유가증권과 같은 재무자원, 특허권이나 상표권과 같은 법적 권리, 정보, 정보를 제공해주는 정보시스템 등이 있다.

전환(transformation)이란 이들 자원을 결합하여 상품이나 서비스를 창출하는 것이다. 대부분 상품판매업과 서비스업은 고객들이 좀 더 값싸고 쉽게 상품이나 서비스를 얻을 수 있도록 하는 것이다. 제조회사는 자원을 물리적으로 전환한다. 어학상점은 고객들이 집 근처에서 필요한 상품을 구입할 수 있도록 자원을 전환하여 놓은 것이라 할 수 있다.

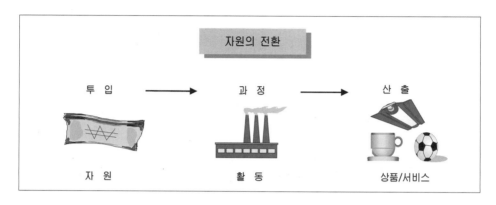

개인이 전환활동을 수행하기에는 너무 힘들고 비용이 많이 들기 때문에 조직이 필요하다. 따라서 사람들은 경영기술, 노동력, 화폐를 결합함으로서 이익을 얻을 수 있는 조직을 만든다. 조직이 수요가 적은 형태나 장소에서 수요가 많은 형태나 장소로 자원을 전환할 때 이익이 발생한다. **전환활동이 사회의 욕구에 부응한다면 가치를 창출한다. 일반적으로 사람들은 전환 이전보다 전환 이후가 더 형편이 좋아지기 때문이다.** 예를 들어, 셔츠를 만드는 회사는 가치를 창출한다. 셔츠를 구입하는 사람들에게는 전환 전의 셔츠를 만드는 원단이나 원단을 만드는 면사나 화학섬유 보다 전환 후의 셔츠가 더 유용하기 때문이다. 따라서 셔츠를 만드는 회사는 가치를 창조한다고 할 수 있다.

사회의 부를 증대시키기 위하여 사회는 조직이 창출하는 가치를 증대시킬 수 있도록 장려하여야 한다. 자원의 공급이 부족하기 때문에 사회는 그 자원을 현명하게 사용하도록 노력하여야 한다. **회계정보의 주요목적은 희소자원으로부터 가장 큰 가치를 얻는 방법을 결정하는데 도움을 주는 것이다.**

2) 가치창출

사회는 어떻게 자원을 사용하는 방법을 결정하는가? 희소자원을 현명하게 사용하는 결정은 쉬운 것이 아니다. 사회는 많은 개인으로 구성되어 있기 때문에 자원을 어떻게 사용할 것인가에 대하여 의견이 불일치할 때가 많다. 우리 사회에서 시장은 많은 자원을 보다 현명하게 사용할 수 있도록 촉진하는 역할을 한다.

시장은 조직이 사용하거나 생산한 희소자원을 분배하기 위하여 필요하다. **시장(market)은 자원을 팔거나 살 수 있도록 허용된 어떤 장소나 과정이다.** 시장에서 경쟁을 통하여 유용한 자원을 교환하기 위한 금액과 가치가 결정된다. 사람들의 욕구에 맞는 자원의 가치가 크면 클수록, 구입하려는 사람은 그 자원에 대하여 기꺼이 많은 금액을 지불하려고 할 것이며, 판매하는 사람은 더 많이 받으려고 할 것이다.

경쟁시장에서 자원에 대하여 지급되는 가격은 특정한 시점에서 판매자와 구매자가 교환하기로 협정한 가치의 척도이다. 예를 들어, 자동차를 구입할 때, 자동차와 화폐를 교환한다. 자동차에 대한 가치의 측정액은 화폐액이다. 따라서 시장에서 상품이나 서비스의 가격은 가치를 측정하는 기준이 된다. **회계는 전환에 의해 창출된 가치의 증가를 측정하는 것이며, 전환에 의해 창출된 가치의 증가는 판매된 상품이나 서비스의 총가격과 그 상품이나 서비스를 개발, 생산, 판매하는데 소비된 자원의 총원가와의 차액으로 측정된다.**

자동차를 구입할 때의 가치는 얼마인가? 자동차에 대해 지불하려는 금액은 자동차를 소유함으로 얻을 수 있는 기대가치를 나타낸다. 자동차를 생산하여 고객에게 유용하게 하는 데에 여러 가지 자원이 소비되었다.

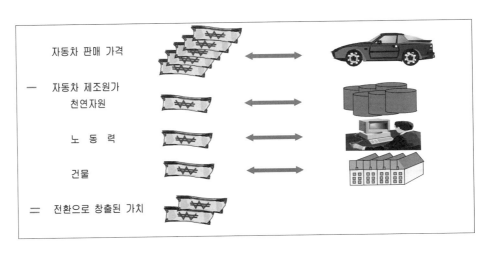

자동차를 유용하게 만드는데 소비된 자원의 원가에는 어떤 것이 있는가? 자동차제조에 사용된 금속, 플라스틱, 고무, 구조, 기계 그리고 노동력과 같은 자원의 원가, 기타자원을 취득하는데 사용된 비용, 자동자판매상에게 운송한 원가 등이 이에 속한다. 자동차의 생산, 즉 전환으로 인한 가치의 증가는 고객이 지급한 자동차 가격과 소비된 자원의 총원가와의 차액이다.

예를 들어, 자동차의 가격이 12,000,000원이며 자동차 생산원가와 이를 사용할 수 있게 하는

데 소비된 원가가 10,000,000원이라면 전환에 의한 부가가치는 2,000,000원이다. 자동차의 가격과 자동차의 원가의 차액은 자동차제조회사의 이익이다. 엄밀하게 말하면 이 회사의 소유주의 이익이다. **이익(profit)은 일정기간 동안 상품이나 서비스를 판매한 가격과 이들 상품이나 서비스를 개발, 생산, 판매하는데 소비된 모든 자원의 총원가와의 차액이다.** 따라서 이익은 판매라는 사건에 의해 발생한 자원의 순증가이다. 다시 말하면, 판매로 받은 자원에서 판매를 하기까지 사용된 자원을 차감한 것이다.

경제활동에 있어서 시장은 매우 중요하다. 기업이 사용하는 자원을 위하여 시장이 필요하다. 기업은 재무자원을 얻기 위하여 **재무시장(financial markets)**에서 경쟁하고, 투자자들은 경쟁회사들 중에서 투자할 곳을 선택한다. 기업은 상품이나 서비스를 생산하는데 필요한 여러 가지 자원을 위하여 **공급자시장(supplier markets)**에서 경쟁한다. 시장에서 경쟁을 통하여 기업에 유용한 재료, 노동력, 비품, 기타 자원의 원가가 결정된다. 기업은 제품시장(상품과 용역을 위한 시장)에서 경쟁한다. **제품시장(product markets)**은 고객에게 유용한 상품이나 서비스의 가격을 결정한다. 재무시장과 공급자시장은 투입시장이고 제품시장은 산출시장이다. 모든 시장은 희소자원을 배분하는 곳이다.

3) 가치창출의 예

[표 1-1]은 어학상점이 3월에 실제로 얻은 이익을 보고한 것이다. **손익계산서(statement of profit and loss)는 일정기간 동안 판매된 상품이나 서비스의 가격에서 소비된 자원의 원가를 차감하여 이익을 측정한다.** 순이익 1,600,000원은 판매된 상품가격과 이들 상품을 준비하는데 소비된 자원의 총원가와의 차액을 나타낸다.

판매된 상품의 가격을 **수익(revenues)**이라고 한다. 판매된 상품을 생산하고 유용하게 만드는데 소비된 자원의 원가를 **비용(expenses)**이라고 한다. 그리고 **순이익(net income)**은 일정기간 동안의 수익과 비용의 차액이다.

순이익 = 수익 - 비용

[표 1-1] 가치창출의 예

손익계산서

어학상점		3. 1 ~ 3.31
매출액		11,400,000
비용:		
매출원가	7,800,000	
급 여	1,000,000	
임차료	600,000	
잡 비	400,000	9,800,000
당기순이익		1,600,000

어떤 경우에는 순이익이 아니라 순손실이 발생할 수도 있다. **순손실(net loss)은 일정기간 동안 비용이 수익을 초과할 때 발생한다.**

[표1-1]은 3월 한달 동안 발생한 기업의 활동결과를 나타낸 것이다. 예측한 숫자와 비교해 보자. 기대매출은 12,000,000원이었지만 실제매출액은 11,400,000원이다. 매출원가의 예측액은 8,000,000원이었지만 실제 매출원가는 7,800,000원, 예측이익은 2,000,000원이었지만 실제이익은 1,600,000원이다. 예측과 실제를 비교하여 김어학군은 새로운 변화를 모색하여야 할지를 결정할 수 있다. 더 좋은 점포를 구하거나 제품의 광고가 필요할 수도 있다.

4) 기업에서 회계의 역할

기업주는 왜 기업에 투자하는가? 기업은 사회가 필요로 하는 상품이나 서비스를 제공함으로써 이익을 획득한다. **기업주는 기업이 획득한 이익에서 투자수익을 얻기 위하여 기업에 투자한다.** 기업주는 기업에 투자하는 대가로 기업으로부터 이익을 배분 받는다. **투자수익(return on investment)은 기업이 획득한 이익으로 기업주에게 지급할 수 있는 금액이다.** 투자수익은 %로 표시하기도 한다.

투자수익률 = 이익 ÷ 투자금액

이익은 판매거래를 통하여 벌어들인 순자원을 나타낸다. 기업주는 기업으로부터 이익을 인출하거나, 이익을 재투자하여 기업이 추가자원을 취득하는데 사용한다. 기업은 재투자한 추가자원을 이용하여 사업을 확장하거나 새로운 지역 또는 제품라인을 확장하여 더 많은 이익을 얻을 수

있다. 이러한 방법으로 기업주의 부를 증가시킨다. 기업주가 이익을 인출하면 투자수익으로 현금을 받게 되며, 이익을 재투자하면 더 가치 있는 기업을 소유하게 된다.

어학상점의 손익계산서는 회사가 3월 한 달 동안 1,600,000원을 벌었음을 나타내고 있다. 기업주는 개인 목적으로 이 금액의 일부 또는 전부를 인출 할 수도 있다. 이것이 투자수익이다. 다른 방법으로 이익을 재투자할 수도 있다. 재투자한 자원으로 4월에 판매할 상품을 더 많이 구입하거나, 장래의 판매전망이 낙관적으로 기대되면 제2의 상점을 개업할 수도 있다.

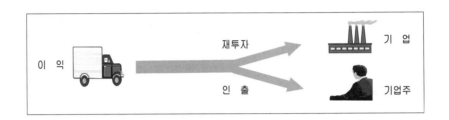

3월의 투자수익은 1,600,000원로 최초투자액의 32%(=1,600,000/5,000,000)이다. 만일 1,600,000원 이상을 인출하면 초과 금액은 투자수익(return on investment)을 회수하는 것이 아니라 **투자액을 회수(return of investment)**하는 것이다. 다시 말하면 최초투자액의 일부를 인출하는 것이다. 기업이 자본금(기업주가 투자한 금액)을 유지하기 위해서는 획득한 이익액의 한도 내에서 기업주에게 지급하여야 한다. 그렇지 않으면, 기업은 기업주의 투자액을 돌려주게 되며 기업의 자본금을 감소시키는 결과가 된다.

기업주가 회사로부터 받는 투자수익의 금액은 회사가 이익획득에 얼마나 성공하였는가에 좌우된다. 개인기업의 성공은 주로 소유주의 능력과 노력에 달려있다. 만일 큰 회사에 투자한다면 회사의 성공은 주로 기업을 경영하는 이들의 능력과 노력에 달려있다. 사람들이 기업에 투자할 때 성공한다는 보장은 없다. 어떤 경우에는 투자수익을 받지 못하거나, 수익이 기대보다 적을 수도 있으며, 투자액을 손해 볼 수도 있는 위험을 가지고 있다. **위험(risk)은 얻게 될 수익에 관한 불확실성이다.**

투자가 위험하다면 왜 기업에 투자하는가? 기업이 성공한다면 소유주는 예금과 같은 안정된 대안에 비해 더 높은 수익률을 얻을 수 있다고 기대할 수 있기 때문이다. 어학상점에 5,000,000원을 투자함으로 김 어학군은 투자로부터 2,000,000원의 수익을 얻을 것으로 기대하였다. 김 군이 은행에 예금한다면(예금에 투자) 매월 50,000원의 수익을 얻을 것이다. 일반적으로 수익이 높을수록 위험도 높다. 회계정보는 소유주가 올바른 의사결정을 할 수 있도록 투자수익과 위험을 평가하는 데 도움을 준다.

기업이 이익을 내어 소유주에게 투자수익을 지급하기 위하여 효과적이고 능률적(효율적)으로 운영되어야 한다. **효과적 기업(effective business)은 고객들이 요구하는 상품이나 서비스를 제공하는데 성공적인 기업이다.** 효과적 경영은 적절한 제품을 식별하여 적시에 적정한 장소에 제공하는 것이다. **능률적(효율적) 기업(efficient business)은 판매가격에 비해 낮은 원가로 상품이나 서비스를 제공하는 기업이다.** 경영자는 원가를 절감하고 낭비를 줄이기 위하여 자원의 적절한 배합, 양, 질을 사용하여 원가통제를 하여야 한다. 기업이 효과적이고 능률적이라면 비효과적이고 비능률적인 기업보다 기업을 소유하는 위험은 훨씬 낮다. 효과적이고 능률적인 기업은 재무시장, 공급자시장, 제품시장에서 경쟁력이 있다.

어학상점은 고객이 원하는 상품을 선택하고 또 위치가 고객과 가까운 장소에 있다면 효과적이다. 회사가 임차료, 급여 기타원가를 지급하고도 이익이 남을 수 있도록 낮은 가격으로 상품을 구입할 수 있다면 능률적이다.

기업은 자원과 고객을 위해서 뿐만 아니라 투자자를 위해서도 경쟁한다. 기업주는 투자에 대해 수익을 얻기를 기대하고 있다. 투자자들은 기대하는 수익의 금액, 시기, 불확실성을 평가하여 여러 가지 투자 대안 중에서 가장 좋은 대안을 선택한다. 이익을 많이 획득하고 높은 수익을 지급할 수 있는 기업은 다른 기업에 비해 투자자를 확보하는데 어려움이 적다. 충분한 이익을 얻을 수 없는 기업은 사업을 계속하기 위하여 보다 효과적이고 능률적이 되도록 노력해야할 것이다.

회계정보시스템은 투자자가 투자에 관한 의사결정을 하는데 이용하는 정보를 제공한다. **회계정보는 투자자가 기업의 효과성과 능률성을 평가하는데 도움을 준다.** 회계정보는 기업에 투자함으로 기대되는 수익과 투자와 관련된 위험의 금액을 예측하는데 도움을 준다. 재무시장, 공급자시장, 제품시장은 기업이 사회가 필요로 하는 제품을 제공하도록 인센티브를 창출한다. 이러한 시장은 희소자원을 사회의 부를 개선하는데 사용하도록 도움을 준다. 기업이 가치를 창출하기 위하여 가장 좋은 전환을 할 수 있도록 시장은 희소자원의 배분을 도와준다.

고객이 필요로 하는 제품을 생산하여 원가를 회수하기에 충분한 경쟁력 있는 가격으로 제공한다면 투자에서 이익을 얻을 수 있을 것이다. 투자로부터 이익을 창출할 수 없을 것이라고 믿는다면 어학상점이 아닌 다른 투자를 선택할 것이다. 따라서 투자를 보상해 줄 수 있을 만큼 충분한 수익이 있을 것으로 믿을 때 투자에 대한 의사결정을 하게 된다. 여러분들의 의사결정은 고객이 원하는 제품을 그들이 만족하는 가격으로 제공할 수 있느냐에 달려있다.

제3절 기업의 의사결정과 회계

1. 의사결정자와 계약

회계의 목적은 의사결정자에게 조직의 전환과정에 관한 정보를 제공하는 것이다. 회계정보의 가치는 정보이용자의 욕구에 얼마나 부응하느냐에 따라 결정된다. 회계정보는 전환과정의 경제적 결과를 기록한 것이다. 회계정보는 여러 가지 자원을 취득하기 위해 사용된 재무자원의 측정, 자원을 재화와 서비스로 전환 및 고객에게 판매된 재화와 서비스의 가격과 관련이 있다.

의사결정자의 정보 욕구는 경영자, 투자자(주주, 채권자), 공급자, 종업원, 고객, 정부당국 등 기업의 이해관계자들 간의 전환과정에서 발생된다. 대부분의 의사결정자들이 전환과정에 참여하기 때문이다. 그들은 자원을 취득하기 위하여 시장에서 경쟁하며 이들 시장을 조절 규제한다. 의사결정자들은 전환과정의 당사자로 자원과 용역을 조직과 교환한다.

계약(contracts)은 자원과 용역을 교환하기 위한 법적 합의(agreement)이다. 계약당사자가 계약조건을 이행하지 못하는 경우에 상대방에게 법적 배상을 하여야 한다. 이와 같이, 계약은 계약당사자간의 권리와 책임을 규정하는 것이다. 계약은 주고받는(give and get) 관계이다. 계약당사자들은 그들이 제공하는 것과 교환으로 무엇인가를 받기를 기대한다. 예를 들어, 회사에 노동력을 제공하기로 한 종업원과의 계약은 임금과 노동용역을 교환하는 것이다. 개인기업이나 조합과의 계약은 소유주가 계약자가 되기 때문에 소유주/경영자와 다른 계약자간에 계약이 이루어진다. 반면에, 주식회사는 법적 실체이기 때문에 회사가 계약당사자로서 다른 계약자와 계약을 체결하게 된다. 실제로는 경영자가 회사와 주주를 대신하여 계약을 체결한다.

다음의 예를 통하여 계약의 개념을 좀 더 자세히 알아보자.

정계약군은 어느 회사에 1,000,000원을 투자하고 회사는 매년 이익의 10%를 정군 에게 지급하기로 동의하고 계약을 체결하였다고 하자. 만일 정 군이 그 회사의 이익에 관한 믿을 수 있는 정보를 가지고 있지 않다면 정 군은 회사가 동의한 금액을 지급할 수 있는지에 관해 결정할 수 없을 것이다. 그러므로 정군은 계약에 동의하지 않을지도 모른다. 계약당사자는 계약조건이 만족할 만 한지를 결정하기 위하여 신뢰할 수 있고 충분한 정보를 필요로 한다. 이와 같이, **회계정보는 계약을 체결하고 평가하는데 중요한 역할을 한다.** [그림 1-2]는 이해관계자들이 계약을 체결하기 위한 교환의 예를 나타낸 것이다.

[그림 1-2] 의사결정자와 교환의 예

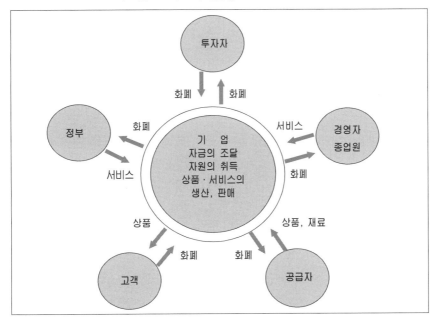

2. 위험과 수익

계약은 권리와 책임을 명확히 하기 위하여 체결된다. 계약상의 권리와 책임은 계약당사자간에 위험(risk)과 수익(return)을 분담하는 방법으로 결정된다. 위험과 수익에 관한 정보는 계약조건을 결정하는데 필요하다. 1장에서 투자수익이란 사업으로 벌어들인 이익 금액으로 소유주에게 배분될 수 있는 금액으로 정의하였다. **위험이란 수익의 금액과 시기에 관한 불확실성이다.**

[표1-3] 위험과 수익의 예시

기간	투자 A	투자 B
1	6,000 원	10,000 원
2	6,000	12,000
3	7,000	7,000
4	7,000	3,000
5	8,000	8,000
6	8,000	11,000

[표 1-3]은 두 가지 투자의 수익을 나타낸 것이다. 어느 투자의 위험이 더 큰가? 투자 A의 수익은 점차적으로 증가하고 있음을 알 수 있다. 따라서 투자 A의 수익은 상대적으로 안정적이고 예측 가능하다. 투자 B의 수익은 예측하기가 어렵다. 투자 B는 투자 A보다 더 높은 수익을 가져올지 모르지만 A보다 위험이 더 크다고 할 수 있다.

재무활동, 투자활동, 영업활동에 관한 경영의사결정은 기업의 이해관계자의 위험과 수익에 영향을 미친다. 기업의 외부환경 역시 위험과 수익에 영향을 미친다. 즉, 경쟁과 규제는 기업의 상품이나 서비스의 수요와 가격에 영향을 미칠 뿐만 아니라 전환과정에 사용되는 자원의 원가와 효용에도 영향을 미친다. 상이한 시장조건, 제품과 제조과정의 유형 및 정치적·사회적 관심의 변화 때문에 회사와 시기에 따라 경쟁과 규제는 다양하게 나타난다. 예를 들어, 제품의 안전에 관한 관심은 상대적으로 안정된 시장을 매우 불확실한 시장으로 바꿀 수도 있다.

회사에 투자하는 사람들은 높은 투자수익을 기대한다. 동시에 그들은 투자에서 발생할지도 모르는 위험을 평가하여야 한다. 회사가 잘된다면 얼마의 수익을 얻을 수 있는가? 회사가 잘못된다면 어떤 일이 일어날까? 위험과 수익은 대부분 상황과 관계가 있다. 예를 들면, 투자자들은 위험이 큰 투자로부터 더 높은 수익을 기대한다. 위험이 큰 투자를 수용하는데 대하여 더 높은 수익을 보상하지만 실제 수익은 기대수익과 다를 수 있다. 그러므로 위험이 큰 투자는 위험이 적은 투자보다 실제로는 더 높은 수익을 가져올 수도 있고 더 낮은 수익을 가져올 수도 있다. 그러나 평균적으로 높은 수익은 더 큰 위험과 관계가 있음은 당연하다. 그렇지 않으면 투자자들은 위험이 큰 투자에 참가하지 않을 것이다. 회계정보는 투자자가 투자와 관련된 위험과 수익을 예측하는데 도움을 준다.

제4절 정보이용자와 회계의 종류

1. 정보이용자

기업의 정보이용자는 누구이며 그들의 의사결정 내용은 무엇인가? 정보이용자는 교환을 어떻게 평가하는가? 기업의 정보이용자에는 기업 활동과 관련하여 이해관계를 가지고 있는 개인 또는 조직으로 경영자, 투자자(주주, 채권자), 공급자, 종업원, 고객, 정부당국 등이 있다. 조직과 계약을 체결하는 이해관계자들이 행하는 위험과 수익의 평가를 살펴보자.

1) 투자자

소유주와 채권자는 기업의 투자자(investors)이다. 이들은 미래에 수익을 얻기 위하여 재무자원을 제공하기로 회사와 계약한다. 이들은 기업에 투자할 것인가, 얼마나 많이 투자할 것인가를 결정하기 위하여 정보를 필요로 한다. **회계정보는 투자자가 투자로부터 기대할 수 있는 위험과 수익을 평가하는데 도움을 준다. 또, 경영자가 그들과 체결한 계약조건을 이행할 수 있는지에 대해 결정하는데 도움을 준다.**

기업은 소유주와 채권자로부터 재무자원을 조달한다. 재무의사결정은 기업의 위험에 영향을 미친다. **기업이 채권자로부터 재무자원을 조달하였을 때 부채가 발생한다. 기업이 소유주로부터 재무자원을 조달하였을 때 소유주지분이 발생한다.** 채권자나 소유주로부터 재무자원을 조달하기 위한 의사결정은 기업의 위험과 수익에 영향을 미친다. 채권자로부터 재무자원을 획득하는 것은 가끔 기업의 위험을 증가시킨다. 기업은 채권자에게 빌린 돈을 상환하고 이자를 지급해야 할 법률적 의무가 있기 때문이다. **이자(interest)는 채권자가 얻는 수익이다. 기업의 입장에서 보면 이자는 빌린 돈의 사용대가로 채권자에게 지급하는 금액이다.** 만일 회사가 충분한 이익을 얻지 못하면 이자를 지급할 수 없을는지도 모른다. 그렇게 되면 회사는 파산에 이르게 되며 채권자들은 회사가 빚을 상환할 수 있도록 자원의 청산을 요구할 수 있다.

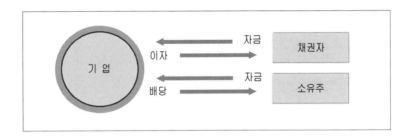

만일 회사가 자원을 청산하게 되면 채권자는 주주에 우선하여 채권을 상환 받을 수 있다. 반면에, 주주는 이익을 배당 받을 권리가 있기 때문에 회사의 이익이 많으면 주주는 채권자보다 더 높은 수익을 얻을 수 있다. 채권자는 자금을 빌려 줄 때 약정한 이자만 받는다. 결론적으로 투자자와 경영자는 위험과 수익 중에서 선택하여야 한다.

예를 들어 A회사는 300,000원의 부채와 500,000원의 자본금을 가지고 있다고 하자. 회사는 채권자에게 매년 10%의 이자를 지급하기로 동의하였다. 아래의 세 가지 상황을 살펴보자.

	상황 1	상황 2	상황 3
이자지급전 수익	100,000	50,000	0
이자비용	(30,000)	(30,000)	(30,000)
순이익	70,000	20,000	(30,000)

상황 1에서 A회사의 수익은 100,000원이다. 이자비용을 지급한 후의 순이익은 70,000원이다. 따라서 채권자의 수익률은 10%인 반면에 주주의 수익률은 14% (70,000/500,000)이다. 상황 2에서 주주의 수익률은 4% (20,000/500,000)이며, 상황 3에서 주주의 수익률은 -6% (-30,000/500,000)이다. 채권자의 수익률은 주주의 수익률보다 위험이 적다. 그러나 주주의 수익률은 채권자에 비해 더 높을 수도 있고 더 낮을 수도 있다. 하지만 회사의 부채가 증가하는 만큼 회사와 주주에 대한 위험도 증가한다. 만일 회사가 몇 년 동안 상황 3과 같이 손실이 발생한다면 채권자에게 빌린 금액을 갚지 못할는지도 모른다. 회사가 발행한 부채가 많으면 많을수록 부채를 지급하기 위하여 더 많은 현금을 모아야 한다. 만일 회사가 이익이 나지 않는다면 필요한 현금을 모으기가 어려울지도 모른다.

2) 경영자

일반적으로 대기업의 소유주는 기업을 경영하지 않는다. 대신에 그들은 경영자를 고용하고, 경영자(manager)가 소유주를 위하여 기업을 경영한다. 경영자는 소유주와 봉급과 기타 보상을 교환으로 서비스를 제공하기로 계약을 맺는다. 소유주는 경영자가 업무를 얼마나 잘 수행하였는지를 결정하고 경영자가 잘했을 때 보상하기 위하여 정보를 필요로 한다. 경영자가 업무를 잘 수행하도록 동기부여를 제공하기 위하여 소유주는 회사가 이익을 얻었을 때 상여금을 지급하기도 한다. **회계정보는 소유주와 경영자에게 경영자가 보상을 받을 금액을 결정하는 방법을 제공한다.**

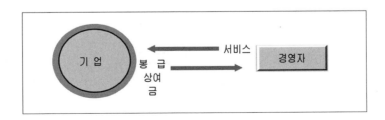

보상을 많이 받으려면 경영자가 회사의 업적을 잘 나타내어야 한다. 경영자가 그의 보상을 최

대화하려는 회계정보와 회사의 이익은 연계되어 있다. 그러므로 때로는 경영자가 회사의 최선의 이익과 자신의 최선의 이익과 사이에서 선택을 하여야 하는 윤리적 딜레마에 처하기도 한다.

경영자의 투자활동과 영업활동에 관한 의사결정은 회사와 계약관계에 있는 사람들의 위험과 수익에 직접 영향을 미친다. 경영자는 어떤 자원을 취득하고, 언제 자원을 취득하고, 자원에 얼마를 지급할 것인지를 결정한다. 자원의 가치는 자원이 기대되는 미래 이익의 획득에 얼마나 공헌하느냐에 따라 결정된다. 경영자가 자원에 투자하는 의사결정은 투자와 관련된 위험과 수익에 관한 의사결정을 의미한다. 기업은 개별 자원들의 포트폴리오로 이루어져 있다. 따라서 이들 개별 자원에 대한 투자의 위험과 수익은 기업 전체의 투자의 위험과 수익을 결정하는데 도움을 준다. 경영자의 업무 중 하나는 경영자와 소유주가 수락할 수 있는 수준의 위험으로 원하는 수익을 얻을 수 있도록 자원의 포트폴리오를 선택하는 것이다. 검증된 기술과 기존제품에 투자하는 것은 신기술과 신제품에 투자하는 것보다 위험이 적다. 정치적·경제적 환경이 다르기 때문에 어떤 나라의 자원에 투자하는 것은 다른 나라의 자원에 투자하는 것보다 위험이 더 클 수가 있다. **회계정보는 기업의 자원의 유형과 장소를 식별하는데 매우 유용하다.**

영업활동은 자원을 상품이나 서비스로 전환하는 것이다. 회계의 주요 목적은 전환과정을 통해 자원의 흐름과 관련된 원가를 측정하는 것이다. 또, 회계는 상품이나 서비스를 판매함으로 얻는 자원을 측정한다. 회사의 영업활동으로 인한 이익은 위험과 수익의 주요 결정요소이다. **영업활동의 결과에 관한 정보는 회사의 위험과 수익을 추정, 비교, 관리하는데 사용되고 있다.**

3) 종업원

종업원(employees)은 회사의 위험과 수익에 중요한 영향을 미친다. 임금과 노동의 질은 제품의 질, 매출액, 원가, 이익에 직접적인 영향을 미친다. 회사는 종업원의 원가와 생산성을 평가한다. 회사는 종업원의 업적을 관리기대치와 비교하며 시간의 경과에 따른 변화를 조사하고, 다른 부문과 비교한다. **회계정보는 경영자가 종업원의 업적을 평가하는데 도움을 준다.** 종업원들은 임금, 복지, 작업의 안전을 위하여 협상한다. 보상은 회사의 업적과 재무 상태의 영향을 받는다.

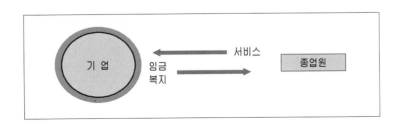

노동조합과 다른 종업원집단은 회사가 종업원에게 보상할 수 있는 능력을 평가하는데 회계정보를 사용한다. 다른 계약당사자처럼 종업원들은 고용관계의 위험과 수익을 평가한다. 만일 회사가 잘되면 종업원들은 보상을 많이 받기를 기대할 것이다. 회사가 어려우면 종업원들은 임금과 복지를 줄이고 심지어는 직업을 잃게 될지도 모른다. **회계정보는 종업원들이 고용계약에 대한 위험과 수익을 평가하는데 도움을 준다.**

4) 공급자

기업은 원재료, 상품, 기타 자원을 공급자(suppliers)로부터 구입한다. 이들 자원은 대부분 회사의 주요원가가 된다. 경영자와 공급자는 가격과 신용조건, 인도일정 등의 협정을 하여야 한다. 회사가 재료가 필요할 때 필요한 수량을 얻지 못하면 생산 중단, 감손, 판매손실, 고객불만족 등으로 큰 손실이 발생할 수도 있다. 공급자가 사업을 그만 두거나 매매계약을 이행할 수 없다면 회사가 필요한 자원을 얻는데 어려움을 겪을 것이다. **회계정보는 회사가 필요한 자원을 얻기 위하여 공급자들의 능력을 평가하는데 도움을 준다.**

공급자들은 회사에 자원을 외상으로 판매하기도 한다. 이들 공급자는 장래의 지급을 기대하고 회사에 자원을 판매한 채권자이다. 이러한 채무는 단기간으로 30일에서 60일이 보통이다. 때로는 더 장기간의 채무가 있기도 하다. 회사가 파산하게 되면 공급자에게 거액을 빚지게 된다.

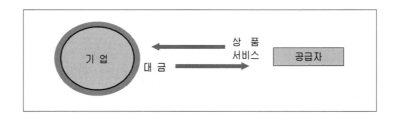

공급자는 이들 대금을 회수하는데 어려움을 겪게 되며 회수할 수 없게 될지도 모른다. 그러므로 공급자는 상품을 외상으로 판매할 때 위험을 평가하여야 한다. 가격과 지급조건을 포함한 이들 판매조건은 판매와 관련된 판매자의 위험에 따라 영향을 받는다. **공급자는 구매자가 취득한 상품이나 서비스의 대금을 지급할 수 없을지도 모르는 위험을 평가하기 위하여 고객(기업)에 관한 회계정보를 사용한다.**

5) 고객

기업은 고객(customers)에게는 공급자이다. 따라서 공급자가 기업을 평가하는 것과 같은 방법으로 고객을 평가한다. 경영자는 판매와 관련된 위험과 수익을 평가함으로 판매조건을 결정한다.

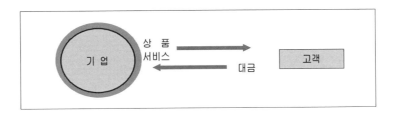

위험이 큰 고객은 나쁜 조건을 받는다. 예를 들어, 신용이 좋은 고객은 신용이 나쁜 고객보다 더 유리한 조건으로 주택, 자동차, 전기제품, 기타상품 등을 구입할 수 있다.

제품 구입의 의사결정을 하는 고객은 제품의 가격과 품질을 고려한다. 고객은 재무 상태가 양호한 회사의 제품을 구입하려고 할 것이다. 장래에 유지, 수선, 대체가 필요할 때 회사가 사업을 하고 있을 것인가? 회사가 정직한 보증을 할 수 있는가? 회사가 신기술에 투자하고 양질의 제품을 유지하는데 충분히 투자할 만큼 이익이 있는가? **회계정보는 특정회사로부터 구입의 위험을 평가하고 특정 고객에게 판매의 위험을 평가하는데 사용된다.**

6) 정부당국

정부당국(governmental agencies)도 기업의 회계정보를 필요로 한다. 정부는 기업이 상품이나 서비스를 판매하기 위해서는 사업자등록을 하도록 요구하고 있으며, 여러 가지 정부 서비스에 대해 수수료와 세금을 내도록 하고 있다. 세금 또는 수수료의 금액은 기업의 매출액과 이익에 따라 결정된다.

정부는 경제예측과 계획을 위한 기초로 기업에 관한 정보를 필요로 한다. 또, 정부는 기업의 공정한 거래, 종업원의 공정한 대우, 투자자에 대한 공정한 공시 등을 보장하기 위하여 기업 활동을 규제한다. 기업은 이에 필요한 정보를 정부당국에 보고하여야 한다.

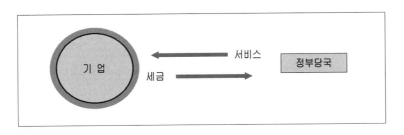

기업은 세무당국에 회계정보를 보고하여야 한다. 보고서에는 판매, 재산, 급여, 소득세 등이 포함된다. 이들 세금은 매출액, 발생한 원가, 급여 등에 따라 결정된다. **정부당국은 세무와 규제 의사결정을 위하여 회계정보를 사용한다.**

2. 회계의 종류

정보이용자는 크게 둘로 나누어 기업의 외부이용자와 내부이용자로 구분할 수 있다. 외부이용자(external user)는 기업의 외부에 있는 이해관계자로 투자자(현재의 주주, 잠재적 주주, 채권자), 공급자, 고객, 정부당국 등이 있다. 기업의 내부이용자(internal user)는 경영자와 종업원을 들 수 있다.

회계정보시스템은 조직의 정보수요를 제공하는데 적합하여야 한다. 경영자의 다양한 욕구를 위하여, 투자자에게 보고하기 위하여, 세금계획과 보고를 위하여, 기타 관련기관에 보고하기 위하여 필요한 정보를 제공하는데 특별한 회계시스템이 필요하다. 이러한 시스템은 조직의 의사결정자의 욕구에 부응할 수 있도록 운용된다. 기업내부에서 의사결정을 하는 경영자는 투자자, 고객, 공급자, 기타 사람들이 행하는 의사결정과 독립적인 것이 아니다. 외부집단에 보고되는 정보는 내부의사결정에 영향을 미친다. 재무회계정보는 회사의 외부자들이 경영자가 행한 일련의 의사결정을 볼 수 있는 창을 제공한다. 따라서 경영의사결정은 재무회계와 관리회계 모두와 관련이 있다

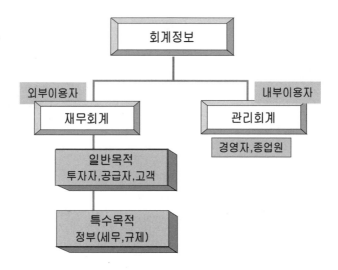

회계정보는 재무회계정보와 관리회계정보의 두 가지 요소로 나눌 수 있다.

재무회계는 외부의사결정자에게 보고하는 것으로 일반목적과 특정목적으로 나누어진다. 일반목적보고서는 투자자, 고객, 공급자, 종업원, 기타 정보를 필요로 하는 사람에게 회사의 전반적 업적에 대한 정보를 제공하기 위하여 작성되는 것이다. 반면에 특별보고서는 특별정보를 필요로 하는 세무당국, 증권당국을 위하여 작성되거나 일반목적보고에 대한 기준과 다른 기준을 사용하여 작성한다. 관리회계는 내부의사결정자의 수많은 욕구에 따른다. 이 정보는 다양한 형태로 보고되며 기업 내에서 일어나는 특수한 문제를 위하여 설계되어진다.

1) 재무회계

외부이용자에게 정보를 제공하는 것을 재무회계(financial accounting)라고 한다. 외부의사결정자를 위해 작성된 회계정보가 재무회계정보이다. **재무회계는 외부의사결정자에게 제공되는 회계정보를 작성, 보고, 해석하는 과정이다.** 투자자를 위한 정보의 기본적 원천으로서 이러한 정보는 조직의 재무활동을 위하여 중요하다. 이것은 역시 공급자, 고객, 종업원의 의사결정에도 많은 영향을 미친다. 회사의 경영자는 정보의 신뢰성과 도덕성을 확보하기 위하여 일반적으로 인정된 회계원칙(GAAP: generally accepted accounting principles))에 따라 투자자와 기타 외부이용자를 위한 회계정보를 작성한다. **GAAP는 적절한 회계절차와 보고절차를 식별하기 위해 전문적인 회계단체에 의해 개발된 기준이다.** GAAP는 기간별 정보의 비교가능성과 상이한 회사간의 정보의 비교가능성을 증가시키고 최소한의 공시요구를 설정한 것이다.

대부분 회사가 투자자에게 보고하는 회계정보는 감사를 받아야 한다. **감사(audit)는 조직의 재무제표를 상세하게 검사하는 것이다.** 감사는 보고서를 작성하는데 사용된 정보시스템의 검사와 회계정보의 정확성을 확신하는데 도움을 주기 위해 기업이 사용하는 통제절차의 검사를 포함한다. 감사의 목적은 외부의사결정자에게 보고된 정보가 기업의 경제적 활동을 공정하게 표시하고 있는지를 평가하기 위함이다. 정보의 작성과 보고를 위한 기준은 회계정보의 신뢰성을 높이는데 도움을 준다. 독립된 감사인 공인회계사(CPA: certified public accountants)는 이러한 정보가 GAAP에 따라 작성되었는지 확인하기 위하여 정보를 검사한다. CPA가 되기 위하여 시험에 합격하고 교육과 실무수습을 하여야 한다. CPA는 그들이 감사하는 회사와 독립적이어야 한다. 또, 그 회사와 이해관계가 없어야 감사의 편기를 없앨 수 있다.

증권거래소에 주식을 상장한 상장법인은 증권관리위원회와 증권거래소에 재무제표를 제출하여야 하며 이들 기관은 재무제표의 진실성 확보를 위해 지도 심사를 한다.

2) 관리회계

경영자는 회사의 효율성과 능률성을 평가하기 위하여 외부의사결정자에게 제공되는 정보이외에 더 많은 정보를 필요로 한다. **관리회계(managerial accounting, management accounting)는 기업의 내부의사결정자에게 유용한 회계정보를 작성, 보고, 해석하는 과정이다.** 경영자는 자신의 욕구에 부응하는 내부 이용을 위한 회계시스템을 개발하여야 한다. 이러한 시스템은 재무회계정보를 보고하기 위해 사용되는 시스템과 다르다. 관리회계는 경영자가 계획과 통제를 위한 의사결정을 하는데 사용된다.

계획(planning)의사결정은 경영자가 목표를 식별하고 목표를 달성하기 위한 전략과 정책을 개발하는 것이다. 계획의사결정은 회사가 제공하려는 상품이나 서비스의 선택, 생산설비를 설치할 장소, 필요한 기술, 신시장의 개척 등의 선택을 말한다. 이러한 의사결정은 조직의 구조를 결정한다. 경영자는 대안적 전략의 이익가능성과 이들 대안과 관련된 위험을 예측하여야 한다.

통제(control)의사결정은 경영자가 조직의 목표달성을 평가하고 만일 목표를 달성하지 못하였다면 변경하여야 한다. 이러한 의사결정은 계획과정에서 개발된 전략과 정책을 회사가 얼마나 잘 수행하였는지에 초점을 두고 있다. 더구나, 그들은 기업의 목표를 달성하는데 책임 있는 종업원 평가를 필요로 한다. 평가는 종업원이 조직의 목표와 일치된 의사결정을 할 수 있도록 동기부여를 하는 것이다.

계획의사결정은 미래지향적이다. → 경영자들은 미래에 무엇이 발생하기를 원하는가? 통제의사결정은 과거와 현재 지향적이다. → 회사는 무엇을 수행했으며 업적개선을 위하여 무슨 변경을 하였는가? 계획의사결정은 일반적으로 장기의사결정이다. → 앞으로 5년 동안 어떤 목적이 있는가? 통제의사결정은 아주 즉각적이다. → 현재 목적이 타당한가? 만일 타당하지 않다면 이 상황을 개선하기 위하여 해야 할 일은 무엇인가?

계획과 통제의사결정은 재무활동, 투자활동, 영업활동에 관하여 이루어진다. 경영자들은 회사가 필요한 재무자원을 계획하고 이러한 자원을 어떻게 투자할 것인가를 결정한다. 경영자들은 재무자원을 어떻게 사용하였으며 그들이 행한 투자의 성공에 대하여 평가한다. 경영자들은 신제품, 제품설계, 제품생산에 필요한 재료와 노동력의 취득에 대하여 계획한다. 또, 제품이나 서비스의 생산, 분배, 마케팅, 서비스에 대한 계획을 한다. 통제의사결정은 이러한 활동을 평가한다. 원가통제는 회사의 능률성에 영향을 미치는 주요 경영업무이다.

연 습 문 제

1. 회계의 목적은 무엇인가?

2. 의사결정을 할 때 왜 정보를 이용하는가?

3. 조직의 주요유형을 비교하라.

4. 기업의 소유형태를 비교하라.

5. 조직이 어떻게 사회에 공헌하는지를 설명하라.

6. 시장이 왜 중요한가를 설명하라.

7. 소유주가 왜 사업에 투자하는지를 설명하라.

8. 회계정보는 왜 투자자에게 유용한지를 설명하라.

9. 계약이 왜 조직에 관한 정보의 필요성에 영향을 미치는가를 설명하라.

10. 위험과 수익이 투자자에게 왜 중요한가를 설명하라.

11. 경영자, 종업원, 공급자, 고객, 정부당국이 사용하는 회계정보를 구별하라.

12. 재무회계를 정의하라.

13. 관리회계를 정의하라.

14. 회계의 기본적인 목적은?

    a. 기업이 내는 세금을 최소화하는 것이다.

    b. 조직의 재무활동 기록을 유지하는 것이다.

    c. 보통주에 귀속되는 순이익을 많이 보고하는 것이다.

    d. 투자자들이 감수할 위험을 줄이는 것이다.

15. 다음 중 어느 경우에 가치창출이 되는가?

    a. 은행이나 개인으로부터 돈을 빌릴 때

    b. 기계를 구입할 때

    c. 비품대금을 지급할 때

    d. 상품을 구입한 원가보다 더 높은 가격에 판매할 때

16. 우리 사회의 모든 조직의 주된 목적은?

    a. 이익창출

    b. 세금의 최소화

    c. 가능한 많은 일자리의 제공

    d. 자원을 한 형태에서 다른 형태로 전환

17. 김태기군은 조합에 10,000,000원을 투자하였다. 일 년 후에 조합을 매각하였고 매각대금은 조합원들이 나누어 가졌다. 김태기군이 받은 돈은 12,000,000원이었다. 투자수익은 얼마인가?

    a. 0원

    b. 2,000,000원

    c. 10,000,000원

    d. 12,000,000원

18. 당근당은 제약회사이다. 다음 중 기업의 가치창출이 기대되는 사건은?

	회사가 자기회사 주식을 발행한다	원재료를 제품으로 전환하여 판매한다
a.	예	예
b.	예	아니오
c.	아니오	예
d.	아니오	아니오

19. 한가위씨와 그 가족들은 그 동안 저축한 150,000,000원을 투자하여 한씨네보쌈을 개업하기로 하였다. 첫 해에는 매월 4,600,000만원의 매출을 예상하였으며 월 평균 비용은 다음과 같이 예상하였다.

종업원급여	700,000	건물임차료	1,200,000
소모품비	100,000	수도광열비	100,000
광고선전비	500,000		

1) 매월 기대되는 이익은 얼마인가?
2) 년간 투자수익은 얼마인가?
3) 년간 투자수익률은 얼마인가?

20. 맛있네라는 이탈리안 식당이 있다. 10월 한달 동안 맛있네 식당의 수익과 비용에 관한 자료는 다음과 같다.

매출액	9,750,000
음식재료 원가	2,875,000
건물임차료	2,188,000
종업원 급여	1,875,000
시설유지비	1,000,000

· ·

맛있네 식당의 10월의 손익계산서를 작성하라.

21. 순이익과 투자수익률의 결정

소나타씨는 조그만 자동차 대리점을 운영하고있다. 나타씨는 장소를 임차하여 사용하고 있으며 제조업자에게 차를 구입하여 고객들에게 판매하고있다. 6월 동안 나타씨는 12대의 자동차를 판매하였고 자동차의 총원가는 96,000,000원이었다. 나타씨가 자동차를 판매하여 받은 금액은 총 120,000,000원이었다. 그 외의 비용으로 임차료 2,250,000원, 전기료 900,000원, 보험료 525,000원, 차량유지비 300,000원, 광고선전비 270,000원, 재산세 180,000원이 있다.

〈요구사항〉

1) 나타씨의 6월의 순가치창출액을 나타내는 손익계산서를 작성하라.
2) 6월 한달 동안의 이익은 얼마인가? 나타씨가 이익을 어떻게 사용할 수 있는가?
3) 나타씨의 투자금액이 750,000,000원이라고 가정하여, 6월 한달 동안 투자수익률을 백분율로 계산하라.

22. 1998년 1월초에 섭섭이는 4,000,000원을 예금하였다. 1월말 잔액이 4,020,000원으로 늘어났다. 2월말 잔액은 4,040,100원이 되었다. 3월말 잔액은 4,060,300원 이었다. 잔액의 증가는 이자 때문이다. 섭섭이의 1월, 2월, 3월의 투자수익은 얼마인가? 또 3개월 동안 총수익은 얼마인가?

23. 난형과 난제 두 회사 중 하나에 투자할 수 있는 기회가 있다. 두 회사는 동일한 제품을 생산하며 같은 시장에서 경쟁을 하고 있다. 지난 5년 동안 두 회사의 경영성과는 다음과 같다.

	난형	난제
매출액	4,500,000	5,625,000
순이익	412,500	675,000
투자액 1원당 투자수익	0.45원	0.75원

어느 회사가 더 능률적인가? 어느 회사가 더 효과적인가? 당신은 어느 회사에 투자하겠는가? 당신의 대답에 대한 이유를 설명하라.

24. 위험과 수익

김여유씨는 주식에 투자하려고 한다. 여유씨는 난형, 난제회사의 위험과 수익률을 비교하여 투자결정을 하려고 한다. 과거 경영성과는 미래의 경영성과의 잠재적 지표로 평가될 수 있다고 가정한다. 두 회사의 회계정보는 다음과 같다.

(단위: 원)		20×1	20×2	20×3	20×4	20×5
난형회사	순이익	8,000	9,000	10,000	11,000	13,000
	총자산	61,000	59,000	68,000	73,000	70,000
난제회사	순이익	42,000	(5,000)	13,000	31,000	(23,000)
	총자산	62,000	63,000	64,000	65,000	66,000

〈요구사항〉

(a) 두 회사의 년도별 총자산에 대한 순이익의 비율인 수익률을 계산하라. (b) 두 회사의 5년간 총자산에 대한 순이익의 평균비율을 계산하라. (c) 두 회사의 수익률을 비교하라. 여유씨에게 두 회사의 위험과 수익률을 비교하여 설명하라. (d) 여유씨에게 어떤 회사를 추천하겠는가? 그 이유는?

제2장

기업 활동의 기록

제1절 기업 활동과 의사결정

제2절 회계정보시스템

제3절 회계정보의 처리과정

제4절 재무보고와 분석

모든 조직은 회계가 필요하다. 영리조직은 전환과정이 더 복잡하므로 영리조직의 회계를 알면 다른 조직의 회계는 자연적으로 알게 된다. 제 1장에서는 전환과정으로서 조직을 기술하였다. 전환과정은 자원을 고객에게 판매할 상품이나 서비스로 전환하는 것이다. 이 장에서는 소유주, 채권자, 경영자 등 의사결정자가 조직에 관한 의사결정을 하는데 사용하는 정보를 상세하게 설명하겠다. 정보의 필요성은 조직에 자원이나 서비스를 제공하는 사람들 사이의 상호작용으로부터 발생한다. 또, 이 장에서 정보시스템의 주요 구성요소를 설명한다. 조직에는 각각 상이한 목적을 제공하는 몇 개의 정보시스템이 존재할 수 있다. 회계는 전환과정의 경제적 결과에 관한 정보를 제공하는 특정 유형의 시스템이다. 이 장에서는 회계시스템의 특색을 기술한다. 이 장을 읽은 후에 회계는 조직의 전환과정의 경제적 결과를 측정, 요약, 보고하는 정보시스템이라는 것을 이해하게 될 것이다. 회계정보는 의사결정자가 의사결정자의 권리와 책임을 식별하는 계약을 체결하고 평가하는데 사용된다.

이 장에서 다루는 주요 주제는 다음과 같다.

- 의사결정자와 계약
- 외부와 내부의사결정자의 정보욕구
- 일반적으로 인정된 회계원칙
- 정보시스템의 기본 기능
- 회계정보시스템의 구성요소
- 회계시스템에서 회계정보의 처리

제1절 기업 활동과 의사결정

현대의 경제구조를 특성 짓는 가장 중요한 것 중의 하나가 기업의 경영활동이다. 오늘의 경제활동 중 생산 및 분배활동의 대부분이 기업들에 의해 수행되고 있으며, 모든 사람들이 직접 또는 간접으로 기업의 활동과 관련을 맺으며 생활하고 있다. 사람들은 기업의 활동과 관련하여 어떠한 의사결정을 하는가? 기업 활동에는 어떤 종류가 있나? 기업에서는 다양한 종류의 의사결정이 이루어진다. 회계는 이러한 의사결정을 하는데 중요한 정보를 제공하여준다. 의사결정을 위하여 회계정보를 사용하는 기업의 활동에는 재무활동, 투자활동, 영업활동의 세 가지가 있다.

재무활동은 자본의 조달과 운영에 관련된 의사결정으로 투자자와 채권자들은 기업에 얼마만큼의 자본을 제공하고 회수 할 것인가에 관한 의사결정을 한다. 투자활동은 투자에 관련된 의사결정으로 경영자는 조달된 자본을 어떤 생산시설에 투자할 것인가에 관한 의사결정을 하여야 한다. 영업활동은 영업에 관련된 의사결정으로 경영자는 제품의 생산과 판매에 관한 의사결정을 하여야 한다. 기업의 경영활동은 자본의 조달, 생산시설에의 투자, 제품의 생산과 판매활동, 즉 재무활동 → 투자활동 → 영업활동이 일정한 주기를 가지고 반복하는 것이다.

1. 재무활동

기업은 이익을 창출하기 위하여 설립된 조직이다. 기업은 상품이나 서비스를 생산하는데 사용할 여러 가지 자원을 취득하기 위하여 재무자원을 필요로 한다. 기업은 재무시장에서 재무자원을 조달하기 위하여 경쟁한다. **재무활동(financing activities)은 조직이 재무시장에서 재무자원을 조달하는 방법을 결정하고 어떻게 이들 자원을 관리하느냐 하는 것이다.** 대부분 기업은 기본적 재무자원을 소유주와 채권자로부터 조달한다.

1) 소유주

주식회사의 소유주는 회사가 발행하는 주식을 구입한 투자자들이다. **주식(stock)은 회사의 지분을 균등하게 나타낸 것이다.** 회사의 주식을 10% 소유한 투자자는 회사를 10% 소유하고 있으며 주주가 받을 수 있는 수익의 10%를 받을 권리가 있다. **주주(stockholders)는 주식회사의 소유주들이다.**

주식은 증권시장에서 거래된다. 증권시장은 이를 목적으로 특별히 설립된 기관이다. 증권시장은 매도자와 매수자간의 주식교환을 쉽게 이루어지게 한다. 그러므로 개인기업이나 조합과는 달리 주식의 매매를 통하여 회사의 소유권이 쉽게 바뀔 수 있다. 주요 대기업은 증권시장에서 소액주주로부터 수천억원의 자금을 조달한다.

개인기업의 소유주는 기업에 많은 개인 재산을 투자하였기 때문에 가장 큰 이해관계를 가지고 있다. 개인은 재산과 차입할 능력에 한계가 있으므로 개인기업의 규모에는 한계가 있다. 개인기업의 소유주는 이익이 발생하면 이익을 재투자하여 기업을 성장시킨다.

조합은 몇 사람의 조합원으로 구성된다. 그러므로 조합에서 이용할 수 있는 자금은 모든 조합원이 출자한 자금에 좌우된다. 새로운 조합원이 기업에 자금을 출자하여 가입할 수도 있다. 대부분 조합은 규모가 작으나 수천 명 이상의 규모가 큰 조합도 있다.

2) 채권자

소유주가 제공한 자금이 부족하면 기업은 제3자로부터 돈을 빌려야 한다. 기업은 은행이나 다른 금융기관으로부터 차입할 수도 있으며 개인으로부터 차입할 수도 있다. **기업에 재무자원을 빌려준 사람을 채권자(creditor)라고 한다.** 대부분의 기업은 은행이나 기타 금융기관으로부터 자금을 차입한다. 기업은 가끔 개인이나 다른 기업으로부터 자금을 차입하기도 한다.

기업주가 투자수익을 얻기 위하여 투자하는 것과 마찬가지로 채권자도 그들의 투자에 대해 수익(이자수익)을 얻기 위하여 기업에 돈을 빌려준다. 그러나 채권자는 그들의 투자에 대하여 일정기간 동안 특정수익률을 약속하고 돈을 빌려준다. 보통 이는 고정률이다.(예, 년 10%) 반면에, 소유주는 불특정기간 동안(소유권을 매각할 때까지) 투자하며 기업이 이익을 얻는데 따라 수익을 받는다.

채권자가 약속한 금액을 받을 수 있는지 없는지는 기업의 성공에 따라 결정된다. 기업이 획득한 수익에서 비용을 지급한 후 채권자에게 지급할 충분한 현금을 모으지 못한다면, 채권자들은 약속한 금액을 받지 못할 것이다. 그러므로 채권자는 기업이 부채와 이자를 상환할 능력이 있는지 그 가능성을 평가하여야 한다. 위험은 채권자와 소유주 모두에게 관련이 있다. [그림 2-1]은 재무활동을 예시한 것이다.

[그림 2-1] 재무활동의 구성요소

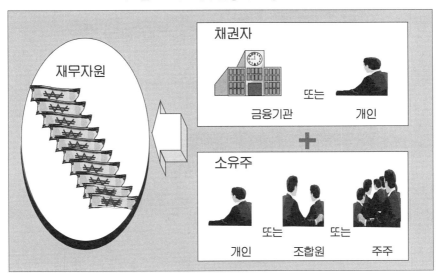

2. 투자활동

기업은 고객에게 상품이나 서비스를 판매하려면 재무활동으로부터 조달한 자금으로 영업활동에 필요한 여러가지 자원을 취득하여야 한다. 자원의 올바른 배합은 효과적이고 능률적인 영업을 위하여 필수적이다. 잘못된 자원의 결합이나 잘못된 장소, 잘못된 시기에 자원을 취득하는 것은 잘못된 결과를 초래할 수 있다.

투자활동(investing activities)은 상품이나 서비스를 개발, 생산, 판매하는데 사용되어질 자원을 선택하고 관리하는 것을 말한다. 자원에는 소모품, 보험, 토지, 천연자원, 건물, 비품, 정보시스템, 인적자원, 특허권과 상표권 같은 법적 권리, 상품과 서비스를 생산하는데 필요한 기타자원이 있다. 기업은 이들 자원을 위하여 공급시장에서 경쟁한다. [그림 2-2]는 투자활동을 예시한 것이다.

[그림 2-2] 투자활동의 구성요소

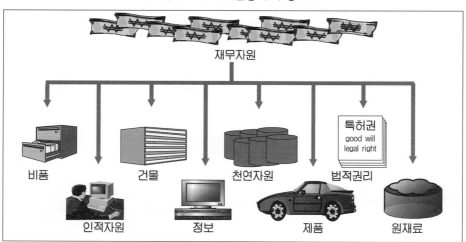

많은 제조회사들은 그들의 제품을 개발, 생산, 분배, 판매하기 위하여 건물과 설비에 많은 투자를 한다. 기업에 따라 자원에 투자한 금액에는 많은 차이가 있다. 어떤 기업은 투자금액으로 볼 때 다른 회사보다 몇 배나 더 많이 투자한다.

3. 영업활동

기업은 영업활동을 통하여 이익을 창출한다. 영업활동(operating activities)은 상품이나 서비스를 디자인하고 생산, 분배, 판매하기 위하여 자원을 사용하는 것이다. 영업활동에는 연구개발, 디자인과 엔지니어링, 구매, 인적자원, 생산, 분배, 마케팅과 판매, 서비스제공 등이 있다. 조직은 이들 활동에 사용되는 자원을 위하여 공급자시장과 노동시장(인력시장)에서 경쟁한다. 또, 그들은 영업활동에서 생산된 상품이나 서비스를 판매하기 위하여 제품시장에서 경쟁한다. [그림 2-3]은 영업활동의 구성요소를 나타낸 것이다.

[그림 2-3] 영업활동의 구성요소

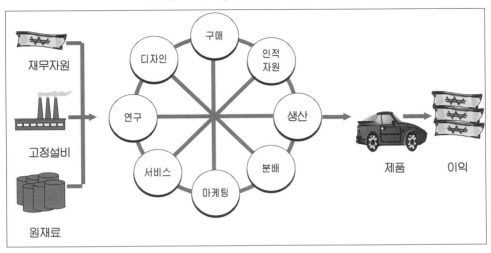

이들 활동은 개별부문 또는 조직의 사업부별로 이루어진다. 각 사업부에는 그 사업부의 의사 결정에 책임이 있는 경영자가 있다. 모든 조직이 이들 활동의 모두를 필요로 하는 것은 아니다. 예를 들어 상품매매업과 서비스업은 엔지니어링과 제조를 요구하지 않는다. 가끔 어떤 활동들은 부문에 결합된다. 예를 들어, 분배, 마케팅, 서비스 활동은 하나의 관리자로 한 부문에 결합될 수 도 있다.

4. 전환과정의 요약

재무활동, 투자활동, 영업활동에서 행하는 의사결정은 정보를 필요로 한다. 회계정보시스템 은 정보욕구에 맞도록, 특히 전환과정의 재무적 영향을 나타낼 수 있도록 설계되어야 한다. **전 환과정(transformation process)은 소유주와 채권자로부터 자금을 조달하는 것을 시작으로 하 는 순환과정이다.** 조달된 자금은 상품이나 서비스를 창출하는데 **필요한 설비, 비품, 인적자원, 기타자원에 투자**된다. 조직은 이들 자원을 **상품이나 서비스를 개발, 생산, 분배, 판매하는데 사 용**한다. 상품이나 서비스를 판매함으로써 이익이 창출되며, **추가로 재무자원이 유입된다.** 그래 서 이 순환은 계속되는 것이다. 즉, 재무활동, 투자활동, 영업활동이 계속하여 순환되는 것이다.

[그림 2-4] 전환과정의 요약

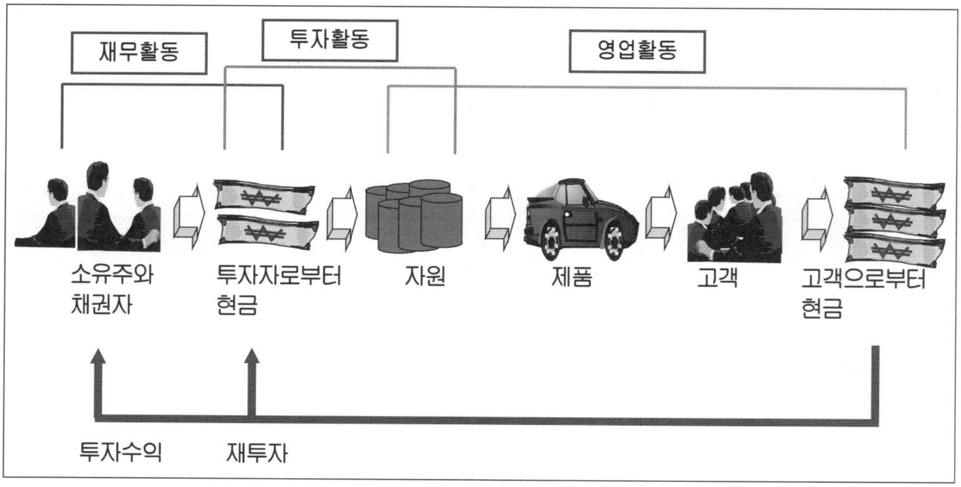

재무활동　　투자활동　　영업활동

소유주와　　투자자로부터　　자원　　제품　　고객　　고객으로부터
채권자　　현금　　　　　　　　　　　　　　　　현금

투자수익　　재투자

일반적으로 자원의 흐름은 재무의사결정으로부터 투자의사결정, 영업의사결정에 이르는데 비해, 정보는 가끔 반대로 흐른다. 예를 들어, 제품이 디자인되기 전에 고객이 필요로 하는 제품의 종류와 수량에 관한 의사결정이 필요하다. 이러한 의사결정은 생산, 분배활동을 계획하는데도 필요하다. 생산수량은 생산과정에서 사용되는 재료, 노동력, 비품에 대한 수요에 영향을 미친다. 재료, 노동력, 비품에 대한 수요는 이들 자원을 마련하는데 소요되는 재무조달의 수요를 결정한다. 이리하여 계획은 상품이나 서비스의 판매에 관한 기대로부터 시작하며 상품이나 서비스를 생산하는데 필요한 자원이나 활동을 결정하기 위하여 작업을 거슬러 올라가야 한다. [그림 2-4]에 예시한 것처럼 조직이 어떻게 자원을 상품이나 서비스로 전환하는지를 확실히 이해하여야 한다.

제2절　회계정보시스템

1. 정보시스템

정보시스템이란 무엇인가? 정보시스템은 적절한 원천으로부터 자료를 식별하고 수집하여 자료를 의사결정에 사용할 수 있는 정보로 전환하는 것이다. 자료는 유용한 정보로 전환될 수 있는 개별적 사실이나 상징이다.

기업은 내부이용자와 외부이용자의 정보 욕구에 부응하기 위하여 정보를 수집하고, 처리하고, 보고하기 위한 시스템을 개발하여야 한다. [그림 2-5]는 정보시스템의 기본활동을 예시한 것이다.

[그림 2-5] 정보시스템의 기본활동

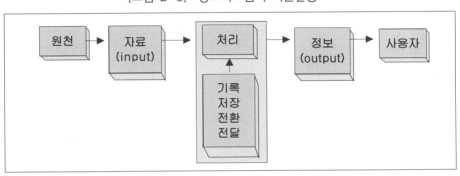

정보시스템의 목적은 이용자가 자료를 받기 이전보다 더 유용하도록 자료를 변경하는 것이며, 또 이용자가 보다 쉽게 정보에 접근할 수 있도록 자료를 변경하는 것이다. 예를 들면, 마이크로폰과 카메라를 사용하여 소리나 시각 이미지를 신호로 전환하여 콤팩트디스크나 테이프에 저장할 수 있다. 디스크나 테이프를 기기에 넣고 작동시키면 신호는 다시 소리나 영상으로 전환된다. 저장 용구는 정보가 필요할 때까지 저장함으로써 정보를 보다 유용하게 만든다.

컴퓨터는 우리 생활에서 아주 친밀한 정보시스템의 하나이다. 자료는 키보드를 통하여 컴퓨터에 입력된다. 컴퓨터는 자료를 신호로 전환하여 모니터나 프린터에 출력할 수 있으며, 필요할 때까지 자료를 저장할 수도 있다. 이와 같은 유형의 시스템의 중요한 점은 컴퓨터에 의해 자료가 자동으로 정보로 전환된다는 것이다. 소프트웨어는 자료를 재정리하고 요약하고 표를 만드는데 사용되며, 그에 따른 산출물은 유용한 정보가 되는 것이다.

자료를 산출하기 전에 저장하고 조작하는 능력은 많은 정보시스템의 중요한 속성이다. 정보를 저장하고 조작하는데 중요한 역할을 하는 정보시스템의 일부분이 데이터베이스이다. **데이터베이스(data base)는 자료를 체계적으로 검색하고 조작할 수 있도록 자료를 물리적, 전기적으로 정렬하여 놓은 것이다.** 전화번호부와 사전은 데이터베이스의 전형적인 유형이다. 어떤 사람의 전화번호나 모르는 단어의 뜻을 찾을 필요가 있을 때 정보가 알파벳순으로 저장되어 있기 때문에 데이터베이스에서 쉽게 찾을 수 있다. 개별 채권자별로 채무액에 관한 정보를 담고 있는 컴퓨터파일은 회계데이터베이스의 일종이다.

2. 경영정보시스템

경영자의 필요에 따라 설계된 정보시스템은 투자자, 채권자, 정부당국, 기타 이해관계자에게 보고할 정보의 원천이다. 경영정보시스템(management information system)은 경영자가 기업을 경영하는데 필요한 정보를 제공해 준다. 이론적으로 전체 경영정보시스템은 조직의 모든 부서로부터 자료를 받을 수 있도록 설계되어 있다. 경영정보시스템은 자료를 데이터베이스에 저장하며 데이터베이스는 많은 내부이용자와 외부이용자의 의사결정을 위하여 정보를 제공한다.

경영정보시스템에서 기업의 각 부서는 자료를 데이터베이스로 제공한다. 예를 들면, 마케팅부서는 지역별 제품별 매출액과 판매수량에 관한 자료를 제공한다. 인사부서는 부문별 종업원의 수와 급여액 등에 관한 정보를 제공한다. 데이터베이스로부터 자료는 명세서와 보고서 형태의 정보로 전환되어 내부이용자와 외부이용자에게 제공된다. 컴퓨터는 정보가 각 부문간에 전달되어 각 부문 관리자를 연계시키는 수단을 조직에 제공한다. 예를 들어, 컴퓨터시스템은 생산부서가 판매주문에 맞게 생산할 수량에 관한 정보를 얻고, 구매부서가 필요한 제조수량에 맞게 재료의 수량을 결정할 수 있게 해준다.

전체 경영정보시스템은 경영의 기능에 따라 기업의 다른 목적을 제공하는 몇 개의 하부정보시스템으로 세분화된다. 각 하부정보시스템은 전체 경영정보시스템의 일부분이 된다. 하부정보시스템으로 마케팅정보시스템, 생산정보시스템, 인사정보시스템 등을 둘 수 있다. 각 하부정보시스템은 전환과정의 부서에서 발생하는 활동으로부터 자료를 수집한다. 하부정보시스템은 이들 자료를 저장하고, 그 부문의 특정관리자의 필요에 맞도록 자료를 정보로 전환한다. 주기적으로 각 부문의 자료는 보고서로 작성되어 기업의 다른 부서나 최고경영자에게 보고된다.

경영정보시스템은 전환과정의 일부로 자원을 취득할 때부터 소비, 판매, 폐기할 때까지 자원의 종류, 수량, 장소, 사용에 관한 정보를 제공한다. **회계정보시스템은 경영정보시스템의 특정하부정보시스템으로 (1) 기업의 자원을 식별하고 (2) 자원을 고객에게 판매된 제품이나 서비스로 전환하는 것을 추적하고 (3) 기업이 사용한 자원의 원가를 결정하고 (4) 이들 활동에 관한 정보를 내부이용자와 외부이용자에게 보고하는 책임이 있다.**

3. 회계정보시스템

회계정보시스템(accounting information system)은 자료를 입력하고, 데이터베이스에 기록·저장된 자료를 요약서와 표로 전환하여, 정보이용자에게 일람표, 보고서 및 기타 형식으로 정보를 전달하는 과정이다. 회계시스템에 기록될 기본적 자료는 (1) 기업이 취득한 자원의 원가와 사용된 자원의 원가 (2) 기업이 판매한 상품이나 서비스의 가격 (3) 이들 활동에 영향을 미치는 경영정책 등이다. [그림 2-6]은 회계정보시스템에서 발생하는 활동들을 나타낸 것이다.

[그림 2-6] 회계정보시스템

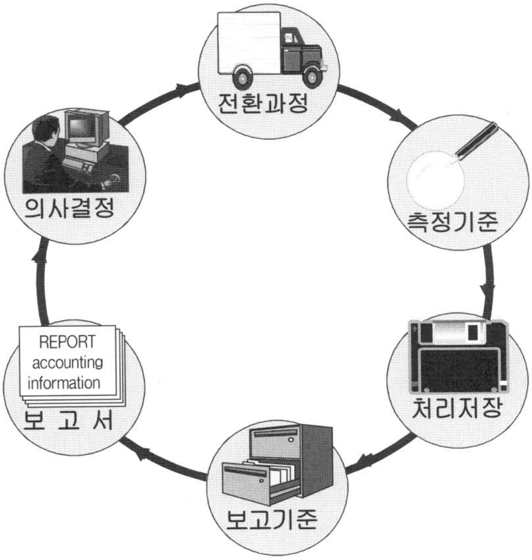

회계시스템에 기록될 회계자료는 조직의 전환과정(transformation process)에서 발생된다. 기업의 재무활동, 투자활동, 영업활동으로 인한 자원의 취득, 전환, 소비에 관한 자료가 회계시스템에 기록된다.

측정기준(measurement rules)은 회계시스템에 기록되는 전환과정의 속성을 결정하는 기준이다. 측정기준은 시스템에 의해 선택된 자료를 식별한다. 예를 들어, 시스템은 비품을 구입하였을 때 지급된 원가를 기록한다. 그러나 비품이 실제로 판매되지 않는 한 판매될 수 있는 가격을 기록하지 않는다. 비품의 크기나, 무게나, 색깔이 기록되는 것이 아니라 비품의 원가가 회계시스템에 기록된다. 전환과정의 속성을 선택하도록 설계된 측정기준은 시스템의 이용자에게는 매우 중요하다. GAAP는 일반목적 재무회계정보에 대한 측정기준을 규정하고 있다. 정부당국은 세무목적과 규제목적의 기준을 결정한다. 반면에 경영자는 관리회계정보를 위하여 그들만의 측정기준을 개발하여야 한다.

회계데이터베이스는 회계자료가 저장되고 처리되는 장소이다. 회계시스템에 의해 측정된 기업의 전환활동은 하나 이상의 회계데이터베이스에 기록된다. **회계데이터베이스는 기업의 거래**

가 기록, 요약, 저장되는 계정들을 모아 놓은 장부나 컴퓨터 파일이다.

거래가 발생하면 경제적 사건이 어느 계정에 영향을 미치는가를 식별하여 거래의 금액을 해당계정에 기록한다. 회사가 비품을 500,000원에 현금으로 구입하였다고 하자. 비품계정은 500,000원 증가하며 현금계정은 500,000원 감소한다. 각 거래는 두 부분으로 분리된다. 가끔 이 부분들은 회사와 고객, 공급자, 투자자와의 교환을 식별하는 것이 되는 경우가 있다. 예를 들면, 회사는 비품을 받고 현금을 지급하였으므로 비품과 현금을 교환한 것이다.

거래를 기록하는 것은 예금출납장에 예입과 지출을 기록하는 것과 비슷하다. 거래의 날짜, 적요, 금액이 기록된다. 데이터베이스는 회계자료가 다양한 방법으로 요약되도록 되어 있다. 기업은 일정기간 동안 지출된 금액을 알 수 있다. 돈을 사용한 목적, 여러 가지 자원을 취득한 금액, 자원을 취득한 시기, 어떻게 자원을 사용하였는지 등을 알 수 있다. 이용자는 그들의 필요에 따라 데이터베이스로부터 다양한 형태의 정보를 얻을 수 있다.

보고기준(reporting rules)은 정보시스템에서 보고되어질 정보를 결정하는 기준이다. 보고기준은 데이터베이스로부터 특정목적을 위하여 작성할 자료를 결정하고 작성양식을 결정한다. 어떤 이용자는 지역별 기간별로 어떤 제품이 판매되었는지 얼마나 많은 양이 판매되었는지에 관한 정보를 필요로 할 수도 있다. 또 어떤 이용자는 회사의 총매출액에 관한 일반적인 정보를 필요로 할 수도 있다. GAAP는 일반적 목적의 재무회계정보에 대한 보고기준을 제공해 준다. 정부는 세무와 규제정보의 보고기준을 결정한다. 반면 경영자는 관리회계정보 보고를 위한 보고기준을 결정한다.

보고서(reports)는 회계시스템에 의해 산출된 정보를 제공한다. 보고서는 일반적으로 서류로 작성되지만 인터넷이나 컴퓨터 화면과 같은 다양한 형태를 이용할 수도 있다. 보고서의 작성 횟수와 보고서에 포함되는 금액의 상세함은 이용자의 필요에 따라 다양하다.

정보이용자는 보고된 정보를 평가한 후에 의사결정을 한다. 정보이용자는 정보를 해석하기 위하여 의사결정기준을 채택하여야 한다. 예를 들어, 만일 회사가 보고한 이익이 3년간 계속 하락하였다면 투자자는 소유하고 있는 주식을 팔 것인가를 결정하려고 할 것이다. 그 투자자는 회사에서 보고된 이익에 관한 정보를 의사결정 기준과 비교하여 소유한 주식을 팔 것인가 계속 보유할 것인가를 결정한다. 의사결정자는 위험과 수익을 평가하는데 회계정보를 이용한다.

[그림 2-6]의 시스템에서 가장 중요한 단계는 의사결정과 전환과정을 연계하는 것이다. 정보이용자의 의사결정은 기업에 많은 영향을 미친다. 만일 투자자들이 회사의 주식을 구입하지 않거나, 채권자들이 돈을 빌려주지 않는다면 기업의 운영과 안정에 필요한 재무자원을 얻는데 어려움이 있을 것이다. 고객들은 기업의 계속적 존속에 반신반의한다면 그 회사의 제품을 구입하지 않을지도 모른다.

제3절 회계정보의 처리과정

앞에서 우리는 회계정보시스템이 정보이용자에게 유용한 정보를 제공해준다는 것을 살펴보았다. 회계정보는 보고서를 통해서 정보이용자에게 전달된다. 회계시스템을 이해하려면, 시스템이 자료를 어떻게 분류하고 저장하는지를 알아야 한다. 계정(account)은 회계시스템에서 자료를 기록하기 위한 기본 단위이다. 경제적 사건이 발생하면 계정의 증감 금액과 계정의 잔액을 기록한다. 계정들은 자료를 저장하기 위하여 분류된다. 계정의 수는 조직의 복잡성과 정보의 필요에 따라 달라진다.

회계정보시스템은 전환과정을 기록하기 위하여 계정을 자산, 부채, 자본, 수익, 비용의 다섯 가지 유형으로 분류한다. 회사의 전환과정에서 발생하는 모든 거래는 다섯 가지 유형중의 어느 하나로 분류된다. 계정들은 파일 시스템과 같은 것이다. 각 계정마다 독립된 하나의 파일이 필요하다. 계정들의 위치를 쉽게 파악하고 보고서를 쉽게 작성하기 위하여 [그림 2-7]과 같이 유형별로 정리하는 것이 편리하다.

[그림 2-7] 회계정보의 처리과정

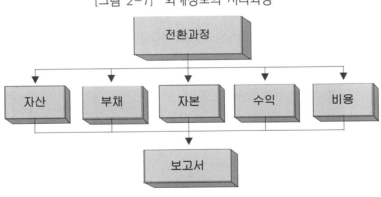

1. 자산과 부채와 자본

자산(assets)은 기업이 취득한 자원이거나 법적 통제하에서 장래 사용에 유용한 자원이다. 자산의 범주에 포함되는 것에는 현금과 매출채권과 같은 재무적 자원에 관한 계정이 있다. **매출채권(accounts receivable)이란 고객에게 상품이나 서비스를 외상으로 판매하고 장래에 받게 될 현금을 나타낸 것이다.** 또, 자산에는 재고자산, 원재료, 소모품, 비품, 건물, 토지, 그리고 천연

자원과 같은 물리적 자원이 있다. 특허권, 상표권 등과 같이 기업에 법적 권리를 제공하는 계정도 있다. 자산계정은 취득할 때 증가하고, 자산이 소비되거나 판매될 때 감소한다.

부채(liabilities)는 기업이 채권자에게 빚진 금액이다. 자본(owners' equity)은 소유주가 기업에 투자한 금액이다. 소유주가 직접 투자한 금액과 이익잉여금은 자본의 일부이다. 이익잉여금은 소유주가 재투자한 것이다. **주식회사의 소유주지분을 주주지분(stockholders' equity, shareholders' equity)이라고 한다.**

자본계정과 부채 중 많은 계정은 재무활동의 결과로 발생한다. 이들 계정의 잔액은 채권자와 소유주가 기업에 투자한 금액을 나타낸다. 재무자원의 주요 원천을 나타내기 위하여 각각 다른 계정이 사용된다. 부채계정은 채권자가 기업에 자금을 제공하였을 때 증가하고 기업이 채권자에게 상환하였을 때 감소한다. 부채계정에는 개인이나 은행과 같은 금융기관에서 차입한 차입금과 채권을 발행하여 빌린 사채가 있다. **차입금(notes payable)은 기업이 특정일에 차입금과 이자를 지급하기로 채권자와 계약을 체결한 것이다. 사채(bond)는 기업이 발행한 부채증권이다. 대부분 사채는 증권시장에서 거래된다.** 부채 계정은 회사가 돈을 빌렸을 때 증가하고 회사가 채권자에게 돈을 상환할 때 감소한다.

또 어떤 부채는 영업활동과 관련하여 발생한다. 예를 들면, 매입채무는 공급자에게 빚진 금액이다. 미지급급여는 종업원에게 빚진 금액이다. 미지급법인세는 정부당국에 빚진 금액이다. 공급자, 종업원, 정부당국, 기타 이해관계자가 장래 지출이나 이익과 교환하여 상품이나 서비스를 제공할 때 기업의 채권자가 되는 것이다. **부채는 재무활동으로 발생할 뿐만 아니라 영업활동과 관련하여 발생하기도 한다.**

자본계정은 소유주가 기업에 투자할 때와 이익을 재투자할 때 증가한다. 일반적으로 개인 기업이나 조합은 이익을 자본금 계정에 가산한다. 그러나 **주식회사에서 이익이 발생하면 이익잉여금(retained earnings)계정에 기록하여야 한다.** 주주총회에서 이익의 처분에 관하여 의결해야 하기 때문이다.

자산과 부채, 자본 사이에는 중요한 관계가 있다. 부채와 자본은 기업에 재무자원을 제공한 것이다. 자산은 채권자와 소유주가 제공한 재무자원으로 취득한 경제적 자원이다. 그러므로 기업이 이용할 수 있는 자산은 부채와 자본을 합한 금액과 일치한다. 자산과 부채, 자본의 관계를 다음과 같은 등식으로 나타낼 수 있다.

회계등식 : 자산= 부채 + 자본

이 등식을 회계등식(accounting equation) 또는 재무 상태표등식이라고 한다. 회계등식에서

일반적으로 부채를 소유주지분보다 먼저 쓰는데 이는 자산에 대한 채권자의 권리가 소유주지분보다 우선하기 때문이다.

다음의 표는 자산, 부채, 자본에 속하는 계정들을 예시한 것이다.

등식의 오른 편은 채권자와 소유주가 기업에 제공한 자원에 대한 청구권을 나타낸다. 등식의 왼편은 투자자들이 제공한 자금을 경영자가 기업을 위하여 자원을 취득하는데 어떻게 사용하였는가를 나타내 주고 있다.

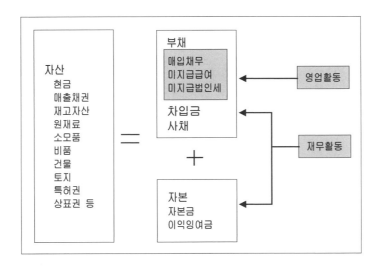

기본적 회계보고서중의 하나는 자산과 부채, 자본의 관계를 나타내는 것이다. 이 보고서를 재무 상태표라고 한다.

재무 상태표에 표시된 자산, 부채, 자본의 금액은 특정일 현재의 금액이다. 회사가 2008년 1월 1일 현재 자산 5,000,000원 부채 2,000,000원 자본 3,000,000원을 보유하고 있다고 하자. 2008년 1월 2일에 이들 계정에 영향을 미치는 거래(예를 들어, 소유주가 500,000원을 추가 출자)가 발생하면 계정잔액은 달라진다.

2008. 1. 1	자산	=	부채	+	자본
	5,000,000	=	2,000,000	+	3,000,000
2008. 1. 2	자산	=	부채	+	자본
	5,500,000	=	2,000,000	+	3,500,000

따라서 **재무 상태표(statement of financial position)는** 특정일 현재의 기업의 재무 상태, 즉

자산, 부채, 자본을 나타내는 보고서이다.

2. 수익과 비용

수익은 기업이 상품이나 서비스를 고객에게 판매하여 자원을 창출할 때 발생한다. 좀 더 자세하게 설명하면 **수익(revenues)은 기업의 영업활동인 상품이나 서비스를 판매함으로써 자산이 증가하거나 부채가 감소하는 것이다.** 예를 들어, 상품을 1,000,000원에 판매하면 1,000,000원의 수익을 인식하게 된다. 상품판매에서 창출된 자원은 현금이거나 매출채권이 된다.

비용은 기업이 상품이나 서비스를 생산, 판매, 인도하기 위하여 자원을 소비할 때 발생한다. 좀 더 자세하게 설명하면 **비용(expenses)은 기업이 영업활동으로 상품을 생산, 인도하거나 서비스를 제공함으로 자산이 감소하거나 부채가 증가하는 것이다.** 만일 판매된 상품의 원가가 800,000원이면 800,000원의 비용이 발생한다. 소비된 자원은 고객에게 인도된 상품이다. 비용에는 매출원가, 급여, 임차료, 보험료, 수도광열비, 이자비용 등이 있다. 수익과 비용은 일정기간 동안 기업의 영업활동의 결과를 측정한 것이다.

제 1장에서 설명한 것 같이 기업이 고객에게 제공한 상품이나 서비스의 총 가격이 이들 상품이나 서비스를 생산하여 유용하게 하는데 소비된 자원의 총원가보다 더 클 때 가치를 창출한다는 것을 명심하기 바란다. 이와 같이 창출된 가치를 이익(profit) 또는 순이익(net income)이라고 한다. 회계시스템에서 이익은 일정기간 동안 기업이 기록한 수익과 비용의 차이이다. 따라서 일정기간 동안 기업이 창출한 이익은 다음과 같이 나타낼 수 있다.

$$수익 - 비용 = 이익$$

일정기간 동안 기업이 창출한 이익은 손익계산서에 순이익으로 보고된다. 수익, 비용, 순이익은 한 회계기간 동안 기업의 영업활동의 결과이다. 회계기간은 시간의 길이 이다. 예를 들어, 6월 한달, 2020년의 1/4분기, 2020년 1월 1일부터 2020년 9월 30일까지 등을 의미한다.

손익계산서(statement of profit and loss)는 일정기간 동안의 기업의 경영성과 즉 수익, 비용, 순이익을 나타내는 보고서이다. 수익, 비용과 순이익이 보고될 때는 보고서에 표시된 회계기간을 아는 것이 대단히 중요하다. 순이익을 보고하는 것은 야구게임에서 득점을 보고하는 것과 같다. 야구게임에서 이닝을 아는 것이 필요하며 또는 게임이 끝났는지를 아는 것이 필요하다. 게임이 끝나면 새 게임을 시작하기 위하여 스코어는 제로가 된다. 새로운 회계연도의 기초에는 순이익이 제로이다. 기말의 순이익 금액은 그 기간 동안의 스코어이다.

소유주는 기업의 이익에서 현금을 받을 수도 있다. 이 현금은 기업의 영업활동에서 얻은 이익액의 일부이다. **주식회사에서 이 금액을 배당금(dividends)이라고 한다. 개인기업이나 조합에서는 이 금액을 인출금(withdrawals)이라고 한다.** 인출금을 기록하면 자본금계정과 현금계정이 감소한다. 배당금을 기록하면 이익잉여금계정과 현금계정이 감소한다.

[그림 2-8]은 주식회사 회계시스템에서 계정 유형간의 상호관계를 나타낸 것이다.

순이익은 영업활동의 결과를 측정한 것이다. 순이익 중 소유주에게 지급하고 남은 금액은 이익잉여금을 증가시키며 추가자원을 취득하는데 사용할 수 있는 재무자원이 된다. 다시 말하면, 이들 자원은 수익을 창출하기 위하여 기업의 영업활동에 사용된다. 따라서 회계데이터베이스에 사용되는 다섯 가지 계정은 기업의 전환과정의 결과를 기록한 것이다.

[그림 2-8] 계정의 유형간의 관계

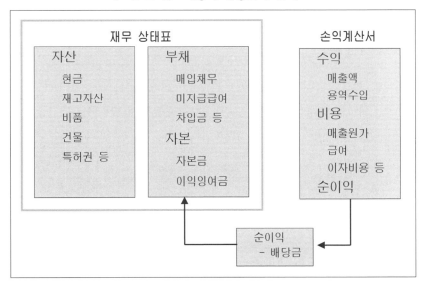

3. 기업 활동의 기록

회계는 기업 활동을 화폐액으로 측정하고 이들 활동을 계정에 기록한다. 회계시스템에서 기본적 정보 단위는 계정이다. 회계는 계정을 사용하여 기업 활동을 측정, 기록, 보고하고, 분석하는 것이다. **계정(account)은 특정 자원이나 활동과 관련된 화폐금액의 증감을 기록한 것이다. 거래 (transaction)는 계정잔액을 증감시키는 사건이다.** 거래는 자원의 변동이나 자원에 영향을 미치는 활동을 식별하는 것이다.

재무회계는 회계등식을 이용하여 거래를 기록한다.

"자산(Assets) = 부채(Liabilities) + 자본(Owners' Equity)"

기업의 활동이 어떻게 회계시스템에 기록되는지를 예를 들어보자. 박진호군은 제1장에서 설명한 것 같이 창업을 하는데 필요한 여러 가지 고려사항을 검토한 후 창업을 하기로 결정하였다. 무엇을 어떻게 하여야 하는가? 먼저 사업에 필요한 자금을 마련하는 것이다. 그리고 설비와 집기 등 사업에 필요한 자원을 구입하고, 상품을 구입하여 고객에게 판매하기 시작하여야 한다. 박진호군은 그동안 예금한 돈을 투자하여 코람데오사를 창업하고 음향기기를 판매하려고 한다. 회계기록을 이해하기 위해 기업(코람데오사)은 소유주(박진호)와 독립된 실체라는 점을 명심하는 것이 중요하다. 다시 말하면 회계는 소유주(박진호)나 다른 이해관계자의 활동을 기록하는 것이 아니라 기업(코람데오사)의 활동을 기록하여야 한다.

1) 재무활동의 기록

2008년 1월 2일 회사는 소유주인 박진호로부터 ₩6,000,000을 투자 받았다.

그리고 1월 3일 회사는 부족한 자금 ₩4,000,000을 은행에서 차입하였다. 1월 3일 현재의 회계 데이터베이스는 다음과 같다.

월 일	재무 상태표				
	자 산		=	부 채+자 본	
기초잔액		0			0
1/2	현금	+6,000,000	자본금		+6,000,000
1/3	현금	+4,000,000	차입금		+4,000,000
기말잔액	현금	10,000,000	차입금		4,000,000
			자본금		6,000,000
		10,000,000			10,000,000

위의 기록은 코람데오사의 재무활동을 기록한 것이다. 회사는 거래를 기록하기 위해 현금, 자본금, 차입금계정을 사용하고 있음을 알 수 있다. 각 거래에서 회계등식이 성립되어야 한다.

1월 2일 +6,000,000 = +6,000,000

1월 3일 +4,000,000 = +4,000,000

각각의 거래뿐만 아니라 모든 거래를 합한 것도 회계등식이 성립되어야 한다.

1월 3일 잔액

자산(현금) 10,000,000원= 부채(차입금) 4,000,000원 + 자본(자본금) 6,000,000

회계는 회계등식을 이용하여 기업 활동을 화폐액으로 측정하여 그 활동을 계정에 기록한 것을 알 수 있다. 회계기록에서 회계등식이 성립되는지를 파악하는 것은 매우 중요하다. 만일 개별 거래나 모든 거래를 합한 것의 회계등식이 성립되지 않는다면 기업 활동의 기록에 오류가 있음을 의미한다.

1월 3일 현재 회사는 자산(현금) ₩10,000,000을 보유하고 있으며 회사 자산에 대한 채권자의 청구권(부채)은 ₩4,000,000이고 회사 자산에 대한 소유주의 청구권(자본)은 ₩6,000,000이다. 1월 3일 현재 사업에 이용가능한 자산은 오직 현금뿐이다. 이 자원은 기업의 재무활동에서 얻은 것이다. 투자활동과 영업활동은 발생하지 않았다.

2) 투자활동의 기록

박군은 1월 5일 비품 ₩1,000,000을 구입하고 대금은 현금으로 지급하였다.

그리고 1월 6일 트럭을 구입하고 대금 ₩5,000,000은 현금으로 지급하였다. 1월 6일 회계데이터베이스는 다음과 같다.

월 일	재무 상태표				
	자 산		=	부 채+자 본	
기초잔액	현금	10,000,000		차입금	4,000,000
				자본금	6,000,000
1/5	비품	+1,000,000			0
	현금	−1,000,000			
1/6	차량운반구	+5,000,000			0
	현금	−5,000,000			
기말잔액	현금	4,000,000		차입금	4,000,000
	비품	1,000,000		자본금	6,000,000
	차량운반구	5,000,000			
		10,000,000			10,000,000

위의 기록은 코람데오사의 투자활동을 기록한 것이다.

회사는 거래를 기록하기 위해 현금, 비품, 차량운반구계정을 사용하고 있음을 알 수 있다. 각 거래에서 회계등식이 성립되어야 한다.

$$1월 5일 \quad +1,000,000 - 1,000,000 = 0$$
$$1월 6일 \quad +5,000,000 - 5,000,000 = 0$$

1월 5일 자산(비품) ₩1,000,000이 증가하였고 자산(현금) ₩1,000,000이 감소하였으므로 총자산은 변함이 없다. 마찬가지로 1월 6일 자산(차량운반구) ₩5,000,000이 증가하였고 자산(현금) ₩5,000,000이 감소하였으므로 총자산은 변함이 없다. 1월 6일 현재 남은 현금을 계산해보니 ₩4,000,000이고 비품 ₩1,000,000과 차량운반구 ₩5,000,000을 소유하고 있다. 위의 두 가지 거래는 한 형태의 자산(현금)이 다른 형태(비품, 차량운반구)의 자산과 교환되었다. 따라서 총자산 ₩10,000,000은 변동이 없음을 알 수 있다. 회사는 투자활동만으로 총자산이 증가하지 않음을 명심하여야 한다.

3) 영업활동의 기록

재무활동과 투자활동은 회사가 영업을 하는데 필요한 자원을 얻기 위해 필요하다. 회사는 이들 자원을 이용하여 상품을 구입하고, 구입한 상품을 고객에게 판매하는 영업활동을 하게 된다. 회사가 고객에게 상품을 판매할 때 수익이 발생한다. 그리고 상품을 판매하기 위한 영업활동은 상품, 노동력, 비품, 트럭, 소모품, 전기, 공구 등 다양한 자원을 사용한다. 이러한 자원을 소비할 때 비용이 발생한다. 모든 영업활동이 수익과 비용을 발생시키는 것은 아니지만 대부분의 영업활동은 수익과 비용의 발생을 수반하게 된다.

예를 들어보자. 고객에게 판매할 상품을 구입하는 것은 영업활동의 일부이지만 수익과 비용을 발생시키지는 않는다. 상품을 구입하는 것은 상품과 현금을 교환하는 것이다.

1월 8일 박군은 고객에게 판매할 MP3 20대(@₩200,000)를 ₩4,000,000에 구입하고 대금은 현금으로 지급하였다. 1월 8일 회계데이터베이스는 다음과 같다.

월 일	재무 상태표				
	자 산		=	부 채+자 본	
기초잔액	현금	4,000,000		차입금	4,000,000
	비품	1,000,000		자본금	6,000,000
	차량운반구	5,000,000			
1/8	상품	+4,000,000			0
	현금	−4,000,000			
기말잔액	현금	0		차입금	4,000,000
	상품	4,000,000		자본금	6,000,000
	비품	1,000,000			
	차량운반구	5,000,000			
		10,000,000			10,000,000

이 거래의 결과는 상품(자산)이 ₩4,000,000 증가하고 현금(자산)이 ₩4,000,000 감소하여 자산 항목의 변동만 있고 회사 총자산은 ₩10,000,000으로 변동이 없음을 알 수 있다. 이 상품은 고객에게 판매 가능한 상품으로 재고자산이 되며 상품이 고객으로 판매될 때 비용(매출원가)

로 인식하여야 한다.

1월 8일 현재 회사의 현금 잔액은 "0"이다. (현금 10,000,000 − 비품 1,000,000 − 차량운반구 5,000,000 − 상품 4,000,000)

1월 20일 박군은 MP3 15대를 ₩4,500,000(15×@₩300,000)에 판매하고 대금은 현금으로 받았다. 1월 20일 회계데이터베이스는 다음과 같다.

월 일	재무 상태표				손익계산서	
	자 산	=	부 채+자 본		+(수 익−비 용)	
기초잔액	현금	0	차입금	4,000,000		
	상품	4,000,000	자본금	6,000,000		
	비품	1,000,000				
	차량운반구	5,000,000				
1/20	현금	+4,500,000			매출	+4,500,000
1/20	상품	−3,000,000			매출원가	−3,000,000
기말잔액	현금	4,500,000	차입금	4,000,000	매출	4,500,000
	상품	1,000,000	자본금	6,000,000	매출원가	−3,000,000
	비품	1,000,000				
	차량운반구	5,000,000				
		11,500,000		10,000,000		1,500,000

고객에게 상품을 판매할 때 수익이 실현된다. 실현된 수익의 금액은 상품과 교환하여 고객으로부터 받은 금액이 된다. **상품의 매출은 두 가지 거래로 기록된다. 하나는 판매로부터 실현된 수익을 기록하는 것이고, 다른 하나는 비용인 상품의 매출원가를 기록하는 것이다.** 거래에서 판매된 상품의 원가는 ₩3,000,000(15대×@ ₩200,000)이고 매출액은 ₩4,500,000(15대×@ ₩300,000)이다. 상품매출거래로 현금은 ₩4,500,000 증가하였고 상품은 ₩3,000,000 감소하였다. 그러므로 총자산은 ₩1,500,000(+ ₩4,500,000 − ₩3,000,000) 증가하여 ₩11,500,000이 되었다. 수익은 ₩4,500,000이 기록되었으며 이를 매출액이라고 한다. 판매에 소비된 자원(상품)은 ₩3,000,000이므로 이는 비용으로 기록되며 매출원가라고 한다. **매출원가(cost of goods sold)는 고객에게 판매된 재고자산의 원가를 나타내는 비용이다.** 이 거래에서 수익과 비용이 발생하기 때문에 회계등식을 확장하여야 한다.

1월 20일 잔액을 보면 자산합계는 부채와 자본을 합한 금액과 일치하지 않음을 알 수 있다. 아직 순이익이 이익잉여금에 가산되지 않았기 때문이다. **회계 기간 동안 회계등식 '자산= 부채+자본'은 수익과 비용이 포함되도록 확장되어야 한다.**

자산 = 부채 + 자본 + 수익 − 비용

수익에서 비용을 차감한 금액이 순이익이다. 순이익을 회사에 재투자하여 누적된 금액을 이익잉여금이라고 한다. 이익잉여금(순이익)은 소유주 지분인 자본에 속하다. 따라서 수익은 이익잉여금 즉 자본을 증가시키고 비용은 이익잉여금 즉 자본을 감소시킨다. 그리고 회사의 순이익에서 소유주에게 지급한 금액(인출금 또는 배당금)은 이익잉여금 즉 자본을 감소시킨다. 이익잉여금을 자본금과 구분하는 이유는 소유주가 회사에 직접 투자한 금액과 회사가 창출한 이익을 구분하기 위해서이다.

그 외에 한 달 동안 상품 매출을 위해 사용된 자원의 소비액은 다음과 같다.

1월 25일 종업원 급여 ₩500,000을 현금으로 지급하다.

1월 31일 점포 임차료 ₩200,000, 전기료 ₩100,000, 잡비 ₩100,000을 현금으로 지급하다.

1월 31일 회계데이터베이스는 다음과 같다.

월 일	재무 상태표				손익계산서	
	자 산		=	부 채+자 본	+(수 익-비 용)	
기초잔액	현금 상품 비품 차량운반구	4,500,000 1,000,000 1,000,000 5,000,000		차입금 4,000,000 자본금 6,000,000	매출 매출원가	4,500,000 -3,000,000
1/25	현금	-500,000			급여	-500,000
1/31	현금	-400,000			임차료 전기료 잡비	-200,000 -100,000 -100,000
기말잔액	현금 상품 비품 차량운반구	3,600,000 1,000,000 1,000,000 5,000,000		차입금 4,000,000 자본금 6,000,000	매출 매출원가 급여 임차료 전기료 잡비	4,500,000 -3,000,000 -500,000 -200,000 -100,000 -100,000
		10,600,000		10,000,000		600,000

각 거래에서 소비된 자원의 금액을 비용으로 기록한다. 각 거래는 모두 현금이 감소되었다.

제4절 재무보고와 분석

1. 재무제표

기업 활동을 측정하고 기록하는 목적은 의사결정을 필요로 하는 사람들에게 유용한 정보를 제공해주기 위해서다. 회계는 재무제표를 작성하여 의사결정자에게 정보를 보고한다. 재무제표는 회계기간 동안 회사의 회계거래의 결과를 요약한 보고서이다.

다음은 1월 한 달 동안의 모든 거래를 나타낸 것이다.

월 일	재무 상태표		=			손익계산서	
	자 산		=	부 채+자 본		+(수 익-비 용)	
기초잔액		0			0		0
1/2	현금	+6,000,000		자본금	+6,000,000		
1/3	현금	+4,000,000		차입금	+4,000,000		
1/5	비품	+1,000,000					
	현금	−1,000,000					
1/6	차량운반구	+5,000,000					
	현금	−5,000,000					
1/8	상품	+4,000,000					
	현금	−4,000,000					
1/20	현금	+4,500,000				매출	+4,500,000
1/20	상품	−3,000,000				매출원가	−3,000,000
1/25	현금	−500,000				급여	−500,000
1/31	현금	−400,000				임차료	−200,000
						전기료	−100,000
						잡비	−100,000
기말잔액	현금	3,600,000		차입금	4,000,000	매출	4,500,000
	상품	1,000,000		자본금	6,000,000	매출원가	−3,000,000
	비품	1,000,000		이익잉여금	→600,000	급여	−500,000
	차량운반구	5,000,000				임차료	−200,000
						전기료	−100,000
						잡비	−100,000
		10,600,000			10,600,000	(순이익)	600,000

코람데오사는 1월 한 달 동안 영업활동의 결과 순이익 ₩600,000을 계상하였다. 박 군이 순이익을 인출하지 않고 재투자(이익잉여금)하면 순이익은 자본의 일부가 된다. 회계기간 중에 수익은 이익잉여금을 증가시키고 비용은 이익잉여금을 감소시킨다. 그러므로 계정잔액을 검토할 때

수익과 비용계정의 잔액이 이익잉여금 계정에 대체되었는지를 아는 것이 중요하다. 기업은 회계기간 중에는 수익과 비용계정 잔액을 대체하지 않는다. **수익과 비용계정 잔액이 이익잉여금 계정으로 대체되지 않았다면 '자산 = 부채 + 자본 + 수익 − 비용'이 된다.** 기업은 회계기말에 수익과 비용계정 잔액을 대체한다. **수익과 비용계정 잔액이 이익잉여금 계정으로 대체되었다면 '자산=부채+자본'이 된다.** 즉, 순이익이 이익잉여금에 가산되면 자원과 재무조달이 ₩600,000씩 증가하게 되며, 역시 '자산=부채+자본'이 성립된다.

재무제표를 작성하기 위해서는 회계기말 현재의 각 계정 잔액을 알아야 한다. 1월 31일 현재 코람데오사의 각 계정의 잔액은 다음과 같다. 비용은 자본의 감소항목이므로 ( )로 표시하였다. 계정의 요약은 1월 한 달 동안의 모든 거래를 요약한 결과를 나타낸 것이다.

계정의 요약

2008년 1월 31일현재

코람데오사	(단위 : 원)
자산:	
현금	3,600,,000
상품	1,000,000
비품	1,000,000
차량운반구	5,000,000
부채:	
차입금	4,000,000
자본:	
자본금	6,000,000
수익:	
매출	4,500,000
비용:	
매출원가	(3,000,000)
급여	(500,000)
임차료	(200,000)
전기료	(100,000)
잡비	(100,000)

1) 손익계산서[1]

손익계산서(statement of profit and loss)는 일정기간 동안의 기업의 경영성적을 나타낸 표이다. 손익계산서는 회계기간 동안의 수익, 비용, 순이익을 보고한다. 회계기간(fiscal period)은 회사의 경영활동을 보고하기 원하는 일정기간을 말한다. 예를 들면 월(1개월), 분기(3개월),

---

[1] 한국채택국제회계기준서(K-IFRS)에서 재무제표의 종류로 '포괄손익계산서'로 규정하고 있지만 제5장 까지는 교육목적상 '손익계산서'로 사용하기로 한다. 포괄손익계산서는 제6장에서 자세하게 설명한다.

반기(6개월), 년(12개월) 등이다. 회계기간은 반드시 달력의 1년과 일치하는 것은 아니다. 예를 들어 어떤 기업은 7월 1일부터 다음해 6월 30일까지의 경영활동 결과를 6월 30일에 보고한다. 그리고 회계기간의 처음을 "기초"라고 하고 마지막을 "기말"이라고 한다. 현재의 회계기간을 "당기"라고 하고 앞 회계기간을 "전기" 다음 회계기간을 "차기"라고 한다. 손익계산서에는 회계기간 동안의 총수익과 총비용이 포함된다. 순이익은 회계기간 동안 영업활동의 결과로 창출된 가치를 측정한 금액이다. 손익계산서에 보고된 1월의 순이익은 ₩600,000원이다.

손익계산서

2008년 1월 1일부터 2008년 1월 31일까지

코람데오사		(단위 : 원)
매출액		4,500,000
비용:		
매출원가	3,000,000	
급여	500,000	
임차료	200,000	
전기료	100,000	
잡비	100,000	3,900,000
당기순이익		600,000

2) 재무 상태표

재무 상태표(statement of financial position)는 특정일 현재 기업의 재무 상태 즉 자산, 부채, 자본을 나타낸 표이다. 재무 상태표는 특정일 현재 기업의 자산과 이들 자산에 대한 채권자의 청구권과 소유주의 청구권을 나타낸다. 재무 상태표는 일반적으로 회계기말에 작성된다. 순이익은 소유주가 인출하거나 기업에 재투자된다. 따라서 이익잉여금은 기업에 재투자한 순이익을 누적한 금액이다. 코람데오사는 1월이 첫 달이므로 1월 한 달의 이익만 보고하고 있다. 손익계산서에 보고된 1월의 순이익은 ₩600,000이고 기업주가 인출한 금액은 없다. 따라서 1월말 이익잉여금은 ₩600,000이다. 이익잉여금은 기업주가 출자한 자본금과 구분하여 기재하여야 한다.

재무 상태표

코람데오사	2008. 1.31현재		(단위 : 원)
현　　금	3,600,000	차 입 금	4,.000,000
상　　품	1,000,000	자 본 금	6,000,000
비　　품	1,000,000	이익잉여금	600,000
차량운반구	5,000,000	(당기순이익)	
	10,600,000		10,600,000

3) 현금흐름표

현금흐름표(statement of cash flows)는 회계기간 동안 기업의 현금계정에 영향을 미친 사건을 보고하는 것이다. 현금흐름표는 기업의 영업활동, 투자활동, 재무활동에 맞추어 세 가지로 구분하여 작성한다.

현금흐름표
2008년 1월 1일부터 2008년 1월 31일까지

코람데오사 (단위 : 원)

Ⅰ.영업활동으로 인한 현금흐름:		
1.재고자산판매	4,500,000	
2.비용 현금지급	-900,000	
3.재고자산구입	-4,000,000	-400,000
Ⅱ.투자활동으로 인한 현금흐름		
1.비품구입	-1,000,000	
2.차량운반구구입	-5,000,000	-6,000,000
Ⅲ.재무활동으로 인한 현금흐름		
1.차입금	4,000,000	
2.자본금	6,000,000	10,000,000
Ⅳ.현금의 증가(감소) (Ⅰ+Ⅱ+Ⅲ)		3,600,000
Ⅴ.기초의 현금(1/1)		0
Ⅵ.기말의 현금(1/31)		3,600,000

4) 자본변동표

자본변동표(statement of changes in owners'equity)는 일정기간 동안 자본을 구성하고 있는 항목의 변동에 관한 정보를 제공한다.

자본변동표
2008년 1월 1일부터 2008년 1월 31일까지

코람데오사 (단위 : 원)

	자본금	이익잉여금	합계
2008.1.1보고금액:	0	0	0
증자	6,000,000		6,000,000
당기순이익		600,000	600,000
2008.1.31	6,000,000	600,000	6,600,000

5) 전환과정

[그림 2-9]는 코람데오사의 전환과정에서 자원의 흐름을 예시한 것이다. 전환과정의 세 가지 부분이 상호관련 되었다는 것을 알 수 있다. 소유주와 채권자가 투자한 자금은 여러 가지 자원을 취득하는데 사용되었다. 자원의 일부는 기업의 영업활동으로 소비되었다. 또 상품이나 서비스를 판매하여 추가자원을 얻었다. 판매로 얻은 자원이 소비된 자원을 초과한 부분은 기업의 추가 재무조달을 제공한다. 계약당사자간의 교환을 식별함으로써, 계정에 기록된 금액은 회사와 계약을 체결한 당사자들의 권리인지 책임인지를 결정하는데 유용하다.

기업은 자원을 고객에게 판매할 상품으로 전환한다. 회계는 전환과정의 결과를 측정하고 보고한다.

자산을 취득하는데 필요한 자원은 ① 재무활동(부채와 자본)에서 얻거나 ② 수익의 실현으로 얻는다. 그리고 ③ 자산이 소비될 때 비용이 발생하고 비용은 순이익을 감소시킨다. ④ 순이익은 이익잉여금으로 보고되며 자본을 증가시킨다. ⑤ 자산총액은 부채와 자본을 합한 금액과 같다.

[그림 2-9] 회계정보와 전환과정

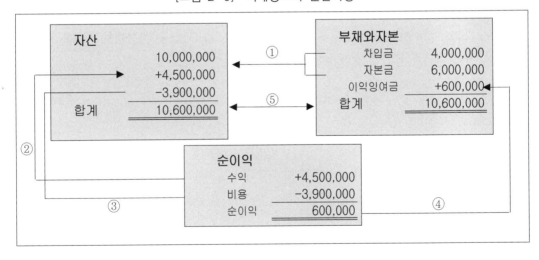

또 기록된 금액은 장래에 희소자원의 배분에 영향을 미치는 계약을 체결하는데 기초가 된다. 전환과정의 결과는 회계기간 말에 재무제표의 형태로 요약되어질 수 있다.

수익과 비용은 회계기간 동안 누계 한다. 회계기말이 되면 순이익(수익 - 비용)은 이익잉여금계정(개인기업의 경우는 자본금계정)으로 대체된다.

6) 손익계산의 두 가지 방법

당기순이익의 계산 방법에는 총거래기록법과 순자산비교법의 두 가지가 있다.

(1) 총거래기록법

앞에서 예를 들어 설명한 것 같이 회계기간 중 발생한 모든 수익과 비용항목을 별도로 집계하여 이를 체계적으로 열거함으로써 수익·비용의 발생 내역과 금액 그리고 당기순이익의 금액을 계산하는 방법을 총거래기록법 또는 손익법(profit-and-loss method)이라고 한다.

총거래기록법에 의한 순이익 계산 방법은 다음과 같다.

$$수익 - 비용 = 당기순이익$$

(2) 순자산비교법

순자산비교법으로 당기순이익을 구하는 것은 실무적으로 큰 의미는 없지만, 당기순이익이 자본의 구성요소라는 것을 익히는데 유용하다. 순자산(net assets)은 자산에서 부채를 차감한 잔액을 말하며 자본과 동일한 개념이다.

$$자산 - 부채 = 순자산(자본)$$

순자산비교법은 기말자본에서 기초자본을 차감하여 당기순이익을 계산하는 방법이다. 즉, 순자산비교법은 기초자본과 기말자본을 비교하여 자본의 증감을 파악하는 방법을 말한다.

$$기말자본 - 기초자본 = 당기순이익$$

앞에서 설명 한 것 같이 순이익은 기업주의 몫이다. 기초자본에 순이익(기업주의 몫)을 가산하면 기말자본이 된다. 순자산비교법은 당기순이익을 쉽게 구할 수 있다는 장점은 있지만 구체적으로 기업이 어떤 활동을 통하여 순이익을 창출하였는지 알 수 없다는 단점이 있다.

자본은 당기순이익 또는 순손실로 인해 증감이 생기기도 하지만 회계기간 중의 추가출자, 감자,

인출금(배당) 등 손익과 무관하게 증감이 생기기도 한다. 이러한 경우에는 증감사항을 고려하여 당기순이익을 산출하여야 한다.

기말자본 − 기초자본(+추가출자−인출금) = 당기순이익

2. 재무분석

많은 기업들은 회계정보를 이용하여 의사결정을 한다. 의사결정자들은 회계정보를 이용하여 기업의 업적을 평가한다. 이를 위하여 다양한 분석방법이 이용된다. 재무제표의 금액자체가 유용한 정보를 제공해 준다. 예를 들어 경영자가 고객에게 판매할 상품을 구입해야 하는지를 결정하려면 상품잔액이 얼마인지 알아야 하며 상품을 수 있는지를 결정하려면 현금잔액이 얼마인지 알 필요가 있다. 또 채권자가 추가로 대여하기 위해서는 기업의 부채가 얼마인지 이익이 얼마인지를 알 필요가 있다. 금액과 금액을 비교하여 분석하기도 한다. 예를 들어 순이익과 매출액을 비교하여 분석한다. 비교분석은 회계기간과 회계기간(당기금액와 전기금액)을 비교하여 분석하기도 하고, 기업과 다른 기업의 금액을 비교하여 분석하기도 한다.

일반적으로 비율분석을 가장 많이 사용한다. 비율분석은 재무제표의 어떤 항목에 대한 다른 항목의 비율을 비교하는 방법이다. 예를 들어 자산이익률(ROA: return on assets)은 총자산에 대한 순이익의 비율이다. 코람데오사의 2008.1.31 자산이익률은 다음과 같이 계산된다.

ROA= 순이익/총자산= 600,000/10,600,000=5.66%

[그림 2-10] 회계의 역할

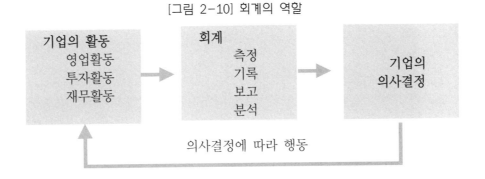

[그림 2-10]은 기업에서 회계의 역할을 나타낸 것이다. 회계는 기업의 활동을 측정하고 기록한 것이다. 회계는 기업 활동에 관한 자료를 유용한 정보로 전환하여 의사결정자에게 보고한다. 그 정보는 회사의 업적을 평가하기 위하여 분석되어진다. 이를 토대로 이루어진 의사결정은 기업의 미래활동에 영향을 미친다. 회계의 목적은 기업 활동에 관한 의사결정을 하는 사람들을 도와주는 것이다. 회계는 기업 활동과 기업의 의사결정을 연계시켜주는 역할을 하는 것이다.

연 습 문 제

1. 재무활동을 설명하라.

2. 투자활동을 설명하라.

3. 영업활동을 설명하라.

4. 조직의 전환과정의 단계를 열거하라.

5. 정보시스템의 기본활동을 식별하라.

6. 경영정보시스템의 목적을 설명하라.

7. 회계정보시스템의 목적을 설명하라.

8. 회계정보시스템의 활동을 식별하라.

9. 회계정보시스템에 포함되는 계정의 유형을 열거하라.

10. 자산, 부채, 자본을 정의하라.

11. 수익과 비용을 정의하라.

12. 재무제표란 무엇이며 그 종류는?

13. 손익계산서를 설명하라.

14. 재무 상태표를 설명하라.

15. 현금흐름표를 설명하라.

16. 재무분석이란 무엇인가?

17. 다음 중 어떤 경우에 회계정보의 가치가 가장 큰가?

　　a. 회계정보를 낮은 원가로 얻었을 때
　　b. 회계정보가 이용자의 욕구에 맞을 때
　　c. 새로운 제품이나 시장으로 사업을 확장을 하려할 때
　　d. 배당이나 상여가 지급된다는 좋은 결과를 보고할 때

18. 다음 중 회계정보의 유형과 이용자를 바르게 연결한 것은?

	내부의사결정자를 위한 정보	외부의사결정자를 위한 정보
a.	관리회계	관리회계
b.	재무회계	관리회계
c.	관리회계	재무회계
d.	재무회계	재무회계

19. 제일제약은 각 재고항목마다 매입원가, 구입일자, 공급자를 기록하는 회계정보시스템을 사용한다. 상품을 인도한 운송회사에 대한 기록은 아무 것도 없다. 이러한 사실들이 회계정보시스템의 구성요소 중 어떤 것과 가장 밀접한 관계가 있는가?

　　a. 보고원칙
　　b. 전환과정
　　c. 측정원칙
　　d. 의사결정 과정

20. 부채와 자기자본에 속하는 계정은 주로 어떤 유형의 활동으로 생기는가?

    a. 투자활동

    b. 재무활동

    c. 영업활동

    d. 제조활동

21. 다음 중 정보시스템에 대한 서술 중 맞는 것은?

    a. 정보시스템은 기능을 능률적으로 컴퓨터화하여야 한다.

    b. 정보시스템은 위험을 증가시키지만 기대수익을 감소시킨다.

    c. 정보시스템은 감사에 대한 필요성을 없애준다.

    d. 정보시스템은 자료로부터 정보를 만들어 낸다.

22. 다음의 계정과목을 자산, 부채, 자본, 수익, 비용으로 구분하라.

매출채권		매출원가	
매입채무		이자비용	
매출		차입금	
재고자산		이익잉여금	
선급임차료		급여	
자본금		소모품	
미지급급여		수도광열비	

23. 능률사의 최근 회계연도 말 재무 상태표에 속하는 계정의 잔액은 아래와 같다. 아래의 자료를 회계등식으로 표시하라.

자산	=	부채	+	자본

매입채무	63,800	미지급급여	8,000	현금	12,000
매출채권	41,500	자본금	478,200	비품	127,500
건물	795,000	차량운반구	184,000	차입금	610,000

24. 거래기록과 가치의 계산

정도덕씨는 (a) 현금 10,000,000원을 투자하고, (b) 은행으로부터 30,000,000원을 빌려서 조그만 사업을 시작하였다. (c) 비품 25,000,000원을 현금으로 구입하고, (d) 상품 12,000,000원을 외상으로 구입하였다. 영업을 처음 개시한 한달 동안 정도덕씨는 (e) 상품을 24,000,000원에 현금 매출하였으며. (f) 상품을 3,000,000원에 외상매출하였다. (g) 한달 동안 판매된 상품의 원가는 10,000,000원이었다. (h) 외상으로 매입한 상품대금 8,000,000원을 공급자에게 지급하였다. 또 (i) 은행에서 빌린 돈 중 300,000원을 상환하였다. (j) 정도덕씨는 개인 용도로 800,000원을 인출하여 사용했다.

〈요구사항〉

(1) 간단한 회계시스템을 작성하여 첫 달 거래(a-j)의 영향을 기록하라.
(2) 월말에 회사가 이용할 수 있는 자원을 설명할 수 있는 재무 상태표를 작성하라.
(3) 한달 동안 창출된 가치의 금액을 설명할 수 있는 손익계산서를 작성하라.

25. 순자산비교법 1

순자산 비교법으로 빈칸을 채워라.

	기초자산	기말부채	기말자산	기말부채	순이익	총수익	총비용
서울상점	25,000	10,000	35,000	12,000		40,000	
청주상점	22,000	15,000	47,000		10,000		33,000

26. 순자산비교법 2

순자산 비교법으로 빈칸을 채워라.

	기초자산	기말부채	기말자산	기말부채	순이익	총수익	총비용	추가출자
서울상점	25,000	10,000	35,000	12,000		40,000		5,000
청주상점	22,000	15,000	47,000		10,000			8,000

제 **3** 장

회계의 인식과 측정

제1절 회계의 기초적 개념

제2절 일반적으로 인정된 회계원칙

제3절 회계의 측정

제4절 회계측정과 시간차이

제5절 발생주의와 현금주의의 조정

제6절 발생주의 계정의 목적

　　전환과정은 회계시스템의 자료의 기본 원천이다. 제 2장에서는 정보시스템의 개발에 영향을 미치는 의사결정자의 정보의 필요성을 검토하였으며 아래 그림과 같은 회계정보시스템을 소개하였다. 이 장에서는 회계의 기본적 개념을 설명하고 경제적 사건을 언제 어떻게 인식하고 측정하여 보고할 것인가, 즉 회계측정의 기본개념을 검토한다. 이러한 개념은 회계정보시스템에서 측정기준을 개발하는데 지침이 된다. 회계측정기준은 전환과정에서 어떤 사건들이 회계시스템에 기록되고 언제 기록되는지를 결정한다. 대부분 조직의 회계시스템은 재무활동, 투자활동, 영업활동의 추정 결과를 정기적으로 보고한다. 회계시스템이 일정기간 동안 기업의 업적을 측정하고 보고할 때 기간별 측정(periodic measurement)이 발생한다. 회계측정기준으로 현금주의와 발생주의를 설명하고 그 차이가 무엇이며, 또 차이를 조정하는 방법도 설명한다.

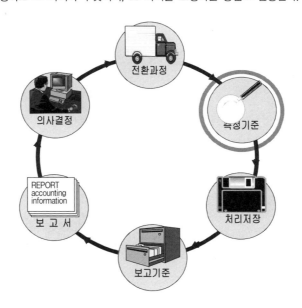

이 장에서 다루는 주요 주제는 다음과 같다.

● 회계의 기본적 개념
● 전환과정의 회계측정
● 회계측정에서 시간의 중요성
● 발생주의측정과 현금주의측정의 관계
● 발생기준 계정의 목적

제**1**절　회계의 기초적 개념

1. 회계의 목적

　회계(accounting)는 회계정보이용자가 합리적인 의사결정을 할 수 있도록 조직에 관한 유용한 경제적 정보를 식별·측정·전달하는 과정이다. 회계의 목적은 사람들이 조직의 경제적 활동에 관한 의사결정에 유용한 정보를 제공하는 것이다. 회계는 의사결정에 사용되는 경제적 정보를 기록, 요약, 보고하는 과정이므로 정보시스템이다.

　첫째, 회계정보의 생산측면을 강조한 종래의 입장을 탈피하여 의사결정 회계정보에서의 유용성을 중시하는 회계정보의 이용측면을 강조하고 있다.

　둘째, 회계는 하나의 정보시스템(information system)이다.

　셋째, 경제적 정보를 측정·전달하는 것이라고 정의함으로써 화폐적 정보(양적 정보)나 과거 정보뿐만 아니라 비화폐적 정보(질적 정보)나 미래정보도 전달할 수 있음을 암시하고있다.

　재무회계는 내·외부정보이용자를 위하여 기업실체의 거래를 인식, 측정, 기록하고 재무제표를 작성하는 것을 목적으로 하는 재무정보의 산출 및 보고절차이다. 재무보고란 다양한 외부정보이용자의 공통된 정보요구를 충족시키기 위한 일반목적 재무보고를 의미한다.

　재무보고의 목적은 다음과 같다.

　① 투자 및 신용의사결정에 유용한 정보의 제공

　② 미래 현금흐름 예측에 유용한 정보의 제공

　③ 재무 상태, 경영성과, 현금흐름 및 자본변동에 관한 정보의 제공

　④ 경영자의 수탁책임 평가에 유용한 정보의 제공

　재무보고의 주된 목적은 투자 및 신용의사결정에 유용한 정보를 제공하는 것이다.

　재무보고는 기업실체에 대한 현재 및 잠재 투자자와 채권자가 합리적인 투자의사결정과 신용의사결정을 하는 데 유용한 정보를 제공하여야 한다. 투자자와 채권자에게 유용한 정보는 사회 전체적인 자원배분의 효율성을 높이는 데 기여한다.

　투자 및 신용의사결정에 유용한 정보란 투자로부터의 미래 현금흐름을 예측하기 위해 기업실체의 미래 현금흐름을 예측하는 데 유용한 정보라고 할 수 있다.

　투자자와 채권자는 투자로부터의 미래 현금유입을 예측하거나 기업실체의 미래 순현금흐름을

예측하기 위해서 다양한 재무정보를 필요로 한다. 그러므로 재무보고는 기업실체가 보유하고 있는 경제적 자원과 그 자원에 대한 청구권, 그리고 경영성과 측정치를 포함하여 그러한 청구권의 변동에 관한 정보와 현금흐름 정보를 제공하여야 한다. 즉, 재무보고는 기업실체의 재무 상태, 경영성과, 현금흐름 및 자본변동에 관한 정보를 제공하여야 한다.

또한, 이러한 재무정보는 경영자의 수탁책임을 평가하는 측면에서 활용될 수 있다. 재무제표는 경영자의 수탁책임의 이행 등을 평가할 수 있는 정보를 제공한다. 경영자는 소유주로부터 위탁받은 기업실체의 자원을 적절히 유지하고 효율적으로 운용하여 수익을 창출하여야 하며, 물가변동이나 기술진보 및 사회적 변화에 따라 발생할 수 있는 불리한 경제 상황으로부터 최대한 이 자원을 보전할 책임이 있다.

2. 회계공준

회계정보를 산출하기 위하여 어떤 가정을 하여야 하는가? 회계를 하기 위한 기본적 가정을 회계공준이라고도 한다. 회계공준은 기본적 가정 또는 전제로서 일반적으로 논의 이전의 자명한 명제 또는 공리적인 명제를 가리킨다. 이러한 일반지침들은 때로는 공준, 기준 혹은 가정 등으로 불린다. 사회의 환경을 모두 수용하는 회계기준의 정립은 불가능하므로 우리는 회계환경에 대한 기본적 가정을 설정함으로써 회계기준을 정립할 수 있다.

기본적인 가정에는 ① 기업실체의 가정, ② 계속기업의 가정, ③ 회계기간의 가정, ④ 화폐단위의 가정 등이 있다.

1) 기업실체의 가정

기업실체의 가정(business entity assumption)은 회계실체의 가정이라고도 하며, 이는 회계행위가 이루어지게 되는 기본단위에 관한 가정을 말한다. 회계의 관심은 독립된 특정실체의 재무 상태와 그 실체의 영업활동에 있다. **기업은 소유주나 다른 기업들과도 분리된 별개의 실체라는 가정이다.** 따라서 기업실체의 가정으로부터 기업과 관계된 이해관계자간의 구별이 분명해지며, 기업의 재산과 소유주의 재산을 구별할 수 있다. 기업의 회계는 기업의 재산의 증감을 기록하는 것이므로 기업에 속하는 재산과 기업주의 재산을 분리하여 기록하여야 한다.

일반적으로 회사기업은 법적 실체가 곧 회계실체이다. 그러나 회계실체가 반드시 법적 실체와 일치하는 것은 아니다. 회사기업은 회사와 소유주가 별개의 법적 실체이지만, 개인기업과 조합은 법적으로 기업과 소유주가 분리되지 않는다. 개인기업과 조합의 경우에는 회계실체가 법적 실체 전체를 포함하지 않는다(그림 참조). 재무제표는 기업을 위해서 작성되며 소유주 개인의 경제활동은 제외된다. 어떤 경우에는, 회계실체는 하나 이상의 법적 실체를 포함한다. 예를 들어, 한 회사가 여러 회사를 소유하고 있을 때에는 공통의 지배하에 있으므로 마치 하나의 회사인 것처럼 보아 하나의 재무제표를 작성하여야 한다.

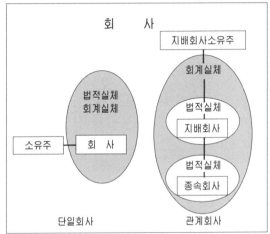

2) 계속기업의 가정

기업은 영속적으로 존재하며 기업의 경영활동도 영속적으로 계속될 것이라는 가정을 계속기업의 가정(going concern assumption)이라고 한다. 실제로는 많은 기업이 도산하여 사라지지만 상당한 기업들은 장기간에 걸쳐 성장·존속하고 있음을 알 수 있다. 이러한 가정에 근거하여 취득된 자산은 미래에 처분되지 않고 계속하여 사용될 것으로 예측할 수 있기 때문에 역사적 원가로 평가하는 것이다. 또 부채는 만기일에 지급되는 것으로 기대할 수 있다.

3) 회계기간의 가정

회계정보이용자들은 그들의 의사결정을 위하여 기업의 재무 상태의 변동과 경영성과에 대한 자료를 적시에 필요로 한다. 그러나 기업은 계속적으로 경영활동을 하기 때문에 인위적으로 기간을 설정하여 재무보고를 할 필요성이 있다. **회계기간의 가정(accounting period assumption)이란 기업의 경영활동을 인위적으로 나눈 기간에 귀속시킬 수 있다는 가정이다.** 회계기간은 회계연도 또는 영업연도라고도 하며 관습적으로 1년으로 하고 있다. 따라서 기업은 1년 단위로 재무제표를 작성하지만 필요에 따라 반기, 분기, 또는 매월 재무제표를 작성하기도 한다.

4) 화폐단위의 가정

화폐단위의 가정(monetary unit assumption)은 회계의 측정은 화폐단위를 이용하여야 하며, 화폐가치는 일정기간 동안 안정적이라고 가정하는 것이다. 회계에서는 공통적인 측정단위인 화폐로 기업의 재무 상태 및 경영활동의 결과를 측정·보고한다. 회계계산은 반드시 화폐단위로 측정할 수 있는 것이 아니라 물량단위로도 측정이 가능하다. 그러나 모든 재화와 용역을 물량단위로 측정할 수는 없다. 모든 재화와 용역의 공통척도는 화폐단위이다. 따라서 회계측정의 대상인 자산, 부채, 자본, 수익, 비용은 모두 화폐액으로 표시하여야 한다. 또 화폐가치안정의 가정은 측정단위인 화폐의 구매력이 변화하지 않는 것으로 가정한다. 그러나 현실적으로 화폐가치는 부단히 변동하므로 많은 회계학자들은 현행회계가 화폐안정의 공준을 고수하는 것에 대해 비판을 하고 있으며, 회계에 물가변동의 영향을 반영시키려는 시도로서 일반물가수준회계 및 현행원가회계 등을 제안하고 있다.

3. 회계원칙

회계의 기본적 가정에 따라 기업의 관점에서 회계담당자들이 거래를 기록하고 보고할 경우에 준수해야 할 원칙으로 ① 역사적 원가주의, ② 수익인식의 원칙, ③ 대응의 원칙, ④ 완전공시의 원칙, ⑤ 발생주의 등이 있다.

(1) 역사적 원가주의

전통적 회계에서 모든 거래는 취득원가로 기록한다. 즉, 모든 자산, 부채, 자본, 수익, 비용의 취득 및 발생은 취득 일자의 교환가치인 취득 원가로 평가하여야 한다는 원칙을 역사적 원가주의(historical cost principle)라고 한다. 역사적 원가주의가 지지 받는 이유는 객관적이고 검증 가능한 정보를 제공할 수 있다는 것 때문이다.

(2) 수익인식의 원칙

수익의 인식이란 경제적 거래를 수익으로 장부에 기록한다는 의미이다. 그러면 수익을 언제 인식하여야 하는가? 수익은 여러 가지 거래에서 나타나므로 모든 경우에 적용할 수 있는 원칙이 있을 수 없다. 따라서 회계실무에서는 수익이 실현되었다고 인정되는 몇 가지 지침을 정해 놓고 그에 따라 수익을 인식하고 있다. 수익인식의 일반적인 기준은 실현주의이다. 수익의 실현은 수익이 획득되고, 획득된 수익이 객관적으로 측정될 수 있는 시점에서 수익이 인식된다. 일반적으로 수익의 실현기준은 ① 판매기준, ② 생산기준, ③ 회수기준으로 나눌 수 있다.

(3) 대응의 원칙

대응의 원칙이란 수익을 인식할 때 해당 수익을 발생시키는데 공헌한 모든 노력의 원가를 비용으로 대응시켜 인식하자는 원칙이다. 수익·비용 대응의 원칙(matching principle)은 비용의 인식 시점을 결정해주는 지침이다. 즉, 비용을 발생시킴으로써 창출된 수익이 인식되는 기간에 비용을 같이 인식하여야 한다는 뜻이다. 만일 수익이 차기로 이월되면 그와 관련된 비용도 차기로 이월하여야 한다.

(4) 완전공시의 원칙

완전공시의 원칙(full-disclosure principle)은 정보이용자의 의사결정에 중요한 영향을 미칠 수 있는 모든 정보를 보고하여야 한다는 원칙이다. 이는 기업실체가 공표하는 재무 상태표 및 손익계산서 등 재무제표에는 그 실체의 경제적 사건에 대한 모든 중요한 정보가 공정하고 완전하며 명확하게 표시되어 있어야 한다는 원칙이다. 이는 정보이용자들이 회계정보를 보다 유용하게 이용할 수 있도록 하기 위한 것이다.

(5) 발생주의

수익의 실현시점과 비용의 발생시점을 결정하는 데 있어서 중요한 기준으로 현금주의와 발생주의가 있다. 현금주의 회계(cash basis of accounting)란 수익은 현금을 받은 시점에서 인식하고, 비용은 현금이 지출되는 시점에서 인식하는 기준이다. 발생주의 회계(accrual basis of accounting)란 현금수취 및 현금지출거래 그 자체보다는 경제적 사건이 발생한 기간에 수익과 비용을 기록해야 한다는 것이다. 따라서 발생주의에서는 현금을 받지 못하였으나 기간의 경과로 수익의 획득과정이 완료되었으면 수익을 인식한다. 또 현금이 지출되었더라도 비용이 발생되지 않으면 비용으로 계상하지 않고, 현금의 지출이 없더라도 비용이 발생되면 비용으로 계상하여야 한다.

현대회계에서는 원칙적으로 발생주의원칙을 채택하고 있다. 발생주의 회계에서는 현금의 증감을 초래할 수 있는 거래가 발생하였을 때 그에 따른 현금의 수입 및 지출을 합리적으로 예측할 수 있기 때문에 발생주의회계가 현금주의회계보다 더 합리적인 회계 처리방법이다.

제2절 일반적으로 인정된 회계원칙

1. 일반적으로 인정된 회계원칙

회계는 정보이용자들이 경제적 의사결정을 합리적으로 할 수 있도록 유용한 정보를 제공하는 것이다. 회계정보는 정보이용자들의 의사결정에 중요한 영향을 미친다. 정보의 신뢰성을 확보하고 이해관계자의 이익을 옹호하기 위해서는 정보가 개관적으로 작성되고 보고되었는지를 판단할 수 있는 기준이 필요하다.

일반적으로 인정된 회계원칙(GAAP: generally accepted accounting principles)은 모든 기업이 회계 처리를 하는데 있어서 따르지 않으면 안될 기준이 되는 것이다.

한 국가의 경제사회에 있어서 기업의 회계실무를 지도해 나가는 원리인 회계원칙은 없어서는 아니 된다. 일반적으로 인정된 회계원칙은 기업의 경제환경과 기업실무의 변화에 대응하여 계속적으로 수정되어진다. 따라서 회계원칙은 한 국가의 회계이론을 종합적으로 집약해서 체계화한 것으로 기업의 회계실무를 이끌고 나가는 지침이 된다.

회계원칙은 투자자, 경영자, 일반대중의 이해관계를 보호하는데 매우 중요하다. 그러므로 회계원칙은 상이한 이해관계자의 욕구에 합리적으로 부응할 수 있도록 설정되어야 한다. 임의적이고 불필요한 회계원칙은 사회의 욕구를 충족시키지 못한다. 이러한 이유로 회계원칙은 정략적 과정을 통하여 제정된다. 이러한 정략적 과정을 통하여 이해관계자들은 미래의 회계기준에 대한 의견을 제시할 기회를 갖는다.

회계기준을 "일반적으로 인정된" 회계원칙이라고 부르는 사실은 결코 우연이 아니다. 사회의 욕구에 부응하기 위하여 회계원칙은 회계원칙의 영향을 받는 모든 사람들에게 인정된 것이어야 한다. 그러므로 회계원칙을 제정하는 과정은 모든 이해관계자집단이 그들의 욕구와 관심을 회계원칙에 반영할 기회를 제공하여야 한다. 이러한 회계원칙 설정과정을 통하여 회계원칙의 영향을 받는 모든 사람들이 새로운 회계원칙을 인정하게 될 가능성을 높여 주며, 새로운 회계원칙에서 얻는 이익이 회계원칙을 마련하고 보고하는 원가를 초과하게 될 가능성을 높여 준다.

2. 우리나라 기업회계기준

1) 기업회계기준의 제정

1958년에 제정되었던 「기업회계원칙」과 「재무제표규칙」이 우리나라 최초의 회계기준이다. 「기업회계원칙」과 「재무제표규칙」은 재무제표작성에 필요한 기본적 원칙과 회계 처리방법을 규정하였다. 1974년 자본시장을 육성하기 위하여 투자자들에게 재무정보를 제공해야할 필요성이 증대됨에 따라 「상장법인등의 회계 처리에 관한 규정」이 제정되었으며 1975년에는 「상장법인등의 재무제표에 관한 규칙」이 제정되었다.

1980년 「주식회사의 외부감사에 관한 법률」이 제정됨으로써 이때까지 이원화되어 있던 회계기준을 통합하여 1981년 12월 23일 재무부장관의 승인을 얻어 증권관리위원회에서 「기업회계기준」을 제정하였으며, 「기업회계기준」은 경제적·사회적 변화에 따라 1997년까지 9차의 개정을 거치면서 발전하였다.

우리나라는 1997년에 IMF관리체계로 들어가게 되어 회계제도에 심각성을 느끼고 [금융감독기구의 설치 등에 관한 법률]에 의해 1998년 4월1일 금융감독위원회가 출범함에 따라 증권관리위원회가 제정한 [기업회계기준]은 폐지되고, 1998년 4월 1일 금융감독위원회가 제정한 기업회계기준으로 대체되어 1998년 12월 12일에 전면 개정되었다.

1999년 9월1일 회계기준의 제안 등 회계 및 외부감사제도와 관련한 주요 제도 및 정책 등에 관한 연구를 하는 민간 회계기준제정기구인 한국회계기준원(KASB)이 발족되어 오늘에까지 이르게 되었다.

2) 회계기준제정기구

우리나라의 기업회계기준은 기업과 경제의 성장과 함께 발전하여 왔다. 그러나 동기준의 제정 권한 또는 승인권한이 정부 등에 있었던 과거에는 정부의 정책 목적에 영향을 받아 일관성이나 국제적 정합서이 결여되었다는 평가를 받았다.

1998년 9월 대한민국 정부와 세계은행은 회계정보의 신뢰성과 기업경영의 투명성 제고를 위하여 독립된 민간 회계기준제정기구를 설립하기로 합의하였다. 이에 따라 1999년 6월 30일에 13개 회원사가 참여하여 한국회계기준원(2006년 3월 10일에 '주식회사의 외부감사에 관한 법률'시행령 제7조의2의 개정으로 한국회계연구원의 명칭을 '한국회계기준원'으로 변경하였다.)의 설립을 위한 발기인 대회 겸 창립총회를 가졌고 1999년 9월 1일자로 한국회계기준원(Korea Accounting Institute : KAI)을 개원하였다.

2000년 1월 12일에는 법 제13조 제4항이 신설되어 금융위원회가 회계 처리기준에 관한 업무를 전문성을 갖춘 민간 법인 또는 단체에 위탁할 수 있는 근거가 마련되었다.

영 제7조의2에서는 회계기준제정기구로 한국회계기준원을 지정하였고 이에 따라 한국회계기준원은 2000년 7월 27일부터 기업회계기준의 제정, 개정, 해석과 질의회신 등 관련 업무를 수행하게 되었으며 한국회계기준원은 정관의 규정에 따라 그 내부에 한국회계기준원의 원장이 겸임하는 위원장 1인, 상임위원 1인과 5인의 비상임위원으로 구성된 회계기준위원회(Korea Accounting Standards Board : KASB)를 설치하여 운영하고 있다.

3) 기업회계기준의 구조

한국회계기준원의 회계기준위원회는 회계기준의 국제적 정합성 및 회계정보의 유용성을 높이기 위하여 2007년 11월 23일 **'한국채택국제회계기준(K-IFRS)'**을 제정 의결하였다. 이에 따라 2011년부터 상장법인은 한국채택국제회계기준을 의무적으로 적용하여야 한다. 한국채택국제회계기준은 회계기준위원회가 국제회계기준을 근거로 제정한 회계기준이다. 한국채택국제회계기준을 구성하는 '기업회계기준서'는 원칙적으로 목적, 적용범위, 회계 처리방법, 공시, 부록 등으로 구성된다. 부록은 용어의 정의, 적용보충기준 등으로 구성된다.

'일반기업회계기준'은 '주식회사의 외부감사에 관한 법률'의 적용대상기업 중 '한국채택국제회계기준'에 따라 회계 처리하지 아니하는 기업이 적용해야 하는 회계 처리기준으로서 기준서와 해석서로 구성된다.

한국회계기준원의 회계기준위원회는 현행 기업회계기준을 수정·보완한 편람식 회계기준인 '일반기업회계기준'을 2009년 11월 27일자로 제정하였다. 일반기업회계기준은 2011년부터 한국채택국제회계기준을 선택하지 않은 일반기업(비상장기업)에게 적용된다.

한국채택국제회계기준 도입 후 기업회계기준의 체계는 다음과 같다.

회계기준	한국채택국제회계기준(K-IFRS)	일반기업회계기준
기준의 구성	주제별로 별도의 기준으로 구성 · 회계기준서 · 회계기준해석서	하나의 일반기업회계기준에 주제별로 별도의 장으로 구성 (편람식 총35장으로 구성)
적용범위	상장법인	비상장기업

제3절   회계의 측정

1. 모험기업의 회계

회계정보시스템은 조직의 전환과정을 기록, 요약, 보고하는 방법을 제공해 준다. 전환과정은 다음의 세 가지 과정으로 구성된다. 1) **재무활동**: 재무자원의 취득과 관리를 한다. 2) **투자활동**: 재무자원을 다른 자원에 투자한다. 3) **영업활동**: 자원을 사용하여 재화나 서비스를 생산, 판매, 분배한다.

기업의 회계시스템의 복잡성은 기업의 전환과정이 얼마나 복잡한가에 달려 있다. 기업의 규모, 영업장의 수, 제조 판매하는 제품의 종류, 재무자원의 종류 등의 요소는 회계시스템의 복잡성과 규모에 영향을 미친다. 따라서 머릿방과 같은 중소기업은 단순하고, E-마트 체인은 비교적 복잡하며, 삼성, 현대와 같은 대그룹은 매우 복잡하다. 의사결정자의 정보욕구의 증가가 조직의 규모와 복잡성을 증가시킨다. 의사결정자의 정보욕구가 증가하면 기업의 회계시스템도 훨씬 더 복잡해진다.

회계시스템이 더 복잡하다고 하여도 대부분 회계시스템은 비슷한 목적을 가지고 있으며 비슷한 절차를 사용한다. 기업의 전환과정에 대한 회계측정은 어떻게 이루어지는가?

논의를 위하여 모험사업의 전환과정을 살펴보자. 윤수산군은 수산물을 구입하여 판매하려고 한다. 윤군은 강릉에서 신선한 상품을 운송하여 수도권에 있는 할인매점에 판매한다.

6월 1일 윤군은 예금 2,000,000원을 찾아 투자하였고 친구로부터 일주일에 10,000원의 이자를 주기로 하고 1,000,000원을 빌렸다. 윤군은 500,000원을 주고 트럭을 일주일간 빌려서 강릉으로 떠났다.

[표 3-1]의 6월 1일 잔액은 트럭을 빌리고 강릉을 출발하기 직전 회사의 재무 상태를 나타낸 것이다. 윤군은 3,000,000원의 자금을 조달하였으나 트럭을 임차하는데 500,000원을 지출하였다. 결과적으로 현금 2,500,000원을 가지고 빌린 트럭으로 강릉으로 출발하였다.

현금과 교환으로 회사는 전에는 사용 불가능했던 트럭을 사용할 수 있는 권리(자원)를 가졌다. 트럭의 사용권은 선급임차료계정으로 표시된다. 회사는 트럭을 구입한 것이 아니라 일주일 동안 빌렸기 때문이다. **선급임차료(prepaid rent)는 미래에 소비되어질 빌린 자원의 원가를 나타내는 자산이다.** 예를 들어, 월초에 아파트를 임차하고 현금을 지급하였다면 선급임차료라는 자산을 가지고 있다.

윤군은 2,000,000원을 지급하고 수산물을 구입하여 6월 6일 서울로 돌아왔다. 그 동안 발생한 비용은 다음과 같다.

상품의 원가	2,000,000
숙박비	300,000
연료비	200,000

[표 3-1] 계정요약

윤수산   2008.6.1-2008.6.7

월 일	재무 상태표					손익계산서	
	자 산		=	부 채+자 본		+(수 익-비 용)	
기초잔액		0			0		0
6/1	현금	+2,000,000		자본금	+2,000,000		
6/1	현금	+1,000,000		차입금	+1,000,000		
6/1	선급임차료-트럭	+500,000					
	현금	-500,000					
6/1잔액	현금	2,500,000		차입금	1,000,000		
	선급임차료-트럭	500,000		자본금	2,000,000		
6/6	상품	+2,000,000					
	현금	-2,000,000					
6/6	현금	-300,000				숙박비	-300,000
6/6	현금	-200,000				연료비	-200,000
6/6잔액	현금	0		차입금	1,000,000	숙박비	-300,000
	상품	2,000,000		자본금	2,000,000	연료비	-200,000
	선급임차료-트럭	500,000					
6/7	현금	+3,500,000				매출	+3,500,000
	상품	-2,000,000				매출원가	-2,000,000
6/7	선급임차료-트럭	-500,000				임차료	-500,000
6/7	현금	-1,010,000		차입금	-1,000,000	이자비용	-10,000
기말잔액	현금	2,490,000		차입금	0	매출	3,500,000
	상품	0		자본금	2,000,000	매출원가	-2,000,000
	선급임차료-트럭	0				임차료	-500,000
						숙박비	-300,000
						연료비	-200,000
						이자비용	-10,000
		2,490,000			2,000,000	(순이익)	490,000

[표 3-1]의 6월 6일 잔액을 보면 소유한 현금은 모두 써버린 것이다. 다만 판매 가능한 상품 2,000,000원을 보유하고 있을 뿐이다.

6월 7일 윤군은 할인점에 상품 전부를 3,500,000원에 현금으로 판매하였고 트럭은 돌려주었다. 또 차입금 1,000,000원을 이자 10,000원과 함께 친구에게 상환하였다. 남은 돈을 계산하니 2,490,000원이었다.

[표 3-1]의 6월 7일 잔액은 상품을 판매하고 트럭을 반환하고 차입금과 이자를 상환한 후의 재무 상태이다.

윤군은 3,500,000원을 매출한 결과 490,000원의 순이익을 벌었다. 판매된 상품의 가격 (3,500,000)은 판매 가능한 상품을 만드는데 소비된 모든 자원의 총원가(3,010,000)보다 490,000 원이 더 많다.

지금 윤 군은 현금 2,490,000원을 가지고 있으며 이는 사업을 시작할 때보다 490,000원이 많은 금액이다. 전환과 관련된 거래 때문에 윤 군의 부는 490,000원 증가하였다. 이러한 사실은 기업의 모든 활동이 완료된 후에 이용 가능한 현금으로 증명된다. 이 금액은 역시 모험사업으로 번은 순이익으로도 증명된다. 사업으로 인한 투자수익(490,000원)과 회사에 투자한 투자의 회수 (2,000,000원)는 명백히 구별되므로 순이익 금액은 매우 중요하다. 제 1장에서 설명한 것처럼 투자의 회수는 기업에 투자한 금액을 소유주가 찾아가는 것이다.

위의 예에서 회계시스템은 전환의 경제적 결과를 처음부터 끝까지 기술하였다. 전환과정을 통해 이용 가능한 자원을 기술하였고 다른 자원을 취득하기 위하여 회사가 어떻게 재무자원을 조달하였는지 기술하였다. 또한 판매된 상품의 가격이 측정되었고 전환과정과 관련된 비용은 3,010,000원으로 측정되었다. 기업의 경영활동이 얼마나 잘 수행되었는가도 측정되었다. 윤군은 투자수익 490,000원을 받았다. 이와 같은 측정은 만일 윤 군이 사업을 계속하려고 한다면 미래의 업적을 예측하는데 중요한 기초를 제공해 준다.

이 정보는 전환과정에 참가하는 사람들이 무엇을 제공하고 무엇을 받는지를 식별하는데 중요하다. 또, 모든 계약이 이행되었는지를 아는데 도움을 준다. 장래에 회사와 계약에 관심이 있는 사람은 계약과 관련된 위험과 수익을 평가하는데 이들 정보를 사용할 수 있다.

2. 계속기업의 회계

윤 수산회사의 예는 두 가지 점에서 기업의 전형적인 활동이 아니다. 첫째 대부분 기업에서 관찰되는 것보다 거래가 단순하고 적다. 둘째 더 중요한 것은 짧은 기간에 전환이 시작되고 끝났다고 고려한 것이다. 전환은 6월 1일에 투자를 시작하여 일주일 후에 판매와 차입금 상환을 마치고 끝났다. 전환은 현금으로 시작하였고 모든 자원을 현금으로 전환한 후에 끝났다. 그러나 대부분 기업은 계속기업이다. 따라서 그들의 전환과정은 하나 이상의 회계기간에 걸쳐서 계속된다. **계속기업(going concern)은 현재의 모든 미완성된 전환을 완료할 수 있을 만큼 충분히 긴 수명을 가진 조직이다.** 그렇다면 계속기업의 전환과정에 대한 회계측정은 어떻게 이루어지는가?

많은 트럭을 소유하고 전국 각지로 상품을 계속적으로 운반하는 트럭회사를 예로 들어보자. 회사는 트럭과 상품에 현금을 투자하였고 종업원에게 급여를 현금으로 지급하였다. 회사의 영업성적이 얼마나 좋은가를 알기 위하여 기간별로 모든 트럭과 상품을 팔아버리고 영업을 중단하지는 않는다. 회사는 전환과정이 끝나지 않았지만 영업성적을 평가하여야 한다.

경영자, 소유주, 채권자와 기타 의사결정자는 회사가 경영활동을 얼마나 잘 수행하였는지에 관한 정보를 필요로 한다. 회사가 현재의 모든 활동에 대한 최종 결과를 알기 전에 다음과 같은 중요한 사항을 파악할 필요가 있다.

부채를 상환하고 자원을 구입하는데 사용할 수 있는 돈은 얼마인가?

회사가 번 이익은 얼마인가?

회사가 소유주에게 분배할 수 있는 돈은 얼마인가?

그러므로 기업은 재무활동, 투자활동, 영업활동에 관한 모든 결과를 알지 못하지만 이러한 경영활동에 관한 결과를 기간별로 보고하여야 한다. 경영활동에 관한 결과가 완전하게 알려지지 않았기 때문에 경영자는 특정회계기간의 활동으로부터 기대되는 결과를 추정하여야 한다. 이들 추정이 항상 정밀하고 정확해야 하는 것은 아니다. 그러나 추정하는 것이 모든 결과가 알려질 때까지 아무 정보도 가지지 못하는 것보다 훨씬 좋다. 어떤 회사들은 활동들이 발생한 다음해에도 모든 결과가 결정될 수 없는 경우가 있다.

대부분 조직의 회계시스템은 재무활동, 투자활동, 영업활동의 추정 결과를 기간별로 보고한다. **정보이용자가 정보를 즉시에 사용하여 의사결정이 이루어질 수 있도록 회계시스템이 일정 기간 동안 기업의 업적을 측정하고 보고할 때 기간별 측정(periodic measurement)이 발생한다.** 경영자는 매월 보고서를 받는다. 재료주문, 생산통제, 상품선적과 같은 목적을 위하여 더 자주 보고가 이루어진다.

계속기업과 기간별 측정원칙은 GAAP 개발을 위하여 중요하다. 기업은 계속기업이라는 가정 하에 외부이용자를 위한 보고서를 작성하는데 회계기준을 사용한다. 만일 기업이 계속기업으로 존속할 수 없다는 명백한 증거가 있다면 기업의 경제적 활동을 측정하고 보고하기 위하여 다른 회계기준이 사용되어야 할 것이다. 많은 회사들은 주주와 기타 외부이용자에게 분기별로 요약정보를 보고하고 회계보고서를 상세하게 작성한다. 얼마나 자주 보고할 것인가의 선택은 보고서를 작성하는 원가와 이용자가 적시에 정보를 이용하여 얻을 수 있는 효익을 비교하여 결정한다. 보고의 빈도는 정보의 적시성과 신뢰성을 비교하여 결정한다. 예를 들어, 분기보고는 연말보고보다 더 적시성이 있다. 그러나 어떤 사건은 회계연도 말까지 측정할 수 없기 때문에 분기보고에는 더 많은 추정치를 포함하여야 하므로 신뢰성이 다소 떨어질 수 있다.

제4절 회계측정과 시간차이

전환과정의 결과를 측정하는 주요 의사결정은 상품이나 서비스의 판매를 인식할 때와 자원의 소비를 인식할 때 이루어진다. 인식은 회계시스템에 기록될 거래를 식별하는 것이다. 아래에서는 거래가 기록되어야 할 시기를 식별하는 방법들을 기술한다.

1. 현금흐름

조직의 활동에 대한 경제적 결과를 측정하는 하나의 방법은 회계기간 동안 전환과정으로 인한 현금으로 측정하는 것이다. **현금흐름(cash flow)은 일정기간 동안 현금수입액(현금유입)이나 현금지출액(현금유출)이다.** 예를 들어, 이 전자군은 전자제품판매회사를 경영한다고 하자.

3월 1일 이 전자군은 2,000,000원을 투자하였고

3월 5일 부족한 금액은 채권자로부터 1,000,000원을 차입하였다.

3월 10일 이 전자군은 이 재무자원으로 건물 1,200,000원, 토지 350,000원을 구입하였다.

3월 20일 또 판매할 상품 750,000원을 구입하였으며 남은 현금은 700,000원이었다.

이상은 3월 한 달 동안 발생한 거래이다. 3월 31일 현재 회사의 계정잔액은 [표 3-2]와 같다.

[표 3-2] 계정요약

이 전자회사					2008. 3. 1 ~ 2008. 3.31
재무 상태표			**손익계산서**
자산	=	부채+자본		+(수익-비용)
현금	700,000	차입금	1,000,000	수익:	0
상품	750,000	자본금	2,000,000	비용:	0
건물	1,200,000			
토지	350,000			
3,000,000		3,000,000		0

[표 3-3]은 3월 한 달 동안 이 전자회사의 현금수입과 지출을 보고한 것이다. 3월 한 달 동안 회사는 현금 700,000원이 증가하였다. 3월에는 영업활동이 없었기 때문에 이 금액은 영업활동의 결과를 나타낸 것이 아니다. 즉, 생산되거나 판매된 상품이 없었다. 이때 현금 700,000원은 소유주의 투자수익을 나타내는 것이 아니다. 이는 단순히 회사가 조달한 재무자원으로 다른 자원을 취

득하고 남은 현금이다. 그러므로 일정기간 동안의 현금의 변동 그것만으로 회사의 소유주가 영업활동으로 인해 얼마나 더 부유해졌는가를 측정하는 것은 아니다. 즉, 현금변동액은 이익이 아니다.

[표 3-3] 현금 수입과 지출

이 전자회사			2008. 3. 1 ~ 2008. 3.31
현금수입:	차입금	1,000,000	
	자본금	2,000,000	3,000,000
현금지출:	상품구입	-750,000	
	건물구입	-1,200,000	
	토지구입	-350,000	2,300,000
현금증가			700,000

2. 현금주의 회계측정

업적측정의 하나의 방법은 일정기간 동안 총현금흐름이 아니라 영업활동으로 인한 현금흐름액이다.

4월 10일 3월에 구입한 상품 중에서 원가 400,000원의 상품을 700,000원에 판매하였다고 하자. 매출액 중 500,000원은 현금매출이고 잔액은 외상매출이다.

4월 20일 종업원에게 급여 100,000원을 지급하였고 나머지 30,000원은 지급하지 못하였다.

4월 25일 수도광열비, 보험료, 잡비 등의 영업비용 50,000원을 현금으로 지급하였다.

[표 3-4]는 이 전자회사의 4월 한 달 동안 영업활동으로 인한 현금흐름을 보고한 것이다. 현금이 증가하여 1,050,000원이 되었다(3월말 잔액 700,000원+4월중 현금수입 500,000원 - 4월중 현금지출 150,000원). 요약서를 보면 4월 한 달 동안 영업활동으로 받은 현금 500,000원과 영업활동으로 지출한 현금 150,000원의 차액인 350,000원의 순현금흐름을 보고하고 있다. 350,000원은 과연 4월 한 달 동안 완료된 영업의 업적측정을 나타내는가? [표 3-4]와 관련하여 다음의 문제들을 생각해보자.

[표 3-4] 계정요약

이 전자회사					2008. 4. 1 ~ 2008. 4.30	
자산		**=**	**부채+자본**		**+영업활동으로인한순현금흐름**	
현금	1,050,000		차입금	1,000,000	현금수입	500,000
상품	750,000		자본금	2,000,000	현금지출:	
건물	1,200,000				급여	-100,000	
토지	350,000				기타	-50,000	-150,000
	3,350,000			3,000,000		350,000

1. 외상매출 200,000원은 수익으로 인식되지 않았다. 회사는 4월에 현금을 받지 못하였으므로 앞으로 고객으로부터 받아야 할 금액이다.

2. 4월말에 보고된 상품의 금액은 틀린 금액이다. 상품 중 400,000원이 판매되었으므로 4월 말 현재 판매가능한 상품의 원가는 750,000원이 아니라 350,000원이다. 4월에 상품의 일부(400,000원)가 소비(판매)되었지만 현금지출은 없었다. 상품을 구입한 3월에 이미 현금을 지출하였다.

3. 종업원에게 지급하지 못한 급여 30,000원이 기록되지 않았다. 이 30,000원은 5월에 현금지출(현금유출)이 이루어 질 것이지만 종업원의 서비스를 받은 4월에는 지급해야할 의무이다. 따라서 지급하지 못한 급여 30,000원은 5월의 비용이 아니라 4월에 제공받은 서비스와 관련된 비용이다.

이와 같은 문제들은 재무활동, 투자활동과 마찬가지로 영업활동도 현금흐름기준으로 보고하는 것은 부적절하다는 것을 의미한다. 문제는 시간차이이다. 전환과정의 일부로 상품이 판매되거나 자원이 소비될 때 현금흐름이 항상 동시에 발생하는 것은 아니다. 이러한 한계가 현금흐름에 관한 정보는 경영자, 소유주, 현금을 제공하고 사용하는 사람들에게 중요하지 않다는 것을 의미하는 것은 아니다. 그러나 현금흐름은 기업의 업적을 완전하게 나타내는 것은 아니다.

개인은 그들의 재무 상태를 측정하기 위하여 종종 현금기준을 사용하기도 한다. 우리는 극장에 갈 때. 자동차를 구입하려고 할 때, 휴가를 갈 때, 현재 사용할 수 있는 현금이 얼마인가를 알아보아야 한다. 마찬가지로 회사와 다른 조직에서도 현금은 대단히 중요하다. 그러나 대부분 기업들이 영업활동을 평가하는데 사용하는 기본적 측정은 현금기준이 아니라는 것을 명심하기 바란다. 다음에는 기업이 업적을 측정하는데 사용하는 발생주의 기준을 검토한다.

3. 발생주의 회계측정

현금주의 측정 대신에 기업은 전형적으로 발생주의 측정기준을 사용한다. 발생주의 측정은 현금흐름 뿐만 아니라 자원이 창출되거나 소비되는 사건에 초점을 두고 있다. **발생주의(accrual basis) 회계측정은 영업활동의 일부로 자원이 창출될 때 수익으로 인식하며 영업활동의 일부로 자원이 소비될 때 비용으로 인식한다.** 아래에서는 발생주의 측정을 설명하고 현금주의 측정과 비교한다.

(1) 매출과 매출채권

대부분의 경우에 상품이나 서비스가 판매될 때 수익이 인식된다. 판매는 회사와 고객과의 계약이다. 고객은 상품의 소유권을 갖거나 서비스를 제공받는다. 이와 교환으로 고객은 이들 상품이나 서비스에 대해 현금을 지급하거나 장래에 현금을 지급할 것을 동의한다.

발생주의와 현금주의의 관계를 설명하기 위해 이 전자회사를 다시 생각해 보자. 4월의 매출거래에 대한 발생주의 측정은 다음과 같이 나타낼 수 있다.

발생주의는 4월 한달 동안 수익을 700,000원으로 보고하여야 한다. 이 금액은 4월 한달 동안 고객에게 판매한 가격이기 때문이다. 이는 회사와 고객이 계약한 금액이다. 이 계약은 상품 400,000원과 700,000원의 재무자원을 교환하기로 한 것이다. 교환으로 받은 자원 중 500,000원은 현금자산이다. 나머지 200,000원은 장래에 현금을 받을 권리를 나타내는 채권자산이다. 매출채권은 고객이 기업에게 빚진 금액을 나타낸다.

수익계정은 얼마나 많은 현금과 미래현금(700,000원)을 벌었느냐를 말하며 그것이 어디에서 발생(고객에게 상품의 판매)되었는지를 나타낸다. 자산은 판매에 의해 얻은 자원을 나타내며 그 금액은 현금(500,000원)과 미래현금(200,000원)을 나타낸다.

수익의 인식과 현금의 수입은 동시에 일어날 수도 있다. 상품이 현금으로 판매되는 경우이다. 그러나 수익을 인식하기 위한 중대한 사건은 판매이지 현금수입이 아니라는 것을 명심하여야 한다.

(2) 매출원가

발생주의 기준은 4월에 판매함으로써 소비된 상품의 비용으로 400,000원을 인식한다. 매출원가는 고객에게 판매된 상품의 원가로 비용이다. 이 거래는 다음과 같다.

상품 400,000원이 감소되고 소비된 상품의 원가가 400,000원으로 이익이 감소(비용의 증가)된다. 상품에 대한 비용은 판매로 인한 수익이 기록되는 기간에 인식된다. 발생주의기준은 소비된 자원으로부터 발생한 수익과 비용을 대응시킨다.

(3) 급여

발생주의 기준은 급여 130,000원을 인식하여야 한다. 4월 동안 소비된 종업원서비스의 원가는 130,000원이기 때문이다. 이 금액 중 100,000원은 종업원에게 현금으로 지급하여 현금계정 잔액을 감소시켰다. 나머지 30,000원은 미지급급여라는 부채이다. 미지급급여는 종업원이 이미 제공한 서비스에 대해 회사가 종업원에게 빚진 것이다. 이 부채는 회사가 미래에 현금으로 지급해야 할 계약의무이다. 4월에 발생한 급여의 일부는 현재기간에 지급되었고(현금) 일부는 미래에 지급될 것이다(미지급급여).

(4) 이자

이 전자회사는 정기적으로 차입금에 대한 이자를 지급한다. 발생주의 기준은 각 회계기간의 이자에 대해 비용으로 기록한다. 예를 들어, 차입금의 이자를 3개월마다 30,000원씩 지급하는 조건이라면 매월 이자비용으로 3개월 분의 1/3을 기록한다. 그러므로 이 전자회사는 4월 한달 동안 10,000원의 이자비용을 기록하게 된다. **이자비용(interest expenses)은 회계기간 동안 빌린 돈과 관련된 원가이다.** 이 10,000원은 회사가 4월 한달 동안 채권자의 돈을 사용하였기 때문에 채권자에게 빚진 것이다.

미지급이자(interest payable)는 회계기간 동안 돈을 사용한데 대한 대가(원가)로 채권자에게 빚진 금액이다. 미지급급여와 마찬가지로 미지급이자는 이미 소비된 자원(빌린 돈의 사용)에 대해 미래에 현금으로 지급할 계약의무이다. 이 거래는 다음과 같다.

이 거래에서 현재기간에 자산은 영향을 받지 않는다. 2개월 후에 현금으로 지급될 것이기 때문이다. 그러나 이자비용은 4월의 이익을 감소시킨다.

(5) 감가상각비

건물과 토지계정은 비유동자산이다. 토지와 같은 비유동자산은 닳아 헤어지지 않을 것이라 가정하기 때문에 감가상각되지 않는다. 토지와는 달리 건물계정은 감가상각을 고려할 필요가 있다. **건물은 장기간 사용할 수 있는 물리적인 자원이다.** 회사는 건물을 1,200,000원에 구입하였다. 기업은 계속기업이기 때문에 건물은 닳아 헤어지거나 수명이 다하거나 대체될 때까지 사용될 것이라 가정한다. 이 자산은 수년간 존속할 것으로 기대된다. 따라서 건물의 원가 전부를 구입한 회계기간에 비용으로 보고하는 것은 잘못이다. 대신에 발생주의 기준은 이들 자산의 일부를 자산의 사용으로 이익을 얻는 기간의 비용으로 배분하여야 한다.

예를 들어, 건물의 내용연수를 10년이라고 하자. 회사는 건물의 취득원가 중 매년 120,000원 (1,200,000원/10년)을 비용으로 배분하여야 할 것이다. 월별로 계산하면 10년간 매월 10,000원 (1,200,000원/120개월)을 비용으로 배분하여야 할 것이다.

감가상각(depreciation)은 비유동자산의 원가를 그 자산의 내용연수 동안 비용으로 배분하는 것이다. 이 전자회사의 4월분 감가상각비는 10,000원이다.

감가상각비(depreciation expenses)는 회계기간 동안 소비되어질 것으로 인식된 비유동자산의 원가이다. 건물을 직접 감소시키는 대신에 일반적으로 회계는 감가상각누계액계정을 사용한다. **감가상각누계액(accumulated depreciation)은 비유동자산을 취득한 이래 감가상각비로 배분된 비유동자산의 원가이다.** 감가상각누계액계정은 평가계정이다. 평가계정은 관련된 자산계정에 대한 차감계정이다. **평가계정(contra account)은 다른 계정의 금액을 차감하는 계정이다.** 따라서 재무 상태표에서 이 전자회사는 비유동자산의 원가에서 이들 자산에 대해 인식된 감가상각누계액을 차감하여 보고하여야 한다. 이 전자회사는 4월말 재무 상태표에 다음과 같이 보고할 것이다.

건물	1,200,000
감가상각누계액	−10,000
	1,190,000

감가상각비의 측정은 추정절차이다. 감가상각비의 금액은 자산의 수명에 관한 가정에 좌우된다. 회사는 건물이 10년간 존속할 것이라고 가정하였다. 또, 감가상각비의 금액을 자산의 수명기간에 매월 동등하게 비용으로 배분하는 것을 선택하였다. 건물의 수명이 다르거나 상이한 배분 방법을 선택한다면 감가상각비의 금액과 감가상각누계액의 금액을 매월 다르게 기록될 것이다.

10,000원과 같은 숫자는 감가상각비를 매우 정밀하게 나타내고 있다. 그럼에도 불구하고 이러한 정밀성은 숫자가 배분의사결정의 결과이기 때문에 경제적 실제를 정확하게 반영하지 못하고 있다. 그리고 상이한 배분방법에 따라 상이한 금액이 산출된다. 금액이 추정치이기 때문에 현재 보고하는 금액을 보다 더 정밀한 금액으로 보고하는 것은 아무런 의미가 없다. 따라서 회계 조직의 규모에 따라 백만원, 천원 등으로 반올림하여 보고한다.

(6) 기타 비용

이 전자회사의 4월의 마지막 거래는 수도광열비, 보험료, 잡비 등의 영업비용 50,000원을 현금으로 지출한 것이다. 비용에 대한 현금 지급은 이 전자회사의 이용 가능한 현금을 감소시킨다. 이 거래에서처럼 대부분 조직에서 많은 다른 비용과 마찬가지로 비용이 기록될 때 현금 지급이 이루어진다. 그러나 비용을 인식하는데 필요한 것은 현금의 지급이 아니라 자원의 사용이다.

(7) 발생주의 회계의 요약

[표 3-5]는 발생주의 기준을 사용하여 이 전자회사의 4월의 거래를 기록한 결과를 나타낸 것이다.

[표 3-5] 발생주의 계정요약

이 전자회사   2008.4.1-2008.4.30

월 일	재무 상태표				손익계산서	
	자 산		=	부 채+자 본	+(수 익-비 용)	
기초잔액	현금 상품 건물 토지	700,000 750,000 1,200,000 350,000		차입금 자본금	1,000,000 2,000,000	
4월중 거래 (1)매출	현금 매출채권	+500,000 +200,000			매출	+700,000
(2)매출원가	상품	−400,000			매출원가	−400,000
(3)급여	현금	−100,000		미지급급여 +30,000	급여	−130,000
(4)이자				미지급이자 +10,000	이자비용	−10,000
(5)감가상각비	감가상각누계액	−10,000			감가상각비	−10,,000
(6)기타비용	현금	−50,000			잡비	−50,000
기말잔액	현금 매출채권 상품 건물 감가상각누계액 토지	1,050,000 200,000 350,000 1,200,000 −10,000 350,000		차입금 미지급급여 미지급이자 자본금	1,000,000 30,000 10,000 2,000,000	매출 700,000 매출원가 −400,000 급여 −130,000 감가상각비 −10,000 이자비용 −10,000 잡비 −50,000
		3,140,000		3,040,000	(순이익)	100,000

발생주의 기준은 이 전자회사의 4월 순이익을 100,000원으로 보고하고 있다. 추정이 있긴 하였지만 이 금액은 4월의 회사의 영업활동의 경제적 결과에 기초하여 업적을 측정한 것이다. 이것은 4월 한달 동안 회사의 영업활동의 결과로 소유주의 몫이 얼마나 더 증가했는가를 측정한 것이다. 회계과정은 매우 빠르게 복잡해진다는 것을 명심하라. 자료가 복잡하더라도 거래의 결과가 사용자에게 의미 있는 것이라면 조심스럽게 다루어야 한다.

제5절 발생주의와 현금주의의 조정

발생주의와 현금주의 측정의 관계는 회계정보를 이해하는데 매우 중요하다. [표 3-6]은 이 전자회사의 4월 한달 동안의 현금 변동에 관한 분석을 보여주고 있다. 현금계정의 변동은 현금유입과 현금유출을 수반하는 거래로부터 발생한 것이다. 외상매출, 현금 지출이 없는 비용, 매출원가, 감가상각비, 이자 등과 같이 발생주의 기준을 사용하여 기록한 항목들은 4월의 현금흐름에 영향을 미치지 않았다. 발생주의 측정금액과 현금주의 측정금액은 한달 동안 영업활동의 측정을 다르게 나타내고 있다. 이들 두 가지 측정금액은 [표 3-7]에서처럼 조정될 수 있다.

[표 3-7] 영업활동으로 인한 순현금흐름과 순이익의 조정

2008. 4. 1 ~ 2008. 4.30

	영업활동으로 인한 현금흐름(4월)			영업활동으로 인한 순이익(4월)		
	이전	4월	이후	수익	비용	합계
4월 현금매출		500,000		500,000		
4월 외상매출			200,000	200,000		
4월 총매출						700,000
4월에 소비된 자원의 4월 현금지급:						
급여		-100,000			-100,000	
기타		-50,000			-50,000	
4월에 소비된 자원의 미지급:						
급여			-30,000		-30,000	
이자			-10,000		-10,000	
4월에 소비된 자원의 과거 현금지급:						
재고자산	-400,000				-400,000	
감가상각비	-10,000				-10,000	
4월에 소비된 총자원						-600,000
4월 순현금증가		350,000				
4월 순이익						100,000
순현금증가	-410,000	+350,000	+160,000	⟶		100,000

이 예는 4월에 기록된 수익, 비용과 관련된 현금흐름의 시기를 나타내고 있다. 4월 한달 동안 영업활동으로 인한 순현금흐름은 [표 3-5]와 일치하여 350,000원이었으나 4월에 기록된 수익과 관련된 현금유입 중 어떤 항목은 장래에 받게될 것이다. 4월에 기록된 비용과 관련된 현금유출 중 어떤 항목은 3월에 지급된 것이었고 어떤 항목은 장래에 지급될 것이다. 따라서 4월 한달 동안 영업활동으로 인한 순현금흐름은 350,000원인 반면에 4월에 기록된 수익과 비용으로 인한 모든 현금흐름(과거, 현재, 미래)의 순결과는 100,000원이다.

이 금액이 회사의 4월 순이익이다. **발생주의 기준은 거래가 발생한 기간의 영업활동의 경제적 결과를 측정하려는 것이다.** 이 발생주의 측정금액은 현금흐름이 영업활동과 동시에 발생한다면 영업활동으로 인한 현금흐름과 같아야 한다. 그러므로 발생주의는 기간 중 현금흐름이 제공하는

측정금액보다 기간 중 영업활동의 경제적 결과를 보다 정확하게 측정하게 된다.

거래과정의 발생주의와 현금주의 측정은 모두 유용하다. 발생주의는 일정기간 동안 전환과정의 경제적 결과를 추정한다. 현금주의는 일정기간 제공되는 순현금을 측정한다. 발생주의 측정은 기업의 영업이 장기적 성공을 위하여 충분히 효율적이고 능률적이냐에 대한 정보를 제공해 준다. 현금주의 측정은 기업이 현재의 부채상환과 단기적으로 생존하기에 충분한 현금을 얻을 수 있느냐에 관한 정보를 제공해 준다. 두 가지 측정은 분리하여 고려할 때 오도될 수 있다.

예를 들어, 일정기간 동안 거액의 순이익을 보고하였다고 하자. 그러나 이 금액은 현금유입을 수반하지 않는 거액의 수익 때문에 발생한 것이다. 따라서 회사는 영업에 필요한 현금과 채권자에게 지급할 현금을 충분히 가지고 있지 못하다. 그래서 이익이 많은 회사가 현금 부족 때문에 부도가 나기도 한다. 한편, 회사는 전기의 매출 때문에 일정기간 동안 거액의 현금을 보고할 수도 있다. 현금흐름이 좋게 보이지만 순이익은 회사가 제품을 판매하는데 어려움이 있다는 것을 증명하고 있다. 발생주의와 현금주의 측정 모두 회사의 업적을 평가하는데 중요하다. 성공적인 기업은 발생주의와 현금주의 양쪽 업적이 모두 좋게 나타날 것이다.

제6절 발생주의 계정의 목적

회계시스템에서 각 계정의 유형은 발생주의 측정에 중요한 역할을 한다. 각 계정의 유형은 조직의 전환과정의 경제적 결과와 전환과정에서 계약관계에 관한 정보를 제공한다. 또 이들 계정은 여러 회계기간에 걸쳐 발생한 사건을 함께 연계시킨다. 다음에는 계정들이 어떻게 연계되는지를 검토한다.

1. 자산과 부채와 자본

재무 상태표는 자원과 이들 자원에 대한 채권자와 소유주의 청구권을 나타내는 계정들을 보고한다. 이들 자원과 청구권은 재무 상태표 작성일 이전에 발생한 사건의 결과이다. 또 그들은 미래 사건이 발생할 것인가에 관한 정보를 제공한다.

자산은 조직이 법적 권리를 가지고 미래에 사용할 수 있는 유용한 자원이다. 자산은 상품, 비품, 건물과 같이 과거에 구입되어 미래에 소비되어질 자원일 수도 있다. 매출채권과 같은 자산은 미래에 현금으로 받을 법적 권리를 나타낸다. 회사는 미래에 수익을 얻을 것을 기대하여 다른 회사가 발행하는 주식이나 사채와 같은 증권에 현금을 투자할 수도 있다. 현금은 다른 자원을 구입하기 위한 법적 권리를 나타내는 재무자원이다. 그러므로 자산은 다음과 같이 구성된다.

(1) 재고자산, 건물, 비품, 그리고 특허권 같이 미래에 사용되어질 자원에 대한 과거 현금유출
(2) 매출채권과 같이 기업의 매출로 인한 미래의 현금유입
(3) 회사가 갖고 있는 투자로 인한 미래 현금유입
(4) 현금과 같이 현재 이용 가능한 재무자원

부채는 장래에 외부집단에게 현금 또는 상품이나 서비스를 제공해야 할 기업의 법적 의무를 나타낸다. 어떤 부채들은 재무활동으로 인하여 발생한다. 차입금이나 사채와 같은 부채들은 장래에 상환될 것이다. 따라서 이러한 부채는 과거 현금이 유입된 것으로 장래에 현금이 유출될 것이다. 다른 부채들은 매입채무, 미지급급여, 미지급이자와 같이 기업이 과거에 취득 또는 소비한 자원에 대해 현금을 지급할 의무를 나타낸다. 매입채무는 상품이나 재료를 외상으로 구입하여 공급자에게 빚진 금액이다. 미지급금은 상품이나 재료 이외의 기타자원을 외상으로 구입하여 공급자에게 빚진 금액이다. **선수금(unearned revenues)은 장래에 상품이나 서비스를 제공해야할 의무이다.** 이러한 부채는 장래에 제공 되어질 상품이나 서비스와 교환으로 고객으로부터 미리 재무자원을 받았을 때 발생한다. 그 예는 잡지 발행자가 정기구독권을 판매한 경우이다. 발행자가 잡지를 발행하기 전에 고객으로부터 현금을 받는다. 받은 금액을 선수금으로 기록한다. 선수금은 상품이나 서비스가 고객에게 인도될 때 수익으로 인식한다. 그때에 선수금이 감소되고 수익이 증가된다. 따라서 부채에는 다음과 같은 것이 포함된다.

(1) 과거 현금유입으로 장래에 현금유출을 필요로 하는 것
(2) 과거에 자원을 취득 또는 소비하고 장래에 현금유출을 필요로 하는 것
(3) 장래에 상품이나 서비스를 제공 할 목적으로 과거에 받은 현금

자본은 소유주가 기업에 투자한 금액과 이익잉여금을 말한다. 개인기업이나 조합의 소유주는 기업을 양도할 때 투자한 자본을 회수할 수 있다. 그러나 주식회사는 회사가 계속기업이므로 주주에게 투자한 금액을 반환할 의무가 없다. 그러나 회사는 발행한 주식을 재구입할 수도 있다. 그래서 주식대금을 소유주에게 현금으로 지급할 수도 있다. 아울러 소유주는 투자에 대해 수익을 받기를 기대한다. 이러한 투자수익은 현금으로 지급되는 방법도 있고 주식가격의 상승으로

투자의 가치가 더 높아지는 방법일 수도 있다. 만일 수익이 배당금(주식회사) 또는 인출금(개인기업과 조합)으로 소유주에게 지급되면 소유주는 직접 기업으로부터 현금을 받는다. 자산, 부채, 자본에 관한 정보는 기업의 재무 상태표에 보고된다.

2. 수익과 비용

수익과 비용은 일정기간 동안 얻거나 소비된 자원에 관한 정보를 제공한다. 수익과 비용은 회계기간의 초부터 말까지 자원이 왜 변동되었는지를 설명하는데 도움을 주는 거래의 경제적 결과를 나타낸다. 수익은 현재기간 동안 상품이나 서비스를 고객에게 판매함으로 발생한다. **판매와 관련된 현금유입은 과거에 이미 발생하였을 수도 있으며, 현재 발생할 수도 있으며, 미래에 받게 될 수도 있다. 마찬가지로, 비용은 자원에 대한 현금지급이 과거, 현재, 미래인지 관계없이 일정기간 동안 자원이 소비되었을 때 발생한다.** 수익과 비용에 관한 정보는 기업의 손익계산서에 보고된다. 현금흐름에 관한 정보는 현금흐름표에 보고된다.

3. 계정과 시간

전체적으로 발생주의 회계시스템은 계속기업에 대하여 일정기간 동안 수익과 비용에 관한 정보를 제공한다. 또, 일정기간 동안 발생한 현금흐름에 관한 정보를 제공한다. 자산, 부채, 자본계정은 이전 회계기간에 발생된 거래로 인한 장래 현금흐름, 수익, 비용에 관한 정보를 제공한다.

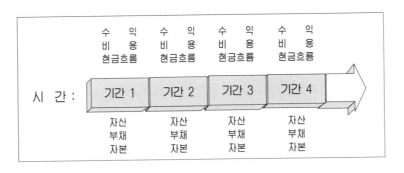

기업의 전환과정에 대한 경제적 결과는 기간을 구분해야 하기 때문에 이러한 정보가 필요하다. 기간의 구분은 일정기간을 기준으로 활동을 보고하기 위해서 필요하다. 자산, 부채, 자본은 회계기간의 기초와 기말의 구분된 시점에서 자원과 자원에 대한 청구권을 식별한다. 수익과 비용, 현금흐름은 일정기간 동안의 기업의 자원을 변동시키고 자원에 대한 청구권을 변동시키는 사건을 식별한다. 또한 이들 계정은 전환과정의 경제적 결과에 대한 동적인 정황을 제공한다. 이들 계정은 자원을 창출하였거나 소비한 과거사건, 자원의 청구권에 영향을 미친 과거사건, 현금흐름을 창출하였거나 소비한 과거 사건에 대한 정보를 제공한다. 이들 계정은 현재자원과 자원에 대한 청구권에 관한 정보를 제공한다. 또 이들 계정은 이미 발생한 사건으로부터 초래되는 자원, 청구권, 그리고 현금흐름이 기대되는 미래의 변동에 관한 정보를 제공한다.

연 습 문 제

1. 회계의 가정을 정의하라.

2. 회계공준의 종류를 설명하라.

3. 회계담당자가 거래를 기록하고 보고할 경우에 준수해야 할 원칙을 설명하라.

4. 일반적으로 인정된 회계원칙과 감사의 목적을 설명하라.

5. 전환과정에 대한 계속기업 원칙의 의미를 설명하라.

6. 회계정보에 대한 기간적 측정의 의미를 설명하라.

7. 현금변동은 왜 일정기간 업적을 측정한 것이 아닌지를 설명하라.

8. 영업활동으로부터의 현금흐름은 왜 일정기간 동안 조직의 업적측정을 완성한 것이 아닌지를 설명하라.

9. 발생주의와 현금주의 회계를 구별하고 왜 발생주의를 사용하는지를 설명하라.

10. 발생주의 회계시스템에 의해 기록된 정보를 식별하라.

11. 발생주의 회계시스템에서 자산을 네 가지 유형으로 정의하고 그 예를 들어라.

12. 발생주의 회계시스템에서 부채를 세 가지 유형으로 정의하고 그 예를 들어라.

13. 계속기업은_____.

    a. 재무제표를 작성할 필요가 없다.

    b. 가까운 미래에 사업을 그만 둘 것으로 기대된다.

    c. 현금흐름 자체에 관심이 있는 것이 아니고 순이익 발생에 관심을 기울인다.

    d. 현행 전환과정이 순환을 완료할 수 있을 만큼 기업의 기대수명이 충분히 길다고 가정하는 것이다.

14. 진실회사는 발생주의 회계를 사용하고 있다. 7월중에 발생한 사건은 다음과 같다. 다음 사건 중 7월의 비용으로 인식되어야 할 것은 어느 것인가?

    a. 4월에 구입한 사무용품 중 7월에 800원의 사무용품을 사용했다.

    b. 새로운 배달차를 7월 31일에 구입하였다. 8월까지 아직 사용하지 않았다.

    c. 7월 3일에 6월분 급여 미지급분 8,000원을 지급했다.

    d. 7월 31일에 8월분 임차료 1,500원을 선급하였다.

15. 반짝주식회사는 1999년에 영업을 시작했다. 연말까지 고객으로부터 현금회수액은 총 153,000원이었다. 또 회사의 매출채권잔액은 20,000원이었다. 회사가 발생주의 회계로 손익계산서를 작성한다면 1999년도에 보고할 수익은 얼마인가?

    a. 0원

    b. 133,000원

    c. 153,000원

    d. 173,000원

16. 2001년 1월 1일에 정석회사는 기계를 15,000원에 구입했다. 이 기계의 내용연수는 5년이고, 5년 후의 잔존가치는 없다고 추정된다. 이 회사는 매년 3,000원의 감가상각비를 계상한다. 2차년도 말에, 이 기계는 11,000원의 시장가치를 가지는 것을 평가되었다. 이 회사가 처음 2년 동안 이 자산에 대한 감가상각비는 얼마로 기록해야 하는가?

    a. 4,000원

    b. 11,000원

    c. 6,000원

    d. 9,000원

17. 발생주의 회계에 의하면 비용은 언제 인식되는가?

    a. 소유주가 너무 많은 비용이 발생했다고 인식할 때

    b. 자원에 대한 대가가 지급될 때가 아니라 자원이 사용될 때

    c. 자원에 대한 대가가 지급될 때

    d. 비용을 초과할 만한 충분한 수익을 있을 때

18. 계정에 미치는 거래의 효과

    거북미용실의 4월1일 현재 계정요약표는 다음과 같다.

자산	=	부채+자본		+(수익-비용)	
현금	2,800,000	미지급급여	1,750,000	수익:	0
비품	17,450,000	차입금	20,000,000	비용:	0
건물	50,000,000	자본금	27,500,000		
토지	12,000,000	이익잉여금	33,000,000		
	82,250,000		82,250,000		0

    4월중에 발생한 거래는 다음과 같다.

    a. 4월초 미지급급여를 모두 현금으로 지급하였다.

    b. 이발용역을 제공하고 현금 3,295,000원을 받다.

    c. 소유주가 개인적인 용도로 2,750,000원을 인출하였다.

    d. 4월분 감가상각비는 다음과 같다. : 비품 250,000원, 건물 450,000원

    e. 차입금에 대한 4월 한달 이자(연12%)를 은행에 지급하였다.

〈요구사항〉

 (a) 4월중의 거래를 포함하는 새로운 회계요약표를 만들어라. (b) 현금계정의 변동 내용을 설명하라. (c) 4월 동안 발생한 투자수익을 설명하라.

19. 든든건설회사가 1월에 구입한 재료 중 75,000원은 외상매입이었다. 2월중에 230,000원의 재료를 외상 구입했다. 든든사는 2월에 구입한 외상대금 중 120,000원과 1월에 구입한 외상대금 모두를 2월에 지불했다. 1월에 구입한 재료 중 37,500원과 2월에 구입한 재료 중 200,000원은 2월에 사용하였다. 2월에 원재료에 대한 든든사의 현금흐름은 어떻게 되는가? 2월에 사용한 원재료의 원가는 얼마인가?

20. 네오회사는 가구 제조업체이다. 이 회사는 1994년에 영업을 시작했다. 영업 첫해 네오회사는 원목과 기타 제품의 원재료 구입에 2,150,000원을 지출했다. 이 재료로 가구 8,600개를 생산하였다. 단위당 평균 재료비는 250(=2,150,000/8600)원이다. 1994년에 네오회사는 7,000개의 가구를 팔았고 단위당 평균판매가격은 600원이었다. 모든 판매는 현금으로 이루어졌다. 1년 동안 기타경비가 1,500,000원이라면 네오회사의 1994년 순이익은 얼마인가? 기타경비가 현금으로 지급되었다면 네오회사의 영업활동으로 인한 순현금흐름은 얼마인가? 순이익이 순현금흐름보다 많은가 적은가? 그 이유는 무엇인가? 또한, 어떤 것이 다음 년도 영업성과 예측치로 보다 나은가? 그 이유는 무엇인가?

21. 김명퇴씨는 레코드 가게를 열기 위해 150,000원을 차입하였다. 이 차입금에 대한 이자는 분기마다 4,500원을 지급한다. 첫 번째 이자지급일은 3월 31일이다. 다음 표의 빈칸을 채워라.

	1월	2월	3월	1분기합계
이자지급액				
이자비용				

22. 다음의 표를 완성하여라.

	과거현금흐름	4월 현금흐름	미래현금흐름	4월 수익/비용
4월 판매로 인한 현금회수액		180,000	50,000	?
4월에 소비된 자원의 4월 현금지급액				
• 상품구입	-30,000	-60,000	-10,000	?
• 급여		-20,000	-6,000	?
• 설비자산	-40,000	0	0	?
4월 순현금흐름 증가		?		
4월 순이익				?

제 4장

회계정보의 처리

제1절 거래의 기록

제2절 회계장부

제3절 회계기록의 순환과정

제4절 수정기입과 정산표작성

제5절 재무제표의 작성

제6절 회계장부의 마감

보 론 전산회계시스템의 예

이 장에서는 회계정보시스템의 처리과정을 검토한다. 회계담당자들이 의사결정자에게 유용한 정보를 제공할 수 있는 형태로 기록, 저장, 요약하는데 사용하는 절차를 다룬다. 회계 처리과정은 제 2장에서 기술한 회계정보시스템의 세 번째 단계이다. 이 장에서는 회계시스템의 형태로 수작업회계시스템과 전산회계시스템을 다룬다. 두 가지 회계시스템 모두 동일한 기본 기능을 제공한다. 경제적 사건에 관한 자료를 의사결정자에게 유용한 정보로 전환하는 것이다. 그러므로 모든 회계시스템은 기록해야할 거래를 결정하기 위하여 사건의 분석을 필요로 한다.

그러나 거래를 기록하는 방법과 시스템이 거래를 처리하는 방법은 시스템에 따라 차이가 있다. 우리는 거래를 식별하고 기록하는 방법과 회계시스템이 어떻게 자료를 유용한 정보로 창출하는지 그 과정을 살펴본다. 수작업회계시스템의 회계순환과정을 단계별로 다룬다. 보론에서는 분개를 사용하는데 익숙하지 않다고 하더라도 거래를 분석할 수 있도록 회계등식을 이용하여 회계시스템을 설명하였다.

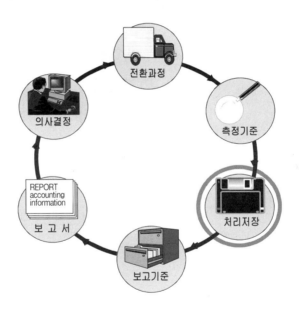

이 장에서 다루는 주요 주제는 다음과 같다.

- 회계기록과 보고서에 대한 거래의 영향
- 회계시스템의 구성요소와 기능
- 회계순환과정거래의 기록

제1절   거래의 기록

1. 거래의 식별

회계정보시스템은 전환과정에서 발생하는 경제적 사건인 거래를 식별하여 기록하는 것으로 회계 처리를 시작한다. **거래(transaction)는 전환과정에서 화폐금액의 변동을 일으키는 경제적 사건이다. 거래는 회계기록의 대상이 된다.** 이 경제적 사건은 화폐액으로 회계시스템에 기록되고, 이는 회계정보를 산출하는 기초자료가 된다. 거래의 재무적 영향은 회계시스템의 개별계정에 잔액을 증가 또는 감소시키는 형태로 기록된다. 계정잔액은 데이터베이스에 저장된다. 이렇게 저장된 데이터베이스로부터 정보를 요약하여 보고서를 작성하며, 보고서는 내부 또는 외부의 사결정자에게 제공된다.

거래는 기업이 재무자원을 조달하였을 때, 기업이 재무자원을 다른 자원에 투자하였을 때, 기업이 상품이나 서비스를 생산하기 위하여 이들 자원을 소비하였을 때, 기업이 상품이나 서비스를 판매하였을 때 발생한다.

기업의 자원에는 (1) 현금, 유가증권과 같은 재무자원,
(2) 건물, 비품과 같은 물리적 자원,
(3) 노동력과 같은 서비스,
(4) 특허권과 같은 법적 권리 등이 있다.

기업은 채권자로부터 차입하거나 소유주로부터 투자를 받아 재무자원을 조달한다. 기업은 다른 자원을 구입 또는 임차함으로써 다른 자원에 재무자원을 투자한다. 기업은 전환과정에서 상품이나 서비스를 생산하기 위하여 자원을 사용할 때 자원을 소비한다. 재화나 서비스가 고객에게 판매될 때 기업은 추가 재무자원을 받을 권리를 얻는다. **회계정보시스템의 회계 처리목적은 자원의 획득활동과 소비활동이 요약되고 보고될 수 있도록 체계적인 형태로 기록하는 것이다.**

일반적으로 거래라고 하면 외부거래를 의미한다. 예를 들면 재무자원을 조달하거나 조달된 재무자원으로 여러 가지 자원을 취득하는 것은 외부거래이다. 기업의 경영활동과 관련된 대부분의 거래는 외부거래이다. 기업은 외부거래 뿐만 아니라 기업이 내부적으로 회계자료를 재분류하거나 금액을 조정하기 위한 내부거래도 회계시스템에 기록하여야 한다.

2. 회계시스템의 형태

회계정보를 처리하기 위한 시스템에는 다양한 형태가 있다. 어떤 형태의 회계시스템을 사용하든지 이들 시스템들은 회계 처리목적을 달성하고 같은 결과를 도출할 수 있다. 그러나 회계시스템에 따라 작업하는 방법은 아주 다르다. 주요 차이는 시스템이 수작업시스템인가 컴퓨터시스템인가에 따라 다르다.

거래를 처리하는데 사용되는 전통적 방법은 복식부기(double-entry bookkeeping)로 거래를 체계적으로 기록하는 방법이다. 복식부기는 일련의 상호 관련된 단계가 있다. 복식부기란 용어는 각 거래가 둘 이상의 계정에 기록된다는 필요에서 나왔다. 거래는 자원의 교환이나 'give and take'가 발생하는 사건을 식별하는 것이다. 그런데 'give and take' 과정은 적어도 아래 회계등식의 두 가지 이상의 요소에 영향을 미친다.

$$\text{자산} = \text{부채} + \text{자본} + \text{수익} - \text{비용}$$

이 등식은 거래가 어떻게 회계시스템에 기록되는가를 이해하는데 중요하다. 항상 등식의 요소 간에는 균형이 유지되어야 한다. 그러므로 등식의 한 요소가 변동하면 균형을 유지하기 위하여 다른 어떤 요소가 반드시 변동되어야 한다. 그래서 복식부기이다. 복식부기는 모든 거래를 두 가지 측면에서 보는 것이다. 거래는 양쪽에 같은 금액으로 변동한다. 이것을 거래의 이중성이라고 한다.

복식부기는 이와 같이 양쪽의 가치 변동을 이중으로 기록하는 특징이 있다. 모든 거래의 양쪽 금액은 동일하기 때문에 여러 거래를 합하여도 양쪽 금액은 마찬가지로 동일하다. 이를 대차평균의 원리(principle of equilibrium)라고 한다.

거래의 기록이나 계산의 유도과정에 오류가 없는 한 당연히 합계가 일치하게 되고 자동적으로 검증된다. 복식부기는 일정한 질서를 가지고 기록이 이루어지기 때문에 그의 정확성을 스스로 입증할 수 있다. 이와 같은 기능을 자기검증기능이라 한다. 기업은 거래의 영향을 계정에 기록하고 저장하기 위하여 일련의 회계장부를 준비하여야 한다. 많은 세기 동안 기업의 거래는 장부에 수작업으로 기록되어 왔다. 오늘날 컴퓨터의 등장으로 작업의 많은 부분을 컴퓨터가 대신하고 있다.

3. 계정의 기입

1) 계정의 필요성

대부분의 기업에서는 하루에도 수많은 거래가 발생된다. 거래는 '자산=부채+자본'이라는 회계등식에 의해 기록되어질 수 있다. 거래가 이러한 방법으로 분석되고 기록될 수 있지만 이러한 형식은 실제 회계시스템에서 실용적이지 못하다. 분개를 통하여 자산, 부채, 자본, 수익, 비용항목의 증감변화를 파악한다 하더라도 거래가 많은 경우 자산, 부채, 자본, 수익, 비용의 어느 항목이 얼마나 증감하였는지 알 수 없기 때문이다.

회계시스템은 관리자가 영업활동의 방향제시나 재무제표를 작성하는데 사용할 수 있도록 기업의 거래에 관한 정보를 제공한다. 이러한 정보는 재무제표로 정보이용자에게 제공된다. 거래의 영향을 자산, 부채, 자본, 수익, 비용의 개별 계정과목별로 기록하여야 그 내용을 명확히 파악할 수 있다. 재무제표에는 나타나는 각 항목에 대한 거래의 영향은 각 항목별로 기록함으로 얻을 수 있다. 예를 들어, 현금은 재무 상태표에 나타나기 때문에 현금의 증감에 대한 기록은 현금 항목에 기록하여야 한다. 매출채권, 재고자산, 소모품, 토지, 건물 등의 다른 재무 상태표항목에 대한 증감의 영향도 개별적으로 기록이 유지되어야 한다. 마찬가지로 매출액, 수입수수료, 급여, 임차료와 같은 손익계산서항목에 대한 거래의 영향도 개별적으로 기록이 유지되어야한다. 이 때 재무제표의 개별 항목별로 설정되는 기록 계산의 단위를 계정(account, a/c)이라고 한다.

2) 계정과목의 구조

원장에 기록되는 일련의 계정체계를 계정과목표(chart of accounts)라고 한다. 일반적으로 계정은 재무제표에 표시되는 순서대로 원장에 설정하는 것이 편리하다. 먼저 재무 상태표 계정을 자산, 부채, 자본의 순서로 설정하고 그 다음에 손익계산서 계정을 수익, 비용의 순서로 설정한다.

계정의 수를 결정할 때는 기업의 규모와 영업의 특성을 고려하여야 한다. 어떤 회사는 모든 수도광열비를 기록하는데 하나의 계정을 원할지도 모른다. 또 어떤 회사는 가스료, 전기료, 수도료와 같이 개별 계정과목을 원할지도 모른다. 대기업에서 너무 적은 수의 계정과목을 설정하거나, 중소기업에서 너무 세분된 계정과목을 설정하는 것은 능률적이지 못하다.

많은 기업에서는 계정과목에 번호를 부여하여 사용한다. 계정과목을 쉽게 찾을 수 있고 관리하기가 편하기 때문이다. 특히 회계기록의 전산처리가 일반화된 오늘날에는 필수적이다. 계정과목에 번호를 부여할 때는 융통성 있게 하여야 한다. 나중에 새로운 계정이 필요할 때 다른 계정의 번호에 영향을 미치지 않고 삽입할 수 있도록 하여야 한다. [표 4-1]은 중소기업의 계정과목표를 예시한 것이다.

[표 4-1]의 계정과목표를 보면 각 계정의 숫자가 두 자리로 되어있으며 1은 자산, 2는 부채, 3은 자본, 4는 수익, 5는 비용을 나타낸다. 일반적으로 대기업에서는 4-5자리 혹은 그 이상의 숫자를 사용하고 있다. 계정과목표의 번호 체계를 보면 중간에 번호가 비어 있음을 볼 수 있다. 이는 추가로 계정이 필요할 때 쉽게 삽입할 수 있도록 설정되어 있기 때문이다.

[표 4-1] 계정과목표의 예

계정과목표

1. 자산	4. 수익
11. 현금	41.
12. 매출채권	42.
14.	
15.	5. 비용
16.	51. 급여
18.	52.
2. 부채	53.
21. 매입채무	55.
23. 차입금	56.
3. 자본	59. 잡비
31. 자본금	
32. 인출금	

3) 계정의 기입방법

계정의 가장 단순한 형식은 세 부분으로 되어 있다. 첫째, 그 계정에 기록될 항목의 이름을 가지고 있다. 계정의 명칭을 계정과목(title of account)이라고 한다. 둘째, 각 계정은 그 항목의 증가금액을 기록할 수 있는 장소를 가지고 있다. 셋째, 각 계정은 그 항목의 감소금액을 기록할 수 있는 장소를 가지고 있다. 아래에 있는 계정은 형태가 T자와 같으므로 T계정(T account)이라 부른다. T계정은 회계시스템의 일부가 아니다. 이는 거래를 이해하고 설명하는데 이용하기 위하여 고안된 것이다.

계정과목

왼쪽	오른쪽
차변	대 변

계정의 종류에 관계없이 계정의 왼쪽을 차변(debit)이라고 하고 계정의 오른쪽을 대변(credit)이라고 한다. 차변과 대변은 약자로 Dr. Cr.을 쓴다. 전통적으로 회계담당자들은 차변과 대변을 사용하여 거래를 기록해왔다. 계정의 왼쪽에 금액을 기입하는 것을 차기 한다고 하고 오른쪽에 기입하는 것을 대기한다고 한다. 계정의 차변합계와 대변합계를 비교하여 큰 금액에서 작은 금액을 차감하여 잔액을 산출한다. 이 잔액을 계정잔액(balance of the account)이라 한다. 잔액이 차변에 남으면 차변잔액(debit balance)이라 하며, 잔액이 대변에 남으면 대변잔액(credit balance)이라 한다.

회계등식의 요소는 다음과 같이 생각할 수 있다.

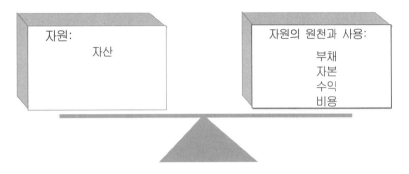

자산은 자원이다. 자원은 기업에 투자한 사람들로부터(부채, 자본), 또 상품이나 서비스를 구입한 사람으로부터(수익) 획득되었고. 자원은 투자자에게 지급하기 위하여, 또 고객에게 상품이나 서비스를 제공하기 위하여 사용된 재료나 서비스에 소비된다(비용). 따라서 위의 그림과 같이 자원과 자원의 원천과 사용은 항상 균형이 유지되어야 한다.

재무 상태 표 등식에서 자산은 등식의 왼편에 부채와 자본은 등식의 오른편에 기록하여왔다. 우리는 이 등식에서 자산은 잔액이 차변에 남고 부채와 자본은 잔액이 대변에 남는다는 것을 알 수 있다. 우리는 또 수익은 자본을 증가시키고 비용은 자본을 감소시킨다는 것을 알았다. 차변과 대변은 계정잔액의 증가, 감소와 관계가 있다.

계정기입방법은 다음과 같다.

> 자산의 증가는 차변에 기입하고 자산의 감소는 대변에 기입한다.
> 부채의 증가는 대변에 기입하고 부채의 감소는 차변에 기입한다.
> 자본의 증가는 대변에 기입하고 자본의 감소는 차변에 기입한다.
> 수익의 증가는 대변에 기입하고 수익의 감소는 차변에 기입한다.
> 비용의 증가는 차변에 기입하고 비용의 감소는 대변에 기입한다.

계정기입방법을 T계정에 요약하면 다음과 같다.

자산		부채		자본		수익		비용	
차변	대변	차변	대변	차변	대변	차변	대변	차변	대변
+	−	−	+	−	+	−	+	+	−
잔액			잔액		잔액		잔액	잔액	

회계등식의 왼쪽(자산)은 차변이 증가인 반면에 회계등식의 오른쪽(부채와 자본)은 대변이 증가이다. 그리고 수익은 자본을 증가시키므로 대변에 증가를 기입하여야 한다. 마찬가지로 비용은 수익을 상쇄하고 자본을 감소시키므로 차변에 증가를 기입하여야 한다. 회계등식과 계정기입 방법의 관계를 나타내면 다음과 같다.

자산 =	부채 + 자본	+ 수익	− 비용
차변+	차변−	차변−	차변+
대변−	대변+	대변+	대변−

회계등식의 왼쪽은 차변분개로 증가하고 등식의 오른쪽은 대변분개로 증가한다.

따라서 거래를 기록하면 차변분개의 합계와 대변분개의 합계는 같다.

제2절 회계장부

1. 장부

분개장과 원장은 회계시스템을 위한 데이터베이스이다. 회계시스템은 적어도 하나의 기본적 분개장과 하나의 기본적 원장을 사용하는데 이를 일반분개장, 총계정원장이라고 한다. 특수목적을 위하여 특수분개장과 특수원장을 사용할 수도 있다. 분개장과 총계정원장을 주요부(main books)라고 한다. 이에 반하여 주요부의 부족한 정보를 보충하여 기록하는 장부를 보조부(subsidiary books)라고 한다. 보조부는 총계정원장의 특정계정의 요약된 기록을 보다 상세한 정보로 분리하여 기록하는 장부이다. 보조부는 거래를 발생순서로 기입하는 보조기입장(subsidiary register)과 원장계정의 명세를 기입하는 보조원장(subsidiary ledgers)이 있다. 보조기입장에는 현금출납장, 매입장, 매출장, 받을어음기입장, 지급어음기입장 등이 있다. 총계정원장에 요약된 매출채권계정에 관한 정보를 더 상세하게 기록하기 위하여 거래처별로 기록하는 매출처원장은 보조원장의 예이다. 그 외에도 상품재고장, 매입처원장, 주주원장 등이 있다.

2. 분개장

분개장(journal)은 거래가 발생하는 순서대로 거래를 기록하기 위한 장부나 컴퓨터 파일이다. 거래가 발생하면 자산, 부채, 자본, 수익, 비용의 어느 항목에 변화가 있는가를 파악하여야 한다. 분개(journalizing)는 거래의 내용을 계정에 기입하기 위한 준비 단계로서, ① 어느 계정에 기입할 것인가, ② 계정의 어느 편(차변 또는 대변)에 기입할 것인가, ③ 기록할 금액은 얼마인가를 결정하는 것이다. 즉, 거래가 어느 계정에 영향을 미치는지, 영향의 금액, 거래가 이들 계정을 증가시키는지 감소시키는지를 분석한 후에 분개장에 기록된다. 분개장의 기입은 증빙서류(source documents)를 근거로 하여 기입한다. 증빙서류는 송장, 청구서, 영수증과 같이 특정거래에 관한 기록이다.

회계시스템에 있어서 자료처리는 각 계정의 잔액에 대한 영향을 결정하기 위하여 증빙서류를 보고 거래를 분석하기도 한다. 거래분석은 거래가 영향을 미치는 계정, 영향의 금액, 거래가 영향을 미치는 계정 잔액을 증가시키는지 감소시키는지를 결정하는 것이다.

분개장은 일자, 적요, 원면, 차변금액과 대변금액의 난으로 되어 있다. 분개장에는 각 거래의 날짜, 거래의 영향을 받는 계정, 원장의 쪽수, 금액을 기록한다. [표 4-2]에 예시된 것처럼 각 거래의 발생일자를 날짜 난에 기입한다.

적요난의 기입은 관습에 따라 차변분개를 먼저 기록하고 그 다음 줄에 대변분개를 기록한다. 거래를 알기 쉽게 하기 위하여 대변분개는 차변분개의 다음 줄 오른쪽 끝에 기록한다. 분개 기록 아래에 거래가 발생한 사건을 기술하는 적요를 기입한다. 이는 분개의 정확성을 검증하고 장래에 거래의 사실을 파악하는데 도움을 준다. 원면 난에는 분개를 전기한 계정과목의 계정번호를 기입한다. 이는 전기가 완료되었음을 나타내기도 하며 장래에 거래 사실을 대조할 때도 도움이 된다. 분개장의 기입이 끝나면 금액 난의 차변금액과 대변금액을 각각 합계하여 마감한다.

3. 총계정원장

원장(ledger)은 계정잔액을 요약하기 위한 장부 또는 컴퓨터 파일이다. 기업실체가 필요한 계정을 모은 장부를 총계정원장(general ledger)이라 한다. 원장은 각 계정에 영향을 미치는 거래를 요약한 것이다. 분개장에 기록된 거래는 원장의 각 계정에 이기 된다. 이것을 전기(posting)라고 한다. 거래가 발생할 때마다 원장에 기록하는 것은 매우 번거롭다. 따라서 전기는 매주 또는 매월 말에 실시하는 것이 바람직하다. 전기의 순서는 차변과목을 기입한 후, 대변과목을 기입하되 다음과 같이 한다.

① 일짜 난에 거래 발생 일자를 기입한다.
② 분개장의 차변 금액을 총계정원장의 해당계정의 차변에 기입한다.
③ 분개장의 쪽수를 원장 계정의 분면 난에 기입한다.
④ 원장 계정 기입이 완성되면 원장의 계정번호를 분개장의 원면 난에 기입한다.
⑤ 대변과목도 위와 같은 순서로 기입한다.

[표 4-3]은 총계정원장의 현금계정의 일부이다.

[표 4-2] 분개장의 예

분 개 장

월 일	적 요	원면	차 변	대 변
9.24	현 금	11	600,000	
	용역매출	41		600,000
	용역수수료를 현금으로 받음			

❶ ❷ ❸ ❹

[표 4-3] 총계정원장의 예

현 금

월 일	계정과목	분면	차 변	대 변	잔 액
9. 1	자본금	1	1,000,000		1,000,000
2	소모품	1		50,000	950,000
10	미지급금	1		120,000	830,000
24	용역매출	1	600,000		1,430,000

자산과 비용계정의 증가는 원장계정의 차변에 기록된다. 자산과 비용계정의 잔액은 차변잔액을 나타낸다. 부채와 자본, 수익계정의 증가는 원장계정의 대변 난에 기록된다. 부채와 자본, 수익계정의 잔액은 대변 잔액을 나타낸다.

원장에서 두 칸을 사용하는 장점은 한 칸은 가산을 위하여, 한 칸은 차감을 위한 것으로 합계를 계산하기 쉽다는 점이다. 역사적으로 장부 기입자들이 기계나 계산기, 컴퓨터를 사용하여 계산하지 않았다. 수학적 계산은 정신적 활동이었다. 차변 칸의 숫자를 더하고 대변 칸의 숫자를 더한 후에 차액을 계산하는 것이 동일한 칸에서 더하기와 빼기를 하는 것 보다 쉬웠기 때문이다. 합계를 검증하기 위하여 칸의 숫자를 합산하는 것은 부기의 일상적 부분이 되어왔다. 차변과 대변 시스템은 장부 기입자들이 기록을 정확하게 유지하는데 도움을 주도록 고안되었다. 오늘날 컴퓨터 시대에는 이러한 장점은 많이 상실되었다. 차변과 대변은 아직도 회계의 언어의 일부로 남아 있지만 회계시스템에 대한 차대변의 중요성은 점점 줄어들고 있다. 컴퓨터는 차변과 대변보다 오히려 플러스(+)와 마이너스(−)를 더 잘 인식하며 발생하는 순서에도 상관하지 않기 때문이다.

제3절   회계기록의 순환과정

1. 회계순환과정의 단계

회계정보를 기록, 분류, 요약하는데 사용되는 일련의 회계절차를 회계순환과정(accounting cycle)이라 한다. 회계순환과정은 거래의 기록을 시작으로 해서 재무제표의 작성으로 마무리된다. 순환이란 같은 절차가 반복되는 것을 의미한다. 즉 기업이 거래를 기록하고 정기적으로 재무제표를 작성하기 위해서는 매 회계기간마다 같은 절차를 반복적으로 수행하여야 한다. [표 4-4]는 회계기록의 순환과정을 나타낸 것이다.

[표 4-4] 회계순환과정

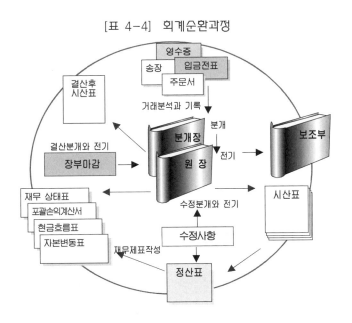

1. 정확성을 위하여 증빙서류를 검토하고 거래를 분석한다.
2. 거래를 분개장에 기록한다.
3. 분개장의 거래기록을 원장에 전기한다.
4. 시산표를 작성한다.
5. 정산표를 작성한다.(수정기입을 한다)
6. 재무제표를 작성한다.
7. 수정분개와 전기를 한다.
8. 결산분개와 전기를 한다.
9. 결산후시산표를 작성한다.

2. 거래의 분석과 기록

1) 거래의 분석

회계장부에 수작업을 하는 회계시스템의 경우에는 컴퓨터가 계산하는 작업을 인위적으로 하여야 하기 때문에 더 많은 작업순서가 필요하다. 예제를 통하여 회계순환과정의 세부적인 회계처리절차를 알아보자.

다음은 정보컴퓨터의 9월 한달 동안의 거래 내용이다.

9월 1일 : 김정보군은 가정을 방문하여 컴퓨터 교육을 하는 정보컴퓨터를 설립하였다. 김정보군은 현금 1,000,000원을 투자하여 영업활동을 시작하였다.

9월 2일 : 소모품 50,000원을 구입하고 대금은 현금으로 지급하다.

9월 7일 : 사무용 컴퓨터를 200,000원에 구입하고 대금은 월말에 지급하기로 하다.

9월10일 : 컴퓨터 대금 중 120,000원을 현금으로 지급하다.

9월24일 : 방문하여 컴퓨터교육을 하고 수수료 600,000원을 현금으로 받다.

9월25일 : 급여 250,000원, 임차료 100,000원, 전기료 30,000원을 현금으로 지급하다.

회계의 순환과정은 거래의 분석으로 시작된다. 정보컴퓨터의 9월의 거래를 분석하면 다음과 같다.

9월 1일 : 이 거래의 영향으로 등식의 왼쪽에 자산(현금) 1,000,000원이 증가하고, 등식의 오른쪽에 1,000,00원의 자본(자본금)이 증가한다. 기업주가 투자한 금액을 자본금이라 한다. 회계등식에는 정보컴퓨터에 관계되는 것만 반영하여야 한다. 개인의 자산이나 부채를 회계등식에 포함시켜서는 아니 된다. 기업을 하나의 독립된 실체로 생각하여야 하기 때문이다.

자산(현금)증가 1,000,000	자본(자본금)증가 1,000,000

현금	자본금
9/ 1 1,000,000	9/1 1,000,000

9월 2일 : 소모품의 구입으로 자산(소모품)50,000원이 증가하고, 동액의 자산(현금)이 감소한다. 자
산 총액에는 변동이 없다. 소모품은 미래에 사용되는 자산으로 선급비용이라고 한다.

자산(소모품)증가 50,000	자산(현금)감소 50,000

소모품	현금
9/ 2 50,000	9/ 1 1,000,000 ǀ 9/2 50,000

9월 7일 : 기업은 경우에 따라서 외상거래를 하는 것이 더 유리하다. 이 거래로 자산(비품)200,000원
이 증가하고, 200,000원의 부채(미지급금)가 증가한다.

자산(비품)증가 200,000	부채(미지급금)증가 200,000

비 품	미지급금
9/7 200,000	9/7 200,000

9월10일 : 기업이 부채를 상환하였으므로 120,000원의 부채(미지급금)가 감소하고, 120,000원의 자
산(현금)이 감소한다.

부채(미지급금)감소 120,000	자산(현금)감소 120,000

미지급금		현금	
9/10 120,000	9/7 200,000	9/ 1 1,000,000	9/2 50,000
			10 120,000

9월24일 : 영업활동으로 자산(현금) 600,000원이 증가하였고 600,000원 수익(용역매출)이 증가한
다. 수익의 발생은 순이익을 증가시키고 회계기말에는 자본을 증가시킨다. 일정기간 동안

수익의 발생금액은 고객에게 상품이나 서비스를 제공한 대가로 받은 금액으로 측정한다. 기업의 영업활동으로 수익을 획득하는 목적은 소유주 지분을 증가시키기 위함이다.

자산(현금)증가	600,000	수익(용역매출)증가	600,000

현금				용역매출		
9/ 1	1,000,000	9/2	50,000		9/24	600,000
24	600,000	10	120,000			

9월25일 : 영업활동으로 자산(현금) 380,000원이 감소하였고 비용 380,000원(급여 250,000, 임차료 100,000, 전기료 30,000)이 증가한다. 비용의 발생은 순이익을 감소시키고 회계기말에는 자본을 감소시킨다. 일정기간 동안 비용의 발생금액은 고객에게 판매된 상품이나 서비스를 유용하게 만드는데 소비된 자원의 금액으로 측정한다.

비용(급여)증가	250,000	자산(현금)감소	380,000
비용(임차료)증가	100,000		
비용(전기료)증가	30,000		

급　여	
9/25　250,000	

임차료			현금			
9/25　100,000			9/ 1	1,000,000	9/2	50,000
			24	600,000	10	120,000
전기료					25	380,000
9/25　30,000						

이상에서 본 것 같이 모든 거래는 자산, 부채, 자본, 수익, 비용 다섯 가지 요소 중 하나 이상에 증감형태로 영향을 미친다는 것을 알 수 있다.

2) 분개장의 기입

회계순환과정의 두 번째 순서는 거래를 분개장에 기입하는 절차이다. 증빙서류를 근거로 하여 거래를 분석하였으면 거래를 발생한 순서에 따라 분개장에 기입한다. 거래는 궁극적으로 각

계정에 기록되고 저장되므로 분개가 필요 없는 것으로 생각하기 쉽다. 그러나 거래를 분개장 기입하지 않고 직접 각 계정에 기입하면 오류가 발생할 위험성이 있다. 따라서 거래를 분개장에 기입한 후 이를 근거로 원장에 전기하는 것이 바람직하다. 분개장 기입방법은 앞에서 설명하였다.

[표 4-5]는 정보컴퓨터의 9월 한 달의 거래를 기록한 분개장을 나타낸 것이다.

[표 4-5] 정보컴퓨터의 분개장

분 개 장

1

월 일	적 요	원면	차 변	대 변
9. 1	현금	11	1,000,000	
	자본금	31		1,000,000
	현금을 출자하여 개업			
2	소모품	12	50,000	
	현금	11		50,000
	소모품을 현금구입			
7	비품	13	200,000	
	미지급금	21		200,000
	컴퓨터를 외상구입			
10	미지급금	21	120,000	
	현금	11		120,000
	컴퓨터대금 중 일부지급			
24	현금	11	600,000	
	용역매출	41		600,000
	용역수수료를 현금으로 받음			
25	급 여	51	250,000	
	임차료	52	100,000	
	전기료	53	30,000	
	현금	11		380,000
	영업비용을 현금으로 지급			
30			2,350,000	2,350,000

3) 총계정원장의 기입

총계정원장의 기입은 분개장에 기록된 거래를 기초로 하여 이루어진다. 분개장의 차변의 기록은 원장의 해당계정의 차변에 기록하고 분개장의 대변의 기록은 원장의 해당계정의 대변에 기록한다. 원장의 기록방법과 전기 절차는 앞에서 설명하였다. [표 4-6]은 정보컴퓨터의 9월 한달 동안 거래를 기록한 원장을 나타낸 것이다.

[표 4-6] 정보컴퓨터의 총계정원장

현   금 11

월 일	계정과목	분면	차 변	대 변	잔 액
9. 1	자 본 금	1	1,000,000		1,000,000
9. 5	소 모 품	1		50,000	950,000
9.10	미지급금	1		120,000	830,000
9.24	용역매출	1	600,000		1,430,000
9.25	제 좌	1		380,000	1,050,000

소 모 품 12

월 일	계정과목	분면	차 변	대 변	잔 액
9. 2	현 금	1	50,000		50,000

비   품 13

월 일	계정과목	분면	차 변	대 변	잔 액
9. 7	미지급금	1	200,000		200,000

미지급금 21

월 일	계정과목	분면	차 변	대 변	잔 액
9. 7	비 품	1		200,000	200,000
9.10	현 금	1	120,000		80,000

자 본 금 31

월 일	계정과목	분면	차 변	대 변	잔 액
9. 1	현 금	1		1,000,000	1,000,000

용역매출 41

월 일	계정과목	분면	차 변	대 변	잔 액
9.24	현 금	1		600,000	600,000

급   여 51

월 일	계정과목	분면	차 변	대 변	잔 액
9.25	현 금	1	250,000		250,000

임 차 료 52

월 일	계정과목	분면	차 변	대 변	잔 액
9.25	현 금	1	100,000		100,000

전 기 료 53

월 일	계정과목	분면	차 변	대 변	잔 액
9.25	현 금	1	30,000		30,000

3. 시산표의 작성

1) 시산표의 역할

거래가 발생하면 분개장에 분개 기입한 후 총계정원장에 전기한다. 모든 거래가 바르게 분개되고 정확히 전기되었다면 총계정원장에 있는 모든 계정의 차변합계와 대변합계는 일치하여야 한다. 회계등식의 차변과 대변의 수학적 관계는 비용을 오른쪽에서 왼쪽으로 옮겨 등식을 변형하면 쉽게 알 수 있다.

$$자산 + 비용 = 부채 + 자본 + 수익$$

이를 잔액시산표 등식이라고 한다.

등식의 왼쪽은 차변 분개에 의해 증가하고 오른쪽은 대변 분개에 의해 증가한다. 거래를 바르게 기록하면 회계등식의 균형을 유지하여 차변과 대변은 일치하게 된다. 총계정원장의 기입이 정확한지를 검증하기 위하여 각 계정의 금액을 모아서 작성하는 표를 시산표(trial balance)라고 한다. 시산표는 기록된 거래의 정확성을 체크하기도 한다. 시산표는 복식부기에 의한 자기검증수단의 하나이다.

시산표는 총계정원장의 계정잔액 또는 계정의 차변합계와 대변합계를 모아서 작성한다. 시산표는 다만 차변합계와 대변합계가 동일하다는 것을 나타낼 뿐이다. 그러므로 시산표의 금액이 일치한다고 해서 반드시 원장 기록의 정확성을 증명하는 것은 아니다. 그러나 시산표의 차변과 대변 금액이 일치하지 않으면 기간 중 하나 이상의 거래의 기록에 반드시 오류가 발생하였다는 것을 의미한다. 오류를 정정하여 차변합계와 대변합계를 일치하도록 하여야 한다.

시산표의 합계가 일치한다.	≠	모든 거래가 정확하게 기록되었다.
시산표의 합계가 일치하지 않는다.	=	거래 기록중 오류가 있다.

정기적으로 시산표를 작성하여 원장 기입이 정확히 졌는가를 확인할 필요가 있다. 적어도 회계기말에는 반드시 시산표를 작성하는 것이 바람직하다. 총계정원장에 있는 모든 계정을 원장에 있는 순서대로 계정과목을 기입하고 각 계정의 차변잔액은 시산표의 차변에 각 계정의 대변잔액은 시산표의 대변에 금액을 모아 시산표를 작성한다. 시산표의 종류에는 시산표를 작성하는 방법이

나 작성 시기에 따라 합계시산표, 잔액시산표, 합계잔액시산표, 수정후시산표, 결산후시산표 등이 있다.

정보컴퓨터의 총계정원장 기입 자료로 합계잔액시산표를 작성하면 [표 4-7]과 같다.

계정의 기록은 분개에 의하므로 정확히 전기되었는지를 확인할 필요가 있다. 시산표는 원장의 오류를 발견하는 방법 중 하나의 방법이다. 시산표의 합계가 일치하지 않으면 다음 유형의 오류 때문이다.

1. 시산표를 작성할 때 오류
   ① 시산표의 금액을 잘못 합산한 경우
   ② 계정잔액을 시산표에 잘못 기록한 경우
   ③ 계정의 차변잔액을 시산표의 대변에 기록한 경우나 계정의 대변잔액을 시산표의 차변에 기록한 경우 또 잔액의 기록을 누락시킨 경우
2. 계정잔액을 계산할 때 생기는 오류
   ① 잔액이 잘못 계산된 경우
   ② 잔액을 다른 난에 잘못 기록한 경우
3. 원장에서 거래를 기록할 때 생기는 오류
   ① 틀린 금액이 원장에 전기된 경우
   ② 차변 분개가 계정의 대변에 전기되거나 대변 분개가 계정의 차변에 전기되는 경우
   ③ 차변 또는 대변 전기가 누락되는 경우

[표 4-7] 합계잔액시산표
2008년 9월30일

정보컴퓨터 (단위: 원)

차 변		계 정 과 목	대 변	
합 계	잔 액		잔 액	합 계
1,600,000	1,050,000	현 금		550,000
50,000	50,000	소 모 품		
200,000	200,000	비 품		
120,000		미 지 급 금	80,000	200,000
		자 본 금	1,000,000	1,000,000
		용 역 매 출	600,000	600,000
250,000	250,000	급 여		
100,000	100,000	임 차 료		
30,000	30,000	전 기 료		
2,350,000	1,680,000		1,680,000	2,350,000

※ 합계잔액시산표 합계난의 합계금액은 [표4-5] 분개장의 합계액과 같다.

그러나 시산표 금액이 일치한다고 해서 반드시 원장 기록의 정확성을 증명하는 것은 아니다. 다음과 같은 오류는 시산표에서 발견되지 않는다.

① 거래의 기록을 누락하거나 전기하지 않은 경우

② 동일한 오류의 금액이 차변과 대변 양쪽에 기록되는 경우

③ 동일한 거래를 중복 기록하는 경우

④ 거래를 같은 변의 다른 계정에 전기하는 경우

시산표의 잔액이 일치하지 않은 경우는 하나의 오류나 여러 개의 오류 때문이다. 이러한 오류는 시산표에 기록된 금액을 합산하는 과정에서 발생할 수도 있고 계정에서 잔액을 이기 할 때 발생할 수도 있다.

2) 시산표와 재무제표와의 관계

잔액시산표는 한 회계기간 동안의 모든 회계기록을 요약한 것이다. 잔액시산표는 '자산+비용=부채+자본+수익'으로 되어있다. 경영자는 매월 또는 분기별로 기업의 재무 상태와 경영성적을 알기를 원한다. 또한 그들이 필요로 하는 정보를 적시에 얻기를 원한다. 시산표를 이용하여 쉽게 재무 상태표와 손익계산서를 작성할 수 있다. 시산표와 재무제표와의 관계를 그림으로 표시하면 다음과 같다.

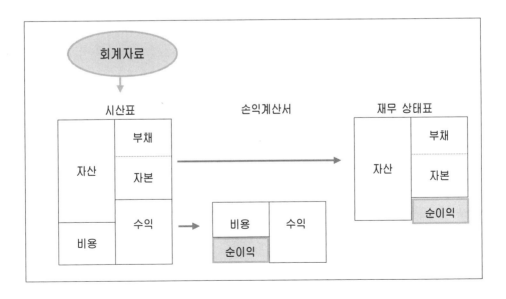

제4절   수정기입과 정산표작성

1. 수정기입

1) 대응의 개념

현금주의회계나 발생주의회계를 사용하여 수익과 비용을 손익계산서에 보고할 수 있다. 현금주의회계를 사용하는 경우 수익은 현금으로 받은 기간에 보고되고, 비용은 현금으로 지급한 기간에 보고된다. 예를 들어, 수입수수료는 고객으로부터 현금을 받았을 때 수익으로 기록되고 급여는 종업원에게 현금으로 지급하였을 때 비용으로 기록된다. 순이익 또는 순손실은 현금수입(수익)과 현금지출(비용)의 차액이 된다.

현금주의회계는 매출채권이나 미수금, 매입채무나 미지급금이 거의 없는 소규모 용역회사에서 가끔 사용한다. 예를 들면, 회계사, 변호사, 의사, 부동산 중개사 등은 가끔 현금주의를 사용한다. 개인은 자신의 재무기록을 할 때 현금주의회계를 사용한다. 그러나 대부분의 기업은 현금주의회계로서는 정보이용자의 욕구에 대한 정확한 손익계산서를 제공할 수 없다.

발생주의회계가 사용될 때 수익은 실현된(earned)기간에 보고된다. 비용은 수익을 창출하는 과정에서 발생된 기간에 보고된다. 예를 들면, 수익은 고객에게 용역을 제공할 때 기록된다. 이때 고객으로부터 현금을 받을 수도 있고 용역을 외상으로 제공하였다면 미래에 현금을 받게 될 것이다. 마찬가지로 급여는 종업원에게 현금을 지급하였을 때 기록하는 것이 아니라 종업원이 용역을 제공한 기간에 기록한다.

일반적으로 인정된 회계원칙에서는 발생주의회계를 사용하도록 요구하고 있다. 발생주의회계는 일정기간의 수익과 그 수익을 창출하기 위하여 발생된 비용을 대응하여 보고하도록 하고 있다. 이와 같이 손익계산서는 실현된 수익과 발생된 비용 그리고 일정기간 동안의 이익 또는 손실을 보고하게 된다. 수익과 비용의 대응을 요구하는 회계원칙을 대응개념 또는 대응원칙이라고 한다.

대응개념은 회계기말에 계정의 분석과 수정을 필요로 한다. 원장에 있는 계정을 분석하여 수정을 필요로 하는 계정은 수정하여야 한다. 수정과정은 다음 제6장에서 더 자세히 논의된다.

2) 수정과정의 본질

회계기말에 원장에 있는 많은 계정의 잔액은 변경 없이 재무제표에 보고될 수 있다. 예를 들어, 현금 계정의 잔액은 회계기말에 그대로 재무 상태표에 보고된다. 매월 또는 분기별로 재무제표를 작성하는 경우에 그러하다. 그러나 원장에 있는 어떤 계정은 수정을 필요로 한다. 예를 들어, 선급비용으로 계상된 잔액은 이들 자산에 대한 변동을 매일 매일 기록하지 않기 때문에 실제보다 보통 과대 계상되어 있다.

9월 30일 정보컴퓨터의 수정사항을 조사한 결과 다음의 두 가지 사실이 밝혀졌다고 하자.

① 사용하다 남은 소모품 잔액이 10,000원으로 계산되었다.

소모품계정의 잔액은 기초의 원가에 기간 중 구입한 소모품원가를 합한 금액을 나타낸다. 매일 매일 사용하는 소모품은 그때그때 기록하지 않는다. 적은 금액을 여러 차례 기록을 하여야하기 때문이다. 더구나, 소모품의 총액은 다른 자산에 비해 상대적으로 적은 금액이다. 또 경영자는 소모품 잔액에 대한 매일 매일의 정보를 필요로 하지 않기 때문이다. 9월 30일 현재 정보컴퓨터의 원장에는 소모품계정의 잔액이 50,000원으로 나타나 있으나 실제재고를 조사한 결과 10,000원의 소모품이 남아 있었다. 그 이유는 사용 가능한 소모품 중 9월 한달 동안에 40,000원의 소모품을 소비하였기 때문이다. 따라서 9월 30일에 자산(소모품) 감소 40,000원을 기록하고 비용(소모품비)발생 40,000원을 기록하여야 한다.

비용(소모품비)증가 40,000	자산(소모품)감소 40,000

소모품		소모품비	
9/ 2 50,000	9/30 40,000	9/30 40,000	

② 9월분 종업원 급여 중 60,000원은 지급되지 않은 것으로 파악되었다.

9월 30일 현재 정보컴퓨터의 원장에는 급여계정의 잔액이 250,000원으로 나타나 있다. 이 금액은 9월중에 현금으로 지급한 것을 나타내는 것이다. 조사결과 9월 한달 동안 종업원이 회사에 서비스를 제공한 원가가 총 310,000원으로 밝혀졌다. 그 중 60,000원은 아직 지급하지 않았으며 이 금액은 다음 달에 지급되어야 할 것이다. 그래서 급여계정에는 비용이 60,000원 만큼 적게 기록되어있다. 따라서 9월 30일에 비용(급여)증가 60,000원을 기록하고 부채(미지급급여)증가 60,000원을 기록하여야 한다.

비용(급여)증가 60,000	부채(미지급비용)증가 60,000

급 여		미지급비용	
9/25 250,000			9/30 60,000
9/30 60,000			

회계기말에 계정잔액을 수정하고 수익과 비용을 대응시키기 위한 분개를 수정분개(adjusting entries)라고 한다. 이러한 본질에 따라 모든 수정분개는 적어도 하나의 손익계산서 계정과 하

나의 재무 상태표계정에 영향을 미친다. 따라서 수정분개는 항상 하나의 수익이나 비용 계정과 하나의 자산이나 부채 계정을 포함하게 된다.

수정 대상이 되는 항목은 두 가지로 분류할 수 있다. 첫째 항목은 이연항목으로 수익이나 비용의 인식을 지연·이연하는 방법의 거래기록으로 생긴다. 이연항목에는 이연비용과 이연수익이 있다.

이연비용은 처음에는 자산으로 기록되나 기업의 정상적 영업활동을 통해서나 시간의 경과로 비용이 되는 항목이다. 앞에서 논의된 소모품과 선급보험료가 이연비용의 예이다. 소모품은 사용되므로 비용이 된다. 선급보험료는 시간이 경과하여 보험이 만기가 되면 비용이 된다. 이연비용은 선급비용이라고도 한다.

이연수익은 처음에는 부채로 기록되나 기업의 정상적 영업활동을 통해서나 시간의 경과로 수익이 되는 항목이다. 이연수익의 예는 학기 초에 대학이 받는 등록금이나 잡지회사가 일년 구독료를 미리 받는 것 등이다. 등록금은 학생들이 출석하여 학기가 지남으로 수익이 된다. 일년 구독료는 잡지회사가 잡지를 발행하여 배달함으로 수익이 된다. 이연수익을 선수수익이라고도 한다.

수정분개에서 발생하는 두 번째 항목은 발생항목이다. 발생항목은 비용이 발생되었으나 기록하지 않고 수익이 실현되었으나 기록하지 않아 생긴다. 발생항목은 발생비용과 발생수익이 있다.

발생비용은 발생되었으나 계정에 기록하지 않은 비용이다. 발생비용의 예는 기말 종업원에게 빚진 미지급급여와 차입금에 대한 미지급이자 등이다. 발생비용은 미지급부채이다.

발생수익은 실현되었으나 계정에 기록하지 않은 수익이다. 발생수익의 예는 변호사의 미수수임료나 미수부동산 중개수수료 등이다. 발생수익은 미수한 자산이다. 이연과 발생의 차이는 이연은 기록되어 있고 발생은 기록되어 있지 않았다는데 있다.

2. 정산표의 작성

수정기입이 회계장부에 기록되기 전에 수정사항에 관한 적절한 자료가 정리되어야한다. 예를 들어, 소모품 재고의 원가, 기말에 발생된 급여 등이 결정되어야한다. 이러한 자료와 분석은 회계담당자가 정산표에 요약한다.

정산표(work sheet)는 회계담당자가 수정분개를 요약하고 재무제표의 작성을 돕는데 사용되는 작업표이다. 정산표는 분개장이나 총계정원장과 같은 장부가 아니다. 회계담당자들이 작업을 쉽게 하기 위하여 고안된 일종의 작업도구이다. 정산표에는 회사명, 정산표, 기간 등이 기입되어야한다. 정산표는 컴퓨터 스프레드시트 프로그램을 이용하여 쉽게 작성할 수 있다.

정산표를 반드시 작성해야 하는 것은 아니다. 그러나 정산표를 작성하면, 정산표의 자료를 이용하여 바로 재무제표를 작성할 수 있다. 수정사항이 정산표의 수정분개난에 기입되므로 재무제표를 작성한 후에 수정분개와 원장 전기가 이루어진다. 따라서 경영자나 이해관계자들이 보다 빨리 재무제표를 받을 수 있다. [표 4-8]의 정산표는 정보컴퓨터의 자료이다.

정산표의 작성방법은 다음과 같다.

시산표 난 계정과목 난과 잔액산표의 시산표 난은 작성된 잔액시산표의 자료를 이용하여 작성할 수 있다. 오기를 방지하기 위하여 이기후 합계를 하는 것이 필요하다.

수정기입 난 수정기입 자료를 정산표의 수정분개 난에 기입한다. 차변금액과 대변금액을 해당 계정에 기입한다. 각 수정기입의 차변과 대변 앞에 번호를 부여하면 정산표를 검토하는데 유용하다. 이것은 수정분개를 분개장에 기입할 때 도움이 된다. 정산표에 기입되는 수정분개의 순서는 중요하지 않다. 대부분 회계담당자는 자료를 정리한 순서대로 기입한다. 만일 수정기입하여야 할 계정이 시산표에 없을 경우에는 필요한 계정과목을 계정과목 난에 추가로 기입하여야한다. 앞에서 설명 예시되었던 수정기입이 정산표에 기입되어있다. 수정자료의 수학적 정확성을 검증하기 위해 수정 난의 차변과 대변의 합계를 계산한다. 차변합계와 대변합계가 일치하여야한다.

수정후시산표 난 잔액시산표의 자료는 수정 자료와 가산·차감하여 표의 정산표에 있는 수정후시산표(adjusted trial balance)난에 기입한다. 예를 들어, 현금계정의 1,050,000원은 수정기입이 없기 때문에 난의 차변에 그대로 기입하며 소모품은 차변잔액 10,000원 기입한다. 같은 절차로 모든 계정잔액을 수정후시산표 난에 이기 한다. 차변합계와 대변합계가 일치하는지를 확인한다.

[표 4-8] 정산표
2008년 9월 30일

정보컴퓨터 (단위:천원)

계정과목	잔액시산표 차변	잔액시산표 대변	수정분개 차변	수정분개 대변	수정후시산표 차변	수정후시산표 대변	손익계산서 차변	손익계산서 대변	재무 상태표 차변	재무 상태표 대변
현금	1,050				1,050				1,050	
소모품	50			① 40	10				10	
비품	200				200				200	
미지급금		80				80				80
자본금		1,000				1,000				1,000
용역매출		600				600		600		
급여	250		② 60		310		310			
임차료	100				100		100			
전기료	30				30		30			
	1,680	1,680								
소모품비			① 40		40		40			
미지급비용				② 60		60				60
			100	100	1,740	1,740	480	600	1,260	1,140
당기순이익							**120**			120
							600	600	1,260	1,260

손익계산서와 재무 상태표 난 수정후시산표난의 금액을 손익계산서와 재무 상태표 난에 이기하여야 한다. 자산 부채 자본에 속하는 계정과목은 재무 상태표에 이기하고 수익과 비용에 속하는 계정과목은 손익계산서에 이기 한다. 모든 금액이 이기된 후에 손익계산서 차변 대변 재무 상태표 차변 대변 4개 난의 금액을 각각 합계한다. 손익계산서의 차변과 대변의 합계의 차액이 순이익·순손실이다. 마찬가지로 재무 상태표 차변 대변 합계의 차액이 순이익·순손실이다. 만일 손익계산서난의 대변합계가 차변합계보다 크면 그 차액은 순이익이다. 만일 손익계산서난의 차변합계가 대변합계보다 크면 그 차액은 순손실이다. 정보컴퓨터의 순이익은 다음과 같다.

대변 난의 합계	600,000
차변난의 합계	480,000
순이익	120,000

정산표에서 순이익 120,000원이 손익계산서의 차변과 재무 상태표의 대변에 기입된다. 계정과목난에는 당기순이익이라고 기입한다. 만일 순손실이 발생한다면 손익계산서의 대변과 재무 상태표의 차변에 그 금액을 기입하여야 한다. 계정과목 난에는 순손실로 기입한다.

정산표의 완성 정산표의 손익계산서 난과 재무 상태표 난에 순이익 또는 순손실을 기입하는 것은 수입 비용 계정의 순잔액을 자본금 계정에 대체하는 영향을 나타내준다. 이러한 대체분개는 이 장의 뒤에서 논의된다. 정산표에 순이익·순손실이 기입된 후 손익계산서와 재무 상태표의 각 난의 합계를 구한다. 손익계산서난의 차변합계와 대변합계가 일치할 것이다. 마찬가지로 재무 상태표의 차변합계와 대변합계도 일치할 것이다.

제5절 재무제표의 작성

정산표는 손익계산서와 재무 상태표를 작성하는데 도움을 준다. 재무제표는 정산표의 자료를 기초로 하여 작성된다. 장부마감과 결산후시산표를 작성한 후에는 손익계산서는 원장의 손익계정의 자료를 기초로 하여, 재무 상태표는 결산후시산표의 자료를 기초로 하여 작성할 수도 있다. 다음은 정보컴퓨터의 재무 상태표와 손익계산서이다.

손익계산서 (보고식)

회사명:정보컴퓨터
2008년 9월 1일 부터
2008년 9월30일 까지
(단위: 원)

과 목	금	액
용역매출		600,000
급여	310,000	
임차료	100,000	
전기료	30,000	
소모품비	40,000	480,000
당기순이익		120,000

재 무 상 태 표

회사명:정보컴퓨터　2008년 9월 30일 현재　(단위: 원)

자 산	금 액	부채 및 자본	금 액
현 금	1,050,000	미지급금	80,000
소모품	10,000	미지급비용	60,000
비 품	200,000	자본금	1,000,000
		이익잉여금	120,000
	1,260,000		1,260,000

제6절　회계장부의 마감

1. 수정분개와 전기

회계연도 말에 정산표에 나타난 수정분개 자료는 분개장에 수정분개를 기록하는데 사용된다. 각 분개는 설명을 부기하고 첫 분개 위에 수정분개라고 기입한다. 분개장에 기입된 모든 수정분개는 총계정원장의 해당계정에 전기한다. 만일 수정기입하여야 할 계정이 원장에 없을 경우에는 필요한 계정과목을 추가로 설정하여야 한다. 모든 수정분개를 전기한 후의 총계정원장의 계정잔액은 재무제표에 보고된 자료와 일치한다. 수정분개는 보통 결산일이 지난 후일에 기록되지만 회계연도 말일자로 기록하여야 한다.

[표 4-9]는 수정분개를 기입한 정보컴퓨터의 분개장이다.

[표 4-9] 분개장-수정분개

분 개 장

21

월 일	적 요	원 면	차 변	대 변
	<u>수정분개</u>			
9. 30	소모품비	54	40,000	
	소모품	12		40,000
	소모품을 사용액 기록			
30	급여	51	60,000	
	미지급비용	22		60,000
	급여미지급액 기록			

[표 4-10]은 분개장의 수정분개를 전기한 정보컴퓨터의 총계정원장을 나타낸 것이다. 미지급비용(22)과 소모품비(54)는 수정기입을 위해 추가로 설정된 것이다.

[표 4-10] 총계정원장

현   금

11

월 일	계정과목	분면	차 변	대 변	잔 액
9. 1	자 본 금	1	1,000,000		1,000,000
9. 5	소 모 품	1		50,000	950,000
9.10	미지급금	1		120,000	830,000
9.24	용역매출	1	600,000		1,430,000
9.25	제 좌	1		380,000	1,050,000

소 모 품

12

월 일	계정과목	분면	차 변	대 변	잔 액
9. 2	현 금	1	50,000		50,000
9.30	*소모품비*	*21*		*40,000*	*10,000*

비   품

13

월 일	계정과목	분면	차 변	대 변	잔 액
9. 7	미지급금	1	200,000		200,000

미지급금

21

월 일	계정과목	분면	차 변	대 변	잔 액
9. 7	비 품	1		200,000	200,000
9.10	현 금	1	120,000		80,000

미지급비용

22

월 일	계정과목	분면	차 변	대 변	잔 액
9.30	*급 여*	*21*		*60,000*	*60,000*

자 본 금

31

월 일	계정과목	분면	차 변	대 변	잔 액
9. 1	현 금	1		1,000,000	1,000,000

용역매출					41
월 일	계정과목	분면	차 변	대 변	잔 액
9.24	현 금	1		600,000	600,000

급 여					51
월 일	계정과목	분면	차 변	대 변	잔 액
9.25	현 금	1	250,000		250,000
9.30	*미지급비용*	*21*	*60,000*		*310,000*

임 차 료					52
월 일	계정과목	분면	차 변	대 변	잔 액
9.25	현 금	1	100,000		100,000

전 기 료					53
월 일	계정과목	분면	차 변	대 변	잔 액
9.25	현 금	1	30,000		30,000

소모품비					54
월 일	계정과목	분면	차 변	대 변	잔 액
9.30	*소 모 품*	*21*	*40,000*		*40,000*

※ 이태릭체로 기입한 것이 수정분개의 전기이다.

2. 결산분개와 전기

1) 결산의 필요성

회계연도 말에 수익과 비용의 잔액은 손익계산서에 보고된다. 수익에서 비용을 차감하여 일정기간 동안의 순이익이나 순손실을 결정한다. 일정기간 동안의 수익과 비용을 보고하기 때문에 이들 계정의 잔액은 다음 회계연도 초에는 '0'이 된다. '0'의 잔액은 다음기의 수익과 비용을 전기와 구분하여 기록하는 것이 가능하게 한다. 수익과 비용계정의 잔액은 이월되지 않기 때문에 이들을 임시계정 또는 명목계정(temporary or nominal accounts)이라 한다.

재무 상태표에 보고된 계정의 잔액은 매년 이월된다. 이러한 영구적 성질 때문에 재무 상태표 계정을 영구계정 또는 실질계정(permanent or real accounts)이라 한다.

회계기말에 인출금계정의 잔액은 자본금계정에 보고된다. 인출금은 자본금의 증감을 결정하기 위하여 기간 중 순이익에 차감하거나 순손실에서 가산된다. 인출금은 각 기간에 보고되기 때문에 인출금 계정의 잔액은 다음 기초에 '0'이 된다. 따라서 인출금 역시 임시계정이다. 그 잔액은 기말에 자본금 계정으로 대체되어야한다. 수익과 비용과 인출금 계정 잔액은 일련의 결산분개에 의하여 자본금계정에 대체되어진다. 이 대체과정을 결산과정이라 한다.

2) 결산분개와 임시계정의 마감

집합손익계정(income summary)은 회계기말에 수익과 비용계정 잔액을 자본금(이익잉여금)계정에 결산하는데 사용된다. 집합손익계정의 순잔액은 일정기간 동안의 순이익 또는 순손실이다. 손익계정의 잔액은 자본금계정으로 대체된다. 집합손익계정은 단지 회계기말에만 사용된다. 결산 과정 초기에 손익 계정은 '0'이다. 결산 과정 중 손익계정은 여러 가지 금액이 차기·대기되어진다. 결산과정기말에 손익계정은 다시 '0'이 된다.

회계기말에 임시계정을 마감하기 위하여 다음의 결산분개(closing entries)가 필요하다.

1. 수익계정의 잔액을 손익계정에 대체한다.

2. 비용계정의 잔액을 손익계정에 대체한다.

3. 손익계정의 잔액(당기순손익)을 자본금(이익잉여금)계정에 대체한다.

결산분개를 하는데 필요한 계정과목과 금액은 1) 정산표 2) 손익계산서 3) 원장에서 얻을 수 있다. 정산표를 사용하면 처음 두 가지 분개에 대한 자료가 손익계산서난에 있다. 세 번째 분개에 대한 금액은 정산표 아래에 순이익·순손실로 나타난다.

정보컴퓨터의 결산과정의 흐름도는 [표 4-11]과 같다.

[표 4-11] 결산분개의 흐름도

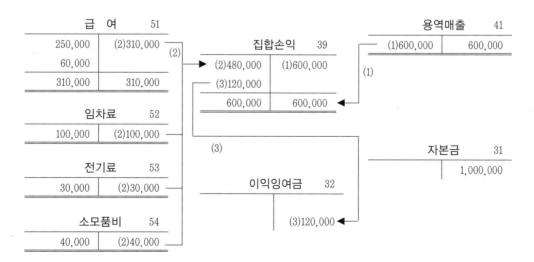

그리고 정보컴퓨터의 결산분개를 분개장에 기록하면 [표 4-12]와 같다.

[표 4-12] 분개장-결산분개

분 개 장

22

월 일	적　　　　요	원면	차 변	대 변
	결 산 분 개			
9. 30	용역매출	41	600,000	
	집합손익	39		600,000
	수익계정의 마감			
30	집합손익	39	480,000	
	급여	51		310,000
	임차료	52		100,000
	전기료	53		30,000
	소모품비	54		40,000
	비용계정의 마감			
30	집합손익	39	120,000	
	이익잉여금	32		120,000
	순이익을 이익잉여금계정에 마감			

정보컴퓨터의 원장에 결산분개를 전기하고 모든 계정을 마감한 후의 총계정원장은 [표 4-13] 및 [표 4-14]와 같다.

[표 4-13] 총계정원장-손익계정마감

집합손익

39

월 일	계정과목	분면	차 변	대 변	잔 액
9. 30	용역매출	22		600,000	600,000
9. 30	급　여	22	310,000		290,000
9. 30	임 차 료	22	100,000		190,000
9. 30	전 기 료	22	30,000		160,000
9. 30	소모품비	22	40,000		120,000
9. 30	이익이여금	22	120,000		0
			600,000	600,000	

용역매출

41

월 일	계정과목	분면	차 변	대 변	잔 액
9. 24	현　금	1		600,000	600,000
9. 30	집합손익	22	600,000		0
			600,000	600,000	

급   여   51

월 일	계정과목	분면	차 변	대 변	잔 액
9.25	현 금	1	250,000		250,000
9.30	미지급비용	21	60,000		310,000
9.30	*집합손익*	*22*		*310,000*	*0*
			310,000	310,000	

임 차 료   52

월 일	계정과목	분면	차 변	대 변	잔 액
9.25	현 금	1	100,000		100,000
9.30	*집합손익*	*22*		*100,000*	*0*
			100,000	100,000	

전 기 료   53

월 일	계정과목	분면	차 변	대 변	잔 액
9.25	현 금	1	30,000		30,000
9.30	*집합손익*	*22*		*30,000*	*0*
			30,000	30,000	

소모품비   54

월 일	계정과목	분면	차 변	대 변	잔 액
9.30	소 모 품	21	40,000		40,000
9.30	*집합손익*	*22*		*40,000*	*0*
			40,000	40,000	

※ 이태릭체로 기입한 것이 결산분개의 전기이다.

3) 자산, 부채와 자본계정의 마감

결산분개가 원장에 전기된 후 자본금 계정의 잔액은 재무 상태표의 소유주지분으로 보고된 금액과 일치한다. 또 수익과 비용 계정의 잔액은 '0'이 되며 수익과 비용에 속하는 모든 계정이 마감된다.

자산에 속하는 계정은 차변에 잔액이 남으며, 부채와 자본에 속하는 계정은 대변에 잔액이 남는다. 이들 계정은 잔액의 반대쪽에 금액을 기입하고 대차합계를 평균시켜 마감한다. 그리고 적요난에는 붉은 색으로 차기이월이라 기입한다. 따라서 차기이월 기입은 자산, 부채와 자본의 계정에 대해서만 이루어진다. 이 잔액은 다음 회계연도의 영업활동에 이용된다. 그러므로 다음 회계연도의 첫날 자로 차기이월의 반대쪽에 전기이월이라고 기입한다.

[표 4-14] 총계정원장-대차대조계정 마감

현 금   11

월 일	계정과목	분면	차 변	대 변	잔 액
9. 1	자 본 금	1	1,000,000		1,000,000
9. 5	소 모 품	1		50,000	950,000
9.10	미지급금	1		120,000	830,000
9.24	용역매출	1	600,000		1,430,000
9.25	제 좌	1		380,000	1,050,000
9.30	**차기이월**			**1,050,000**	**0**
			1,600,000	1,600,000	
10.1	전기이월		1,050,000		1,050,000

소 모 품   12

월 일	계정과목	분면	차 변	대 변	잔 액
9. 2	현 금	1	50,000		50,000
9.30	소모품비	21		40,000	10,000
9.30	**차기이월**			**10,000**	**0**
			50,000	50,000	
10.1	전기이월		10,000		10,000

비 품   13

월 일	계정과목	분면	차 변	대 변	잔 액
9. 7	미지급금	1	200,000		200,000
9.30	**차기이월**			**200,000**	**0**
			200,000	200,000	
10.1	전기이월		200,000		200,000

미지급금   21

월 일	계정과목	분면	차 변	대 변	잔 액
9. 7	비 품	1		200,000	200,000
9.10	현 금	1	120,000		80,000
9.30	**차기이월**		**80,000**		**0**
			200,000	200,000	
10.1	전기이월			80,000	80,000

미지급비용   22

월 일	계정과목	분면	차 변	대 변	잔 액
9.30	급 여	21		60,000	60,000
9.30	**차기이월**		**60,000**		**0**
			60,000	60,000	
10.1	전기이월			60,000	60,000

자 본 금   31

월 일	계정과목	분면	차 변	대 변	잔 액
9. 1	현 금	1		1,000,000	1,000,000
9.30	**차기이월**		**1,000,000**		**0**
			1,000,000	1,000,000	
10.1	전기이월			1,000,000	1,000,000

이익잉여금						32
월 일	계정과목	분면	차 변	대 변	잔 액	
9.30	*집합손익*	*32*		*120,000*	*120,000*	
9.30	**차기이월**		**120,000**		**0**	
			120,000	120,000		
10.1	전기이월			120,000	120,000	

3. 결산후시산표작성

회계기간 중 마지막 회계 처리절차는 결산후시산표를 작성하는 것이다. 결산후시산표는 이월시산표라고도 한다. 결산 분개를 전기한 후에 자산, 부채, 자본의 차기이월 금액을 모아서 결산후시산표를 작성하며 결산후시산표등식은 '자산=부채+자본'이다. 결산후시산표(post- closing trial balance)를 작성하는 목적은 원장이 다음 회계기간의 기초에 일치하는지를 확인하는 것이다. 원장의 계정과 금액은 기말에 재무 상태표에 있는 계정 및 금액과 정확히 일치하여야 한다. 정보컴퓨터의 결산후시산표는 다음과 같다.

결 산 후 시 산 표
1998년 9월30일

정보컴퓨터 (단위: 원)

차 변	계 정 과 목	대 변
1,050,000	현금	
10,000	소모품	
200,000	비품	
	미지급금	80,000
	미지급비용	60,000
	자본금	1,000,000
	이익이여금	120,000
1,260,000		1,260,000

4. 개시기입

회계연도가 종료되면 회계장부는 마감하여 보관하고 새로운 회계연도를 위하여 새장부를 준비하여 개시기입을 하여야 한다. 연도별로 장부를 보관하면 관리도 편리할 뿐만 아니라 다음에 참고하기도 쉽다. 9월 30일에 회계연도가 종료되면 다음 회계연도는 10월 1일부터 시작된다. 다음 회계연도의 회계기록을 위하여 전년도의 자산, 부채, 자본계정의 잔액을 분개장에 개시기입하고 총계정원장에 전기하여야 한다. [표 4-15]와 [표 4-16]은 개시분개를 기입한 분개장과 전기이월을 기록한 원장을 나타낸 것이다. 개시분개는 이월시산표의 자료를 이용하여 분개한다.

[표 4-15] 분개장-개시분개

분 개 장

1

월 일	적 요	원면	차 변	대 변
	개시분개			
10.1	현금	11	1,050,000	
	소모품	12	10,000	
	비품	13	200,000	
	미지급금	21		80,000
	미지급비용	22		60,000
	자본금	31		1,000,000
	이익잉여금	32		120,000
	자산, 부채, 자본계정의 전기이월			

[표 4-16] 총계정원장-재무 상태표계정의 전기이월

현 금

11

월 일	계정과목	분면	차 변	대 변	잔 액
10.1	전기이월	1	1,050,000		1,050,000

소 모 품

12

월 일	계정과목	분면	차 변	대 변	잔 액
10.1	전기이월	1	10,000		10,000

비 품

13

월 일	계정과목	분면	차 변	대 변	잔 액
10.1	전기이월	1	200,000		200,000

미지급금

21

월 일	계정과목	분면	차 변	대 변	잔 액
10.1	전기이월	1		80,000	80,000

미지급비용

22

월 일	계정과목	분면	차 변	대 변	잔 액
10.1	전기이월	1		60,000	60,000

자 본 금

31

월 일	계정과목	분면	차 변	대 변	잔 액
10.1	전기이월	1		1,000,000	1,000,000

이익이여금

32

월 일	계정과목	분면	차 변	대 변	잔 액
10.1	전기이월	1		120,000	120,000

보론 전산회계시스템의 예

1. 전산회계시스템

차변 대변을 사용하는데 익숙하지 않다고 하더라도 거래를 분석할 수 있어야 한다. 그 이유는 회계보고서에 대한 거래의 영향을 이해하는데 도움이 되기 때문이다. 재무제표에 대한 영향을 결정하기 위하여 거래를 분석할 수 있어야 한다는 것은 매우 중요하다. 일련의 재무제표는 많은 거래를 요약한 것이다. 그러므로 재무제표를 이해하기 위하여 근본적인 거래를 이해하여야 한다. 최근에는 전산회계시스템을 많이 사용하므로 회계등식의 어느 요소가 영향을 받는가, 그들이 어떤 영향을 받는가, 그 영향을 재무제표에서 어떻게 관찰하는가를 이해하는 것이 중요하다. 그러나 차변과 대변은 기업의 회계언어의 일부이므로 그 사용에 익숙하도록 노력하여야 할 것이다. 이해를 돕기 위하여 차변 대변을 이용한 입력(분개형)과 회계등식을 이용한 입력(스프레드형)을 함께 사용할 것이다. 수작업 회계시스템에서는 분개를 하고 원장에 전기를 하여야 하지만 전산회계시스템에서는 거래 내용을 입력(분개형 또는 스프레드형)하면 각 계정잔액은 자동으로 업데이터 된다.

단 계	컴퓨터시스템	수작업시스템
1. 증빙서류의 설계와 사용	사람	사람
2. 거래의 분석과 기록	사람 또는 컴퓨터	사람
3. 회계정보DB에서 자료사용	컴퓨터	사람
– 분개장형		
– 원장형		
– 시산표형		
4. 수정사항기입	사람	사람
5. 재무제표작성	컴퓨터	사람
6. 장부마감	컴퓨터	사람

수작업회계시스템에서는 모든 과정을 사람이 작업하여야 하지만 전산회계시스템에서는 많은 부분을 컴퓨터가 대신한다는 것을 알 수 있다. 어떤 단계는 사람의 판단을 필요로 하지만 많은 부분은 프로그램의 해당 메뉴만 클릭하면 필요한 자료를 출력할 수 있다. 수작업회계시스템에서 많은 시간을 필요로 하는 과정도 전산회계시스템에서는 불과 몇 초 만에 그 과정을 수행할 수 있다.

아래의 그림은 전산회계시스템의 회계순환과정을 나타낸 것이다.

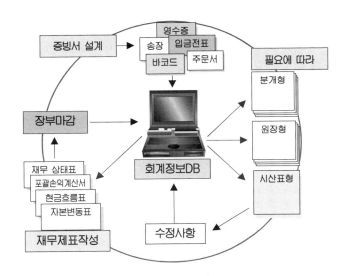

2. 거래의 입력

다음과 같은 거래의 예를 들어보자.

오둥글 타이어는 자동차 타이어를 판매하는 소기업이다. 대부분 판매는 현금으로 이루어지고 주요 고객에게는 외상으로 판매한다. 많은 기업과 마찬가지로 오둥글 타이어도 분개장과 원장을 사용하여 거래를 기록하고 있다.

a. 오둥글씨는 현금 1,700,000원을 출자하여 개업하다.

전산회계시스템에서는 입력(분개기록)만 하면 된다. 원장계정은 자동으로 업데이트되기 때문이다. 입력방식이 분개형으로 되어 있는 경우에는 차변에 현금증가 1,700,000 대변에 자본금증가 1,700,000으로 입력하여야 한다.

분개형

차변		대변	
현금	1,700,000	자본금	1,700,000

입력방식이 스프레드형으로 되어 있는 경우에도 분개형과 동일한 정보가 입력된다. 이 방식을 사용하면 분개형에 비해 추가정보를 알 수 있다. 즉 회계등식이 성립하는지를 알 수 있으며, 거래가 재무제표에 미치는 영향을 알 수 있다. 이 방식은 차변 대변을 구별하지 않고 직접 각 계정잔액의 증가와 감소로 기록한다.

스프레드쉬트형

재무 상태표			손익계산서
자산	=	부채 + 자본	+ (수익−비용)
현금 +1,700,000		자본금 +1,700,000	

b. 비품 540,000원을 구입하고 대금은 현금으로 지급하다.

차변에 비품증가 540,000과 대변에 현금감소 540,000을 입력하여야 한다.

분개형

차변		대변	
비품	540,000	현금	540,000

스프레드쉬트형

재무 상태표			손익계산서
자산	=	부채 + 자본	+ (수익−비용)
현금	−540,000		
비품	+540,000		

c. 상품 800,000원을 구입하고 대금은 현금으로 지급하다.

차변에 상품증가 800,000과 대변에 현금 감소 800,000을 입력한다.

분개형

차변		대변	
상품	800,000	현금	800,000

스프레드쉬트형

재무 상태표			손익계산서
자산	=	부채 + 자본	+ (수익−비용)
현금	−800,000		
상품	+800,000		

d. 원가 200,000의 상품을 350,000원에 매출하고 대금 중 220,000원은 현금으로 받고 잔액
   은 외상으로 하다.

첫째, 차변에 현금증가 220,000, 매출채권증가 130,000과 대변에 매출증가 350,000을 입력
한다.

둘째, 매출기록과 함께 판매된 상품의 원가를 매출원가계정과 상품(재고자산)계정에 기록하여
야 한다. 차변에 매출원가발생 200,000과 대변에 상품감소 200,000을 입력한다. 이 거래는 재
고자산을 감소시키고 비용을 증가(순이익의 감소)시킨다.

분개형

차변		대변	
현금	220,000	매출	350,000
매출채권	130,000		
매출원가	200,000	상품	200,000

스프레드쉬트형

재무 상태표			손익계산서	
자산	=	부채 + 자본	+ (수익-비용)	
현금	+220,000		매출	+350,000
매출채권	+130,000			
상품	-200,000		매출원가	-200,000

스프레드쉬트 변형

자산+비용	=	부채 + 자본 + 수익
매출원가	+200,000	
상품	-200,000	

e. 급여 100,000원을 현금으로 지급하다.

차변에 급여(비용)발생 100,000과 대변에 현금 감소 100,000을 입력한다.

분개형

차변		대변	
급여	100,000	현금	100,000

스프레드쉬트형

자산	=	부채 + 자본	+ (수익-비용)	
현금	-100,000		급여	-100,000

f. 전기료 30,000원의 고지서를 받았으나 납부하지 않았다.

차변에 전기료(비용)발생 30,000과 대변에 미지급비용증가 30,000을 입력한다.

분개형

차변		대변	
전기료	30,000	미지급비용	30,000

스프레드쉬트형

자산	=	부채 + 자본		+ (수익-비용)	
		미지급비용	+30,000	전기료	−30,000

오둥글 타이어의 거래를 요약하면 다음과 같다.

재무 상태표				손익계산서	
자산	=	부채 + 자본		+ (수익-비용)	
현금	1,700,000	자본금	1,700,000		
현금	−540,000				
비품	540,000				
현금	−800,000				
상품	800,000				
현금	220,000			매출	350,000
매출채권	130,000				
상품	−200,000			매출원가	−200,000
현금	−100,000			급여	−100,000
		미지급비용	30,000	전기료	−30,000
합계	1,750,000	합계	1,730,000	합계	20,000

　　회계등식은 각 거래가 기록된 후에 균형이 된다는 것을 알 수 있다. 언제든지 일정기간 동안 기록된 거래의 합계는 등식이 같게 됨을 나타낸다. 또 거래는 계정 잔액을 변동시킨다는 것을 주의 깊게 관찰하기 바란다. 기록된 금액은 계정잔액을 변동시키는 것이다. 그러므로 위에서 기술한 모든 거래가 기록된 후에는 자산난은 1,750,000의 총자산의 증가를 보고한다. 이 금액은 거래로부터 결과 되는 자산의 변동이다.

3. 거래의 요약

　　기업에서는 많은 유형의 거래가 발생하지만 대부분 활동에 대하여 몇 가지 유형의 거래가 회계시스템에 기록된다. [표 보1]은 기업과 외부집단 간에 기본적 거래를 요약한 것이다. 이러한 유형의 거래는 기업에서 아주 빈번히 일어나는 거래의 유형이다.

[표 보1] 거래의 유형과 영향을 미치는 계정

거래	영향을 미치는 계정		
	자산 =	부채와 자본	수익과 비용
상품현금판매	현금 + 재고자산 -		매출 + 매출원가 -
상품외상판매	매출채권 + 재고자산 -		매출 + 매출원가 -
매출채권회수	현금 + 매출채권 -		
상품현금구입	현금 - 재고자산 +		
상품외상구입	재고자산 +	매입채무 +	
매입채무지급	현금 -	매입채무 -	
기타자산현금구입	현금 - 해당자산 +		
기타자산외상구입	해당자산 +	미지급금 +	
기타자산외상대금지급	현금 -	미지급금 -	
비용지급	현금 -		해당비용 -
자금차입	현금 +	차입금 +	
차입금상환	현금 -	차입금 -	
이자지급	현금 -		이자비용 -
기업주의 투자	현금 +	자본금 +	
투자액인출	현금 -	자본금 -	
배당금지급	현금 -	이익잉여금 -	

4. 회계과정의 완성

회계정보처리과정의 마지막 단계는 수익과 비용계정잔액을 자본금계정으로 대체하는 것이다. 회계담당자들은 이러한 과정을 계정마감, 장부마감, 결산이라고 한다. 결산거래는 회계연도 말에 수익과 비용의 각 계정 잔액을 '0'으로 수정하는 것이다. 예를 들어, 오둥글 타이어의 1998회계연도 말의 매출계정잔액은 2,800,000원이라고 하자. 이 잔액은 회계연도 기초부터 회사의 총매출액을 나타낸다. 잔액은 수익계정으로부터 2,800,000을 감소함으로써 제거된다. 이 잔액은 자본금계정에 가산된다. 개인기업과 조합의 경우에 이 계정은 보통 자본금계정이다. 주식회사의 경우 이는 이익잉여금 계정이다.

비용계정의 잔액은 각 계정의 잔액을 감소함으로써 제거하여 자본금 또는 이익잉여금을 차감한다.

　수익과 비용계정들이 마감되면 모든 수익과 비용계정의 잔액은 '0'이 되며, 이들 계정의 잔액은 자본금계정으로 대체된다. 그러므로 장부가 마감되면 수익과 비용은 모두 '0'이기 때문에 회계등식 '자산=부채+자본'이 균형을 이룬다. 기업이 새로운 회계연도를 시작하면 새 회계연도 동안 새로운 수익과 비용을 누계 하여야 한다.

　회계정보의 처리과정은 기업의 전환과정에서의 활동을 기록, 요약, 보고하는 것이다. 회계순환과정은 거래를 분석하고, 분개장과 원장의 계정에 거래를 기록하고, 원장계정잔액으로 재무보고서를 작성하는 과정이다. [표 보2]는 기본적 회계순환과정을 요약한 것이다. 전산회계시스템을 이용한다면 시산표와 정산표 이월시산표등의 작성 절차는 컴퓨터가 대신해주므로 수작업회계시스템에 비해 회계순환과정은 훨씬 간단하다.

[표 보2]　회계순환과정의 요약

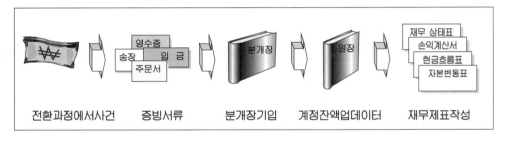

연 습 문 제

1. 회계정보시스템의 회계 처리목적을 요약하라.

2. '복식부기'라는 용어의 의의가 무엇인지 설명하라.

3. 계정과목의 설정방법을 설명하라.

4. 계정의 목적과 특성을 설명하라.

5. 차변과 대변의 목적을 설명하라.

6. 계정의 차기, 대기와 잔액기입의 원칙은 무엇인가.

7. 보조원장의 목적을 설명하라.

8. 분개장과 원장의 목적을 설명하라.

9. 시산표를 작성하는 이유와 시산표등식이 어떻게 하여 성립하는지를 설명하라.

10. 시산표의 작성과 오류를 발견하는데 시산표를 어떻게 사용하는지 설명하라.

11. 대응개념이 발생주의 회계에 어떻게 관계되는가를 설명하라

12. 왜 수정분개가 필요한가를 설명하고 수정분개의 특성을 나열하라.

13. 결산(장부마감)의 목적을 설명하라.

14. 회계순환과정의 단계를 요약하라.

15. 복식부기시스템의 중요한 특징은 _____ .

    a. 오류가 발생하지 않는다.

    b. 차변계정의 합은 항상 대변계정의 합과 같아야만 한다.

    c. 산업혁명기간 동안 영국에서 발달하였다.

    d. 복식부기시스템을 사용하면 증빙서류가 필요하지 않다.

16. 효율적 회계시스템은 _____ .

    a. 고객의 만족도가 증가한다.

    b. 돈을 빌릴 필요가 없다.

    c. 회사의 생산품이 개선된다.

    d. 현금유입의 속도가 감소된다.

17. 회사에서 소모품을 9,000원에 외상으로 매입하였다. 이 거래의 결과로 다음 중 옳은 것은?

	자 산	부 채
a.	증 가	증 가
b.	증 가	감 소
c.	감 소	감 소
d.	감 소	증 가

18. 자산과 회계정보의 보호를 위해 회사는 _____ .

    a. 대졸학력의 종업원을 고용하다.

    b. 회계시스템의 책임을 단 한사람에게 위임하다.

    c. 단지 최고 경영자만 회계기록에 대한 접근을 허락한다.

    d. 회계의 기록을 독립적으로 검증한다.

19. 회계시스템에서 보고되는 재고자산이 제공해주는 정보가 아닌 것은?

    a. 회계기간 동안 매입한 재고자산의 금액
    b. 회계기간 동안 판매한 재고자산의 판매금액
    c. 각 재고자산항목의 원가.
    d. 상품을 매입한 사람이 회사에 지불해야할 금액

20. 아래의 계정과목의 잔액은 차변과 대변 어느 쪽에 기입해야 하는지 적당한 곳에 Ｘ표를 하라.

계정과목	차변	대변
ⓐ 현　　금		
ⓑ 미지급금		
ⓒ 매출수익		
ⓓ 자기주식		
ⓔ 재고자산		
ⓕ 비　　품		
ⓖ 매출원가		
ⓗ 미지급이자		
ⓘ 임　　금		
ⓙ 미지급급여		
ⓚ 건　　물		
ⓛ 미 수 금		

21. 아래의 경우에 차변과 대변을 구분하여 적당한 곳에 Ｘ표시를 하라.

	차변	대변
ⓐ 부채계정의 증가		
ⓑ 자본금계정의 감소		
ⓒ 수익계정의 증가		
ⓓ 자산의 평가계정의 감소		
ⓔ 비용계정의 증가		
ⓕ 자산계정의 감소		
ⓖ 부채계정의 감소		
ⓗ 자본금계정의 증가		
ⓘ 자산의 평가계정의 증가		
ⓙ 자산계정의 증가		
ⓚ 수익계정의 마감		

22. 재영은 오랫동안 신용평가회사에서 일해오다 최근 자신의 회사를 창업하기로 결심하고 9월 1일 신용정보사를 설립하였다. 다음은 사업개시 후 한달 동안의 거래내용이다. 다음 거래를 분개하라. 또 회계등식시스템에 기록하여라.

    10월 1   11,875원을 출자하여 개업하였다.

         3   매달 1,250원에 사무실을 임차하기로 하고 첫 달의 임차료를 지급하였다.

         5   사무실의 가구를 6,750원에 외상매입하였다.

         6   연10%의 이율로 7,500원을 차입하다.

         7   3명의 종업원을 고용하다. 그들은 다음 주 수요일부터 일할 것이다.

       12   재영은 잠재고객을 분류하고, 광고물을 인쇄하였다. 인쇄와 분류작업에 현금 2,625원이 소요되었다.

       23   고객에게 서비스를 제공하고 5,625원을 현금으로 받다.

       31   수도광열비로 600원을 사용하였으나, 아직 지급하지 않았다.

       31   종업원 급여로 1,200원을 지급하다.

23. 문제22의 자료로 잔액시산표를 작성하라.

24. 1997년 3월 우철과 인정은 완벽한 설비와 수리를 제공하는 (주)시공을 설립하였다. 다음은 그들의 사업개시 첫 한달 동안의 거래내역이다. 각 거래를 분개하라.

    a. 현금 2,500원을 출자하여 사업을 시작하였다.

    b. 또한 개인의 기계(시가 4,000원)를 출자하였다.

    c. 사업인허가 비용 125원을 현금으로 지급하다.

    d. 차량운반구를 1,500원에 매입하고 대금은 현금으로 지급하다.

    e. 비품 5,000원을 외상으로 매입하다.

    f. 사무실을 400원에 임차하고 첫 달 임차료를 지급하였다.

    g. 신문 광고료 300원을 미지급하였다.

    h. 한 달 동안의 용역매출은 현금매출 1,100원, 외상매출 1,750원이다.

    i. 차량유지비 192원을 현금으로 지급하다.

    j. 잡비로 500원을 현금으로 지급하다.

25. 문24의 자료로 정산표를 작성하라.

제 5 장

상품매매업의 회계

제1절 상기업의 회계

제2절 상품매매의 기록-계속기록법

제3절 상품매매의 기록-실지재고조사법

제4절 매출원가와 재고자산

제5절 정리분개와 정산표

제6절 결산분개와 재무제표

이 장에서는 상품매매업의 순환과정을 다룬다. 계속기록법과 실지재고조사법에 사용되는 상품관련계정의 설정방법과 회계 처리방법의 차이를 비교해 본다. 이들 방법에서 결산과정의 차이도 다룬다. 두 방법에서 사용되는 재고자산의 평가방법도 비교하여 본다.

이 장에서 다루는 주요 주제는 다음과 같다.

- 서비스업과 상품매매업의 차이
- 계속기록법과 실지재고조사법의 회계 처리
- 계속기록법과 실지재고조사법의 재고자산의 원가배분

제1절   상기업의 회계

1. 상기업의 회계

서비스업은 고객에게 서비스를 제공함으로써 수익을 창출한다. 서비스업과는 달리 상기업의 활동은 공급자로부터 상품을 구입하여 그 상품을 고객에게 판매함으로써 수익을 창출한다. 상기업의 회계 처리는 서비스업의 회계 처리 절차와 근본적으로 동일하다. 다만 상품매매에 관한 활동을 더 기록하여야 한다.

상기업의 영업순환과정(operating cycle)은 판매할 상품을 구입하는 구입활동(purchasing activity), 구입한 상품을 고객에게 판매하는 판매활동(sales activity), 고객으로부터 현금을 회수하는 회수활동(collection activity)으로 이루어진다. 상기업의 영업순환주기는 현금의 소비로 시작하여 고객으로부터 현금을 회수로 끝난다. 상기업의 영업순환과정은 다음과 같다.

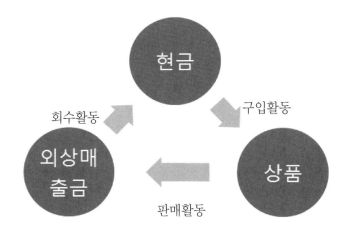

상기업은 먼저 고객에게 판매할 상품을 구입하여야 한다. 그리고 그 상품을 판매할 때 수익으로 보고하여야 하며 이를 매출(sales)이라고 한다. 이때 판매된 상품의 원가를 비용으로 인식하여야 하는데 이를 매출원가(cost of merchandise sold)라고 한다. 상품의 매출이익은 매출액에서 매출원가를 차감하여 산출하며 매출총이익(gross profit)이라고 한다. 매입한 상품 중에 회계기말 현재 판매되지 않고 보유하고 있는 상품을 기말상품 재고액(merchandise inventory)이라고 한다. 기말상품 재고액은 재무 상태표에 유동자산으로 보고하여야 한다.

상품매매에 관한 회계 처리를 이해하려면 기말재고량을 파악하는 방법인 계속기록법과 실지재고조사법의 차이를 알아야 한다. 그 이유는 계속기록법과 실지재고조사법에 따라 기간 중 회계 처리방법에 차이가 있기 때문이다.

계속기록법(perpetual inventory method)은 상품의 매입과 매출에 관한 거래내역을 장부(상품재고장)에 기록하여 기말의 재고수량을 결정하는 방법이다. 상품을 매입할 때 상품재고장에 매입수량과 매입금액을 기록하고 상품을 판매할 때 판매수량과 매출원가를 기록한다.

계속기록법을 사용할 때에는 상품계정과 매출계정, 매출원가계정을 설정하여 판매활동을 기록한다. 상품을 매입할 때는 상품계정(또는 재고자산)에 기록한다. 상품을 판매할 때는 두 가지 회계 처리를 하여야 한다. 하나는 판매액을 매출계정에 기록하는 것이고 다른 하나는 판매된 상품의 구입원가를 파악하여 매출원가계정에 기입함과 동시에 상품계정에서 감소시켜야 한다.

이 방법을 사용하면 회계기간 중 언제나 상품계정에서 상품 재고액을 알 수 있으며, 매출원가계정에서 매출원가를 알 수 있다. 따라서 회계기간 중에도 매출총이익을 알 수 있으며 재고자산에 대한 통제에도 유용하다는 장점이 있다. 또 계속기록법에서는 기말에 매출원가 산정을 위한 정리분개를 할 필요가 없다.

그러나 이 방법은 상품을 판매할 때 마다 매출원가를 파악해야 되는 번거로움이 있다. 최근에는 컴퓨터시스템의 도입으로 전산화된 계속기록법을 많이 사용하고 있다. 회계기간 중에 재고자산의 부패나 도난이 발생하여도 상품재고장에 기록되지 않으므로 장부잔액과 실제수량에 차이가 발생한다. 따라서 계속기록법을 사용하는 경우에도 실지재고조사를 하여 재고감모를 인식하여야 한다.

실지재고조사법(periodic inventory method)은 회계기간 중에는 재고자산과 매출원가를 파악하기위한 기록을 하지 않고 기말에 실제로 보유하고 있는 상품재고량을 파악하여 매출원가를 산정하는 방법이다.

실지재고조사법을 사용할 때에는 매입계정, 매출계정을 설정하여 판매활동을 기록한다. 상품을 매입할 때는 매입계정에 기록한다. 상품을 판매할 때는 매출계정에 기록한다. 상품계정은 기초재고자산을 표시할 뿐이며 회계기간 중 실제재고자산과는 아무상관이 없다.

이 방법을 사용하면 상품을 판매할 때마다 매출원가를 파악하지 않아도 됨으로 비교적 편리한 방법이다. 그러나 회계기간 중에는 상품계정에서 상품 재고액을 알 수 없으며, 매출원가도 알 수 없다. 따라서 매출총이익을 알기위해서는 매출원가를 알아야하고, 매출원가를 산정하려면 기말상품 재고액을 알아야 한다. 그러므로 실지재고조사법은 매출원가 산정을 위한 결산정리분가 필요하다.

실지재고조사법은 도난, 분실 등으로 인한 재고감모손실을 파악 할 수 없으며 매출원가에 포함되어 매출원가가 과대계상 되는 단점이 있다.

이들 두 가지 방법은 기업의 재무 상태표에 보고할 기말상품 재고액과 손익계산서에 보고할 매출액, 매출원가, 매출총이익에 어떤 영향을 미치는가를 살펴보자.

2. 상기업의 재무제표

서비스업의 손익계산서는 매출액에서 비용을 차감하여 당기순이익을 보고한다. 그러나 상기업의 손익계산서는 매출액에서 매출원가를 차감하여 매출총이익을 보고하고, 매출총이익에서 판매비와관리비를 차감하여 영업이익을 보고한다. 이를 다단계손익계산서라고 한다.

서비스업의 손익계산서

항　　목	금　　액
수익 :	
매출	1,000,000
비용 :	
급여	600,000
임차료	200,000
광고선전비	100,000
영업이익	100,000

상기업의 손익계산서

항　　목	금　　액	
Ⅰ. 매출액		2,500,000
Ⅱ. 매출원가		1,500,000
Ⅲ. 매출총이익		1,000,000
Ⅳ. 판매비와 관리비		
급여	500,000	
임차료	200,000	
광고선전비	100,000	800,000
Ⅴ. 영업이익		200,000

예시된 상기업의 손익계산서를 다단계손익계산서라고 한다.

매출액은 고객에게 판매한 상품의 대가를 말한다. 현금 판매와 외상판매 모두 매출액에 포함된다.

매출원가는 고객에게 판매한 상품의 원가이다. 매출원가를 어떻게 결정하는가?

(주)한양은 2008년 한해 동안 1,200,000의 상품을 구입하였다고 하자. 2008년 12월 31일 기말 재고액이 200,000이라면 2008년도의 매출원가는 1,000,000이다.

당기매입액	1,200,000
차감:기말재고액	200,000
매출원가	1,000,000

매입의 경우에 판매자는 송장대금에 대해 할인을 제안할 수도 있다. 매입자의 경우에 매입할인이 된다. 매입할인은 상품의 구입원가에서 차감하여야 한다. 또 매입자가 판매자에게 상품을 반품하거나(매입환출) 처음 가격에서 값을 에누리 받은 경우(매입 에누리)도 있다. 매입환출에누

리도 상품의 매입원가에서 차감하여야 한다. 또 매입운임을 매입자가 부담하는 경우에는 매입운임을 매입원가에 포함시켜야 한다.

당기매입액	1,500,000
가산:매입운임	20,000
차감:매입환출에누리	10,000
매입할인	10,000
상품의 매입원가	1,500,000

제2절　상품매매의 기록-계속기록법

계속기록법에서는 상품계정, 매출계정, 매출원가계정을 설정하여 회계 처리한다. 기초상품 재고액을 상품계정에 기록하고 상품의 매입을 자산의 증가로 보아 상품계정에 기입한다. 상품을 판매하면 자산의 감소와 비용의 발생으로 보아 상품계정과 매출원가계정에 기입한다.

1. 매출거래

1) 매출

계속기록법에서 매출거래에 관한 기록은 두 가지의 분개를 필요로 한다. 하나는 매출액에 관한 회계 처리이다. 상품을 현금으로 판매하였다면 현금계정의 차변과 매출계정의 대변에 기록한다. 회사가 상품을 외상으로 판매하였다면 매출채권(외상매출금이나 받을어음)계정의 차변과 매출계정의 대변에 기록한다. 매출채권(accounts receivable)은 매출로 인하여 고객으로부터 장래에 현금으로 받을 금액이다. 매출채권계정의 잔액은 회사가 고객으로부터 회수할 수 있는 금액을 나타낸다. 다른 하나는 매출액을 기록할 때 마다 판매한 상품의 매출원가를 파악하여 회계 처리 하여야 한다. 매출원가의 회계 처리는 매출원가계정의 차변에 기록하고 상품계정의 대변에 기록한다.

예를 들어 4월 10일 한빛전자는 MP3 5대를 ₩500,000 (5×@₩100,000)에 구정상점에 외상매출하였다. 원가가 ₩350,000(5×@₩70,000)이라면 회계기록은 다음과 같다.

상품의 판매-계속기록법

	차 변			대 변	
4/10외상판매	매출채권	500,000	매출		500,000
	매출원가	350,000	상품		350,000

상품을 판매할 때 발생하는 운송비와 같은 부대비용을 지출하는 경우에는 판매관리비로 회계처리 하여야 한다. 따라서 매출이익계산에는 영향을 미치지 않는다.

2) 매출할인

회사가 상품가격을 낮추어 판매하는 것을 할인이라고 한다. 가격은 여러 가지 이유로 할인될 수 있다. 고객이 한꺼번에 상품을 대량 구입할 때 표시가격에서 할인을 받는다. 또 고객으로부터 매출채권을 빨리 회수하기 위하여 할인을 하는 경우도 있다.

(1) 매출할인

상품의 매매가 외상으로 이루어질 경우에는 대금지급조건을 명시하여 지급시기와 지급금액에 대한 오해의 소지를 없애야 한다. 외상거래조건(credit terms)의 예로서 "n/30(net 30 days)"는 판매한 날로 부터 30일 이내에 송장의 금액을 지급하여야 한다는 것을 의미한다. 또 다른 예로서 "10 e.o.m.(end of the month)"은 판매가 이루어진 달의 말일로부터 10일 이내에 대금을 지급하여야 한다는 것을 의미한다.

제조업자나 도매업자들은 대개 30일에서 60일 혹은 그 이상의 기일을 외상거래조건으로 상품을 판매하지만 대금의 조기 회수를 위하여 할인조건을 제시한다. 예를 들어 외상거래조건이 "2% 10일, 순액 30일"이라고 하자. 이러한 조건은 송장에 "2/10, n/30"으로 표시되며 할인 가능한 10일의 기간을 할인유효기간(discount period)이라고 한다. "2/10, n/30"이란 것은 외상거래기간이 30일이지만 고객이 10일 이내에 대금을 지급한다면 송장금액의 2%가 할인된다는 것을 의미한다.

이와 같이 제조업자나 도매업자들은 고객이 외상대금을 빨리 지급하도록 동기부여를 제공하는데 **매입회사가 할인유효 기간 내에 대금을 지급하는 경우를 매입할인(purchase discount) 또는 매입현금할인(cash discount on purchase)이라 하며 판매회사의 경우를 매출할인(sales discount) 또는 매출현금할인(cash discount on sales)이라 한다.** 판매회사는 현금을 빨리 회수하여 영업자금으로 활용할 수 있으며 매입회사는 현금절약을 할 수 있다. 위의 경우 20일간의 2%는 연이율 약 36%(2%×365/20)에 해당한다.

회계 처리방법에는 총액법(gross price method)과 순액법(net price method)의 두 가지가 있다. 총액법은 판매시에 판매액을 총액으로 기입하고 할인 기간 내에 대금지급이 이루어지면 할인액을 매출할인계정에 기입한다. 순액법은 판매시에 할인을 예상하여 할인액을 차감한 금액으로 기입하고 할인기간이 지나서 대금지급이 이루어지면 매출채권이자수익계정에 기입한다. 회계실무에서는 일반적으로 총액법이 많이 쓰인다.

예를 들어 5월 1일 한빛전자는 2/10, n/30의 조건으로 신사상회에 원가 ₩700,000의 상품을 ₩1,000,000에 외상판매하였다고 하자. 5월 10일 할인 기간 내에 매출채권을 회수한 경우와 5월 30일 할인 기간이 경과한 후에 대금을 회수한 경우의 거래 영향은 다음과 같다.

① 총액법

매출할인(총액법) – 계속기록법

	차 변		대 변	
5/ 1 외상매출	매출채권	1,000,000	매출	1,000,000
	매출원가	700,000	상품	700,000
5/10 기간내 대금회수	현금	980,000	매출채권	1,000,000
	매출할인	20,000		
5/30 경과후 대금회수	현금	1,000,000	매출채권	1,000,000

② 순액법

매출할인(총액법) – 계속기록법

	차 변		대 변	
5/ 1 외상매출	매출채권	980,000	매출	980,000
	매출원가	700,000	상품	700,000
5/10 기간내 대금회수	현금	980,000	매출채권	980,000
5/30 경과후 대금회수	현금	1,000,000	매출채권	980,000
			이자수익	20,000

(2) 매매할인

제조업자나 도매업자들은 상품판매를 촉진하기 위하여 많은 시간과 돈을 들여 목록표를 발행한다. 상품 목록표는 상품의 표시가격(list price)이 인쇄되어진다. **매매할인(trade discount)은 상품의 표시가격에서 일정률을 할인하여 주는 것이다.** 표시가격에서 단일률(single rate)을 적용하여 할인하던가 연쇄율(series of rates)을 적용하여 할인한다. **매매할인은 고객에게 더 많은 인센티브를 주기 위하여 구입하는 양이 많으면 많을수록 할인율이 더 큰 것이 일반적이다.** 이러한 절차는 시장조건이 변동하여 가격변경이 필요한 경우에 목록표 전체를 다시 인쇄하는 것보다 다양한 매매할인을 명시하는 것이 훨씬 용이하기 때문이다.

매매할인은 회계기록을 하지 않는다. 표시가격에서 매매할인을 차감한 실제 판매 가격을 매출계정과 매출채권(현금)계정에 기록하기 때문이다. 예를 들어 승한물산에서 판매하는 양말의 표시가격은 @1,000원이다. 600켤레의 주문을 받고 30% 및 10%의 매매할인을 허용할 경우 판매가격은 다음과 같이 계산된다.

① 단순율을 적용하는 경우

표시가격	600켤레×@1,000	600,000
30%매매할인		180,000
판매가격		420,000

② 연쇄율을 적용하는 경우

표시가격	600켤레×@1,000	600,000
1차할인 30%		180,000
2차할인 10% (420,000×10%)		42,000
판매가격		378,000

3) 매출환입 및 매출 에누리

판매조건에 따라 매출한 상품이 파손되었거나 품질이 불량하여 대금 중 일부의 감액을 요구하거나 반품을 해오는 경우가 있다. **매출환입(sales returns)은 매출한 상품이 품질차이, 파손, 계약의 취소 등으로 반품되는 것을 말하며, 매출 에누리(sales allowance)는 고객에게 상품을 판매한 후에 판매한 상품의 수량부족이나 품질불량 등이 발견된 경우에 매출한 상품의 반품 없이 대금의 일부를 감액해 주는 것을 말한다.**

매출환입(sales returns)의 회계 처리는 매출계정의 차변에 기입하여 매출액을 직접 감소시키거나 **매출환입계정을 설정하여** 차변에 기입하고 동시에 매출채권계정의 대변에 기입하여 감소시켜야 한다. 그리고 매출환입의 경우에는 상품이 반품되어 들어오기 때문에 상품계정의 차변에 기록하여 상품을 증가시키고 매출원가계정의 대변에 기록하여 매출원가를 취소하는 회계 처리를 함께하여야 한다.

매출 에누리(sales allowance)의 회계 처리는 매출계정의 차변에 기입하여 매출액을 직접 감소시키거나 **매출 에누리계정을 설정하여** 차변에 기입하고 동시에 매출채권계정의 대변에 기입하여 감소시켜야 한다.

경우에 따라서는 매출 에누리와 환입(sales allowance and returns)계정을 설정하여 매출환입과 매출 에누리를 합하여 처리하기도 하지만 별도의 계정을 설정하여 기록하는 것이 보다 유용한 정보를 제공할 수 있다.

매출환입계정과 매출 에누리계정은 매출계정에 대한 차감적 평가계정으로 매출수익을 간접적으로 차감시킨다. 따라서 손익계산서에서 매출액은 **매출환입과 매출 에누리**를 차감하여 순액으로 보고하여야 한다.

예를 들어 4월 12일 앞서 구정상점에 외상매출한 MP3 1대가 반품되었다고 하자. 거래의 영향은 다음과 같다.

매출환입-계속기록법

	차 변		대 변	
4/12 반품	매출환입(매출)	100,000	매출채권	100,000
	상품	70,000	매출원가	70,000

그리고 4월 15일 한빛전자는 구정상점으로부터 앞서 외상매출한 MP3 중 나머지 4대는 하자가 있다는 연락을 받고 ₩40,000(4대×₩10,000)의 에누리를 승낙한 경우 거래의 영향은 다음과 같다.

매출 에누리-계속기록법

	차 변		대 변	
4/15 에누리	매출 에누리(매출)	40,000	매출채권	40,000

계속기록법에서는 매출환입과 매출 에누리 회계 처리의 차이를 명확히 알아 두어야 한다. 매출환입은 반품되었기 때문에 매출이 취소된 것이다. 매출채권과 매출수익을 감소시킨다. 동시에 반품된 상품의 매출원가를 취소시키고 상품을 증가시켜야 한다. 반면에 매출 에누리는 매출채권과 매출수익 일부(매출이익의 일부)를 감소시키는 결과를 초래한다. 앞서의 예에서 원가 ₩70,000의 MP3를 대당 ₩100,000에 판매하였다. 1대당 이익은 ₩30,000이다. 그런데 대당 ₩10,000의 매출 에누리를 허락하였다면 원가 ₩70,000원의 MP3를 대당 ₩90,000원에 판매하여 1대당 이익은 ₩20,000으로 감소된다. 따라서 매출채권과 매출수익은 처음보다 ₩40,000(4대×₩10,000)원이 감소하게 되는 것이다.

4) 요약

매출과 관련하여 발생하는 사항으로 매출할인, 매출환입, 매출 에누리, 매매할인을 살펴보았다. 매출할인, 매출환입, 매출 에누리는 매출수익을 감소시키는 결과를 초래하였다. 그러나 매매할인은 표시가격에서 일정률을 할인하여 주는 것이다. 할인된 가격이 송장가격이 되며 이 금액으로 장부에 기록된다. 그래서 매매할인은 매출수익의 인식과 아무런 상관이 없다.

따라서 매출할인, 매출환입, 매출 에누리는 매출수익의 인식과 관련이 있으므로 총매출액에서 매출할인, 매출환입, 매출 에누리를 차감하여 매출수익으로 인식하여야 한다.

총매출액	1,500,000
매출할인	-20,000
매출환입	-100,000
매출 에누리	-40,000
매출액	1,360,000

2. 매입거래

1) 매입

상품을 현금으로 매입하였다면 상품계정의 차변과 현금계정의 대변에 기록한다. 회사가 상품이나 서비스를 외상으로 매입할 경우에는 상품계정 차변과 매입채무(외상매입금이나 지급어음) 계정의 대변에 기록한다. 매입채무(accounts payable)는 매입으로 인하여 장래에 고객에게 현금으로 지급할 금액이다. 매입채무계정의 잔액은 회사가 고객에게 지급해야 할 금액을 나타낸다.

예를 들어 4월 1일 한빛전자는 (주)하모니에서 MP3 20대를 ₩1,400,000(20×@₩70,000)에 외상매입 하였다고 하자. 거래 영향은 다음과 같다.

매입-계속기록법

	차 변		대 변	
4/1 외상매입	상품	1,400,000	매입채무	1,400,000

재고자산의 취득원가는 매입가격에 운임, 하역료, 보험료 등 재고자산의 취득과정에서 정상적으로 발생한 매입부대비용을 가산한 가격으로 기록하여야 한다. 매입부대비용이 발생하면 상품계정에 직접 가산하거나 매입운임계정을 설정하여 차변에 기입한다.

만일 4월 1일 한빛전자가 상품매입운임 ₩100,000을 운송회사에 현금으로 지급하였다면 다음과 같이 분개한다.

매입운임-계속기록법

	차 변		대 변	
4/10 매입운임	상품(매입운임)	100,000	현금	100,000

이는 상품의 취득원가에 어떤 영향을 미칠까? 상품의 취득원가는 ₩1,500,000(₩1,400,000+₩100,000)이 되며 상품단가는 ₩70,000이 아니라 ₩75,000(₩1,500,000÷20)이 되는 것이다.

2) 매입할인

앞의 매출할인에서 설명한 것처럼 제조업자나 도매업자들은 고객이 외상대금을 빨리 지급하도록 동기부여를 제공하는 데 **매입회사가 할인 유효 기간 내에 대금을 지급하는 경우를 매입할인(purchase discount) 또는 매입현금할인(cash discount on purchase)이라 하며 판매회사의 경우를 매출할인(sales discount) 또는 매출현금할인(cash discount on sales)이라 한다.**

회계 처리방법은 매입시 매입대금 총액으로 기입하고 할인 기간 내에 대금지급이 이루어지면 매입할인계정 대변과 매입채무계정 차변에 기입한다.

예를 들어 4월 18일 한빛전자는 용산상점에서 2/EOM, n/30의 조건으로 상품 ₩1,000,000을 외상매입 하였다고 하자. 4월 30일 할인기간 내에 매입채무를 지급한 경우와 5월 17일 할인기간이 경과한 후에 대금을 지급한 경우의 거래 영향은 다음과 같다.

매입할인(총액법) - 계속기록법

	차 변		대 변	
4/18 외상매입	상품	1,000,000	매입채무	1,000,000
4/30 기간내 대금지급	매입채무	1,000,000	현금 매입할인(상품)	980,000 20,000
5/17 경과후 대금지급	매입채무	1,000,000	현금	1,000,000

3) 매입환출과 매입 에누리

구매조건에 따라 매입한 상품이 파손되었거나 품질이 불량하여 대금 중 일부의 감액을 받았거나 반품을 하는 경우가 있다. 매입환출(purchase returns)은 매입한 상품을 반품하는 것을 말하며, 매입 에누리(purchase allowance)는 매입한 상품의 반품 없이 대금의 일부를 감액 받는 것을 말한다.

　　매입환출(purchase returns)**의 회계 처리는** 상품계정의 대변에 기입하여 매입액을 직접 감소시키거나 **매입환출계정을 설정하여** 대변에 기입하고 동시에 매입채무계정의 차변에 기입하여 감소시켜야 한다.

　　매입 에누리(purchase allowance)의 회계 처리도 매입환출(purchase returns)**의 회계 처리와 마찬가지로** 상품계정의 대변에 기입하여 매입액을 직접 감소시키거나 **매입 에누리계정을 설정하여** 대변에 기입하고 동시에 매입채무계정의 차변에 기입하여 감소시켜야 한다.

　　경우에 따라서는 매입 에누리와 환출(purchase allowance and returns)계정을 설정하여 매입환출과 매입 에누리를 합하여 처리하기도 하지만 별도의 계정을 설정하여 기록하는 것이 보다 유용한 정보를 제공할 수 있다.

　　매입환출계정과 매입 에누리계정은 상품계정에 대한 차감적 평가계정으로 매입액을 간접적으로 차감시킨다. 따라서 손익계산서에서 당기매입액은 매**입환출과 매입 에누리를** 차감하여 순액으로 보고하여야 한다.

　　예를 들어 4월 2일 한빛전자는 앞서 (주)하모니에서 매입한 MP3 1대를 반품하였다고 하자. 거래의 영향은 다음과 같다.

매입환출-계속기록법

	차　변		대　변	
4/2 반품	매입채무	70,000	매입환출(상품)	70,000

　　예를 들어 4월 3일 매입한 MP3 중 나머지 19대는 하자가 있어 ₩95,000(19대×₩5,000)의 에누리를 허락받았다. 거래의 영향은 다음과 같다.

매입 에누리-계속기록법

	차　변		대　변	
4/3 에누리	매입채무	95,000	매입 에누리(상품)	95,000

　　매입환출과 매입 에누리에 관한 분개는 동일하게 상품매입액을 감소시킴을 알 수 있다. 그러나 매입환출은 처음보다 매입수량이 감소하였으며, 매입 에누리는 매입수량은 그대로 이지만 매입단가가 원래 구입단가보다 감소된다.

4) 요약

　　매입과 관련하여 발생하는 사항으로 매입운임, 매입할인, 매입환출, 매출 에누리의 회계 처리를 살펴보았다. 매입운임은 취득원가에 가산하여야 하며 매입할인, 매입환출, 매출 에누리는 총매입액에서 차감하여 매입액을 인식하여야 한다.

총매입액	2,400,000
매입할인	-20,000
매입환출	-70,000
매입 에누리	-95,000
매입액	2,215,000

제3절 상품매매의 기록-실지재고조사법

실지재고조사법에서는 상품의 기초 재고액은 상품계정에 기록하지만 회계기간 중의 상품매매 거래는 상품계정에 기록하지 않고 매입계정, 매출계정을 사용하여 회계 처리한다. 상품의 매입을 자산의 증가로 보지 않고 비용의 발생으로 보아 매입계정 차변에 기입한다.

1. 매출거래

1) 매출

실지재고조사법에서 매출거래에 관한 기록은 계속기록법과는 달리 매출원가에 관한 분개는 하지 않으며 매출액에 관한 분개만 한다. 상품을 현금으로 판매하였다면 현금계정의 차변과 매출계정의 대변에 기록한다. 회사가 상품을 외상으로 판매하였다면 매출채권(외상매출금이나 받을어음)계정의 차변과 매출계정의 대변에 기록한다.

예를 들어 4월 10일 한빛전자는 MP3 5대를 ₩500,000(5×@₩100,000)에 구정상점에 외상매출 하였다. 원가가 ₩350,000(5×@₩70,000)이라면 회계기록은 다음과 같다.

상품의 판매-실지재고조사법

	차 변		대 변	
4/10 외상판매	매출채권	500,000	매출	500,000

상품을 판매할 때 발생하는 운송비와 같은 부대비용을 지출하는 경우에는 판매관리비로 회계처리 하여 한다. 따라서 매출이익계산에는 영향을 미치지 않는다.

2) 매출할인

매출할인은 판매시에 판매액을 총액으로 기입하고 할인 기간 내에 대금지급이 이루어지면 할인액을 매출할인계정에 기입한다.

예를 들어 5월 1일 한빛전자는 2/10, n/30의 조건으로 신사상회에 원가 ₩700,000의 상품을 ₩1,000,000에 외상판매 하였다고 하자. 5월 10일 할인 기간 내에 매출채권을 회수한 경우와 5월 30일 할인기간이 경과한 후에 대금을 회수한 경우의 거래 영향은 다음과 같다.

매출할인(총액법) - 실지재고조사법

	차 변		대 변	
5/ 1 외상매출	매출채권	1,000,000	매출	1,000,000
5/10 기간내 대금회수	현금 매출할인	980,000 20,000	매출채권	1,000,000
5/30 경과후 대금회수	현금	1,000,000	매출채권	1,000,000

3) 매출환입 및 매출 에누리

매출환입(sales returns)의 회계 처리는 매출계정의 차변에 기입하여 매출액을 직접 감소시키거나 **매출환입계정을 설정하여** 차변에 기입하고 동시에 매출채권계정의 대변에 기입하여 감소시켜야 한다.

매출 에누리(sales allowance)의 회계 처리는 매출계정의 차변에 기입하여 매출액을 직접 감소시키거나 **매출 에누리계정을 설정하여** 차변에 기입하고 동시에 매출채권계정의 대변에 기입하여 감소시켜야 한다.

예를 들어 4월 12일 앞서 구정상점에 외상매출한 MP3 1대가 반품되었다고 하자. 거래의 영향은 다음과 같다.

매출환입-실지재고조사법

	차 변		대 변	
4/12 반품	매출환입(매출)	100,000	매출채권	100,000

그리고 4월 15일 한빛전자는 구정상점으로부터 앞서 외상매출한 MP3 중 나머지 4대는 하자가 있다는 연락을 받고 ₩40,000(4대×₩10,000)의 에누리를 승낙한 경우 거래의 영향은 다음과 같다.

매출 에누리-실지재고조사법

	차 변		대 변	
6/15 에누리	매출 에누리(매출)	40,000	매출채권	40,000

매출환입은 반품되었기 때문에 매출이 취소된 것이다. 매출채권과 매출수익을 감소시킨다. 마찬가지로 매출 에누리도 매출채권과 매출수익의 일부(매출이익의 일부)를 감소시키는 결과를 초래한다.

4) 요약

매출할인, 매출환입, 매출 에누리는 매출수익의 인식과 관련이 있으므로 총매출액에서 매출할인, 매출환입, 매출 에누리를 차감하여 매출수익으로 인식하여야 한다.

I. 총매출액	1,500,000
매출할인	-20,000
매출환입	-100,000
매출 에누리	-40,000
매출액	1,360,000

2. 매입거래

1) 매입

상품을 현금으로 매입하였다면 매입계정의 차변과 현금계정의 대변에 기록한다. 회사가 상품이나 서비스를 외상으로 매입할 경우에는 매입계정 차변과 매입채무(외상매입금이나 지급어음) 계정의 대변에 기록한다.

예를 들어 4월 1일 한빛전자는 (주)하모니에서 MP3 20대를 ₩1,400,000(20×@₩70,000)에 외상매입하였다고 하자. 거래 영향은 다음과 같다.

매입-실지재고조사법

	차 변		대 변	
4/1 외상매입	매입	1,400,000	매입채무	1,400,000

재고자산의 취득원가는 매입가격에 운임, 하역료, 보험료 등 재고자산의 취득과정에서 정상적으로 발생한 매입부대비용을 가산한 가격으로 기록하여야 한다. 매입부대비용이 발생하면 상품계정에 직접 가산하거나 매입운임계정을 설정하여 차변에 기입한다.

만일 4월 1일 한빛전자가 상품매입운임 ₩100,000을 운송회사에 현금으로 지급하였다면 다음과 같이 분개한다.

매입운임-실지재고조사법

	차 변		대 변	
4/1 매입운임	매입(매입운임)	100,000	현금	100,000

이는 상품의 취득원가에 어떤 영향을 미칠까? 상품의 취득원가는 ₩1,500,000(₩1,400,000+ ₩100,000)이 되며 상품단가는 ₩70,000이 아니라 ₩75,000(₩1,500,000÷20)이 되는 것이다.

2) 매입할인

회계 처리방법은 매입시 매입대금 총액으로 기입하고 할인 기간 내에 대금지급이 이루어지면 매입할인계정 대변과 매입채무계정 차변에 기입한다.

예를 들어 4월 18일 한빛전자는 용산상전에서 2/EOM, n/30의 조건으로 상품 ₩1,000,000을 외상매입 하였다고 하자. 4월 30일 할인 기간 내에 매입채무를 지급한 경우와 5월 17일 할인기간이 경과한 후에 대금을 지급한 경우의 거래 영향은 다음과 같다.

매입할인(총액법) – 실지재고조사법

	차 변		대 변	
4/18 외상매입	매입	1,000,000	매입채무	1,000,000
4/30 기간내 대금지급	매입채무	1,000,000	현금 매입할인(매입)	980,000 20,000
5/17 경과후 대금지급	매입채무	1,000,000	현금	1,000,000

3) 매입환출과 매입 에누리

매입환출(purchase returns)의 **회계 처리는** 매입계정의 대변에 기입하여 매입액을 직접 감소시키거나 **매입환출계정을 설정하여** 대변에 기입하고 동시에 매입채무계정의 차변에 기입하여 감소시켜야 한다.

매입 에누리(purchase allowance)의 회계 처리도 매입환출(purchase returns)의 **회계 처리와 마찬가지로** 매입계정의 대변에 기입하여 매입액을 직접 감소시키거나 **매입 에누리계정을 설정**하여 대변에 기입하고 동시에 매입채무계정의 차변에 기입하여 감소시켜야 한다.

예를 들어 4월 2일 한빛전자는 앞서 (주)하모니에서 매입한 MP3 1대를 반품하였다고 하자. 거래의 영향은 다음과 같다.

매입환출-실지재고조사법

	차 변		대 변	
4.2 반품	매입채무	70,000	매입환출(매입)	70,000

예를 들어 4월 3일 매입한 MP3 중 나머지 19대는 하자가 있어 ₩95,000(19대×₩5,000)의 에누리를 허락받았다. 거래의 영향은 다음과 같다.

매입 에누리-실지재고조사법

	차 변		대 변	
4/3 에누리	매입채무	95,000	매입 에누리(매입)	95,000

매입환출과 매입 에누리에 관한 분개는 동일하게 상품매입액을 감소시킴을 알 수 있다. 그러나 매입환출은 처음보다 매입수량이 감소하였으며, 매입 에누리는 매입수량은 그대로 이지만 매입 단가가 원래 구입단가보다 감소된다.

4) 요약

매입과 관련하여 발생하는 사항으로 매입운임, 매입할인, 매입환출, 매출 에누리의 회계 처리를 살펴보았다. 매입운임은 취득원가에 가산하여야 하며 매입할인, 매입환출, 매출 에누리는 총매입액에서 차감하여야 한다.

총매입액	2,400,000
매입할인	-20,000
매입환출	-70,000
매입 에누리	-95,000
매입액	2,215,000

계속기록법과 실지재고조사법의 회계 처리를 요약하면 다음과 같다.

계속기록법과 실지재고조사법

	계속기록법				실지재고조사법			
매출	매출채권 매출원가	× × × × × ×	매출 상품	× × × × × ×	매출채권	× × ×	매출	× × ×
매출운임	(판매관리비)				(판매관리비)			
매출할인	현금 매출할인(매출)	× × × × × ×	매출채권	× × ×	현금 매출할인(매출)	× × × × × ×	매출채권	× × ×
매출환입	매출환입(매출) 상품	× × × × × ×	매출채권 매출원가	× × × × × ×	매출환입(매출)	× × ×	매출채권	× × ×
매출 에누리	매출 에누리(매출)	× × ×	매출채권	× × ×	매출 에누리(매출)	× × ×	매출채권	× × ×
매입	상품	× × ×	매입채무	× × ×	매입	× × ×	매입채무	× × ×
매입비용	상품	× × ×	현금	× × ×	매입	× × ×	현금	× × ×
매입할인	매입채무	× × ×	현금 매입할인(상품)	× × × × × ×	매입채무	× × ×	현금 매입할인(매입)	× × × × × ×
매입환출	매입채무	× × ×	상품	× × ×	매입채무	× × ×	매입	× × ×
매입 에누리	매입채무	× × ×	상품	× × ×	매입채무	× × ×	매입	× × ×

상품거래를 기록할 때는 상품의 매입과 매출에 관한 거래뿐만 아니라 재고자산의 종류, 매입수량, 매출수량 등을 상세하게 기록하여야 한다. 이러한 기록은 재고수량, 상품 종류별 수요, 주문시기 등을 결정하는데 필요한 정보를 제공하여 준다. 이러한 기록은 통제목적으로 사용되기도 한다. 정기적으로 실제재고수량을 파악하여 장부기록과 대조함으로써 회계기록의 정확성을 검증할 수 있으며 도난이나 분실을 파악할 수 있다.

제4절 매출원가와 재고자산

상품판매회사나 제조회사는 수익을 창출하기 위하여 상품을 취득하거나 제품을 생산하여야 한다. 상품이나 제품과 같은 재고자산은 재무 상태표에 자산으로 보고된다. 상품이 판매되면 재고자산이 감소되고 동시에 손익계산서에 매출원가(비용)로 인식된다. 그러므로 재무 상태표에 보고된 재고자산은 손익계산서에 보고된 매출원가에 영향을 미친다. 매출원가와 재고자산에 대한 회계 처리는 측정문제와 보고문제를 파악하는 것이다. 보고기준은 손익계산서와 재무 상태표에 얼마의 금액을 보고하는가를 파악하는 것이다. 측정문제는 원가를 계산하는 방법을 결정하는 것이다.

1. 매출원가와 재고자산의 보고

재고자산은 기업이 판매하기 위하여 보유하고 있는 자산이다. 매출원가는 기업이 회계기간 동안 실제로 판매한 상품의 원가이다.

상품판매업에 있어서의 매출원가는 기초상품 재고액과 당기상품매입액의 합계액에서 기말상품 재고액을 차감하여 계산한다. 기초상품 재고액에 당기상품매입액을 합한 금액이 판매가능액이다. 판매가능액 중 판매된 상품의 원가는 매출원가이고 판매되지 않고 남아 있는 상품은 기말상품 재고액이다. 따라서 판매가능상품에서 기말재고액을 차감하면 매출원가가 된다. 이 경우 당기상품매입액은 상품의 총매입액에서 매입할인, 매입환출, 매입 에누리를 차감한 금액이다. 일정기간의 거래수량이나 거래금액에 따라 매입액을 감액하는 것은 매입 에누리에 포함된다. 또 상품매입에 직접 소요된 제비용은 매입액에 포함한다.

$$\boxed{\text{기초상품 재고액}} + \boxed{\text{당기상품매입액}} - \boxed{\text{기말상품 재고액}} = \boxed{\text{매출원가}}$$

2. 재고자산의 측정

많은 회사에서 재고자산의 측정은 중요한 문제로 다루고 있다. 시간이 경과함에 따라 상품의 원가와 재료비, 노무비, 기타자원의 원가가 변동하기 때문에 추정의 문제가 발생한다. 예를 들어 자동차판매회사가 2008년 3월에 자동차제조회사로부터 제니카 6대를 대당 ₩12,000,000에 구입하였다고 하자. 회사는 5월에 추가로 5대를 매입하였는데 대당 가격은 ₩12,800,000으로 인상되었다. 회사는 6월에 3대를 판매하였다. 자동차의 매출원가를 ₩12,000,000으로 인식하여야 하는가 ₩12,800,000으로 인식하여야 하는가?

그러나 자동차판매회사는 매출원가를 인식하는데 어려움이 없을 것이다. 재고자산의 기록에 자동차제조번호를 기록하였기 때문에 판매된 자동차의 원가를 알 수 있다. 따라서 회사는 매출수익과 매출원가를 대응시킬 수 있을 것이다. 실제로 6월에 판매된 자동차 3대 중 2대는 3월에 구입한 자동차, 1대는 5월에 구입한 자동차가 판매되었다고 하자. 그러므로 6월의 매출원가는 2대는 ₩12,000,000이고 다른 1대는 ₩12,800,000원임을 알았으며 매출원가는 ₩36,800,000이고 재고자산은 ₩36,800,000원이 감소된다. 이와 같이 재고자산의 원가흐름을 개별적으로 파악하는 방법을 개별법(specific identification method)이라고 한다.

재고자산의 측정이란 매출원가를 인식하고 기말상품 재고액을 결정하는 것이다. 다시 말하면 일정기간 동안의 판매가능액은 매출원가와 기말상품 재고액으로 배분된다. 따라서 재고자산의 측정이란 재고자산의 원가배분이다.

재고자산의 원가배분은 종목별로 배분하여야 한다. 원가배분은 물량흐름을 파악하여 물량흐름에 합리적인 원가흐름을 가정하여 배분한다. 개별법은 실제의 원가흐름에 따라 매출원가와 기말상품 재고액을 배분하는 방법이기 때문에 인위적인 가정에 의한 방법이 아니다. 원가흐름의 가정에는 선입선출법, 후입선출법, 총평균법, 이동평균법 등이 있다.

신선통조림회사의 예를 들어보자. 회사가 1월 중 통조림을 매입하여 판매한 자료는 다음과 같다.

1월 1일	기초재고	100개	₩100
1월 3일	매 입	200개	₩110
1월 10일	매 출	250개	
1월 18일	매 입	300개	₩120
1월 20일	매 출	200개	
1월 25일	매 입	400개	₩130
1월 30일	매 출	100개	

회사는 1월 한 달 동안 550개를 판매하였으며 450개가 기말재고로 남아있다. 1월에 판매한 통조림의 원가는 ₩100, ₩110, ₩120, ₩130 중 어느 금액으로 인식하여야 하는가?

1) 실지재고조사법

실지재고조사법에서 재고자산의 원가배분은 다음과 같이 이루어진다.
① 실지재고조사로 기말재고수량을 파악한다.
② 선입선출법, 후입선출법, 총평균법 등에 따라 단가를 적용하여 기말상품 재고액을 결정한다.
③ 판매가능액에서 기말상품 재고액을 차감하여 매출원가를 산정한다.

(1) 선입선출법

선입선출법(first-in first-out method)은 먼저 매입한 상품이 먼저 판매되는 것으로 가정하

여 원가를 배분하는 방법이다. 기말재고자산은 가장 최근에 매입한 가격으로 재무 상태표에 보고되며 매출원가는 먼저 매입한 가격으로 손익계산서에 보고된다. 예를 들어 식료품이나 의류업의 경우에 적합한 방법이다.

신선통조림은 1월초에 100개의 통조림을 보유하고 있었다. 한 달 동안 추가로 통조림 900개를 매입하였으므로 1월의 판매가능한 상품은 1,000개 ₩120,000이다. 선입선출법을 사용하면 매출원가는 먼저 매입한 가격을 적용하게 되므로 기말재고량 450개는 1월 25일 매입분 400개와 1월 18일 매입분 50개로 구성된다는 가정이다. 실지재고조사법에서 매출원가는 판매가능액에서 기말재고액을 차감한 것이므로 ₩120,000 − ₩58,000 = ₩62,000원이 된다. 이를 검증하면 [표 5-1]과 같다.

[표 5-1] 실지재고조사법 − 선입선출법

기초재고상품	+	당기매입액	−	기말재고액	=	매출원가
2008.1.1		1.1~1.31		2008.1.31		1.1~1.31
100×@100=10,000						100×@100=10,000
		200×@110=22,000				200×@110=22,000
		300×@120=36,000		50×@120= 6,000		250×@120=30,000
		400×@130=52,000		400×@130=52,000		
100	+	900	−	450	=	550
10,000	+	110,000	−	58,000	=	62,000

(2) 후입선출법

후입선출법(last-in first-out method)은 가장 최근에 매입한 상품이 먼저 판매되는 것으로 가정하여 원가를 배분하는 방법이다. 기말재고자산은 먼저 매입한 가격으로 재무 상태표에 보고되며 매출원가는 가장 최근에 매입한 가격으로 손익계산서에 보고된다. 예를 들어 석탄과 같이 야적하는 경우에 적합한 방법이다.

신선통조림은 1월초에 100개의 통조림을 보유하고 있었다. 한 달 동안 추가로 통조림 900개를 매입하였으므로 1월의 판매가능한 상품은 1,000개 ₩120,000이다. 후입선출법을 사용하면 매출원가는 가장 최근에 매입한 가격을 적용하게 되므로 기말재고량 450개는 1월 1일 기초재고 100개와 1월 3일 매입분 200개와 1월 18일 매입분 150개로 구성된다는 가정이다. 실지재고조사법에서 매출원가는 판매가능액에서 기말재고액을 차감한 것이므로 ₩120,000 − ₩50,000 = ₩70,000원이 된다. 이를 검증하면 [표 5-2]와 같다.

[표 5-2] 실지재고조사법 - 후입선출법

기초재고상품	+	당기매입액	-	기말재고액	=	매출원가
2008.1.1		1.1-1.31		2008.1.31		1.1-1.31
100×@100=10,000				100×@100=10,000		
		200×@110=22,000		200×@110=22,000		
		300×@120=36,000		150×@120=18,000		150×@120=18,000
		400×@130=52,000				400×@130=52,000
100	+	900	-	450	=	550
10,000	+	110,000	-	50,000	=	70,000

(3) 총평균법

총평균법(gross average method)은 일정기간에 판매되는 상품은 동일한 원가로 평가되어야 한다고 가정하여 원가를 배분하는 것이다. 회계기간 동안 판매가능한 상품의 평균단가를 판매된 상품의 원가와 기말재고상품의 원가로 적용하는 방법이다. 평균단가는 일정기간 동안 판매가능한 상품의 총원가를 총수량으로 나누어 계산한다. 따라서 회계기말이 되어야 평균단가가 계산되므로 실지재고조사법에서만 사용가능하다.

예를 들어 신선식품회사의 평균단가는 다음과 같이 계산된다.

기초재고상품	100	×	@100	=	10,000
당기매입액	200	×	@110	=	22,000
	300	×	@120	=	36,000
	400	×	@130	=	52,000
판매가능상품	1,000				120,000
평균단가	120,000	/1,000	=		@120
기말재고액	450	×	@120	=	54,000
매출원가	550	×	@120	=	66,000

실지재고조사법에서 매출원가는 판매가능액에서 기말재고액을 차감한 것이므로 ₩120,000 - ₩54,000 = ₩66,000원이 된다. 총평균법으로 산출한 매출원가와 기말재고액은 선입선출법으로 산출한 금액과 후입선출법으로 산출한 금액의 중간이다.

2) 계속기록법

계속기록법은 상품의 입고와 출고를 상품재고장에 기록하여 장부에서 기말상품재고량을 파악하는 방법이다. 계속기록법에서는 수시로 매출원가와 기말상품 재고액을 알 수 있다.

(1) 선입선출법

계속기록법 – 선입선출법

상 품 재 고 장

(선입선출법)　　　품명:통조림　　　2008 년 1월 31일 현재　　　(단위: 원)

2008	적 요	입 고			출 고			잔 고		
		수 량	단 가	금 액	수 량	단 가	금 액	수 량	단 가	금 액
1. 1	전기이월	100	100	10,000				100	100	10,000
1. 3	매 입	200	110	22,000				100	100	10,000
								200	110	22,000
1.10	매 출				100	100	10,000			
					150	110	16,500	50	110	5,500
1.18	매 입	300	120	36,000				50	110	5,500
								300	120	36,000
1.20	매 출				50	110	5,500			
					150	120	18,000	150	120	18,000
1.25	매 입	400	130	52,000				150	120	18,000
								400	130	52,000
1.30	매 출				100	120	12,000	50	120	6,000
								400	130	52,000
1.31	차기이월				50	120	6,000			
					400	130	52,000			
	합 계	1,000		120,000	1,000		120,000			
2. 1	전기이월	50	120	6,000				50	120	6,000
		400	130	52,000				400	130	52,000

(2) 후입선출법

계속기록법 – 후입선출법
상 품 재 고 장

(후입선출법)　　품명:통조림　　　　2008 년 1월 31일 현재　　　　　　(단위: 원)

2008	적 요	입 고			출 고			잔 고		
		수 량	단 가	금 액	수 량	단 가	금 액	수 량	단 가	금 액
1. 1	전기이월	100	100	10,000				100	100	10,000
1. 3	매　입	200	110	22,000				200	110	22,000
1.10	매　출				200	110	22,000			
					50	100	5,000	50	100	5,000
1.18	매　입	300	120	36,000				300	120	36,000
1.20	매　출				200	120	24,000	50	100	5,000
								100	120	12,000
1.25	매　입	400	130	52,000				400	130	52,000
1.30	매　출				100	130	13,000	50	100	5,000
								100	120	12,000
								300	130	39,000
1.31	차기이월				50	100	5,000			
					100	120	12,000			
					300	130	39,000			
	합　계	1,000		120,000	1,000		120,000			
2. 1	전기이월	50	100	5,000				50	100	5,000
		100	120	12,000				100	120	12,000
		300	130	39,000				300	130	39,000

(3) 이동평균법

　　이동평균법(moving average method)은 특정시점에 판매되는 상품은 동일한 원가로 평가되어야 한다고 가정하여 원가를 배분하는 것이다. 상품을 구입할 때 마다 판매가능한 상품의 평균단가를 산정하여 판매된 상품의 원가와 기말재고상품의 원가로 적용하는 방법이다. 평균단가는 일정시점의 판매가능한 상품의 총원가(이번 매입액 + 잔액)를 총수량(이번 매입수량 + 잔고량)으로 나누어 계산한다. 따라서 상품을 매입할 때마다 평균단가가 계산되므로 계속기록법에만 사용할 수 있다.

<u>계속기록법 – 이동평균법</u>
상 품 재 고 장

(이동평균법)　　　품명:통조림　　　2008 년 1월 31일 현재　　　　　　　(단위: 원)

2008	적 요	입 고			출 고			잔 고		
		수 량	단 가	금 액	수 량	단 가	금 액	수 량	단 가	금 액
1. 1	전기이월	100	100	10,000				100	100	10,000
1. 3	매 입	200	110	22,000				300	106.67	32,000
1.10	매 출				250	106.67	26,667	50	106.67	5,333
1.18	매 입	300	120	36,000				350	118.09	41,333
1.20	매 출				200	118.09	23,618	150	118.09	17,715
1.25	매 입	400	130	52,000				550	126.75	69,715
1.30	매 출				100	126.75	12,675	450	126.75	57,040
1.31	차기이월				450	126.75	57,040			
	합 계	1,000		120,000	1,000		120,000			
2. 1	전기이월	450	126.75	57,040				450	126.75	57,040

3) 선입선출법과 후입선출법의 비교

만일 통조림이 창고에 입고된 순서대로 쌓여 있다면 나중에 매입한 상품이 진열될 것이며 먼저 판매될 것이다. 신선통조림회사는 오래된 재고상품은 손상되기 쉽기 때문에 실제로 재고관리는 이와 같이 하지 않을 것이다. 그러나 매출원가 측정을 위하여 후입선출법을 사용할 수도 있다. 다시 말하면 선입선출법이나 후입선출법등은 원가흐름을 가정한 것이므로 실제 물량흐름과는 반드시 일치하지 않은 것이다.

선입선출법이나 후입선출법 같은 추정방법은 재무 상태표에 보고할 재고자산의 금액과 손익계산서에 보고할 매출원가의 금액을 측정하기 위하여 사용한다. 그래서 이들 방법은 상품의 물리적 흐름과 반드시 일치하지 않는다. 대부분 회사들은 상품이 손상되거나 부패하는 것을 피하기 위하여 가장 오래된 상품을 먼저 판매하려고 할 것이다. 그러나 세금의 이점 때문에 후입선출법을 사용할 수도 있다. 신선통조림은 통조림의 원가가 상승되었기 때문에 선입선출법을 사용하는 것보다 후입선출법을 사용하는 것이 매출원가가 더 높았다. 후입선출법은 회계기간 동안 가장 최근에 매입한 상품의 원가를 매출수익과 대응하게 된다. 선입선출법은 회계기간 동안 가장 먼저 매입한 상품의 원가를 매출수익과 대응시킨다. 물가가 상승하는 기간에는 후입선출법이 선입선출법보다 더 높은 매출원가를 보고하며 순이익은 더 적게 보고한다. 그리고 후입선출법은 선입선출법보다 재고자산을 더 적게 보고한다.

	선입선출법	후입선출법
손익계산서의 매출원가	먼저 구입한 가격	가장 최근가격
재무 상태표의 재고자산	가장 최근가격	먼저 구입한 가격

과세소득을 측정할 때 후입선출법을 사용하면 선입선출법을 사용하는 것보다 과세소득을 감소시킬 수 있다. 후입선출법을 사용하면 이익이 적게 보고되기 때문에 세금이 적어진다. 따라서 이러한 회사들은 법인세로 인한 현금유출을 감소시킬 수 있다.

만일 회계기간 동안 원가가 하락한다면 선입선출법과 후입선출법사이의 관계가 반대로 나타날 것이다. 후입선출법이 더 많은 순이익을 보고할 것이며 세율이 높기 때문에 현금흐름이 더 적을 것이다. 그러므로 원가가 하락하는 기간에는 후입선출법을 사용하지 않을 것이다.

3. 재고자산의 저가평가

기업들은 재고자산과 매출원가의 금액을 결정하기 위하여 앞에서 예를 든 추정방법을 사용한다. 기업회계기준은 추정방법으로 결정된 재고자산의 원가와 순실현가능가액을 비교하도록 규정하고 있다. 순실현가능가액(net realizable value)은 추정판매가액에서 판매시까지 정상적으로 발생하는 추정비용을 차감한 가액이다. 재고자산의 순실현가능가액이 취득원가보다 하락한 경우에는 순실현가능가액을 재무 상태표가액으로 평가하여야 한다. 이와 같이 취득원가와 순실현가능가액을 비교하여 낮은 가격으로 재고자산을 평가하는 방법을 저가주의(LCM:lower of cost or market)라고 한다. 재고자산을 저가기준으로 평가하는 경우에 발생하는 평가손실은 장부가액에서 직접 차감한다. 평가손실은 재고자산의 감소와 재고자산평가손실(loss from revaluation of inventory)의 증가로 기록하며 재고자산평가손실은 손익계산서에 영업외비용으로 보고된다.

예를 들어 신선식품회사는 총평균법을 적용하여 기말상품 재고액을 ₩54,000원으로 평가하였다. 그리고 순실현가능가액은 ₩40,000원으로 평가되었다고 하자. 저가주의로 평가하여 재고자산을 ₩14,000원 감소되어야 한다.

재고자산의 평가

차 변		대 변	
재고자산평가손실	14,000	상품	14,000 .

제5절   정리분개와 정산표

1. 계속기록법의 정산표

상기업의 정산표를 작성하는 방법은 서비스업의 경우와 동일하다. 다만 상품관련 계정이 포함된다는 점이 다르다. 계속기록법의 경우에는 매출원가 산정을 위한 정리분개를 하지 않아도 된다.   다음은 계속기록법을 사용하는 경우의 정산표를 예시한 것이다.

정   산   표

회사명: (주)한양　　　　　　　　2008년 6월 30일 현재　　　　　　　　(단위: 원)

계정과목	잔액시산표		수정분개		수정후시산표		손익계산서		재무 상태표	
	차 변	대 변	차 변	대 변	차 변	대 변	차 변	대 변	차 변	대 변
현 금	1,800,000				1,800,000				1,800,000	
매출채권	500,000				500,000				500,000	
상 품	150,000				150,000				150,000	
매입채무		200,000				200,000				200,000
자본금		2,000,000				2,000,000				2,000,000
매 출		800,000				800,000		800,000		
매출원가	450,000				450,000		450,000			
급 여	100,000				100,000		100,000			
	3,000,000	3,000,000			3,000,000	3,000,000	550,000	800,000	2,450,000	2,200,000
당기순이익							250,000			250,000
							800,000	800,000	2,450,000	2,450,000

2. 실지재고조사법의 정산표

1) 정리분개의 필요성

계속기록법을 사용하는 경우에 기말현재 상품계정 잔액은 기말재고액을 나타내며, 매출원가는 매출원가계정에 기록되어있으므로 상품에 관한 결산정리분개를 필요로 하지 않는다. 그러나 실지재고조사법을 사용하는 경우에는 상품에 관한 결산정리분개를 하여야 한다. 그 이유는 다음과 같다. 실지재고조사법은 상품계정, 매입계정, 매출계정을 사용하여 상품매매에 관한 회계기록을 하고 있다.

1) 기말 재무 상태표의 상품계정잔액은 기말상품 재고액을 나타내어야 한다. 그러나 상품계정은 결산 때까지 기초상품 재고액을 나타내고 있으므로 이를 수정할 필요가 있다.

2) 손익계산서에 매출총이익을 산출하려면 매출원가를 알아야 하는데 상품계정, 매입계정, 매출계정 어느 계정에서도 매출원가를 알 수 없다. 따라서 매출원가를 계산할 필요가 있다.
   ① 매출총이익은 계산식은 다음과 같다.

매출총이익 = 매출액 − 매출원가

매출총이익을 계산하려면 매출액과 매출원가를 알아야 하는데 매출액은 매출계정에 기록되어 있으나 매출원가를 알 수 없다.
   ② 매출원가의 계산식은 다음과 같다.

매출원가 = 기초상품 재고액 + 당기매입액 − 기말상품 재고액

  매출원가계산하려면 다음의 두 단계를 거친다.
     1단계 기초상품 재고액과 당기매입액을 더하여 판매가능액을 계산한다.
         기초상품 재고액 + 당기매입액 =판매가능액
     2단계 판매가능액에서 기말재고액을 차감하여 매출원가를 계산한다.
         매출원가 = 판매가능액(기초상품 재고액 + 당기매입액) − 기말재고액

2) 정리분개

  실지재고조사법을 사용하는 경우에는 매출원가를 산출하기 위하여 결산정리분개가 필요하다는 것을 살펴보았다. 매출원가를 매입계정에서 계산하는 방법과 매출원가를 매출원가계정에서 산출하는 방법을 알아보자.

(1) 매입계정에서 매출원가 계산

① 상품계정 차변의 기초상품 재고액을 매입계정의 차변에 대체한다. 매입계정의 차변과 상품계정의 대변에 기입한다. 상품계정은 "0"가 되고 매입계정은 "기초상품 재고액 + 당기매입액"이 된다.
② 실지재고조사에서 파악된 기말상품 재고액을 상품계정차변과 매입계정대변에 기입한다.
  상품계정잔액은 기말재고액이되고 매입계정은 "기초상품 재고액 + 당기매입액 − 기말상품 재고액"이 된다. 매입계정차변잔액은 매출원가를 나타낸다.
다음은 (주)한양의 상품관련 계정이다.
6월 30일 현재 상품계정잔액은 ₩100,000이고 매입계정잔액은 ₩500,000이다. 실지재고조사법에 의한 기말상품 재고액은 ₩150,000이다.

결산정리분개와 원장에 전기한 결과는 다음과 같다.

매입계정에서 매출원가 계산을 위한 정리분개

	차 변		대 변	
① 6.30기초상품	매입	100,000	상품	100,000
② 6.30기말상품	상품	150,000	매입	150,000

상 품			매 입		
전기이월 100,000	① 6.30매 입 100,000		당기매입액 500,000	② 6.30상 품 150,000	
② 6.30매 입 150,000			① 6.30상 품 100,000		

(2) 매출원가계정에서 매출원가 계산

매출원가계정에서 매출원가를 계산하기 위하여 다음의 순서로 분개하여 전기한다.

① 상품계정의 기초상품 재고액을 매출원가계정에 대체한다.

② 매입계정의 당기매입액을 매출원가계정에 대체한다.

③ 실지재고조사에서 파악된 기말상품 재고액을 상품계정차변과 매출원가계정 대변에 기입한다.

앞의 (주)한양의 자료로 매출원가계정에서 매출원가를 계산하기 위한 결산정리분개와 원장에 전기한 결과는 다음과 같다.

매출원가계정에서 매출원가 계산을 위한 정리분개

	차 변		대 변	
① 6.30기초상품	매출원가	100,000	상품	100,000
② 6.30당기매입액	매출원가	500,000	매입	500,000
③ 6.30기말상품	상품	150,000	매출원가	150,000

상 품			매 입		
전기이월 100,000	① 6.30매출원가 100,000		당기매입액 500,000	② 6.30매출원가 500,000	
③ 6.30매출원가 150,000					

매출원가	
① 6.30상 품 100,000	③ 6.30상 품 150,000
② 6.30매 입 500,000	

3) 정산표

다음은 실재재고조사법을 사용하는 경우의 정산표를 예시한 것이다.

① 실지재고조사법에서 매입계정에서 매출원가를 계산하는 경우의 정산표이다.

정 산 표

회사명: (주)한양　　　　　　　　2008년 6월 30일 현재　　　　　　　　(단위: 원)

계정과목	잔액시산표		수정분개		수정후시산표		손익계산서		재무 상태표	
	차 변	대 변	차 변	대 변	차 변	대 변	차 변	대 변	차 변	대 변
현 금	1,800,000				1,800,000				1,800,000	
매출채권	500,000				500,000				500,000	
상 품	100,000		② 150,000	① 100,000	150,000				150,000	
매입채무		200,000				200,000				200,000
자본금		2,000,000				2,000,000				2,000,000
매 출		800,000				800,000		800,000		
매 입	500,000		① 100,000	② 150,000	450,000		450,000			
급 여	100,000				100,000		100,000			
	3,000,000	3,000,000	250,000	250,000	3,000,000	3,000,000	550,000	800,000	2,450,000	2,200,000
당기순이익							250,000			250,000
							800,000	800,000	2,450,000	2,450,000

② 실지재고조사법에서 매출원가계정을 설정하여 매출원가를 계산하는 경우의 정산표이다.

정 산 표

회사명: (주)한양　　　　　　　　2008 년 6월 30일 현재　　　　　　　　(단위: 원)

계정과목	잔액시산표		수정분개		수정후시산표		손익계산서		재무 상태표	
	차 변	대 변	차 변	대 변	차 변	대 변	차 변	대 변	차 변	대 변
상 품	100,000		③ 150,000	① 100,000	150,000				150,000	
매 출		800,000				800,000		800,000		
매 입	500,000			② 500,000						
매출원가			① 100,000							
			② 500,000	③ 150,000	450,000		450,000			

제6절　결산분개와 재무제표

1. 결산분개

상기업의 결산분개는 서비스업의 결산절차와 같다.

① 매출과 같은 수익계정의 대변 잔액을 집합손익계정에 대체한다.
② 매출원가와 같은 비용계정과 매출할인, 매출환입, 매출 에누리 등과 같은 차변잔액을 집합
   손익계정에 대체한다.
③ 집합손익계정 잔액을 자본계정(이익잉여금 또는 자본금)에 대체한다.
전산화된 회계시스템에서는 결산분개가 자동으로 이루어진다.

2. 재무제표

결산절차가 끝나면 재무제표를 작성한다. 상기업의 재무 상태표는 재고자산이 보고된다는
점이 서비스업과 다르다.

재 무 상 태 표

회사명: (주)한양　　　　　2008년 6월 30일 현재　　　　　(단위: 원)

자　　산	금　　액	부채 및 자본	금　　액
현금	1,800,000	매입채무	200,000
매출채권	500,000	자본금	2,000,000
상품	150,000	이익잉여금	250,000
	2,450,000		2,450,000

상기업의 손익계산서는 상품매매활동에 대한 정보, 즉 매출액, 매출원가, 매출총이익이 보고
된다는 점이 서비스업과 다르다. 그 이외의 판매비와 관리비, 영업외 수익과 영업외 비용 등은
서비스업과 동일하게 보고된다.

손익계산서

회사명: (주)한양　　　　2007년 7월 1일부터 2008년 6월 30일 까지　　　　(단위: 원)

항　　　　목	금　　　액	
Ⅰ. 매출		800,000
Ⅱ. 매출원가		
1. 기초상품 재고액	100,000	
2. 당기상품매입액	500,000	
3. 기말상품 재고액	−150,000	450,000
Ⅲ. 매출총이익		350,000
Ⅳ. 판매관리비		
1. 급여	100,000	100,000
Ⅴ. 영업이익		250,000

연 습 문 제

1. 서비스업과 상기업의 손익계산서의 차이를 설명하라.

2. 계속기록법의 상품관련계정의 사용방법을 설명하라.

3. 실지재고조사법의 상품관련계정의 사용방법을 설명하라.

4. 신용조건 2/10, n/30의 의미를 설명하라.

5. 상품판매업과 제조업의 재고자산금액은 어떻게 결정하는가.

6. 매출원가는 어떻게 계산하는가.

7. 재고자산 측정방법이 매출원가와 재고자산에 미치는 영향을 설명하라.

8. 선입선출법을 설명하라.

9. 후입선출법을 설명하라.

10. 이동평균법을 설명하라.

11. 총평균법을 설명하라.

12. 실지재고조사법에서 상품과 관련한 정리분개의 필요성을 설명하라.

13. 재무 상태표의 재고자산을 현재가격에 가장 가까운 금액으로 보고하는 평가방법은 ?
    a. FIFO   b. LIFO
    c. 총편균법   d. 해당 없음

14. 송장가격 ₩100,000, 신용조건 2/10, n/30으로 상품을 구입하였다. 현금할인 기간 내에 대금을 지급한다면 그 금액은 얼마인가?

    a. ₩100,000   b. ₩98,000

    c. ₩49,000   d. ₩2,000

15. 실지재고조사법을 채택한 경우 상품 ₩100,000을 외상으로 매입한 경우 이에 대한 적절한 분개는?

a.	(차) 기초상품	100,000	(대) 외상매입금	100,000
b.	(차) 매입	100,000	(대) 외상매입금	100,000
c.	(차) 매입	100,000	(대) 미지급금	100,000
d.	(차) 기말상품	100,000	(대) 현금	100,000

16. 실지재고조사법을 채택하는 기업에서 매출원가를 집계하고자 할 때 잘 사용되지 않는 계정은?

    a. 매출원가계정   b. 매입계정

    c. 집합손익계정   d. 재고자산계정

17. 매출액이 ₩200,000이고, 판매가능액이 ₩180,000이며, 매출총이익률이 25%인 경우 기말재고액을 산출하면?

    a. ₩ 150,000   b. ₩ 50,000

    c. ₩ 45,000   d. ₩ 30,000

18. (주)한양의 2008년도 상품에 관한 요약자료를 보고 다음의 금액을 계산하라.

           기초상품 재고액 ₩100,000   당기매입액 ₩250,000

           기말상품 재고액 ₩50,000   매출액   ₩500,000

    1. 매출원가는 얼마인가?

    2. 매출총이익은 얼마인가?

19. 화니사의 2008년도 총매출은 30,000,000원이었다. 화니사는 소매상에게 상품을 판매하는데 소매상은 90일 이내에 팔지 못하면 상품을 반품할 수 있다. 그래서 화니사는 상품대금으로 28,500,000원을 청구하였다. 화니사는 총매출액 중 5%가 반품될 것으로 예상하고 있다. 화니사의 2008년 매출수익은 얼마인가?

20. 국노사는 정원관련물품일체를 판매하는 회사다. 1997년 초에 단위당 8,000원인 잔디비료 '잘 자라네' 300포를 가지고 있다. 1997년 4, 5, 6월에 다음과 같은 거래가 발생했다.

4월 1일 비료를 포당 8,250원에 800포 구입하였다.

4월 한달 동안 비료를 1,000포 판매하였다.

5월 1일 비료를 포당 8,500원에 1,500포 구입하였다.

5월 한달 동안 비료를 1,350포 판매하였다.

6월 1일 비료를 포당 8,600원에 1,200포 구입하였다.

6월동안 비료 1,275포를 판매하였다.

재고자산평가방법으로 FIFO, LIFO, 총평균법을 사용한다면 각각의 경우에 6월 30일 재무제표에 계상될 재고자산과, 3개월 동안의 매출원가는 얼마인가?

21. 다음은 (주)한양의 상품관련 계정이다. 기말재고액은 ₩150,000이다.

상 품	
전기이월 100,000	

	매 출
	외상매출금 300,000
	현 금 500,000

매 입	
외상매입금 200,000	
현 금 300,000	

	손익

1. 매출원가를 계산하라.

2. 매출원가 계산에 필요한 정리분개를 하고 전기하라.

	차 변	대 변
기초상품		
기말상품		

3. 필요한 결산분개를 하고 전기하라.

	차 변	대 변
1) 수익		
2) 비용		

4. 손익계산서(1구분)를 작성하라.

손익계산서 (보고식)

회사명:	200 년 월 일 부터 200 년 월 일 까지	(단위: 원)

항 목	금 액
Ⅰ. 매출	
Ⅱ. 매출원가	
1. 기초상품 재고액	
2. 당기상품매입액	
3. 기말상품 재고액	
Ⅲ. 매출총이익	

22. 다음은 삼진체육사의 3년간 손익계산서 자료이다. (   )안 알맞는 금액을 기입하라.

	2000	2001	2002
총매출액	1,200,000	1,500,000	(⑨)
매출 에누리와환입액	120,000	75,000	150,000
매출할인	30,000	(⑤)	50,000
순매출액	(①)	1,400,000	1,800,000
기초재고액	200,000	(⑥)	350,000
총매입액	800,000	1,000,000	(⑩)
매입운임	10,000	(⑦)	20,000
매입 에누리와환출액	40,000	100,000	120,000
매입할인	20,000	30,000	30,000
순매입액	(②)	890,000	1,070,000
기말재고액	330,000	290,000	(⑪)
매출원가	(③)	(⑧)	1,000,000
매출총이익	(④)	500,000	(⑫)

23. 영업거래

공삼회사는 1996년 외상으로 상품을 4,230,000원 구입하였다. 1995년 말 매입채무는 870,000원이었고 재고자산은 535,000원이었다. 1996년동안 상품구입대금을 4,280,000원을 지급하였고 4,060,000원의 원가에 상당하는 상품을 판매하였다.

〈요구사항〉

  a) 공삼회사의 1996년 재무제표에 계상될 다음의 금액을 구하시오.
    : 재고자산, 매입채무, 매출원가, 지급대금.
  b) 매출원가와 상품매입대금을 지급한 금액이 차이가 나는 이유를 설명하라.

제 **6**장

회계정보의 보고

제1절 재무제표의 작성

제2절 재무 상태표

제3절 포괄손익계산서

제4절 현금흐름표

제5절 자본변동표

제6절 재무제표의 이용

이 장에서는 영업활동에 대한 발생주의 측정과 현금주의 측정의 상호관계를 설명한다. 이들 관계는 재무제표에 보고되는 정보에 중요한 영향을 미친다. 회계정보를 이해하려면 발생주의와 현금주의의 상호관계를 반드시 이해하여야 한다. 이 장에서 수익과 비용이 발생하는 시기와 현금을 수입하고 지출하는 시기의 시간차이를 다룬다. 이들 거래는 수익과 비용의 인식을 통하여 손익계산서에 영향을 미침과 동시에 관련되는 유동자산과 유동부채를 통하여 재무 상태표에 영향을 미친다. 이들 계정은 (1)수익과 비용의 인식과 (2)현금흐름과의 시간차이를 나타낸다. 이들 사건은 영업활동에 대한 발생주의 측정과 현금주의 측정을 조정하는 자료는 현금흐름표에 나타난다.

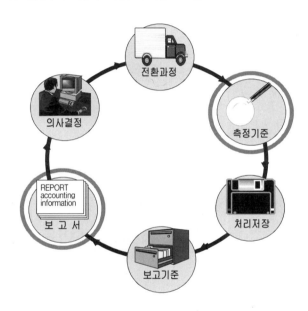

이 장에서 다루는 주요 주제는 다음과 같다.

- 발생주의와 현금주의의 시간차이에 대한 내부거래의 수정
- 재무 상태표계정과 포괄손익계산서계정에 대한 발생항목과 이연항목의 영향
- 현금흐름보고에 대한 시간차이의 영향
- 경영성과 해석에서 현금흐름정보의 중요성

제1절 재무제표의 작성

1. 재무제표의 의의

재무제표(financial statements)는 기업이 이해관계자에게 회계정보를 제공하는데 사용하는 기본적인 도구로 기업의 재무 상태와 재무성과를 체계적으로 표현한 것이다. 재무제표의 목적은 광범위한 정보이용자의 경제적 의사결정에 유용한 기업의 재무 상태, 재무성과와 재무 상태변동에 관한 정보를 제공하는 것이다. 또한 재무제표는 위탁받은 자원에 대한 경영진의 수탁책임 결과도 보여준다. [표 6-]에 나타난 것처럼 재무제표에 포함되는 보고서는 법과 규정에 따라 다양하다. K-IFRS 제1001호(재무제표 표시)에서는 **재무제표의 종류로 재무 상태표(statement of financial position), 포괄손익계산서(statement of comprehensive income), 현금흐름표 (statement of cash flow), 자본변동표(statement of changes in equity)와 주석 등을 포함하도록 규정하고 있다.** 이들 재무제표는 제공하는 정보의 내용도 다르며 양식도 다르다. 그러나 이들 재무제표는 서로 독립적인 것이 아니라 밀접한 상호관계가 있다는 것을 이해하여야 한다. 재무제표의 형식과 내용은 이용자의 욕구에 따라 끊임없이 변동되어왔다. 한편 상법 등 관련 법규에서 **이익잉여금처분계산서(또는 결손금처리계산서)(statement of retained earnings)의 작성을 요구하는 경우에는 재무 상태표의 이익잉여금(또는 결손금)에 대한 보충정보로서 이익잉여금처분계산서(또는 결손금처리계산서)를 주석으로 공시하도록 하였다.**

[표 6-] 재무제표의 종류

K-IFRS 제1001호의 재무제표	상법상의 재무제표 (제447조)	법인세법상의 재무제표 (제26조)
재무 상태표	재무 상태표	재무 상태표
포괄손익계산서	손익계산서	손익계산서
현금흐름표	이익잉여금처분계산서	이익잉여금처분계산서
자본변동표	(또는 결손금처리계산서)	(또는 결손금처리계산서)
		세무조정계산서

이해관계자들이 재무제표에 나타나는 정보를 더 잘 이해하고 의사결정에 더 유용한 정보를 얻기 위해서는 재무제표의 본문 내용에 관한 보충적인 정보를 필요로 한다. 재무제표의 본문 내용을 보충해 줄 수 있는 보조적인 정보를 전달하기 위하여 주석과 주기를 이용하거나 재무제표 이용자의 의사결정에 유용할 것으로 판단되는 여러 가지 명세서와 경영자의 분석보고서나 검토

보고서 등과 같은 설명자료를 첨부할 수 있다. 다만, 이러한 첨부자료는 재무제표의 범위에 포함되지 아니한다.

주석(footnotes)은 재무제표상의 해당 과목 또는 금액에 기호를 붙이고 난외 또는 별지에 동일한 기호를 표시하여 그 내용을 간결명료하게 기재하는 방법이다. 예를 들어 주석사항으로는 회사가 채택한 회계 처리방침, 자산과 부채의 평가기준 및 주요 평가손익의 내용, 사업부문별 정보, 중단된 사업부문의 정보, 진행 중인 소송에 관한 내용과 전망 등이 있다.

주기(parenthetical disclosures)는 재무제표상의 해당 과목 다음에 그 회계사실의 내용을 간단한 자구 또는 숫자로 괄호 안에 표시하는 방법이다. 예를 들어 재무 상태표의 처분전이익잉여금 항목에 당기순이익 또는 당기순손실을 주기로 표시하도록 하고 있고, 손익계산서의 당기순이익 항목에 주당경상이익과 주당순이익을 주기로 표시하도록 하고 있다.

명세서(supporting schedules)는 재무제표의 계정과목 중에서 중요한 항목에 대하여 구체적인 내용을 나타내는 보고서이다. 예를 들면 제조원가명세서, 유가증권명세서 특수관계자간의 채권·채무명세서, 투자부동산명세서, 판매비와관리비 명세서, 잉여금명세서 등이 있다.

재무 상태표는 외부이용자에게 보고되는 기본적 보고서이다. 재무 상태표는 부채 상환에 유용한 자원과 이들 자원에 대한 청구권에 관한 정보를 필요로 하는 채권자의 욕구에 맞도록 설계되어 있다. 포괄손익계산서는 이익에 관한 정보를 필요로 하는 투자자들의 욕구에 맞도록 설계되어 있다. 이익정보는 배당과 주식가치에 영향을 미치는 의사결정을 평가하는데 유용하다. 현금흐름표는 투자자, 채권자, 기타 이용자가 기업이 현금필요액에 대처하는 능력을 평가하는데 유용한 정보를 제공하여 준다. 자본변동표는 자본의 크기와 그 변동에 관한 정보를 제공하여 준다. 이들 재무제표는 일반적으로 인정된 회계원칙(GAAP)에 따라 작성되어야 한다.

재무 상태표와 포괄손익계산서는 회계기말의 계정잔액을 근거로 하여 작성한다. 현금흐름표는 비교재무 상태표, 손익계산서 및 기타 자료를 근거로 하여 작성한다. 자본변동표는 자본의 변동사항을 근거로 작성한다.

2. 재무제표의 작성과 표시의 일반원칙

1) 공정한 표시와 한국채택국제회계기준의 준수

재무제표는 기업의 재무 상태, 재무성과 및 현금흐름을 공정하게 표시해야 한다. 공정한 표시를 위해서는 '개념체계'에서 정한 자산, 부채, 수익 및 비용에 대한 정의와 인식요건에 따라 거래, 그 밖의 사건과 상황의 효과를 충실하게 표현해야 한다. 한국채택국제회계기준에 따라 작성된 재무제표(필요에 따라 추가공시한 경우 포함)는 공정하게 표시된 재무제표로 본다. 한국채택국제회계기준을 준수하여 재무제표를 작성하는 기업은 그러한 준수 사실을 주석에 명시적이고 제한 없이 기재하여야 하며 재무제표가 한국채택국제회계기준의 요구사항을 모두 충족한 경우가 아니라면 한국채택국제회계기준을 준수하여 작성되었다고 기재하여서는 아니 된다.

2) 계속기업

경영자는 재무제표를 작성할 때 기업의 존속가능성을 평가하여야 하며, 기업이 경영활동을 청산 또는 중단할 의도가 있거나, 경영활동을 계속할 수 없는 상황에 놓인 경우를 제외하고는 계속기업을 전제로 재무제표를 작성하여야 한다. 그리고 경영자는 계속기업의 전제가 타당한 지 판단하기 위하여 수익성, 부채상환계획, 대체적 재무자원의 조달계획 등 재무 상태표일로부터 최소한 1년간의 예상 가능한 모든 정보를 고려하여야 한다. 다만, 기업이 상당기간 동안 계속사업이익을 보고하였고, 재무 상태표일 현재 경영에 필요한 재무자원을 확보하고 있는 경우에는 경영활동이 청산되거나 중단되지 않을 것으로 보아 계속기업의 전제를 적용할 수 있다. 그러나 경영자가 계속기업의 전제에 대한 중요한 의문을 가지게 된 경우에는 그 내용을 주석으로 기재하여야 한다.

3) 발생기준회계

기업은 현금흐름 정보를 제외하고는 발생기준 회계를 사용하여 재무제표를 작성한다. 발생기준 회계를 사용하는 경우, 각 항목이 '개념체계'의 정의와 인식요건을 충족할 때 재무제표의 요소인 자산, 부채, 자본, 수익 및 비용으로 인식한다.

4) 중요성과 통합표시

유사한 항목은 중요성 분류에 따라 재무제표에 구분하여 표시한다. 상이한 성격이나 기능을 가진 항목은 구분하여 표시한다. 다만 중요하지 않은 항목은 성격이나 기능이 유사한 항목과 통합하여 표시할 수 있다. 중요한 항목은 재무제표의 본문이나 주석에 그 내용을 가장 잘 나타낼 수 있도록 구분하여 표시하며, 중요하지 않은 항목은 성격이나 기능이 유사한 항목과 통합하여 표시할 수 있다. 재무제표의 표시와 관련하여 재무제표 본문과 주석에 적용하는 중요성에 대한 판단기준은 서로 다를 수 있다. 예를 들어, 재무제표 본문에는 통합하여 표시한 항목이라 할지라도 주석에는 이를 구분하여 표시할 만큼 중요한 항목이 될 수 있다. 이러한 경우에는 재무제표 본문에 통합하여 표시한 항목의 세부 내용을 주석으로 기재하여야 한다.

5) 상계

한국채택국제회계기준에서 요구하거나 허용하지 않는 한 자산과 부채 그리고 수익과 비용은 상계하지 아니한다. 자산과 부채, 그리고 수익과 비용은 구분하여 표시한다. 재무 상태표, 포괄손익계산서, 별개의 손익계산서(표시하는 경우)에서의 상계표시는 발생한 거래, 그 밖의 사건과 상황을 이해하고 기업의 미래현금흐름을 분석할 수 있는 재무제표이용자의 능력을 저해하기 때문이다. 재고자산에 대한 재고자산평가충당금과 매출채권에 대한 대손충당금과 같은 평가충당금을 차감하여 관련 자산을 순액으로 측정하는 것은 상계표시에 해당하지 아니한다.

동일 거래에서 발생하는 수익과 관련비용의 상계표시가 거래나 그 밖의 사건의 실질을 반영한다면 그러한 거래의 결과는 상계하여 표시한다. 예를 들면 다음과 같다.

(1) 투자자산 및 영업용자산을 포함한 비유동자산의 처분손익은 처분대금에서 그 자산의 장부금액과 관련처분비용을 차감하여 표시한다.

(2) 기업회계기준서 제1037호 '충당부채, 우발부채 및 우발자산'에 따라 인식한 충당부채와 관련된 지출을 제3자와의 계약관계(예: 공급자의 보증약정)에 따라 보전 받는 경우, 당해 지출과 보전 받는 금액은 상계하여 표시할 수 있다.

(3) 외환손익 또는 단기매매 금융상품에서 발생하는 손익과 같이 유사한 거래의 집합에서 발생하는 차익과 차손은 순액으로 표시한다. 그러나 그러한 차익과 차손이 중요한 경우에는 구분하여 표시한다.

6) 보고빈도

전체 재무제표(비교정보를 포함)는 적어도 1년마다 작성한다. 보고기간종료일을 변경하여 재무제표의 보고기간이 1년을 초과하거나 미달하는 경우 재무제표 해당 기간뿐만 아니라 다음 사항을 추가로 공시한다.

(1) 보고기간이 1년을 초과하거나 미달하게 된 이유

(2) 재무제표에 표시된 금액이 완전하게 비교가능하지는 않다는 사실

7) 비교정보

한국채택국제회계기준이 달리 허용하거나 요구하는 경우를 제외하고는 당기 재무제표에 보고

되는 모든 금액에 대해 전기 비교정보를 공시한다. 당기 재무제표를 이해하는 데 목적적합하다면 서술형 정보의 경우에도 비교정보를 포함한다.

비교정보를 공시하는 기업은 적어도 두 개의 재무 상태표와 두 개씩의 그 밖의 재무제표 및 관련 주석을 표시해야 한다. 회계정책을 소급하여 적용하거나 재무제표의 항목을 소급하여 재작성 또는 재분류하는 경우에는 적어도 세 개의 재무 상태표, 두 개씩의 그 밖의 재무제표 및 관련 주석을 표시해야 한다. 재무 상태표는 다음 시점을 기준으로 표시한다.

⑴ 당기말
⑵ 전기말(당기초와 동일)
⑶ 가장 이른 비교기간의 기초

8) 표시의 계속성

재무제표의 기간별 비교가능성을 제고하기 위하여 재무제표 항목의 표시와 분류는 다음의 경우를 제외하고는 매기 동일하여야 한다.

⑴ 사업내용의 유의적인 변화나 재무제표를 검토한 결과 다른 표시나 분류방법이 더 적절한 것이 명백한 경우. 이 경우 기업회계기준서 제1008호에서 정하는 회계정책의 선택 및 적용요건을 고려한다.
⑵ 한국채택국제회계기준에서 표시방법의 변경을 요구하는 경우

예를 들어, 유의적인 인수나 매각, 또는 재무제표의 표시에 대해 검토한 결과 재무제표를 다른 방법으로 표시할 필요가 있을 수 있다. 기업은 변경된 표시방법이 재무제표이용자에게 신뢰성 있고 더욱 목적 적합한 정보를 제공하며, 변경된 구조가 지속적으로 유지될 가능성이 높아 비교가능성을 저해하지 않을 것으로 판단할 때에만 재무제표의 표시방법을 변경한다.

제2절 재무 상태표

1. 재무 상태표의 의의

재무 상태표(statement of financial position)는 일정시점에서 기업의 재무 상태를 명확히 보고하기 위하여 작성하는 재무제표이다. 재무 상태표는 일정시점 현재 기업이 보유하고 있는

경제적 자원인 자산과 경제적 의무인 부채, 그리고 자본에 대한 정보를 제공하는 재무보고서로서 정보이용자들이 기업의 유동성, 재무적 탄력성, 수익성과 위험 등을 평가하는 데 유용한 정보를 제공한다. 재무 상태표에 보고되는 자산의 총계는 부채와 자본총계와 일치하여야 한다. 기업의 재무 상태란 기업이 소유하고 있는 자산의 내용, 즉 여러 가지 경제적 자원과 자본조달의 상황, 즉 부채와 소유주지분의 상태를 말한다.

재무 상태표의 구성요소인 자산, 부채, 자본은 각각 다음과 같이 구분한다.

① 자산은 유동자산과 비유동자산으로 구분한다. 유동자산은 당좌자산과 재고자산으로 구분하고, 비유동자산은 투자자산, 유형자산, 무형자산, 기타비유동자산으로 구분한다.

② 부채는 유동부채와 비유동부채로 구분한다.

③ 자본은 자본금, 자본잉여금, 자본조정, 기타포괄손익누계액 및 이익잉여금(또는 결손금)으로 구분한다.

자산과 부채는 유동성이 큰 항목부터 배열하는 것을 원칙으로 한다. 재무 상태표의 표시와 분류방법은 기업의 재무 상태를 쉽게 이해할 수 있도록 결정되어야 한다.

2. 재무 상태표의 표시방법

1) 재무 상태표에 표시되는 정보

재무 상태표에는 적어도 다음에 해당하는 금액을 나타내는 항목을 표시한다.

1. 유형자산
2. 투자부동산
3. 무형자산
4. 금융자산(단, 5, 8 및 9는 제외)
5. 지분법에 따라 회계 처리하는 투자자산
6. 생물자산
7. 재고자산
8. 매출채권 및 기타 채권
9. 현금및현금성자산
10. 기업회계기준서 제1105호 '매각예정비유동자산과 중단영업'에 따라 매각예정으로 분류된 자산과 매각예정으로 분류된 처분자산집단에 포함된 자산의 총계
11. 매입채무 및 기타 채무

12. 충당부채

13. 금융부채(단, 11과 12는 제외)

14. 기업회계기준서 제1012호 '법인세'에서 정의된 당기 법인세와 관련한 부채와 자산

15. 기업회계기준서 제1012호에서 정의된 이연법인세부채 및 이연법인세자산

16. 기업회계기준서 제1105호에 따라 매각예정으로 분류된 처분자산집단에 포함된 부채

17. 자본에 표시된 비지배지분

18. 지배기업의 소유주에게 귀속되는 납입자본과 적립금

2) 재무 상태표에 표시하는 방법

자산과 부채를 1. 유동·비유동 구분법 2. 유동성배열법 3. 혼합표시방법 중 하나를 선택하여 표시한다.

(1) 유동·비유동 구분법

유동·비유동 구분법은 유동자산과 비유동자산, 유동부채와 비유동부채로 재무 상태표에 구분하여 표시하는 방법이다. 유동성 배열법이 신뢰성 있고 더욱 목적 적합한 정보를 제공하는 경우가 아니라면 유동·비유동 구분법으로 표시한다.

기업이 명확히 식별 가능한 영업주기 내에서 재화나 용역을 제공하는 경우, 재무 상태표에 유동자산과 비유동자산 및 유동부채와 비유동부채를 구분하여 표시한다. 이는 운전자본으로서 계속 순환되는 순자산과 장기 영업활동에서 사용하는 순자산을 구분함으로써 유용한 정보를 제공하기 때문이다. 이는 또한 정상영업주기 내에 실현될 것으로 예상되는 자산과 동 기간 내에 결제 기일이 도래하는 부채를 구분하여 보여준다.

(2) 유동성배열법

유동성배열법은 유동과 비유동의 구분 없이 유동성 순서에 따라 자산은 모든 자산을 유동성 순서로 배열하고 부채도 모든 부채를 유동성 순서로 배열하여 표시하는 방법이다.

금융회사와 같은 일부 기업의 경우에는 오름차순이나 내림차순의 유동성 순서에 따른 표시방법으로 자산과 부채를 표시하는 것이 유동성·비유동성 구분법보다 신뢰성 있고 더욱 목적적합한 정보를 제공한다. 이러한 기업은 재화나 서비스를 명확히 식별 가능한 영업주기 내에 제공하지 않기 때문이다.

(3) 혼합표시방법

혼합표시방법은 자산과 부채의 일부는 유동성·비유동성 구분법으로, 나머지는 유동성 순서에 따른 표시방법으로 표시하는 방법이다. 재무제표에 관한 신뢰성 있고 더욱 목적적합한 정보를 제공한다면 혼합표시방법이 허용된다. 이러한 혼합표시방법은 기업이 다양한 사업을 영위하는 경우에 필요할 수 있다.

위의 세 가지 방법 중 어느 표시방법을 채택하더라도 자산과 부채의 각 개별 항목이 다음의 기간에 회수되거나 결제될 것으로 기대되는 금액이 합산하여 표시되는 경우, 12개월 후에 회수되거나 결제될 것으로 기대되는 금액을 공시한다.
1. 보고기간 후 12개월 이내와
2. 보고기간 후 12개월 후

그리고 자산과 부채의 실현 예정일에 대한 정보는 기업의 유동성과 부채상환능력을 평가하는 데 유용하다. 기업회계기준서 제1107호 '금융상품: 공시'는 금융자산과 금융부채의 만기에 대한 공시를 요구하고 있다. 금융자산은 매출채권 및 기타 채권을 포함하고, 금융부채는 매입채무 및 기타 채무를 포함한다. 자산과 부채가 유동 또는 비유동으로 구분되는지의 여부와 관계없이, 재고자산과 같은 비화폐성 자산의 회수 예정일과 충당부채와 같은 부채의 결제 예정일에 대한 정보도 역시 유용하다. 예를 들어, 기업은 보고기간 후 12개월 후에 회수될 것으로 기대되는 재고자산 금액을 공시한다.

3) 유동자산

자산은 다음의 경우에 유동자산으로 분류하고 그 밖의 모든 자산은 비유동자산으로 분류한다.
1. 기업의 정상영업주기 내에 실현될 것으로 예상하거나, 정상영업주기 내에 판매하거나 소비할 의도가 있는 자산
2. 주로 단기매매 목적으로 보유하고 있는 자산
3. 보고기간 후 12개월 이내에 실현될 것으로 예상되는 자산
4. 현금이나 현금성자산(기업회계기준서 제1007호의 정의 참조)으로서, 교환이나 부채 상환 목적으로의 사용에 대한 제한 기간이 보고기간 후 12개월 이상이 아닌 자산

영업주기는 영업활동을 위한 자산의 취득시점부터 그 자산이 현금이나 현금성자산으로 실현되는 시점까지 소요되는 기간이다. 정상영업주기를 명확히 식별할 수 없는 경우에는 그 기간이

12개월인 것으로 가정한다. 유동자산은 보고기간 후 12개월 이내에 실현될 것으로 예상되지 않는 경우에도 재고자산 및 매출채권과 같이 정상영업주기의 일부로서 판매, 소비 또는 실현되는 자산을 포함한다. 또한 유동자산은 주로 단기매매목적으로 보유하고 있는 자산(예: 기업회계기준서 제1039호에 따라 단기매매항목으로 분류되는 일부 금융자산 포함)과 비유동금융자산의 유동성 대체 부분을 포함한다.

4) 유동부채

부채는 다음의 경우에 유동부채로 분류하고 그 밖의 모든 부채는 비유동부채로 분류한다.
1. 정상영업주기 내에 결제될 것으로 예상하고 있는 부채
2. 주로 단기매매 목적으로 보유하고 있는 부채
3. 보고기간 후 12개월 이내에 결제하기로 되어 있는 부채
4. 보고기간 후 12개월 이상 부채의 결제를 연기할 수 있는 무조건의 권리를 가지고 있지 않는 부채
매입채무 그리고 종업원 및 그 밖의 영업원가에 대한 미지급비용과 같은 유동부채는 기업의 정상영업주기 내에 사용되는 운전자본의 일부이다. 이러한 항목은 보고기간 후 12개월 후에 결제일이 도래한다 하더라도 유동부채로 분류한다. 동일한 정상영업주기가 기업의 자산과 부채의 분류에 적용된다. 기업의 정상영업주기가 명확하게 식별되지 않는 경우 그 주기는 12개월인 것으로 가정한다.

기타 유동부채는 정상영업주기 이내에 결제되지는 않지만 보고기간 후 12개월 이내에 결제일이 도래하거나 주로 단기매매목적으로 보유한다. 이에 대한 예로는 기업회계기준서 제1039호에 따라 단기매매항목으로 분류된 일부 금융부채, 당좌차월, 비유동금융부채의 유동성 대체 부분, 미지급배당금, 법인세 및 기타 지급채무 등이 있다. 장기적으로 자금을 조달하며(즉, 기업의 정상영업주기내에 사용되는 운전자본의 일부가 아닌 경우) 보고기간 후 12개월 이내에 만기가 도래하지 아니하는 금융부채는 비유동부채이다.

다음 모두에 해당하는 경우라 하더라도 금융부채가 보고기간 후 12개월 이내에 결제일이 도래하면 이를 유동부채로 분류한다.
1. 원래의 결제기간이 12개월을 초과하는 경우
2. 보고기간 후 재무제표 발행승인일 전에 장기로 차환하는 약정 또는 지급기일을 장기로 재조정하는 약정이 체결된 경우
기업이 기존의 대출계약조건에 따라 보고기간 후 적어도 12개월 이상 부채를 차환하거나 연장할 것으로 기대하고 있고, 그런 재량권이 있다면, 보고기간 후 12개월 이내에 만기가 도래한

다 하더라도 비유동부채로 분류한다. 그러나 기업에게 부채의 차환이나 연장에 대한 재량권이 없다면(예를 들어, 차환약정이 없는 경우), 차환가능성을 고려하지 않고 유동부채로 분류한다.

보고 기간 말 이전에 장기차입약정을 위반했을 때 대여자가 즉시 상환을 요구할 수 있는 채무는 보고 기간 후 재무제표 발행승인일 전에 채권자가 약정위반을 이유로 상환을 요구하지 않기로 합의하더라도 유동부채로 분류한다. 그 이유는 기업이 보고 기간 말 현재 그 시점으로부터 적어도 12개월 이상 결제를 연기할 수 있는 무조건적 권리를 가지고 있지 않기 때문이다.

그러나 대여자가 보고기간말 이전에 보고기간 후 적어도 12개월 이상의 유예기간을 주는 데 합의하여 그 유예기간 내에 기업이 위반사항을 해소할 수 있고, 또 그 유예기간 동안에는 대여자가 즉시 상환을 요구할 수 없다면 그 부채는 비유동부채로 분류한다.

유동부채로 분류된 차입금의 경우 다음과 같은 사건이 보고 기간 말과 재무제표 발행승인일 사이에 발생하면 그러한 사건은 기업회계기준서 제1010호 '보고기간후사건'에 따라 수정을 요하지 않는 사건으로 주석에 공시한다.

1. 장기로 차환
2. 장기차입약정 위반사항의 해소
3. 보고기간 후 적어도 12개월 이상 장기차입약정 위반사항을 해소할 수 있는 유예기간을 대여자로부터 부여받음

5) 자본의 표시방법

국제회계기준은 각 국의 법적·경제적 환경의 차이를 인정하여 자본의 표시는 각 국의 환경에 맞는 방법으로 표시하도록 하고 있다. 기업회계기준서 제1001호 '재무제표 표시'의 실무지침에 따르면 자본은 납입자본, 이익잉여금, 기타자본요소로 구분할 수 있다.

3. 재무 상태표의 양식

재무 상태표양식에는 보고식과 계정식의 두 가지가 있다. 기업회계기준은 보고식을 사용하도록 하고 있다. 어느 양식을 사용하더라도 보고되는 정보의 내용은 동일하다. 보고식 재무 상태표는 자산, 부채, 자본의 순서로 작성한다. 그리고 계정식 재무 상태표는 '자산=부채+자본'의 회계등식에 따라 왼쪽에는 자산계정을, 오른쪽에는 부채와 자본계정을 보고하여 자산총계와 부채와자본총계가 일치되도록 작성하는 것이다. 기업회계기준서 제1001호 '재무제표 표시'의 실무지침에서 규정하고 있는 양식은 다음과 같다.

ABC 그룹 - 20X2년 12월 31일 현재의 재무 상태표

(단위: 천원)

	20X2년 12월 31일	20X1년 12월 31일
자산		
비유동자산		
유형자산	350,700	360,020
영업권	80,800	91,200
기타무형자산	227,470	227,470
관계기업투자	100,150	110,770
매도가능금융자산	142,500	156,000
	901,620	945,460
유동자산		
재고자산	135,230	132,500
매출채권	91,600	110,800
기타유동자산	25,650	12,540
현금및현금성자산	312,400	322,900
	564,880	578,740
자산총계	1,466,500	1,524,200
자본 및 부채		
지배기업의 소유주에게 귀속되는 자본		
납입자본	650,000	600,000
이익잉여금	243,500	161,700
기타자본구성요소	10,200	21,200
	903,700	782,900
비지배지분	70,050	48,600
자본총계	973,750	831,500
비유동부채		
장기차입금	120,000	160,000
이연법인세	28,800	26,040
장기충당부채	28,850	52,240
비유동부채합계	177,650	238,280
유동부채		
매입채무와 기타미지급금	115,100	187,620
단기차입금	150,000	200,000
유동성장기차입금	10,000	20,000
당기법인세부채	35,000	42,000
단기충당부채	5,000	4,800
유동부채합계	315,100	454,420
부채총계	492,750	692,700
자본 및 부채 총계	1,466,500	1,524,200

제3절 포괄손익계산서

1. 포괄손익계산서의 의의

포괄손익계산서(statement of comprehensive income)는 일정기간 동안 기업의 경영성과를 명확히 보고하기 위하여 작성하는 재무제표이다. 기업의 경영성과는 포괄손익을 말한다.

1) 포괄 손익

포괄손익(comprehensive income)은 일정 기간 동안 주주와의 자본거래를 제외한 모든 거래나 사건에서 인식한 자본의 변동을 말한다.

포괄손익= 기중 자본변동 − 기중 주주의 추가투자 + 기중 주주의 배당

포괄손익을 보고하는 목적은 주주와의 자본거래를 제외한 인식된 거래와 기타 경제적 사건으로 인하여 발생한 모든 순자산의 변동을 측정하기 위한 것이다. 이러한 순자산의 변동 중 일부는 당기순이익이고 일부는 기타포괄손익이다. 즉 포괄 손익은 당기순이익과 기타포괄손익으로 구성된다.

포괄손익 = 당기순이익 + 기타포괄이익

2) 당기순이익

한 기간에 인식되는 모든 수익과 비용 항목은 한국채택국제회계기준이 달리 정하지 않는 한 당기손익으로 인식한다. 일부 한국채택국제회계기준서는 특정항목을 당기손익 이외의 항목으로 인식하는 상황을 규정하고 있다. 기업회계기준서 제1008호는 그러한 두 가지 상황으로서 오류의 수정과 회계정책의 변경 효과를 규정하고 있다. 다른 한국채택국제회계기준서에서는 '개념체계'의 수익 또는 비용에 대한 정의를 충족하는 기타포괄손익의 구성요소를 당기손익에서 제외할 것을 요구하거나 허용한다.

3) 기타포괄손익

기타포괄손익의 구성요소는 다음과 같다.
1. 재평가잉여금의 변동
2. 매도가능금융자산
3. 해외사업장의 화폐성 항목의 외화환산차손익
4. 위험회피항목수단의 손익 중 위험회피에 효과적인 부분
5. 종업원 급여 확정급여제도의 보험수리적손익

2. 포괄손익계산서 표시방법

1) 포괄손익계산서에 표시되는 정보

포괄손익계산서에는 적어도 당해 기간의 다음 금액을 표시하는 항목을 포함한다.
1. 수익
2. 금융원가
3. 지분법 적용대상인 관계기업과 조인트벤처의 당기순손익에 대한 지분
4. 법인세비용
5. 다음의 ㈎와 ㈏를 합한 금액

   ㈎ 세후 중단영업손익

   ㈏ 중단영업에 포함된 자산이나 처분자산집단을 순공정가치로 측정하거나 처분함에 따른
   세후 손익
6. 당기순손익
7. 성격별로 분류되는 기타포괄손익의 각 구성요소((8)의 금액은 제외)
8. 지분법 적용대상인 관계기업과 조인트벤처의 기타포괄손익에 대한 지분
9. 총포괄손익

3. 포괄손익계산서의 양식

포괄손익은 당기순이익과 기타포괄이익으로 구성된다. 이들을 보고하는 방법에는 두 가지가 있다. 해당 기간에 인식한 모든 수익과 비용 항목은 다음 중 한 가지 방법으로 표시한다.

1. 단일 포괄손익계산서
2. 두 개의 보고서: 당기순손익의 구성요소를 표시하는 보고서(별개의 손익계산서)와 당기순손익에서 시작하여 기타포괄손익의 구성요소를 표시하는 보고서(포괄손익계산서)

포괄이익을 보고하는 방법

단일 보고서		두개의 보고서	
포괄손익계산서		손익계산서	
수익	5,000	수익	5,000
− 각종 비용	3,000	− 각종 비용	3,000
당기순이익	2,000	당기순이익	2,000
기타포괄이익	600	포괄손익계산서	
총포괄손익	2,600	당기순이익	2,000
		기타포괄이익	600
		총포괄손익	2,600

다음 항목은 당해 기간의 배분항목으로서 포괄손익계산서에 공시한다.

1. 다음에 귀속되는 당기순손익
   (가) 비지배지분
   (나) 지배기업의 소유주
2. 다음에 귀속되는 당기의 총포괄손익
   (가) 비지배지분
   (나) 지배기업의 소유주

ABC 그룹 – 20X2년 12월 31로 종료하는 회계연도의 포괄손익계산서
(포괄손익을 단일의 보고서에 표시하고 당기손익 내 비용을 기능별로 분류)

(단위: 천원)

	20X2년	20X1년
수익	390,000	355,000
매출원가	(245,000)	(230,000)
매출총이익	145,000	125,000
기타수익	20,667	11,300
물류원가	(9,000)	(8,700)
관리비	(20,000)	(21,000)
기타비용	(2,100)	(1,200)
금융원가	(8,000)	(7,500)
관계기업의 이익에 대한 지분	35,100	30,100
법인세비용차감전순이익	161,667	128,000
법인세비용	(40,417)	(32,000)
계속영업이익	121,250	96,000
중단영업손실	–	(30,500)
당기순이익	121,250	65,500
기타포괄손익:		
해외사업장환산외환차이	5,334	10,667
매도가능금융자산	(24,000)	26,667
현금흐름위험회피	(667)	(4,000)
자산재평가차익	933	3,367
확정급여제도의 보험수리적손익	(667)	1,333
관계기업의 기타포괄손익에 대한 지분	400	(700)
기타포괄손익의 구성요소와 관련된 법인세	4,667	(9,334)
법인세비용차감후기타포괄손익	(14,000)	28,000
총포괄이익	107,250	93,500
당기순이익의 귀속:		
지배기업의 소유주	97,000	52,400
비지배지분	24,250	13,100
	121,250	65,500
총포괄이익의 귀속:		
지배기업의 소유주	85,800	74,800
비지배지분	21,450	18,700
	107,250	93,500
주당이익 (단위: 원):		
기본 및 희석	0.46	0.30

ABC 그룹 - 20X2년 12월 31일로 종료하는 회계연도의 손익계산서
(포괄손익을 두 개의 보고서에 표시하고 당기손익 내 비용을 성격별로 분류)

(단위: 천원)

	20X2년	20X1년
수익	390,000	355,000
기타수익	20,667	11,300
제품과 재공품의 변동	(115,100)	(107,900)
기업이 수행한 용역으로서 자본화되어 있는 부분	16,000	15,000
원재료와 소모품의 사용액	(96,000)	(92,000)
종업원급여비용	(45,000)	(43,000)
감가상각비와 기타 상각비	(19,000)	(17,000)
유형자산손상차손	(4,000)	-
기타비용	(6,000)	(5,500)
금융원가	(15,000)	(18,000)
관계기업의 이익에 대한 지분	35,100	30,100
법인세비용차감전순이익	161,667	128,000
법인세비용	(40,417)	(32,000)
계속영업이익	121,250	96,000
중단영업손실	-	(30,500)
당기순이익	121,250	65,500
당기순이익의 귀속:		
지배기업의 소유주	97,000	52,400
비지배지분	24,250	13,100
	121,250	65,500
주당이익 (단위: 원):		
기본 및 희석	0.46	0.30

XYZ 그룹 - 20X2년 12월 31일로 종료하는 회계연도의 포괄손익계산서
(포괄손익을 두 개의 보고서에 표시하고 당기손익 내 비용을 성격별로 분류)

(단위: 천원)

	20X2년	20X1년
당기순이익	121,250	65,500
기타포괄손익:		
해외사업장환산외환차이	5,334	10,667
매도가능금융자산	(24,000)	26,667
현금흐름위험회피	(667)	(4,000)
자산재평가이익	933	3,367
확정급여제도의 보험수리적손익	(667)	1,333
관계기업의 기타포괄손익에 대한 지분	400	(700)
기타포괄손익 구성요소와 관련된 법인세	4,667	(9,334)
법인세비용차감후기타포괄손익	(14,000)	28,000
총포괄이익	107,250	93,500
총포괄이익의 귀속:		
지배기업의 소유주	85,800	74,800
비지배지분	21,450	18,700
	107,250	93,500

제4절 현금흐름표

1. 현금흐름표 의의

현금흐름표(statement of cash flows 또는 cash flow statement)**란 기업의 현금흐름을 나타내는 표로서 일정기간 동안 기업의 현금의 변동내용을 명확하게 보고하기 위하여 현금유입**(cash inflows)**과 현금유출**(cash outflows)**에 관한 정보를 제공할 목적으로 작성된다.** 현금흐름표에서 현금이란 현금, 예금 및 현금등가물을 의미한다. **현금흐름표는 현금흐름을 영업활동**(operating activities)**으로 인한 현금흐름, 투자활동**(investing activities)**으로 인한 현금흐름, 재무활동**(financing activities)**으로 인한 현금흐름으로 구분하여 작성한다.**

일반적으로 기업의 배당지급능력이나 원리금 상환능력은 기업의 현금동원능력에 좌우되기 때문에 투자자나 채권자등 회계정보이용자들은 기업의 현금흐름에 대해서 큰 관심을 갖고 있다. 그런데 손익계산서상 당기순이익에 의하여 평가하는 이익창출능력으로는 기업의 현금동원능력을 평가하는데 많은 어려움이 있다. 기업에 따라서는 상당한 수준의 당기순이익이 있음에도 불구하고 자금부족으로 투자자나 채권자에게 배당금과 원리금을 적시에 지급하지 못하기도 하고 심한 경우에는 흑자도산을 할 수 있다.

따라서 오늘날 많은 투자자들은 발생주의에 의해 작성되는 손익계산서와 재무 상태표 이외에 현금주의에 의하여 작성되는 현금흐름표에 대해 많은 관심을 갖게 되었다.

2. 현금흐름표 유용성

재무제표의 이용자가 현금흐름표를 다른 재무제표와 함께 이용할 경우 다음과 같은 유용한 정보를 얻을 수 있다.

1) 미래 현금흐름에 관한 정보

현금흐름표는 미래의 현금을 평가하는데 유용한 정보를 제공한다. 현금흐름표를 손익계산서와 함께 이용하면 미래의 현금흐름액, 시기 및 불확실성을 예측하는데 도움을 준다.

2) 이익의 질에 관한 정보

발생주의에 따른 손익계산서상 순손익의 계산시에는 가정과 추정 및 평가를 수반하기 때문에 신뢰성에는 문제가 있을 수 있다. 그러나 현금흐름표에서는 이러한 문제가 제거되어 신뢰성 높은 정보를 제공하며, 순손익과 현금흐름을 비교함으로써 이익의 질을 평가할 수 있다.

3) 영업활동 수행능력에 관한 정보

영업활동능력이란 기업이 영업활동을 일정한 수준이상으로 유지할 수 있고, 미래에 성장할 수 있으며, 배당금을 지급할 수 있는지의 여부는 기업의 현금창출능력에 달려 있다. 현금흐름표는 이에 관한 정보를 제공한다.

4) 지급능력에 대한 평가

지급능력이란 부채의 만기일이 도래했을 때 이 부채를 상환할 수 있는 기업의 재무적 능력을 말하며, 유동성이란 자산을 현금으로 전환할 수 있는 능력을 말한다. 또한 재무적 신축성이란 기업이 예측하지 못한 경제적 난국을 극복할 수 있는 능력을 말한다.

현금흐름표는 영업활동에서 조달된 현금을 포함한 기업의 현금흐름정보를 통하여 기업의 지급능력, 유동성 및 재무적 신축성을 평가할 수 있는 정보를 제공한다.

5) 투자활동과 재무활동거래가 재무 상태에 미친 영향에 관한 정보

투자활동과 재무활동으로 유입된 현금과 유출된 현금에 관한 정보를 제공함으로써 투자활동과 재무활동이 기업의 재무 상태에 미치는 영향에 관한 정보를 제공한다.

3. 현금흐름표의 작성

현금흐름표는 영업활동으로 인한 현금흐름, 투자활동으로 인한 현금흐름, 재무활동으로 인한 현금흐름으로 구분하여 작성하고, 이에 기초의 현금을 가산하여 기말의 현금을 산출하는 형식으로 작성한다. 영업활동으로 인한 현금흐름을 표시하는 방법에 따라 현금흐름표의 작성법은 직접법과 간접법의 두 가지가 있다.

직접법이란 영업활동으로 인한 현금흐름을 현금을 수반하여 발생한 수익 또는 비용항목을

총액으로 표시하는 산출 방법을 말하며 현금유입액은 원천별로, 현금유출액은 용도별로 구분하여 작성한다. 현금흐름표를 직접법으로 작성한 경우에는 당기순이익과 당기순이익에 가감할 항목에 관한 사항은 주석으로 기재하여야 한다. 따라서 직접법을 사용하더라도 간접법에 의한 당기순이익 조정항목을 별도로 표시하므로 발생주의 당기순이익의 영업활동으로 인한 현금흐름의 조정내용을 알 수 있다.

직접법에 의거 현금흐름표를 작성하는 경우에도 영업활동으로 인한 현금흐름액을 구하는 방법에는 두 가지가 있다.

직접법	간접법
영업활동으로인한 현금흐름	영업활동으로인한 현금흐름
영업활동으로인한 현금유입	순이익
－영업활동으로인한 현금유출	± 순이익의 조정
＝ 영업활동으로인한 순현금	＝ 영업활동으로인한 순현금
투자활동으로인한 현금흐름	투자활동으로인한 현금흐름
투자활동으로인한 현금유입	투자활동으로인한 현금유입
－투자활동으로인한 현금유출	－투자활동으로인한 현금유출
＝ 투자활동으로인한 순현금	＝ 투자활동으로인한 순현금
재무활동으로인한 현금흐름	재무활동으로인한 현금흐름
재무활동으로인한 현금유입	재무활동으로인한 현금유입
－재무활동으로인한 현금유출	－재무활동으로인한 현금유출
＝ 재무활동으로인한 순현금	＝ 재무활동으로인한 순현금

① 기업의 회계장부로부터 현금을 수반하여 발생하는 수익·비용항목을 원천별로 구분하여 직접 계산하는 방법과, ② 손익계산서상의 매출과 매출원가에 현금의 유출·유입이 없는 항목과 재고자산·매출채권·매입채무의 증감을 가감하여 계산하는 방법이 있다.

첫째 방법은 회사의 장부에서 항목별로 현금의 유입액과 유출액을 구하는 방법이므로 별도의 조정이 필요하지 않지만, 둘째 방법으로 금액을 계산하는 경우에는 재무 상태표와 손익계산서의 항목을 상호 연관시켜 가감조정을 해주어야 한다. 실무적으로 둘째 방법을 많이 사용하고 있다. **간접법은 손익계산서상의 당기순이익에 현금의 유출이 없는 비용 등을 가산하고 현금의 유입이 없는 수익 등을 차감하며, 영업활동으로 인한 자산·부채의 변동을 가감하여 영업활동으로 인한 현금흐름을 산출하는 방법이다.** 간접법 사용 시에는 현금흐름표 본표상에 영업활동으로 인한 현금흐름에 이들 조정사항이 표시될 수도 있으나 기업회계기준에서는 주석사항으로 기재하도록 하고 있다. 따라서 현금흐름표에는 조정사항을 열거하지 않고 영업활동으로 인한 현금흐름에 ①

당기순이익 ②현금의 유출이 없는 비용 등의 가산 ③현금의 유입이 없는 수익 등의 차감 세 항목만을 표시하도록 한다.

4. 현금흐름표의 내용

1) 영업활동으로 인한 현금흐름

영업활동이란 일반적으로 제품의 생산과 상품 및 용역의 구매·판매활동을 말한다. 영업활동으로 인한 현금의 유입에는 제품 등의 판매에 따른 현금유입(매출채권의 회수 포함), 이자수익과 배당금수익, 기타 투자활동과 재무활동에 속하지 아니하는 거래에서 발생된 현금유입 등이 있다. 영업활동으로 인한 현금의 유출에는 원재료, 상품 등의 구입에 따른 현금유출(매입채무의 결제 포함), 기타 상품과 용역의 공급자와 종업원에 대한 현금지출, 법인세비용(유형자산의 처분에 따른 특별부가세 제외)의 지급, 이자비용, 기타 투자활동과 재무활동에 속하지 아니하는 거래에서 발생된 현금유출 등이 있다.

2) 투자활동으로 인한 현금흐름

투자활동이란 현금의 대여와 회수활동, 유가증권(현금등가물은 제외한다)·투자자산·유형자산 및 무형자산의 취득과 처분활동 등을 말한다. 투자활동으로 인한 현금의 유입에는 대여금의 회수, 유가증권·투자자산·유형자산 및 무형자산의 처분 등이 있다. 투자활동으로 인한 현금의 유출에는 현금의 대여, 유가증권·투자자산·유형자산 및 무형자산의 취득에 따른 현금유출로서 취득직전 또는 직후의 지급액(자본화되는 이자비용 포함)등이 있다.

3) 재무활동으로 인한 현금흐름

재무활동이란 현금의 차입 및 상환활동, 신주발행이나 배당금의 지급활동 등과 같이 부채 및 자본계정에 영향을 미치는 거래를 말한다. 재무활동으로 인한 현금의 유입에는 단기차입금·장기차입금의 차입, 어음·사채의 발행, 주식의 발행 등이 있다. 재무활동으로 인한 현금의 유출에는 배당금의 지급, 유상감자, 자기주식의 취득, 차입금의 상환, 자산의 취득에 따른 부채의 지급 등이 있다.

제5절   자본변동표

1. 자본변동표의 의의

자본변동표는 자본의 크기와 그 변동에 관한 정보를 제공하는 재무보고서로서, 자본을 구성하고 있는 납입자본, 이익잉여금(또는 결손금), 기타자본구성요소의 변동에 대한 포괄적인 정보를 제공한다.

자본변동표에서 전기에 이미 보고된 이익잉여금(또는 결손금)의 금액이 당기에 발생한 회계정책의 변경이나 중대한 전기오류수정으로 인하여 변동된 경우에는 전기에 이미 보고된 금액을 별도로 표시하고 회계정책 변경이나 오류수정이 매 회계연도에 미치는 영향을 가감한 수정 후 기초 이익잉여금을 표시한다.

2. 자본변동표의 표시방법

자본변동표에는 다음의 정보를 포함하여 작성한다.

1. 지배기업의 소유주와 비지배지분에게 각각 귀속되는 금액으로 구분하여 표시한 해당 기간의 총포괄손익

2. 자본의 각 구성요소별로, 기업회계기준서 제1008호에 따라 인식된 소급적용이나 소급재작성의 영향

3. [국제회계기준위원회에 의하여 삭제됨]

4. 자본의 각 구성요소별로 다음의 각 항목에 따른 변동액을 구분하여 표시한, 기초시점과 기말시점의 장부금액 조정내역

   ㈎ 당기순손익

   ㈏ 기타포괄손익

   ㈐ 소유주로서의 자격을 행사하는 소유주와의 거래(소유주에 의한 출자와 소유주에 대한 배분, 그리고 지배력을 상실하지 않는 종속기업에 대한 소유지분의 변동을 구분하여 표시)

3. 자본변동표의 양식

ABC 그룹 - 20X2년 12월 31로 종료하는 회계연도의 자본변동표

(단위: 천원)

	납입자본	이익잉여금	해외사업장환산	매도가능금융자산	현금흐름위험회피	재평가잉여금	총계	비지배지분	총자본
20X1년 1월 1일 현재 잔액	600,000	118,100	(4,000)	1,600	2,000	-	717,700	29,800	747,500
회계정책의 변경	-	400	-	-	-	-	400	100	500
재작성된 금액	600,000	118,500	(4,000)	1,600	2,000	-	718,100	29,900	748,000
20X1년 자본의 변동									
배당	-	(10,000)	-	-	-	-	(10,000)	-	(10,000)
총포괄손익	-	53,200	6,400	16,000	(2,400)	1,600	74,800	18,700	93,500
20X1년 12월 31일 현재 잔액	600,000	161,700	2,400	17,600	(400)	1,600	782,900	48,600	831,500
20X2년 자본의 변동									
유상증자	50,000	-	-	-	-	-	50,000	-	50,000
배당	-	(15,000)	-	-	-	-	(15,000)	-	(15,000)
총포괄손익	-	96,600	3,200	(14,400)	(400)	800	85,800	21,450	107,250
이익잉여금으로 대체	-	200	-	-	-	(200)	-	-	-
20X2년 12월 31일 현재 잔액	650,000	243,500	5,600	3,200	(800)	2,200	903,700	70,050	973,750

제6절 재무제표의 이용

재무제표는 정보이용자에게 회계정보를 전달하는 가장 핵심적인 수단으로 이용되고 있다. 외부이용자는 조직이 자원을 효율적이고 능률적으로 사용하는 능력을 평가하기 위하여 재무제표를 분석 이용한다. 정보이용자들은 자산, 부채, 이익, 현금흐름의 변동을 비교함으로써 수익과 위험에 대한 기대를 형성한다. 그들은 회사 간 비교를 통하여 어느 회사가 효율적으로 경영되었고 가장 좋은 투자 기회를 제공하는지 결정한다. 그러나 정보이용자들이 재무제표를 해석하고 이해하기 위하여 재무제표의 속성을 알아야 한다.

1. 재무제표의 상호관계

재무제표는 회계기간의 기초부터 기말까지 회사의 재무 상태를 변동시키는 경제적 사건을 요약하여 기술한 것이다.

재무 상태표는 회사의 재무자원의 원천을 인식하고 재무자원이 어떻게 기업의 유용한 자원에 투자되었는지를 나타낸다. 손익계산서와 현금흐름표의 정보는 회계기간 동안 재무 상태표의 변동액을 설명한다. 손익계산서는 추가재무자원과 지분을 제공하는 영업활동을 나타낸다. 이들 영업활동은 역시 자원의 소비를 필요로 한다. 이러한 소비는 비용으로 측정된다. 재무활동, 투자활동, 영업활동으로 인한 사건은 회사의 현금흐름에 영향을 미친다. 현금흐름표는 이러한 사건을 나타낸다. 소유주의 투자와 이익의 재투자는 주주지분에 영향을 미친다.

이러한 재무제표들은 기업의 동일한 회계기록을 근거로 작성되므로 그 자세한 내용과 금액이 서로 관련되어 있다. 이와 같이 재무제표들이 서로 연결되어 재무제표의 계정 금액 상호간에 관련이 있는 것을 재무제표의 연계성이라고 한다.

재무제표에 나타난 요약 정보는 모든 재무 상태표의 계정항목의 변동을 설명하는데 충분한 내역을 제공해주는 것은 아니다. 그러므로 개별계정의 잔액을 자세히 파악하려면 충분한 설명이 필요하다. 그럼에도 불구하고 재무제표간의 상호관계는 매우 중요하다. 재무 상태표의 기초금액과 기말금액은 기업의 자원과 재무조달의 변동액을 나타낸다. 포괄손익계산서와 현금흐름표는 이들 변동의 원인이 된 주요 사건을 나타낸다. 회사의 재무제표는 각각 독립적인 것이 아니라는 것을 알아야 한다. 우리는 회사의 재무 상태의 변동 사건을 파악하기 위해서는 재무제표들을 함께 검토하여야 한다.

현금흐름은 한 기간에 발생하고 수익과 비용은 다른 기간에 인식될 수도 있다. 현금흐름은 현금흐름표에 보고된다. 수익과 비용은 손익계산서에 보고된다. 재무 상태표는 자원과 자원을 위한 재무조달(원천)을 나타낸다. 재무 상태표상의 자원과 재무자원은 과거의 현금흐름과 영업활동의 결과이고 미래현금흐름과 영업활동에 영향을 미친다.

회계를 이해하려면 회계정보를 이해하여야 한다. ① 회계정보는 전환과정에서 재무활동, 투자활동, 영업활동에서 발생하는 사건의 재무적 결과를 기술한 것이다. ② 회계정보는 특정 회계기간 동안 이들 사건의 재무적 영향을 인식하는 것이다.

2. 재무제표의 한계

재무제표가 많은 유용한 정보를 제공해줌에도 불구하고 보고과정의 몇 가지 제약으로 그 유용성에 한계가 있다. 이들 한계는 다음과 같다.

1. 추정과 배분의 사용
2. 역사적원가의 사용
3. 거래의 누락
4. 자원과 원가의 누락
5. 정보제공의 지연

이러한 제약요소들은 보고과정과 관련된 원가로부터 발생된다. 정보는 자원이다. 정보를 준비하는 데는 비용이 든다. 정보의 가치는 정보를 이용하는 사람들이 얻는 효익에 따라 결정된다. 가치 있는 정보가 되기 위하여, 정보의 원가는 이용자에게 제공되는 효익 보다 적어야 한다. 그러므로 보고된 정보의 금액과 유형은 원가-효익 원칙에 의해 제약을 받는다. 다음에서는 이들 한계를 기술한다. 정보이용자는 재무제표 정보를 해석할 때 이들 한계를 명심하여야 한다.

추정과 배분의 사용 : 재무제표에 보고된 금액 중 많은 부분은 추정과 배분의 결과를 나타내는 것이다. 예를 들어 감가상각비는 비유동자산의 원가를 추정된 내용연수동안 비용으로 배분한 것이다. 특정회계기간에 소비된 자산의 금액을 정확하게 결정하기 어렵기 때문에 결과적으로 추정은 정밀하지 못하다. 또 수익과 비용을 인식할 때 경영자의 판단이 필요한 경우가 있다. 때로는 수익이 실현된 시기나 비용이 발생한 시기가 불분명한 경우가 있다. 예를 들면 장기공사계약의 경우에 공사가 완성되어야 실현된 수익을 알 수 있지만 공사기간 중에 매년 수익의 인식은 경영자의 주관적 결정에 의존할 수밖에 없다.

이와 같이 자원을 전환시키는 과정에서 필연적으로 추정이나 배분이 필요하게 된다. 따라서 이러한 추정이나 주관적 결정의 결과로 재무제표에 표시된 금액은 정밀하지 못하다는 점을 알아야 한다.

역사적원가의 사용 : 재무제표는 자산과 부채를 역사적 원가로 보고한다. 재무 상태표 상의 자산은 취득시의 원가로 기록된 수치이며 부채 역시 발생시점의 교환가격으로 기록된 수치이다. 역사적 원가주의는 물가변동이 심할 경우 정보이용자가 관심을 갖고 있는 미래의 현금흐름에 관한 예측이나 기타의 합리적 의사결정 목적에 더 이상 적합하지 못하다는 비판을 받고 있다. 기업의 재무 상태를 나타내는 정보에는 재무 상태표 작성시점에서 자산의 현행가치를 반영시키지 못하며, 또한 지분내역도 오도할 수 있다. 그리고 화폐가치의 변동이 심할수록 기업의 재무 상태를 더욱 왜곡시키게 된다. 이 경우 왜곡된 자산과 부채가치에 근거하여 기록되는 감가상각비, 이자비용 등의 비용 역시 왜곡되므로 결국 손익계산서가 경영성과를 제대로 반영하지 못하게 된다.

그러므로 회사가 보고한 순이익은 회사가 소유주에게 분배하거나 자본을 유지할 수 있는 금액을 과대평가 하거나 과소평가 할지도 모른다.

거래의 누락 : 재무제표에는 회사의 전환과정에서 발생하는 거래가 포함된다. 그럼에도 불구하고 모든 중요한 거래가 회사의 재무제표에 완전히 보고된다는 충분한 보장은 없다. 어떤 거래는 특정한 교환으로부터 발생되는 것이 아니라 수익과 비용을 배분할 때 발생한다. 때로는 회계 담당자들과 경영자들이 어떤 활동들에 대해 인식해야 할 시기에 관해 의견이 맞지 않을 수도 있다. 따라서 이들은 그러한 활동에 대해서는 재무제표에 보고해야 할 금액에 의견이 맞지 않을 수도 있다.

자원과 원가의 누락 : 어떤 유형의 자원과 원가는 재무제표에 보고되지 아니한다. 대부분의 회사는 종업원의 가치를 재무 상태표의 자산으로 보고하지 아니하고 화폐액으로 표시된 정보만을 보고하고 있다.

기업이 보유하고 있는 종업원의 자질과 경영진의 능력 등과 같은 인적자원은 기업의 가치를 증가시킨다. 그럼에도 불구하고 인적자원은 가치측정이 어렵고 또 비용이 많이 들기 때문에 재무제표에 보고하지 못하고 있다.

정보제공의 지연 : 재무제표정보가 항상 적시에 이루어지는 것은 아니다. 결산 재무제표의 정보는 실제사건보다 거의 1년이나 지연되어 보고된다. 이러한 지연은 경우에 따라서는 중대한 문제일 수도 있다. 가끔 정보이용자는 적시에 정보를 필요로 한다. 특히 경영자들이 효율적 의사결정의 근거로 정보를 이용하려고 할 때는 더욱 그러하다.

3. 재무제표의 유용성

이와 같은 한계점들이 있음에도 불구하고, 경영자와 외부이용자는 계속적으로 재무제표를 주요한 정보의 원천으로 이용하고 있다. 그러나 이들 문제점들은 회계정보를 이해하고 회계정보를 의사결정에 바르게 이용하기 위해서는 상당한 주의를 기울여야 한다는 것을 의미한다. 정보의 분석에는 상당한 주의가 필요하다.

연 습 문 제

1. 기업에서 작성하는 재무제표의 종류는?

2. 주기와 주석은 어떻게 다른가를 설명하라.

3. 부속명세서란 무엇인가?

4. 재무 상태표에 보고되는 정보를 요약하라.

5. 재무 상태표를 작성하는 기준은 무엇인가?

6. 손익계산서에 보고되는 정보를 요약하라.

7. 손익계산서를 작성하는 기준은 무엇인가?

8. 이익잉여금처분계산서에 보고되는 정보를 요약하라.

9. 현금흐름표에 보고되는 정보를 요약하라.

10. 자본변동표에 보고되는 정보를 요약하라.

11. 재무제표는 어떻게 서로 연관되어 있는지 설명하라.

12. 재무제표의 유용성과 한계를 설명하라.

13. 재무제표에 속하지 않는 것은?

    a. 재무 상태표
    b. 손익계산서
    c. 현금흐름표
    d. 매출채권명세표

14. 다음은 재무 상태표의 자산의 일부 항목이다.

매출채권	50,000원	감가상각누계액	160,000원
현 금	20,000원	무형자산	60,000원
재고자산	100,000원	유형자산	400,000원

    유동자산의 총액은?

    a. 170,000원
    b. 150,000원
    c. 230,000원
    d. 470,000원

15. 2기 이상 회계기간의 정보를 제공하는 재무 상태표는?

    a. 항목별재무 상태표
    b. 비교재무 상태표
    c. 연결재무 상태표
    d. 결합재무 상태표

16. 운전자본의 총액은?

    a. 회계기간 말에 회사가 유용할 수 있는 현금과 현금등가물.
    b. 회계기간 말에 회사가 유용할 수 있는 투자자산에서 비유동부채를 차감한 것.
    c. 회계기간 말에 회사가 유용할 수 있는 유동자산에서 유동부채를 차감한 것.
    d. 회계기간 말에 현금으로 전환하여 사용이 가능한 총자산.

17. 만영(주)는 지난 회계기간 동안 감가상각비와 무형자산상각비로 300,000원을 보고하였다. 이로 인한 현금흐름의 영향은?

    a. 기간 중 300,000원의 현금흐름이 증가하였다.

    b. 기간 중 300,000원의 현금흐름이 감소하였다.

    c. 기간 중 현금흐름에 영향을 미치지 않았다.

    d. 기간 중 자산을 구입했다면 현금흐름에 영향을 미친다.

18. 다음의 재무제표 항목을 보고 물음에 답하라.

1. 매출채권	2. 재고자산	3. 소모품
4. 선급보험료	5. 건물	6. 상표권
7. 매입채무	8. 미지급급여	9. 미지급이자
10. 지급어음	11. 자본금	12. 이익잉여금
13. 배당금	14. 매출	15. 매출원가
16. 감가상각비	17. 급여	18. 이자비용
19. 현금회수액(고객)	20. 현금지급액(거래처)	21. 사채발행으로 받은 현금
22. 비품구입대금		

  위의 각계정은 어떤 재무제표에 나타나는가? 각 계정은 조직의 전환과정을 나타낸 것이다. 각 계정은 어떤 정보를 나타내는가? 아래의 보기를 참고하여 답하라.

항　　　목	재무제표	보고된 활동
1. 매출채권	재무 상태표	매출로 인하여 미래에 받을 현금

19. 다음은 (주)주신의 1997년 6월 30일 현재 계정의 잔액들이다.

매입채무	100,500원	매출채권	84,000원
감가상각누계액	318,000원	건물	750,000원
현금	34,500원	자본금	900,000원
매출원가	840,000원	비품	450,000원
미지급이자	43,500원	토지	300,000원
재고자산	690,000원	단기차입금	60,000원
장기차입금	720,000원	선급보험료	48,000원
이익잉여금	279,000원	소모품	57,000원
산업재산권	45,000원	급여	375,000원
미지급급여	37,500원	매출액	1,215,000원

  위의 정보를 이용하여 다음의 금액을 계산하라.

a. 유동자산
b. 유동부채
c. 유형자산
d. 총자산
e. 비유동부채
f. 총부채
g. 자본
h. 총부채와 자본

20. 문19의 자료로 재무 상태표와 손익계산서를 작성하라.

21. 다음 정보는 물결디자인사의 1999년 12월 31일 결산시 이익잉여금처분안에 관한 자료이다.

(1) 당기말처분전이익잉여금

전기이월이익잉여금	269,000
전기오류수정손실	54,000
당기순이익	5,000,000

(2) 이익잉여금의 처분내용

이익준비금	280,000
기타법정적립금	350,000
시설확장적립금	1,500,000
배당평균적립금	500,000
배당금	2,000,000
임의적립금	450,000

이익잉여금처분안에 의하여 부속명세서에 첨부할 이익잉여금처분계산서를 작성하라.

제 7 장

발생주의와 현금흐름표

제1절 내부거래의 수정

제2절 발생과 이연

제3절 순이익과 현금흐름의 조정

제4절 현금흐름정보의 중요성

이 장에서는 기업의 가치와 회계정보와의 관계를 설명한다. 현재가치등식의 개념을 이해하는 것은 매우 중요하다. 현재가치등식은 기업의 가치에 중요한 속성을 식별하는 기초가 된다. 또한 현재가치등식은 속성의 상호관계를 식별하는데 도움을 준다. 이러한 관계는 속성들이 기업의 가치에 어떤 영향을 미치는가를 나타내기 위하여 여러 가지 속성을 연계시킨다. 이 장에서는 가치등식의 적용 예를 다룬다. 채권, 차입금, 설비자산투자, 회사의 매입, 주식가격 등의 결정방법을 설명한다.

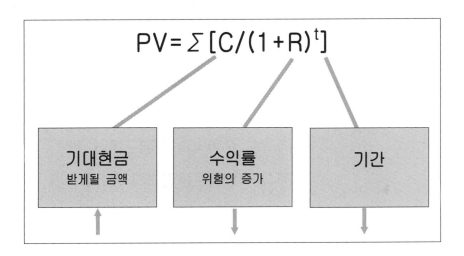

이 장에서 다루는 주요 주제는 다음과 같다.

- 투자가치에 영향을 미치는 요인
- 가치등식에 영향을 미치는 요인들의 상호관계
- 가치등식의 적용
- 가치속성의 결정
- 가치등식을 이용한 이자계산

제1절 내부거래의 수정

기업은 현금과 상품의 교환과 같은 외부거래 뿐만 아니라 내부거래도 회계 처리 해야 한다. **외부거래(external transactions)는 기업과 계약자들간에 자원이 교환될 때 발생한다.** 외부거래는 기업과 외부자 사이에 발생하는 경제적 사건이다. 외부거래는 기업이 재무자원을 조달하였을 때, 기업이 재무자원을 다른 자원에 투자하였을 때, 기업이 상품이나 서비스를 판매하였을 때 발생한다. 예를 들어 피자회사가 공급자로부터 주방기구를 구입하거나, 매월 점포 임차료를 주인에게 지급하거나, 고객에게 피자를 판매하는 것은 외부거래이다. **내부거래(internal transactions)는 회계기간 동안 이들 교환의 경제적 결과를 식별하는 것이다.** 내부거래는 순전히 기업 내부에서 발생하는 경제적 사건이다. 예를 들어, 회사가 1999년 12월 1일에 2000년도부터 3년간의 보험료 60,000원을 지급하였다고 하자. 보험상품을 구입한 1999년에 외부거래가 발생한다. 반면에 내부거래는 자원의 사용으로 이익을 얻는 기간에 자원의 소비를 인식하기 위하여 2000년, 2001년과 2002년에 기록된다. 내부거래는 회계연도마다 자산과 비용을 적절한 금액으로 보고하기 위하여 필요하다. **내부거래의 기록은 상품과 서비스의 생산·판매활동과 현금흐름과의 시간차이 때문에 필요하다. 일반적으로 내부거래의 인식은 회계기말에 계정잔액을 수정하는 과정을 통하여 이루어진다.** 현금흐름이 이미 발생하였거나 앞으로 발생하게 될 것이지만 수정을 통하여 그 회계기간의 수익과 비용의 인식이 이루어진다.

계약이 한 회계기간 이상에 걸쳐 이루어질 때 수정이 필요하다. 예를 들어, 판매자가 상품을 매입자에게 인도하였을 때 계약이 시작되고 매입자가 판매자에게 현금을 지급하였을 때 계약이 완성된다. 만일 이러한 사건이 동일한 회계기간에 발생한다면 회계 처리는 비교적 간단하다. 그러나 이러한 사건이 한 회계기간 이상에 걸쳐 발생한다면 회계 처리는 더 복잡해진다. 수익과 비용을 언제 인식하여야 하며, 얼마의 금액을 인식하여야 할 것인지를 결정해야 한다. 내부거래는 이러한 결정의 결과를 기록하는 것이다.

다음과 같은 수정사항의 예를 들어보자. [표 7-1]은 온세소매회사의 1998년 말 재무 상태표와 1999년에 발생한 거래를 요약한 것이다.

[표 7-1] 재무 상태표와 거래 요약

재무 상태표
1998년 12월 31일 현재

온세소매회사 (단위: 원)

자 산	금 액	부채와 자본	금 액
자산		**부채**	
유동자산:		유동부채:	
현금	20,600	매입채무	46,800
매출채권	50,400	미지급급여	17,900
재고자산	88,000	미지급이자	18,000
소모품	13,500	미지급법인세	5,000
선급보험료	12,000	차입금	26,000
총유동자산	184,500	총유동부채	113,700
비유동자산:		비유동부채:	
비품	92,100	장기차입금	120,000
건물	180,000	총부채	233,700
계	272,100	**자본**	
감가누계액	-110,700	자본금	100,000
	161,400	이익잉여금	72,200
토지	60,000	총자본	172,200
총비유동자산	221,400		
총자산	405,900	부채와자본	405,900

[1999년의 거래 요약]

1. 원가 123,000원의 상품을 357,000원에 외상으로 판매하다.

2. 매출채권 중 370,000원을 현금으로 회수하다.

3. 상품을 140,000원에 외상으로 구입하다.

4. 매입채무 중 132,000원을 현금으로 지급하다.

5. 급여 93,000원(미지급분 17,900과 당기분 75,100)을 현금으로 지급하다.

6. 수도광열비 5,000원을 현금으로 지급하다.

7. 소모품을 12,500원에 구입하고 대금은 현금으로 지급하다.

8. 광고선전비 14,000원을 현금으로 지급하다.

9. 이자 18,000원(미지급분)을 현금으로 지급하다.

10. 차입금 26,000원을 현금으로 상환하다.

11. 법인세 24,000원(미지급분 5,000과 당기분 19,000)을 현금으로 지급하다.

12. 배당금 20,000원을 현금으로 지급하다.

위의 예에서 1999년의 거래는 모두 외부거래이다. 이들 거래는 회사와 고객, 공급자, 채권자, 소유주와의 교환을 나타낸다. 그러나 온세소매회사가 재무제표에 보고하여할 필요가 있는 거래를 모두 포함하고 있는 것은 아니다. 예를 들어 감가상각비나 보험료를 인식하기 위한 거래가 없다. 위의 거래요약에서 빠져 있는 거래는 내부거래이다. 외부거래를 기록한 후 온세소매회사의 1999년 12월 31일 현재 개정잔액은 [표 7-2]와 같다.

[표 7-2] 외부거래가 기록된 개정잔액

자 산		=	부채+자본			+(수익-비용)		
현금	20,600		매입채무	46,800		매출	+357,000	(1)
	+370,000	(2)		+140,000	(3)	매출원가	-123,000	(1)
	-132,000	(4)		-132,000	(4)	급여	-75,100	(5)
	-93,000	(5)		**54,800**		수도광열비	-5,000	(6)
	-5,000	(6)	미지급급여	17,900		광고선전비	-14,000	(8)
	-12,500	(7)		-17,900	(5)	법인세비용	-19,000	(11)
	-14,000	(8)	미지급이자	18,000				
	-18,000	(9)		-18,000	(9)			
	-26,000	(10)	미지급법인세	5,000				
	-24,000	(11)		-5,000	(11)			
	-20,000	(12)	차입금	26,000				
	46,100			-26,000	(10)			
매출채권	50,400		장기차입금	120,000				
	+357,000	(1)	자본금	100,000				
	-370,000	(2)	이익잉여금	72,200				
	37,400			-20,000	(12)			
재고자산	88,000			**52,200**				
	-123,000	(1)						
	+140,000	(3)						
	105,000							
소모품	13,500							
	+12,500	(7)						
	26,000							
선급보험료	12,000							
비품	92,100							
건물	180,000							
감가누계	-110,700							
토지	60,000							
합계		447,900	합계		327,000			120,900

1) 감가상각

경영자는 92,100원에 취득한 비품의 내용 연수를 10년으로 추정하였다고 하자. 비품은 1999년 이전에 구입되었지만 사용에 따라 마모되므로 1999년에도 비품의 원가의 일부가 소비되었다. 소비된 부분을 인식하기 위하여 경영자는 추정 내용 연수 동안 매년 비품 원가의 1/10을 배분하기로 하였다. 따라서 1999년에 비품의 감가상각비로 9,210원을 기록하게 된다.

1999년에 소비된 자산의 원가 = 92,100/10(내용 연수)

1차 연도	2차 연도	3차 연도	....	10차 연도
9,210	9,210	9,210	....	9,210

또 경영자는 180,000원에 취득한 건물의 내용연수를 30년으로 추정하였다. 건물의 감가상각비는 매년 6,000원(180,000/30년)을 기록하게 된다. 비품과 건물의 감가상각비 합계는 15,210원이다. 이 내부거래는 감가상각누계액(accumulated depreciation)계정을 증가시키고 또 감가상각비(depreciation expense)계정을 증가시킨다. 그러므로 자산이 감소되고 이익이 감소(비용의 증가)된다.

자산	=	부채 + 자본	+ (수익−비용)
감가상각누계액 − 15,210			감가상각비 − 15,210

1999년도 감가상각누계액은 전년도 잔액 110,700원에 1999년에 기록된 감가상각액 15,210원을 가산한 금액이 된다. 감가상각비를 인식할 때는 현금의 수입과 지출이 없음을 명심하기 바란다. 자산에 대한 현금 지급은 자산을 취득할 때 이미 발생하였다. 또, 감가상각비를 인식할 때는 외부와 교환이 없었다는 것도 명심하기 바란다.

2) 보험료

1998년에 지급한 선급보험료는 1999년부터 3년간의 보험료이다. 1999년에 보험료 취득원가의 1/3이 소비되었기 때문에 회사는 1999년 보험료로 4,000원(12,000/3)을 기록하여야 한다.

1999년에 소비된 보험의 원가=12,000/3년

1차년도	2차년도	3차년도
4,000	4,000	4,000

이 내부거래는 선급보험료(prepaid insurance)를 감소시키고 보험료(insurance expense)를 증가시킨다. 그러므로 자산이 감소되고 순이익이 감소(비용이 증가)된다.

자산	=	부채 + 자본	+ (수익−비용)
선급보험료 −4,000			보험료 −4,000

감가상각비의 예에서처럼 보험료를 인식할 때는 현금의 수입과 지출이 없었음을 명심하기 바란다. 현금은 자산이 구입된 1998년에 이미 지급되었다. 1999년에는 보험을 위한 외부 교환도 발생하지 않았다.

3) 소모품

소모품은 어떤 명시적인 인식 없이 소비되어지는 자산이다. 소모품은 회사의 영업활동에 사용하므로 회계기간 중에 계속적으로 소비된다. 얼마나 많은 자산이 소비되었나를 결정하기 위하여 회사는 회계연도 말에 남아 있는 자산의 금액을 계산하거나 추정하여야 한다. 예를 들어, 1999년도 말에 16,000원의 소모품이 남아 있으면 1년 동안 10,000의 소모품을 소비하였다고 가정할 수 있다.

소모품 기초잔액	13,500
당기구입 소모품	12,500
사용가능액	26,000
소모품 기말잔액	16,000
1999년에 소비된 소모품	10,000

이 내부거래는 소모품(supplies)의 감소와 소모품비(supplies expense)의 증가로 기록된다. 그러므로 자산이 감소되고 순이익이 감소(비용의 증가)된다.

자산	=	부채 + 자본	+ (수익−비용)
소모품 −10,000			소모품비 −10,000

앞의 예처럼 소모품비를 인식할 때는 현금의 수입과 지출이 따르지 않는다. 소모품을 구입할 때 모두 지급하였다.

4) 이자

차입한 부채에 대해 회계기간 동안 발생한 이자의 수정이 필요하다. 이자는 회계기간 동안 사용한 부채에 대해 발생된다. 경영자는 이자비용을 현금으로 지급할 때 인식하는 것이 아니라 이자가 발생한 기간에 인식하여야 한다.

온세소매회사는 매년 초에 이자와 원금을 은행에 지급한다고 하자. 거래(9)에서 1999년초에 지급한 이자 18,000원은 1998년에 발생된 이자에 대한 것이다. 회사는 1999년 한해 동안 차입금에 대해 10%의 이자가 발생하였다고 하자, 1999년초에 26,000원을 상환한 후 차입금 잔액은 120,000원이다. 따라서 1999년의 이자비용은 12,000원(120,000×10%) 발생하였다. 회사는 2000년 초에 이자지급기일이 도래하면 은행에 이자를 지급하게 될 것이다.

1999년에 인식할 이자비용은 미지급이자(interest payable)의 증가와 이자비용(interest expense)의 증가로 기록하여야 한다. 그러므로 부채가 증가하고 이익이 감소(비용의 증가)한다.

자산	=	부채 + 자본		+ (수익-비용)	
	0	미지급이자	12,000	이자비용	−12,000

앞의 예에서처럼, 이자비용을 인식할 때는 현금이 포함되지 않는다. 이자의 지급기일이 도래하면 현금을 지급한다. 예를 들어, 온세소매회사는 2000년 초에 1999년에 발생한 이자의 미지급액을 지급한다. 이 거래는 2000년에 현금을 감소시키고 미지급이자를 감소시킨다.

자산	=	부채 + 자본		+ (수익-비용)	
현금	−12,000	미지급이자	−12,000		

이자에 대한 현금지급은 2000년에 이루어진다는 것을 알기 바란다. 이자와 관련된 비용은 이자가 발생한 1999년에 인식된다.

5) 급여

회사는 종업원으로부터 서비스를 제공받았을 때 급여가 발생한다. 급여가 발생하였지만 지급되지 않은 경우가 있다. 이 경우에 급여의 발생액은 회계기간 동안 종업원에게 지급한 금액과 일치하지 않는다. 온세소매회사의 1998년 말 미지급급여는 17,900원이었다. 이 금액은 1998년에 받은 서비스에 대해 1999년 초에 지급한 것이다. 종업원급여가 1999년에 85,000원 발생하였다고 하자. 회사는 그해에 93,000원을 지급하였다(거래5). 그러므로 회사는 1999년 말 현재 9,900원을 미지급하고 있다.

1999년 초 미지급급여	17,900
1999년 급여 발생액	85,000
지급해야할 총액	102,900
1999년 동안 지급한 급여	93,000
1999년 미지급급여	9,900

이 부채는 1999년 동안 미지급급여(wages payable)를 증가시키고 급여비용(wages expense)을 증가시킨다.

자산	=	부채 + 자본		+ (수익−비용)	
	0	미지급급여	9,900	급여	−9,900

회사가 2000년에 종업원에게 현금으로 지급할 때 미지급급여는 감소하게 된다.

6) 법인세

회사는 회계연도 동안의 소득에 대하여 법인세를 지급하여야 한다. 한 회계기간 동안 발생한 법인세의 일부가 다음 회계기간에 지급될 수도 있다. 그러므로 급여와 마찬가지로 한 회계기간 동안의 법인세 발생액과 법인세 납부액은 다를 수가 있다. 온세소매회사는 1998년의 미지급법인세 5,000원을 포함하여 1999년분 법인세비용 19,000원을 현금으로 지급하였다(거래 11). 회사가 연말에 1999년의 법인세비용을 22,000원으로 확정 계산하였다면 법인세비용은 3,000원을 기록하면 된다. 이는 미지급법인세(income taxes payable)를 증가시키고 법인세비용(income taxes expense)을 증가(이익을 감소)시킨다.

자산	=	부채 + 자본		+ (수익−비용)	
	0	미지급법인세	3,000	법인세비용	−3,000

7) 차입금

마지막 내부거래는 온세소매회사가 다음 회계연도에 만기가 도래하는 차입금을 인식하는 것이다. 이 금액은 비유동부채의 장기차입금에서 유동부채의 단기차입금으로 대체하여야 한다. 대체되는 금액은 은행과 약정한 차입금 상환일정에 따른다. 회사는 2000년에 20,000원의 차입금을 상환하여야 한다고 하자. 이 거래는 1999년 말에 비유동부채를 감소시키고 유동부채를 증가시킨다.

자산	=	부채 + 자본		+ (수익-비용)
0		단기차입금	+20,000	
		장기차입금	-20,000	

이상의 내부거래에 대한 수정사항을 추가로 기록하면 계정잔액은 [표 7-3]과 같이 나타난다.

[표 7-3] 수정사항기록 후 계정잔액

자 산		=	부채+자본			+(수익-비용)		
현금	20,600		매입채무	46,800		매출	+357,000	(1)
	+370,000	(2)		+140,000	(3)	매출원가	-123,000	(1)
	-132,000	(4)		-132,000	(4)	급여	-75,100	(5)
	-93,000	(5)		**54,800**			-9,900	⑤
	-5,000	(6)	미지급급여	17,900			**-85,000**	
	-12,500	(7)		-17,900	(5)	수도광열비	-5,000	(6)
	-14,000	(8)		**+9,900**	⑤	광고선전비	-14,000	(8)
	-18,000	(9)		9,900		법인세비용	-19,000	(11)
	-26,000	(10)	미지급이자	18,000			-3,000	⑥
	-24,000	(11)		-18,000	(9)		**-22,000**	
	-20,000	(12)		+12,000	④	감가상각비	-15,210	①
	46,100			**12,000**		보험료	-4,000	②
매출채권	50,400		미지급법인세	5,000		소모품비	-10,000	③
	+357,000	(1)		-5,000	(11)	이자비용	-12,000	④
	-370,000	(2)		+3,000	⑥			
	37,400			**3,000**				
재고자산	88,000		차입금	26,000				
	-123,000	(1)		-26,000	(10)			
	+140,000	(3)		+20,000	⑦			
	105,000			**20,000**				
소모품	13,500		장기차입금	120,000				
	+12,500	(7)		-20,000	⑦			
	-10,000	③		**100,000**				
	16,000		자본금	100,000				
선급보험료	12,000		이익잉여금	72,200				
	-4,000	②		-20,000	(12)			
	8,000			**52,200**				
비품	92,100							
건물	180,000							
감가누계	-110,700							
	-15,210	①						
	-125,910							
토지	60,000							
합 계	418,690		합 계	351,900			66,790	

[표 7-4]와 [표 7-5]는 수정사항을 기록한 후 온세소매회사의 1999년도 재무 상태표와 손익계산서를 작성한 것이다.

요약하면 1998년도 결산 후 1999년도에 이월되는 계정잔액은 자산, 부채, 자본항목 뿐이다. 이들 항목의 계정잔액은 장부에서 확인할 수도 있고 재무 상태표에서도 알 수 있다. 1999년도 1년 동안 발생되는 거래에서 자산, 부채, 자본에 속하는 항목은 1998년도 잔액에 가감되며, 수익과 비용에 속하는 항목은 1년 동안 누적된다. 결산을 할 때는 수정사항을 정리하여 해당 계정에 가감하여야 한다. 대부분의 수정사항은 수익과 비용, 자산과 부채항목에 영향을 미친다. 이와 같이 수정사항을 반영한 후의 계정잔액은 재무제표 작성의 기초자료가 된다.

자산, 부채, 자본에 속하는 계정잔액으로 재무 상태표를 작성하며, 수익과 비용에 속는 계정잔액으로 손익계산서를 작성한다. 이를 그림으로 나타내면 다음과 같다.

[표 7-4] 재무 상태표

1998년 계정 잔액	±	1999년 거래와 수정사항		
자산 부채 자본		자산 부채 자본 수익 비용	→ 재무 상태표	
			→ 포괄손익계산서	

재무 상태표
당기 1999년 12월31일 현재
전기 1998년 12월31일 현재

온세소매회사   (단위 : 원)

자산	당기	전기	부채와 자본	당기	전기
자산			**부채**		
유동자산:			유동부채:		
현금	46,100	20,600	매입채무	54,800	46,800
매출채권	37,400	50,400	미지급급여	9,900	17,900
재고자산	105,000	88,000	미지급이자	12,000	18,000
소모품	16,000	13,500	미지급법인세	3,000	5,000
선급보험료	8,000	12,000	차입금	20,000	26,000
총유동자산	212,500	184,500	총유동부채	99,700	113,700
비유동자산:			비유동부채:		
비품	92,100	92,100	장기차입금	100,000	120,000
건물	180,000	180,000	총부채	199,700	233,700
계	272,100	272,100	**자본**		
감가누계액	-125,910	-110,700	자본금	100,000	100,000
	146,190	161,400	이익잉여금	118,990	72,200
토지	60,000	60,000	총자본	218,990	172,200
총비유동자산	206,190	221,400			
총자산	418,690	405,900	부채와자본	418,690	405,900

[표 7-5] 포괄손익계산서

포괄손익계산서
1999년 1월 1일부터 1999년 12월 31일까지

온세소매회사 (단위 : 원)

과　　　　　목	금　　　액	
Ⅰ.매출액		357,000
Ⅱ.매출원가	88,000	
1.기초상품 재고액	140,000	
2.당기매입액	105,000	
3.기말상품 재고액		123,000
Ⅲ.매출총이익(또는 매출총손실)		234,000
Ⅳ.판매비와관리비	85,000	
급여	5,000	
수도광열비	15,210	
감가상각비	4,000	
보험료	10,000	
소모품비	14,000	
광고선전비		133,210
Ⅴ.영업이익(또는 영업손실)		100,790
Ⅵ.영업외수익		
Ⅶ.영업외 비용		
이자비용		12,000
Ⅷ.경상이익(또는 경상손실)		
Ⅸ.특별이익		
Ⅹ.특별손실		
Ⅺ.법인세비용차감전순이익		88,790
(또는 법인세비용차감전순손실)		
Ⅻ.법인세비용		22,000
ⅩⅢ.당기순이익(또는당기순손실)		66,790
(주당경상이익:　　원)		
(주당순이익:　　원)		

　　내부거래에 대한 수정을 기록하고 보고하는 것은 회계 처리과정에서 필수적인 부분이다. 지금까지 논의한 수정사항의 대부분은 수익과 비용의 인식과 현금의 수입과 지출의 시간차이 때문이다. 내부거래와 마찬가지로 외부거래도 시간차이과 관련이 있을 수 있다.

제2절   발생과 이연

　상품이나 서비스의 생산, 판매시기와 현금의 수입, 지출시기와의 시간차이는 어느 한 기간에 수익과 비용이 인식되고 현금흐름은 다른 기간에 인식되는 거래를 초래한다. 내부거래는 발생과 이연의 예이다. 그러나 발생과 이연은 외부거래에서도 발생할 수 있다. 앞에서 살펴 본 수정사항들은 발생과 이연의 예이다. 발생(accruals)과 이연(deferrals)은 수익의 발생, 비용의 발생, 수익의 이연, 비용의 이연의 네 가지 유형으로 구분할 수 있다.

　수익과 비용의 발생 : 수익과 비용을 인식하였으나 현금의 수입이나 지출이 이루어지지 않았을 때 미수수익(accrued revenues)과 미지급비용(accrued expenses)이 발생한다.

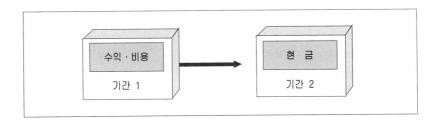

　수익과 비용의 이연 : 현금의 수입이나 지출은 있었으나 수익과 비용을 인식하지 못하였을 때 선수수익(deferred revenues)과 선급비용(deferred expenses)이 발생한다.

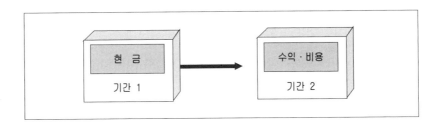

　수정의 영향을 보면 수정사항은 하나의 재무 상태표계정과 하나의 손익계산서계정에 영향을 미친다는 것을 알 수 있다. 네 가지 유형의 수정사항에 대한 관련 자료를 요약하면 다음과 같다.

수정의 유형	관계되는 계정	수정전 계정	수정의 영향
1 미수수익	자산과 수익	자산과소, 수익과소	자산증가, 수익증가
2 미지급비용	비용과 부채	비용과소, 부채과소	비용증가, 부채증가
3 선수수익	부채와 수익	부채과대, 수익과소	부채감소, 수익증가
4 선급비용	자산과 비용	자산과대, 비용과소	비용증가, 자산감소

1. 미수수익

회사는 3월부터 세 달 동안 매월 초 100,000원의 상품을 판매하기로 하였다. 고객으로부터 상품대금 300,000원을 5월말에 받기로 약속하였다. 회사는 3, 4, 5월초에 상품을 고객에게 제공하였으나 5월말까지 현금을 받지 못하였다. 수익과 현금흐름의 관계를 나타내면 다음과 같다.

	3월	4월	5월
수 익	100,000	100,000	100,000
현금유입	0	0	300,000

회사는 상품이 고객에게 제공되는 3, 4, 5월초에 매월 100,000원의 수익을 인식하여야하며 매출채권 100,000원도 3, 4, 5월초에 인식하여야 한다.

자산		=	부채 + 자본	+ (수익-비용)		
매출채권	3월 100,000			매출	3월	100,000
	4월 100,000				4월	100,000
	5월 100,000				5월	100,000

매출채권(accounts receivable)이라는 자산계정은 장래에 받게 될 현금을 나타낸다. 5월말에 현금을 받으면 매출채권은 감소하고 현금은 증가한다.

자산		=	부채 + 자본	+ (수익-비용)
현금	300,000		0	
매출채권	-300,000			

매출채권은 현금을 받을 때까지 장래의 기대되는 현금유입을 기록하는 것이다. 이 계정은 수

익의 인식과 현금 수입과의 차이를 조정하는 역할을 한다. 이것은 매출(sales revenue)과 매출채권과 현금과의 관계를 인식하는데 매우 중요하다. 아래의 표를 보면 수익의 인식 시기와 현금을 받는 시기가 다르며 수익의 인식 시기가 현금을 받는 시기보다 빠르다는 것을 알 수 있다.

사건	수익의 인식	시간 조정	현금흐름
1	매출　300,000	매출채권　300,000	
2		매출채권　−300,000	현금　300,000

첫 거래는 수익의 실현(매출)과 판매로 인하여 기대되는 현금유입(매출채권)을 기록한다. 두 번째 거래는 채권을 제거하고 현금 수입을 기록한다. 이 거래의 순영향은 300,000원의 현금 증가와 300,000원의 수익 증가이다. 따라서 매출채권은 시간차이를 조정하는 수단이다.

2. 미지급비용

시간차이는 비용과 현금흐름과의 사이에서도 발생한다. 회사가 7월 1일 10,000,000원을 은행에서 차입하고 이자는 3개월마다 300,000원을 지급하기로 하였다. 실제로 이자지급은 9월 30일에 하지만 회사는 7, 8, 9월 매월 말 100,000원의 이자비용을 인식하여야한다. 그러나 이자비용을 인식할 때는 현금 지급이 기록되지 아니하며 실제로 현금이 지급되는 9월 30일에 현금 지급이 기록된다. 이자비용과 현금흐름의 관계는 다음과 같다.

	7월	8월	9월
비 용	−100,000	−100,000	−100,000
현금유출	0	0	−300,000

앞의 예에서 매출채권이 장래에 기대되는 현금유입(받을 때까지)을 나타내는 것처럼 미지급이자는 장래의(이자가 지급될 때까지) 현금유출을 나타낸다.

자산	=	부채 + 자본		+ (수익−비용)		
0		미지급이자	7월　100,000	이자비용	7월	−100,000
			8월　100,000		8월	−100,000
			9월　100,000		9월	−100,000

이자가 지급될 때까지 지급될 금액은 미지급비용계정에 누계한다. 그리고 현금이 지급되면

미지급비용계정은 감소한다.

자산	=	부채 + 자본	+ (수익-비용)
현금 -300,000		미지급이자 -300,000	

이 거래의 순영향으로 현금 300,000원이 감소하고 순이익이 300,000원 감소(비용발생)한다.

사건	비용의 인식	시간 조정	현금흐름
1	이자비용 -300,000	미지급이자 300,000	
2		미지급이자 -300,000	현금 -300,000

다른 비용계정도 마찬가지로 미지급비용과 현금흐름의 관계가 존재한다. 어떤 거래에는 해당 자산이 포함될 수도 있다. 예를 들어, 회사가 2월에 재고자산 800,000원을 외상으로 매입하였다고 하자. 대금 800,000원은 3월에 공급자에게 지급하기로 하였다. 상품 중에 300,000원은 2월에 판매되었고 나머지 500,000원은 3월에 판매되었다. 회사는 2월에 상품을 구입하였을 때 자산으로 인식하여야 한다. 현금 지급은 3월에 발생된다.

	2월	3월
자 산	800,000	0
현금유출	0	-800,000

자산의 일부분은 2월에 소비되었고 나머지는 3월에 소비되었다. 그러므로 2월과 3월에 인식되는 비용은 다음과 같다.

	2월	3월
비용	-300,000	-500,000

재고자산(inventory)이 구입될 때 재고자산이 증가하고 매입채무가 증가한다.

자산	=	부채 + 자본	+ (수익-비용)
재고자산 800,000		매입채무 800,000	

자산이 소비될 때 매출원가(cost of goods sold)라는 비용을 인식한다.

자산			=	부채 + 자본		+ (수익－비용)		
재고자산	2월	-300,000				매출원가	2월	-300,000
	3월	-500,000					3월	-500,000

마지막으로, 현금이 지급될 때 현금과 매입채무(accounts payable)가 감소된다.

자산		=	부채 + 자본		+ (수익－비용)
현금	-800,000		매입채무	-800,000	

이 거래의 순영향은 다음과 같다. 회사는 현금을 800,000원 지급하였고 2, 3월 두 달 동안 800,000원의 순이익이 감소되었다. 다음 표를 보면 현금이 지급되는 시기와 비용이 인식되는 시기가 다르며 현금이 지급되는 시기에 앞서 비용이 인식되었음을 알 수 있다.

	자산	비용의 인식	시간 조정	현금흐름
1	재고자산 800,000		매입채무 800,000	
2	재고자산 -800,000	매출원가-800,000		
3			매입채무 -800,000	현금 -800,000

경제적 사건으로부터 이익이 되는 회계기간에 경제적 사건을 인식해야 하기 때문에 회계 처리과정은 복잡하다. 비용의 인식 시기와 현금흐름의 시기에는 차이가 있다. 그러므로 회계시스템은 거래가 인식되어야 하는 기간을 식별하기 위한 수단을 제공하고 있다. 비용(때로는 자산)이 인식되는 시기와 현금이 지급되는 시기와의 차이를 조정하는 회계기록의 수단으로 미지급비용계정을 사용하고 있다.

3. 선수수익

수익이 실현되기 전에 현금을 받았을 때 선수수익이 발생한다. 10월 1일에 회사는 월 250,000원에 3개월간 설비를 대여하였다고 하자. 고객으로부터 3개월분 대여료 750,000원을 미리 현금으로 받았다. 회사가 현금을 받았지만 그 시점에 수익은 실현되지 않으며 대여기간이 경과함에 따라 수익이 실현된다. 현금흐름은 10월에 발생하였다. 그러나 고객은 10, 11, 12월에 서비스를 제공받는다.

결과적으로 회사는 10, 11, 12월에 수익이 실현될 때까지 수익을 이연하여야 한다. 수익과 현금흐름과의 관계는 다음과 같다.

	10월	11월	12월
수 익	250,000	250,000	250,000
현금유입	750,000	0	0

수익이 실현되기 전에 현금을 받았을 때는 선수임대료(unearned rent)와 같은 부채계정에 기록된다. **선수수익은 부채이다.** 선수수익은 장래에 고객에게 상품이나 서비스를 제공할 의무를 나타낸다. 이 의무는 고객이 아직 받지 않은 상품과 서비스에 대해 고객이 미리 현금을 지급하였기 때문에 발생한 것이다.

자산	=	부채 + 자본		+ (수익-비용)
현금 750,000		선수임대료 750,000		

3개월 동안 임대료가 실현되면 수익이 인식하고 부채가 감소한다.

자산	=	부채 + 자본		+ (수익-비용)	
0		선수임대료 10월	-250,000	수입임대료 10월	250,000
		11월	-250,000	11월	250,000
		12월	-250,000	12월	250,000

따라서 선수임대료와 같은 선수수익계정은 현금은 미리 받고 수익이 그 후에 실현되는데 대한 조정의 수단을 제공해준다.

사건	현금흐름		시간 조정		수익의 인식	
1	현금	750,000	선수임대료	750,000		
2			선수임대료-	750,000	수입임대료	750,000

이 거래의 순영향은 750,000원의 현금이 증가하고 수입임대료가 증가하는 것이다.

4. 선급비용

비용이 발생하기 전에 현금을 지급하면 선급비용이 발생한다. 예를 들어, 회사가 1월 1일에 240,000원을 지급하고 3개월 보험상품을 구입하였다고 하자. 현금유출은 1월 1일에 발생하였고 보험정책과 관련된 효익은 1, 2, 3월에 걸쳐 소비된다. 회사는 보험이 소비되는 1, 2, 3월에 비용을 인식하여야 한다. 비용과 현금흐름과의 관계는 다음과 같다.

	1월	2월	3월
비 용	-80,000	-80,000	-80,000
현금유출	-240,000	0	0

선급보험료(prepaid insurance)와 같은 자산계정은 소비될 때까지 이용 가능한 금액을 나타낸다. **선급비용계정은 자산이다.** 현금을 지급한 대가로 장래에 소비되어질 자원이다.

자산		=	부채 + 자본	+ (수익-비용)
현금	-240,000		0	
선급보험료	240,000			

자산이 소비될 때 선급보험료가 감소하고 보험료를 인식한다.

자산			=	부채 + 자본	+ (수익-비용)		
선급보험료	1월	-80,000			보험료	1월	-80,000
	2월	-80,000				2월	-80,000
	3월	-80,000				3월	-80,000

이들 거래에 대한 순영향은 240,000원의 현금이 감소하고 순이익이 감소(비용발생)한다. 현금흐름은 비용이 인식되는 시기와 다르며 비용의 인식 시기보다 더 빨리 발생한다.

사건	현금흐름		시간 조정		비용의 인식	
1	현금	-240,000	선급보험료	240,000		
2			선급보험료	-240,000	보험료	-240,000

5. 발생과 이연의 요약

회계시스템에 기록되는 많은 거래는 시간차이로부터 발생된다. 매출채권, 미지급이자, 선수임대료, 선급보험료와 같은 자산·부채 계정은 발생과 이연거래로 인해 발생한 것이다. **발생과 이연거래는 적어도 수익과 비용을 기록하기 위하여 하나의 분개가 필요하고 현금의 수입과 지출을 기록하기 위하여 또 하나의 분개가 필요하다.**

그러므로 (1)유동자산, 유동부채계정과 (2)수익, 비용계정 사이에는 밀접한 관계가 있다. 유동자산과 유동부채계정은 수익과 비용이 인식되는 시기와 현금이 수입·지출되는 시기를 연계시켜 준다.

미수수익과 미지급비용:

수익이나 비용의 인식	시간 조정	현금흐름
수익이나 비용	유동자산이나 유동부채	
	유동자산이나 유동부채	현금 수입이나 지출

선수수익과 선급비용:

현금흐름	시간 조정	수익이나 비용의 인식
현금 수입이나 지출	유동자산이나 유동부채	
	유동자산이나 유동부채	수익이나 비용

제3절 순이익과 현금흐름의 조정

현금흐름표는 회계기간 동안의 거래에 대한 현금흐름을 보고한 것이다. 현금흐름표는 회계기간 동안 현금의 수입과 지출이 따르는 사건에 관한 정보를 제공하여 준다.. 온세소매회사의 직접법에 의한 현금흐름표는 [표 7-6]과 같다.

[표 7-6] 현금흐름표-직접법

(직접법)

현금흐름표
1999년 1월1일부터 1999년 12월31일까지

온세소매회사

Ⅰ.영업활동으로 인한 현금흐름		71,500
가. 매출등 수익활동으로 부터의 유입액	370,000	
나. 매입에 대한 유출액	(132,000)	
다. 종업원에 대한 유출액	(93,000)	
라. 수도광열비 유출액	(5,000)	
마. 소모품비 유출액	(12,500)	
바. 광고료등 유출액	(14,000)	
사. 이자비용 유출액	(18,000)	
아. 미지급법인세의 지급	(24,000)	
Ⅱ.투자활동으로 인한 현금흐름		
1.투자활동으로 인한 현금유입액		
2.투자활동으로 인한 현금유출액		
Ⅲ.재무활동으로 인한 현금흐름		(46,000)
1.재무활동으로 인한 현금유입액		
2.재무활동으로 인한 현금유출액		
단기차입금의 상환	(26,000)	
배당금 지급	(20,000)	
Ⅳ.현금의 증가(감소) (Ⅰ+Ⅱ+Ⅲ)		25,500
Ⅴ.기초의 현금		20,600
Ⅵ.기말의 현금		46,100

1999년 1년 동안 온세소매회사의 현금잔액에 영향을 미친 사건들은 [표 7-3]의 현금계정 변동에 나타나 있다(216쪽 방법①). 그러나 외부의사결정자는 회사의 개별거래에 관한 정보에 접근할 수가 없다. 따라서 재무제표는 거래의 영향을 요약한 정보를 제공하여 주는 것이다.

직접법으로 작성된 현금흐름표는 현금흐름과 손익계산서에 보고된 경영성과(순이익)와의 관계를 설명하여주지 못한다. 온세소매회사의 순이익은 66,790원([표 7-5] 참조)인 반면에 영업활동으로 인한 현금흐름은 71,500원이었다. 이러한 차이에 대한 설명은 현금흐름표의 주석사항으로 제공된다. 이러한 절차는 간접법으로 작성된 현금흐름표에 나타나는 정보와 비슷하다. 이절에서는 대부분 회사가 사용하는 간접법 현금흐름표의 작성방법을 설명한다. 간접법 현금흐름표는 영업활동에 영향을 미치는 현금흐름을 직접 보고하지 않는다. 대신에 간접법은 발생기준의 순이익을 현금기준의 영업활동으로 인한 현금흐름으로 조정한다.

[표 7-7] 현금흐름표-간접법

(간접법)
현금흐름표
1998년 1월1일부터 1999년 12월31일까지

온세소매회사

I.영업활동으로 인한 현금흐름		71,500
1.당기순이익	66,790	
2.현금의 지출이 없는 비용등의 가산		
감가상각비	15,210	
3.현금의 수입이 없는 수익 등의 차감		
4.영업활동으로 인한 자산, 부채의 변동		
매출채권의 감소	13,000	
재고자산의 증가	(17,000)	
소모품의 증가	(2,500)	
매입채무의 증가	8,000	
선급보험료의 감소	4,000	
미지급급여의 감소	(8,000)	
미지급이자의 감소	(6,000)	
미지급법인세의 감소	(2,000)	
II.투자활동으로 인한 현금흐름		–
1.투자활동으로 인한 현금유입액		
2.투자활동으로 인한 현금유출액		
III.재무활동으로 인한 현금흐름		(46,000)
1.재무활동으로 인한 현금유입액		
2.재무활동으로 인한 현금유출액		
단기차입금의 상환	(26,000)	
배당금 지급	(20,000)	
IV.현금의 증가(감소) (I+II+III)		25,500
V.기초의 현금		20,600
VI.기말의 현금		46,100

[표 6-4]의 비교재무 상태표 자료에서

37,400-50,400	= -13,000	매출채권의 감소
105,000-88,000	= 17,000	재고자산의 증가
16,000-13,500	= 2,500	소모품의 증가
54,800-46,800	= 8,000	매입채무의 증가
8,000-12,000	= -4,000	선급보험료의 감소
9,900-17,900	= -8,000	미지급급여의 감소
12,000-18,000	= -6,000	미지급이자의 감소
3,000-5,000	= -2,000	미지급법인세의 감소

그러므로 **간접법은 직접적으로 현금흐름 정보를 보고하는 것이 아니라 발생주의 정보를 현금주의로 수정하는 것이다.** 직접법이든 간접법이든 영업활동으로 인한 현금흐름의 금액은 동일하게 보고된다. [표 7-7]은 온세소매회사의 간접법 현금흐름표이다.

[표 7-7]의 간접법 현금흐름표는 영업활동과 관련된 현금의 원천과 사용을 직접적으로 나타내지 않는다. 대신에 유동자산, 유동부채계정과 기타 수정사항의 변동 결과를 간접적으로 나타낸다. 이와 같은 표시는 직접법보다 더 복잡하다. 그럼에도 불구하고, 실무에서는 간접법이 많이 사용된다. **간접법의 영업활동으로 인한 현금흐름부분은 발생주의와 현금주의 경영성과를 조정하도록 고안되어 있기 때문이다.**

투자활동과 재무활동으로 인한 현금흐름 부분은 두 가지 방법이 동일하다. 그러므로 다음에서는 영업활동부분에 대해서만 논의하겠다.

간접법을 이해하기 위하여 발생과 이연을 이해하여야 한다. 순이익과 영업활동으로 인한 현금흐름과의 차이는 회계기간 동안 발생과 이연으로부터 발생된 것이기 때문이다. 발생과 이연은 현금흐름과 수익, 비용의 시간차이 때문에 발생하였음을 기억하기 바란다. 이러한 시간차이는 다음과 같이 유동자산과 유동부채계정의 잔액에 영향을 미친다.

미수수익과 미지급비용:

수익이나 비용의 인식	시간 조정	현금흐름
수익이나 비용	유동자산이나 유동부채	
	유동자산이나 유동부채	현금 수입이나 지출

선수수익과 선급비용:

현금흐름	시간 조정	수익이나 비용의 인식
현금 수입이나 지출	유동자산이나 유동부채	
	유동자산이나 유동부채	수익이나 비용

현금주의와 발생주의의 차이는 관련된 유동자산이나 유동부채계정의 변동과 동일하다. 앞의 예에서 선급보험료를 생각해 보자. 회사는 1월 1일에 3개월분 보험료 240,000원을 현금으로 지급하였다. 현금은 1월 1일에 지출되었지만 보험정책과 관련된 가치는 1, 2, 3월이 경과하여야 소비된다. 따라서 회사는 매월 보험정책이 소비된 만큼 비용을 인식하여야 한다.

	1월	2월	3월
비 용	−80,000	−80,000	−80,000
현금흐름	−240,000	0	0

1월에 인식된 보험료는 80,0000원이다. 그러나 현금 지급액은 240,000원이었다. 보험료비용과 현금 지급액과의 차액은 선급보험료이다.

현금	−240,000	선급보험료	240,000		
		선급보험료	−80,000	보험료	−80,000
		변동	160,000		

비용의 영향은 1월의 순이익을 80,000원 감소시킨다. 그러나 실제 외부거래는 1월에 240,000원의 현금을 감소시켰다. 그 차이는 1월에 160,000원의 선급보험료가 증가한 것이다.

순이익에 대한 영향(감소)	(80,000)
− 선급보험료의 증가	(160,000)
영업활동으로 인한 현금의 영향	(240,000)

그러므로 간접법에서 160,000원은 현금흐름표의 현금흐름이 없는 항목으로 이익에서 차감하여야 한다.

현금흐름표에서 순이익의 조정은 발생과 이연 때문이다. 발생과 이연의 금액은 대부분의 경우에 관련된 유동자산과 유동부채계정의 변동액으로 결정할 수 있다. 아래에서는 이러한 변동사항을 살펴보자.

1. 매출채권

매출, 매출채권과 현금흐름의 관계를 생각해보자. 매출은 순이익을 증가시킨다. 그러나 매출은 현금을 회수하였을 때 현금을 증가시킨다. [표 6-3]은 1999년동안 매출채권이 13,000원 감소되었음을 나타내고 있다.

	1998	거 래		1999
외상매출		+357,000	(1)	
고객으로부터현금회수		−370,000	(2)	
매출채권	50,400	−13,000		37,400

기간 중 회수된 현금(370,000)이 외상매출(357,000)보다 크면 매출채권은 감소한다. 회계기간 동안 이익의 증가로 보고된 금액(357,0000)은 1999년 1년 동안 고객으로부터 현금회수액(370,000) 보다 13,000원이 적다. 그러므로 1999년 1년 동안의 영업활동으로 인한 현금흐름을 결정하기 위해서는 매출채권의 감소액 13,000원을 순이익에 가산하여야 한다.

순이익	시간차이의 조정	= 영업활동으로인한현금흐름
매 출	+매출채권의 감소	= 고객으로부터 현금회수
357,000	+13,000	= 370,000

따라서 [표 6-6]의 직접법은 고객으로부터 회수한 현금을 직접 보고함으로써 매출로부터 현금흐름을 보고하고 있다. 그러나 [표 6-7]의 간접법은 동일한 결과를 보고하고 있지만 순이익에 매출채권의 감소를 가산함으로써 간접적으로 보고하고 있다. 반대로 기간 중 매출채권이 증가하는 경우에는 현금흐름을 계산할 때 순이익에서 차감하여야 한다.

2. 재고자산

기간 중 재고자산을 판매하고 또 구입함으로써 재고자산의 변동을 가져온다. [표 6-4]를 보면 1999년에 재고자산이 17,000원 증가하였다.

	1998	거 래	1999
재고자산구입		+140,000 (3)	
매 출 원 가		-123,000 (1)	
재 고 자 산	88,000	17,000	105,000

그러므로 1999년 1년 동안 판매한 재고자산보다 구입한 재고자산이 17,000원 더 많았다.

판매된 상품의 원가는 매출원가이므로 순이익을 감소시킨다. 그러나 비용으로 기록된 금액보다 구입된 재고자산이 17,000원 더 많았다.

순이익	시간차이의 조정	= 구입액
매출원가	-재고자산의 증가	= 재고자산의 구입
-123,000	-17,000	= -140,000

비용(매출원가)이 구입된 재고자산보다 17,000원 더 적기 때문에 영업활동으로 인한 현금흐름을 계산할 때 이 금액을 순이익에서 차감하여야 한다. 반대로 기중에 재고자산이 감소하면 영업활동으로 인한 현금흐름을 계산할 때 감소한 금액을 순이익에 가산하여야 한다.

3. 매입채무

재고자산과 관련된 현금흐름은 매입채무와도 관계가 있다. 재고자산에 대한 지급은 두 단계의 과정을 거친다. 첫 번째 단계는 재고자산을 외상으로 구입하는 것이다. 그리고 두 번째 단계에서 공급자에게 현금을 지급한다. 매입채무의 잔액에 대한 조정은 두 번째 단계에서 이루어진다. 다음의 경우를 생각해보자.

[표 6-4]를 보면 1999년에 매입채무가 8,000원 증가하였다.

	1998	거 래		1999
재고자산구입		+140,000	(3)	
공급자에게 지급		-132,000	(4)	
매입채무	46,800	8,000		54,800

매입채무의 증가는 구입된 재고자산이 현금으로 지급한 금액보다 많다는 것을 의미한다. 즉, 재고자산 구입액이 현금지급액보다 8,000원 많았다.

구입액	시간차이의 조정	= 영업활동으로인한현금흐름
재고자산의 구입	+매입채무의 증가	= 공급자에게 현금지급
-140,000	+8,000	= -132,000

현금유출이 구입된 금액보다 적으므로 매입채무의 증가는 영업활동으로 인한 현금흐름을 계산할 때 순이익에 가산하여야 한다([표 7-7]). 만일 기중 매입채무가 감소하면 감소액을 순이익에서 차감하여야 한다. 1999년 1년 동안 공급자에게 지급한 현금액은 재고자산의 변동(첫 번째 단계)과 매입채무의 변동(두 번째 단계)을 함께 조사하여 결정하여야 한다. 이 두 계정의 변동은 매출원가(기중 소비된 재고자산)와 1년 동안 공급자에게 지급한 현금액과의 차액이다.

순이익	시간차이의 조정	= 영업활동으로인한현금흐름
매출원가	−재고자산의 증가 +매입채무의 증가	= 공급자에게 현금지급
−123,000	−17,000 +8,000	= −132,000

이 금액은 [표 6-6]의 직접법 현금흐름표에 보고된 공급자에게 지급한 현금액과 일치한다.

현금흐름표는 재고자산의 변동과 매입채무의 변동의 두 부분에서 두 단계의 수정을 필요로 한다. 이들 계정의 상호관계를 이해하는 것은 현금흐름표를 해석하는데 매우 중요하다.

4. 미지급이자

[표 7-4]를 보면 미지급이자가 6,000원 감소하였다.

	1998	거 래	1999
이자의 지급		−18,000　(9)	
이자비용		+12,000	
미지급이자	18,000	−6,000	12,000

미지급이자 6,000원의 감소는 이자 18,000원을 현금으로 지급하였고 12,000원의 이자비용을 인식하였기 때문이다. 그러므로 순이익에 대한 영향은 현금유출보다 6,000원이 적다.

이자비용으로 인식된 금액보다 현금지급액이 더 많았다. 그러므로 미지급이자의 감소는 영업 활동으로 인한 현금흐름을 계산할 때 순이익에서 차감하여야 한다([표 7-7]).

순이익	시간차이의 조정	= 영업활동으로인한현금흐름
이자비용	−미지급이자의 감소	= 이자 현금지급액
−12,000	−6,000	= −18,000

5. 감가상각

[표 7-2]에서 1999년도의 순이익을 계산하는데 감가상각비를 15,210원 인식하였다. 또한, 이 비용은 재무 상태표에 감가상각누계액의 증가로 나타난다. 그러나 1999년도 1년 동안 이 비용과

관련된 현금흐름은 없었다. 현금유출은 비유동자산이 사용된 현재 회계기간이 아니라 비유동자산이 구입되었을 때 이미 발생하였다. 현금유출은 자산이 구입된 기간에 현금흐름표의 투자활동으로 인한 현금흐름에 나타난다. 그러므로 현재 회계기간 동안에 감가상각비와 관련된 추가 현금유출은 없다. 감가상각비는 순이익을 계산할 때 수익에서 차감하므로 영업활동으로 인한 현금흐름을 계산할 때 순이익에 가산하여야 한다.

순이익	시간차이의 조정	= 영업활동으로인한현금흐름
감가상각비	+감가상각비의 증가	= 감가상각비 현금지급액
−15,210	+15,210	= 0

다른 비용항목과는 달리 감가상각비는 유동자산이나 유동부채에 영향을 미치지 않는다. 감가상각누계액이 이와 같은 유형의 역할을 한다. 감가상각누계액의 변동은 감가상각비의 인식시기와 현금지급시기와의 시간차이 때문이다. 그러나 아마도 감가상각비와 같이 현금을 수반하지 않는 비용은 영업활동으로 인한 현금흐름을 계산할 때 순이익에 가산하여야 한다고 기억하는 것이 더 쉬울 것이다.

무형자산의 상각도 현금을 수반하지 않는 비용이다. 역시 이러한 비용은 영업활동으로 인한 현금흐름을 계산할 때 순이익에 가산하여야 한다. 이러한 비용은 상각될 때 현금지출이 이루어지는 것이 아니라 무형자산을 구입하거나 무형자산의 창출을 위해 원가가 발생할 때 현금 지출이 이루어진다.

이러한 비용도 감가상각비처럼 순이익을 감소시키지만 현금을 감소시키는 것은 아니다. 그러므로 감가상각비나 무형자산상각비 같이 현금에 영향을 미치지 않는 비용은 영업활동으로 인한 현금흐름을 계산할 때 순이익에 가산하여야 한다.

6. 간접법을 위한 수정의 요약

간접법으로 현금흐름표를 작성하기 위하여 순이익을 조정하는 방법을 요약하면 다음과 같다. 순이익을 조정해야 하는 다른 수정사항도 매출채권, 재고자산, 매입채무, 미지급이자에 대한 수정방법과 동일하다.

1. 유동자산의 증가는 영업활동으로 인한 현금흐름을 계산할 때 순이익에서 차감하여야 한다. 유동자산의 감소는 영업활동으로 인한 현금흐름을 계산할 때 순이익에 가산하여야 한다.

2. 유동부채의 증가는 영업활동으로 인한 현금흐름을 계산할 때 순이익에 가산하여야 한다. 유동부채의 감소는 영업활동으로 인한 현금흐름을 계산할 때 순이익에서 차감하여야 한다. (유동자산의 처리와 반대이다.)

3. 감가상각비와 같이 현금을 수반하지 않는 비용은 영업활동으로 인한 현금흐름을 계산할 때 순이익에 가산하여야 한다. 경우에 따라서는 현금을 수반하지 않는 수익을 순이익에서 차감하여 보고하여야 한다. 비유동자산매각손익은 차감하거나(이득) 가산하여야 한다(손실). 이러한 손익은 현금의 제공이나 사용이 아니라 투자활동으로 인한 현금흐름으로 보고되었기 때문이다.

> 순이익
> + 감가상각비와 무형자산상각비
> − 유동자산의 증가
> + 유동자산의 감소
> + 유동부채의 증가
> − 유동부채의 감소
> ─────────────
> = 영업활동으로 인한 현금흐름

이러한 관계가 간접법 현금흐름표와 일치하는지를 [표 7-7]에서 확인하여야 한다. **차입금은 유동부채이지만 차입금의 변동에 대해서는 순이익을 수정하지 않았음을 주의하기 바란다.** 차입금의 변동은 비유동부채의 상환과 관련이 있고 재무활동으로 보고된다. 차입금은 순이익이나 영업활동으로 인한 현금흐름에 영향을 미치지 않기 때문에 차입금은 영업활동의 결과가 아니다. 그러나 차입금에 대한 이자는 순이익과 현금흐름에 영향을 미치므로 조정사항에 포함되어야 한다.

간접법은 순이익과 현금흐름을 조정하는 것이다. 이러한 조정은 (1)수익 및 비용과 (2)현금흐름 사이의 시간차이를 조정하는 계정의 변동액을 조사함으로써 이루어진다. **시간차이를 초래하는 대부분의 계정은 유동자산과 유동부채에 속하는 계정들이다. 이러한 계정은 발생주의와 현금주의의 시간차이를 수정하는데 필요한 발생과 이연을 식별하기 위한 계정들이다. 이러한 관계를 이해하지 못하면 회계정보를 이해하기 어렵다는 것을 알 것이다.** 이것이 회계측정과 전환과정을 보고하는 것의 핵심이다.

제4절 현금흐름정보의 중요성

1. 현금흐름의 해석

현금흐름표는 회계기간 동안의 현금유출과 현금유입을 초래한 사건을 보고한다. 손익계산서와 현금흐름표는 둘 다 회계기간 동안의 영업활동을 보고하지만 두 가지 점이 서로 다르다. 첫째, 현금흐름표는 영업활동과 더불어 재무활동과 투자활동을 보고하지만 손익계산서는 주로 영업활동을 보고한다. 둘째, 현금흐름표는 영업활동을 현금기준으로 보고하지만 손익계산서는 영업활동을 발생주의 기준으로 보고한다. 손익계산서는 당기 영업활동과 관련된 모든 현금유입과 현금유출이 받았거나 지급된다면 초래될 현금흐름의 추정치를 제공한다.

현금흐름표는 당기에 실제로 받았거나 지급한 현금을 보고한다. 손익계산서는 당기의 영업활동으로 인하여 회사에 경제적 영향을 미쳤거나 미치게될 모든 사건이 완성될 경우에 조직이 얼마나 업적을 잘 수행하였는지에 대한 추정치를 제공한다. 손익계산서에 보고되는 정보는 추정치이기 때문에 정보가 반드시 정확한 것은 아니다. 반면에 현금흐름은 완성된 사건을 보고하기 때문에 정보가 정확하다. 그러나 이 정보는 손익계산서에 보고된 당기의 영업성적만큼 좋은 측정치는 아니다.

현금흐름표는 활동이 언제 발생했는지 관계없이 당기의 현금흐름을 보고한 것이다.

현금흐름에 관한 정보는 기업의 유동부채 지급능력에 관한 의사결정에 유용하다. 손익계산서에 측정된 수익성은 업적측정의 한 방법일 뿐이다. 기업이 수익성은 있지만 부채를 상환할 현금이 충분하지 못 할 수도 있다. 예를 들어 매출은 많지만 매출채권을 회수하지 못하는 경우이다.

유동자산과 유동부채계정의 변동은 기업의 영업활동의 장점과 단점을 나타낸다. 예를 들어, 회계기간중 매출채권이 크게 증가한 경우에는 회사가 매출대금의 회수에 어려움을 겪고 있다는 것을 의미한다. 따라서 순이익은 양호하지만 현금흐름은 불량할 수도 있다. 마찬가지로 매입채무가 크게 증가한 경우에는 회사가 유동성 자금 확보에 어려움을 겪고 있다는 것을 의미한다. 따라서 기업의 성공을 보증하는 수익성이 충분하지 못하다. 이익은 양호한 현금흐름이 뒤따라야 한다. 양호한 현금흐름은 수익을 적시에 현금으로 전환할 수 있는 회사의 능력을 나타내는 신호이기 때문이다.

[표 7-8]은 명성주식회사의 순이익과 현금흐름을 예시한 것이다. 1998년의 현금흐름은 1997년에 비해 매우 증가하였음을 알 수 있다. 또 현금흐름의 증가와 더불어 순이익도 증가되었음을 알 수 있다. 명성주식회사의 순이익은 영업활동으로 인한 현금흐름과 강한 상호관계가 있다.

[표 7-8] 순이익과 영업활동으로 인한 현금흐름의 비교

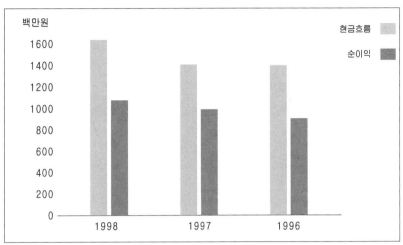

[표 7-9]는 M사와 D사의 1998년도 순이익과 현금흐름을 비교한 것이다. 두 기업의 재무활동에서 큰 차이를 나타내고 있다. M사는 순이익과 영업활동으로 인한 현금흐름이 양(+)으로 보고되었다. M사는 투자활동과 재무활동에 현금유출이 많은 것으로 나타났는데 이는 재무 상태가 양호함을 나타내는 것이다. 신규투자가 많다고 하는 것은 성장을 의미하고 미래의 수익성을 기대하게 한다. 이러한 활동은 회사가 현금을 사용하여 재무 상태를 튼튼하게 하고 있음을 나타내고 있다.

[표 7-9] 순이익과 현금흐름의 비교

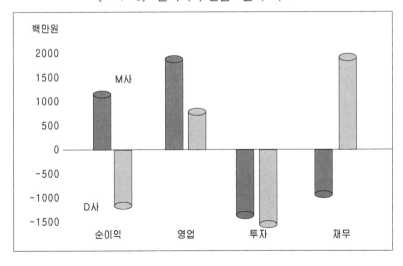

반면에 D사는 매우 다른 내용을 나타내고 있다. 영업활동으로 인한 현금흐름은 양(+)인데 비해 순손실을 보고하고 있다. 그럼에도 불구하고 투자활동에 많은 현금유출을 나타내고 있다. 또 투자활동에 필요한 자금을 대부분 부채와 주식의 증가로 조달하였음을 나타내고 있다. 따라서 M사와 D사는 거의 비슷한 규모의 투자를 하였지만 D사는 신규재무조달로 한 반면에 M사는 영업활동으로부터 자금을 조달하였다.

이러한 비교는 순이익과 함께 기업의 현금흐름에 대한 평가의 중요성을 나타내고 있다.

2. 재무제표와 전환과정

[표 7-10]은 재무제표와 전환과정과의 관계를 나타낸 것이다. 전환과정은 영업활동, 투자활동, 재무활동으로 이루어진다. 재무제표는 이들 활동에 관한 정보와 이들 상호관계에 관한 정보를 제공한다. 이 책의 나머지 장에서는 이들 정보와 의사결정에서의 이들 정보의 이용을 다룬다.

현금흐름표, 손익계산서, 재무 상태표는 영업활동, 투자활동, 재무활동과 관련된 정보를 제공하여 준다. 이 정보는 현금흐름표의 세 가지 구분에서 명확하게 알 수 있다. 손익계산서는 기본적으로 영업활동에 관한 정보를 전달하여 준다. 재고자산이외의 다른 자산의 매각과 관련된 이득과 손실은 투자활동의 결과로 나타난다. 마찬가지로, 이자수익도 투자활동의 결과로 나타난다. 이자비용은 재무활동의 결과로 나타난다.

[표 7-10] 전환과정의 주요요소에 대한 재무제표 보고

현금흐름표	손익계산서	재무 상태표
영업활동	영업활동으로 인한 이익	유동자산과 유동부채
투자활동	영업외 수익과 비용	비유동자산
재무활동	영업외 수익과 비용	비유동부채와 자기자본

재무활동은 재무 상태표의 비유동부채와 자기자본으로부터 초래된다. 비유동자산은 투자활동의 결과이다. 대부분 유동자산과 유동부채는 영업활동으로부터 발생되는데 수익의 인식과 현금유입 또는 비용의 인식과 현금유출과의 시간차이 때문이다. 이익잉여금처분계산서는 이익잉여금의 처분내용을 보고하는 것이다.

연 습 문 제

1. 외부거래와 내부거래의 차이를 설명하라. 내부거래가 필요한 이유를 설명하라.

2. 내부거래의 예를 들어라.

3. 발생과 이연을 설명하라.

4. 네 가지 유형의 수정사항에 대한 관련자료를 요약하라.

5. 미수수익을 설명하라.

6. 미지급비용을 설명하라.

7. 선수수익을 설명하라.

8. 선급비용을 설명하라.

9. 직접법 현금흐름표와 간접법 현금흐름표의 양식을 비교하라.

10. 간접법 현금흐름표와 발생과 이연의 관계를 설명하라.

11. 현금흐름 정보의 중요성을 설명하라.

12. 재무제표와 전환과정과의 관계를 설명하라.

13. 다음 중 내부거래는 어느 것인가?

    a. 외상으로 재고자산을 구입

    b. 유형자산의 감가상각

    c. 채권자에게 차입금을 상환

    d. 임대료를 미리 현금으로 받음

14. 동성(주)는 9월에 이자비용 500원을 인식하였다. 이 이자는 12월에 지급될 것이다. 이 거래의 결과 다음 중 맞는 것은?

	미지급이자	이익
a.	+500원	−500원
b.	+500원	+500원
c.	−500원	+500원
d.	−500원	−500원

15. 고층(주)는 11월의 임대수익을 800원으로 인식하였다. 이 임대료는 10월에 현금으로 받았다. 다음 중 옳게 나타낸 것은?

	현 금	이익
a.	+800원	−800원
b.	+800원	+800원
c.	0원	+800원
d.	0원	−800원

16. 수정사항의 주요 목적은?

    a. 순이익의 증가

    b. 미지급법인세의 최소화

    c. 회계기간 동안에 발생한 오류를 정정

    d. 회계기간 기말에 적절한 계정잔액을 얻는다.

17. 영업활동이 회사의 재무 상태표에 주로 반영되는 것은?

    a. 유형자산

    b. 유동자산과 유동부채

    c. 영업수익

    d. 영업활동으로 인한 현금흐름

18. 회사가 회계기간 동안 순손실을 기록하였으나, 영업활동으로 인한 현금은 순증가를 나타냈다. 이를 설명하라.

19. 영건(주)는 1996년 이자비용을 10,000원으로 기록하였으나, 회사의 수정사항으로 미지급이자계정이 2,000원 증가하였다. 1996년 회사의 총이자비용은?

20. 무성(주)는 1996년 4월1일 은행으로부터 1,500,000원을 차입하였으며, 6월 30일부터 매분기마다 45,000원을 이자로 지급하기로 하였다. 이자는 매달 발생한다.

    이 거래로 인한 3개월 동안의 영향을 아래의 표를 이용하여 완성하라.

	7 월	8 월	9 월	합 계
비 용				
현금의 흐름				

3개월 동안의 영향	시간 조정	
이자비용	미지급이자	
	미지급이자	현금

21. 발생과 이연을 구별하기 위한 다음 표를 완성하라. 선급비용, 미지급비용, 선수수익. 미수수익을 적절히 기록하라.

현금을 6월에 지불하고 관련된 비용은 7월에 인식하였다.	
수익을 6월에 인식하였으나 현금은 7월에 받았다.	
비용을 6월에 인식하였으나 현금은 7월에 지불하였다.	
현금을 6월에 받았으나 관련된 수익은 7월에 인식하였다.	

22. 다음의 정보는 정각시계사의 1999년도 상반기 자료이다.

매출	65,000 원
비용	37,500
매출채권의 증가	4,000
재고자산의 감소	6,000
소모품의 감소	2,500
매입채무의 증가	6,500
미지급급여의 감소	1,500
감가상각비	4,500
무형자산상각비	1,000

1999년 상반기의 영업활동으로 인한 현금흐름을 계산하라.

23. 다음은 일출사의 재무제표의 일부이다.

	2000년		2000년	1999년
매출	11,200	현금	1,340	1,940
매출원가	6,400	매출채권	4,600	2,200
판매비와관리비	2,800	재고자산	9,400	5,000
순이익	2,000	매입채무	3,800	2,600
배당금지급	1,000	차입금	10,000	6,000

〈요구사항〉

일출사의 현금흐름표를 작성하라.

24. 유동자산과 유동부채에 대한 거래의 영향

다음의 거래가 각 계정에 미치는 영향을 증가(+) 감소(-)로 표시하라.

거 래	매출채권의 영향	순이익의 영향	현금흐름의 영향
상품 6,000원을 외상매출			
고객으로부터 8,250원 회수			
순변동			

제 8 장

투자활동과 자산

제1절 자산의 유형

제2절 유동자산

제3절 유가증권

제4절 투자자산

제5절 유형자산

제6절 무형자산

제7절 기타비유동자산

투자활동의 주요 목적은 기업을 위한 재무자원을 조달하는 것이다. 투자활동은 재무자원이 어떻게 사용되는지를 결정하는 것이다. 특히, 영업활동에 사용될 자산을 취득하는 것의 선택이 포함된다. 기업은 영업활동을 위하여 사용하는데 필요한 기계, 재료, 건물, 비품과 같은 자산에 재무자원을 투자한다.

이 장에서 설명될 투자활동은 현금, 유가증권, 건물, 비품, 특허권과 같은 자산의 투자를 다룬다. 이들 투자에 대한 회계는 취득, 처분에 대한 회계, 자산의 사용과 관련된 비용에 대한 회계, 재무 상태표에 보고될 금액의 식별, 재무제표에 주기로 투자활동에 대한 공시 등이 포함된다. 자산의 보고와 통제도 회계정보에 영향을 미치는 중요한 이슈이다.

이 장에서 다루는 주요 주제는 다음과 같다.

- 현금과 단기매매증권에 투자
- 비유동자산에 투자

제1절 자산의 유형

투자활동은 기업의 경영활동에 필요한 자원을 제공하는 것이다. 이들 자원은 자산으로 보고된다. 그러나 모든 자원이 자산에 포함되는 것은 아니다. 예를 들어 경영자와 숙련된 종업원의 가치는 자산에 포함되지 아니한다. 기업은 식별 가능한 원가가 합리적으로 결정될 수 있는 자산을 재무 상태표에 보고한다. [표 8-1]은 기업회계기준에서 규정한 자산 항목이다.

[표 8-1] 자산의 분류

자 산		
유동자산	1 당좌자산	① 현금및현금성자산
		② 단기투자자산 (단기예금 단기매매증권 단기대여금 매도가능증권 만기보유증권)
		③ 매출채권　　　④ 선급비용
		⑤ 이연법인세자산　　⑥ 기타(미수수익　미수금 선급금)
	2 재고자산	① 상 품　　② 제 품　　③ 반제품
		④ 재공품　　⑤ 원재료　　⑥ 저장품
		⑦ 기타
비유동자산	1 투자자산	① 투자부동산　　② 장기투자증권(만기보유증권, 매도가능증권)
		③ 지분법적용투자주식
		④ 장기대여금
		⑤기타
	2 유형자산	① 토 지　　② 설비자산(건물, 구축물, 기계장치)
		③ 건설중인자산　　④ 기타(차량운반구, 선박, 비품, 공기구)
	3 무형자산	① 영업권　　② 산업재산권
		③ 개발비　　④ 기타(라이선스와 프랜차이즈, 저작권, 컴퓨터소프트웨어, 임차권리금, 광업권, 어업권)
	4.기타비유동자산	① 이연법인세자산
		② 기타(임차보증금, 장기선급비용, 장기선급금, 장기예수금, 장기미수금)

자산은 유동자산과 비유동자산으로 구분한다. 유동자산은 1년 이내에 현금으로 전환 가능하거나 실현될 것으로 예상되는 자산을 말한다. 기업회계기준에서는 유동자산을 당좌자산과 재고자산으로 분류하고 있다. 당좌자산은 유동자산 중에서 판매 등을 거치지 않고 1년 이내 또는 영

업순환기간 이내에 즉시 현금화되는 자산으로 유동성이 큰 자산이다. 매출채권 재고자산 선급비용과 같은 유동자산은 기업의 영업활동과 밀접한 관련이 있는 항목들이다. 또 비유동자산은 투자자산, 유형자산, 무형자산, 기타비유동자산으로 분류하고 있다.

제2절   유동자산

1. 현금 및 현금성자산

현금 및 현금성자산은 통화 및 타인발행수표 등 통화대용증권과 당좌예금·보통예금 및 일정조건이 구비된 금융상품을 말한다.

1) 현금

회계학자들은 **현금(cash)을 은행에 즉시 예금되어질 수 있는 항목으로 정의하고 있다.** 현금에는 동전과 지폐 등의 통화뿐만 아니라 언제든지 통화로 바꿀 수 있는 통화대용증권도 포함된다. 통화대용증권에는 타인발행의 당좌수표, 자기앞수표, 송금환, 우편환증서, 공사채만기이자표, 지급일이 도래한 배당금영수증 등이 있다. 회계목적상 어음, 차용증서(IOUs), 선일자수표, 수입인지, 우표엽서 등은 현금으로 취급되지 않는다.

현금은 기업이 소유하고 있는 모든 자산 중에서 가장 유동성(liquidity)이 강하기 때문에 재무상태표를 작성할 때 유동자산 중 가장 먼저 기재한다. 채권자나 투자자는 기업의 미래 현금흐름(cash flow)에 많은 관심을 가지고 있다. **기업이 통화나 통화대용증권을 직접 보관하고 있는 것을 현금(cash on hand)이라 하고 은행에 보관시키고 있는 것을 예금(cash in bank)이라고 한다.** 따라서 기업 외부의 이해관계자는 현금과 예금을 구분하는데 관심이 있는 것이 아니라 이들을 통합한 금액에 관심이 있다.

현금은 어떤 다른 자산보다도 도난당하기가 쉽다. 또 기업의 거래 중 많은 부분이 현금의 수입과 지출을 수반한다. 이러한 이유들 때문에 기업에서는 현금에 대한 효율적인 관리가 필요하다. 수입된 현금은 그날그날 은행에 예입하고 지출은 수표발행에 의하는 것이 바람직하다. 현금관리의 목적은 모든 현금 거래에 대한 정확한 회계 처리, 현금 부정이나 횡령으로 인한 손실의 방지, 적정수준의 현금잔액 유지에 있다.

현금은 취급과정에서 오류가 발생되기 쉽다. 현금 실제액과 장부잔액이 일치하지 않은 경우에는 그 원인을 찾아 적절하게 처리하여야 하다. 현금 실제액과 장부잔액이 일치하지 않는 원인은 ① 장부기입의 오류와 ② 현금의 수입과 지출의 오류 또는 도난과 분실로 구분할 수 있다.

① 장부기입의 오류는 장부와 증빙서류를 대조하여 그 원인을 찾을 수 있다. 이때 현금과부족계정(cash short and over account)이라는 임시계정을 설정하여 기입하고, 조사결과 그 원인이 밝혀지면 해당계정에 대체한다. 그러나 결산일까지 그 원인이 밝혀지지 않으면 현금부족액은 잡손실계정(miscellaneous expense account)에 대체하고, 현금 과잉액은 잡이익계정(miscellaneous revenue account)에 대체한다.

② 현금의 수입과 지출의 오류 또는 도난과 분실은 장부를 조사하여도 그 원인을 밝힐 수 없다. 특히 이러한 오류는 현금 판매의 경우에 거스름돈 계산 과정에서 많이 발생한다. 매일 매일 영업 종료 후 현금 실제액과 금전등록기 기록을 비교하여 현금과부족 계정에 기록한다. 회계기간 동안 현금부족액의 합계가 현금초과액의 합계보다 많으면 잡손실로 처리한다. 반대로 현금초과액이 현금부족액보다 많으면 이는 잡이익으로 처리한다.

2008년 6월1일 지장사는 영업을 마감하고 장부 기록을 확인하였더니 합계액이 ₩200,000이었으나 실제현금은 ₩190,000으로 확인되었다.
  ① 장부기입의 오류의 경우 – 2008년 6월10일 불일치 원인을 조사한 결과 현금부족액은 차입금 이자지급의 기록누락으로 판명되었다.
  ② 현금의 수입과 지출의 오류 또는 도난과 분실 – 2008년 6월30일 현금부족액을 잡손실로 처리하다.

현금과부족의 기록

	차 변		대 변	
6/1발견	현금과부족	10,000	현금	10,000
①원인판명	이자비용	10,000	현금과부족	10,000
②원인불명	잡손실	10,000	현금과부족	10,000

---

2) 소액현금

모든 현금은 은행에 예금하고 모든 지출은 수표로 결제하는 것이 바람직하다. 그러나 모든 기업은 소액의 지출을 하기 위하여 현금을 소유하고 있다면 매우 편리 할 것이다. 우표대금, 택시요금, 사무용품비 등이 그 예이다. 이러한 항목에 대해 수표를 발행하는 것은 매우 불편하고 시간,

비용이 많이 든다. **소액현금(petty cash fund)은 비교적 소액의 지출에 사용할 기금을 말한다. 소액현금을 운영하는 제도를 정액자금전도제(imprest system)라고 한다.**

회사는 소액자금의 관리인을 정하여 소액자금의 결정과 책임을 지도록 하여야한다. 소액현금 자금은 보통 3-4주의 현금소액지출에 필요한 금액을 수표 발행한다. 이 수표는 현금으로 교환하여 현금은 소액현금금고에 보관한다.

소액현금지급이 이루어질 때에는 날짜, 지급금액, 지출목적 영수인 등을 기록하고 영수증을 받아 두어야 한다. 따라서 소액현금의 금고에 있는 현금과 영수증의 합계는 항상 소액현금 자금 액과 정확히 일치한다. 소액현금의 관리가 소홀해지면 이는 대형 도난의 첫 단계가 된다. 그러므로 소액현금의 부족에 너무 관대해서는 안 된다.

소액현금 자금이 최소의 수준이 되면 자금을 보충하여야 한다. 이 결정은 관리인이 하며 회계기록을 할 수 있도록 지금까지 사용한 영수증을 포함한 자료를 회계기록 부서에 제출하여야 한다.

금성사는 정액자금전도방법에 의한 소액현금제도를 채용하기로 하였다.

5월 1일 소액현금으로 ₩200,000을 용도계에 지급하다.

5월 31일 용도계로부터 소액현금지급(사무용품비 ₩80,000, 교통비 ₩50,000, 잡비 ₩60,000) 보고를 받고 동액의 소액현금을 보충하여 주다.

소액현금의 기록

	차 변		대 변	
5/1설정	소액현금	200,000	당좌예금	200,000
5/31보충	사무용품비	80,000	당좌예금	190,000
	교통비	50,000		
	잡비	60,000		

---

3) 당좌예금

입금된 현금은 그날그날 은행에 예입하고 지출은 수표발행에 의하는 것이 현금관리에 따르는 번잡과 위험을 줄일 수 있다. 기업이 수표를 발행하여 지출을 하기 위해서는 은행에 당좌예금계좌를 개설하여야 한다. 당좌예금계좌를 개설하려면 소정의 서류를 갖추어 은행과 당좌계약을 맺어야 한다.

일반적으로 예금은 이자나 저축이 목적이나 당좌예금은 대부분 자금의 보관이나 지급위탁을 주목적으로 한다. **당좌예금은 운영자금을 은행에 예입하여 두고 현금 수불의 사무를 은행에 대**

행시킬 목적으로 이루어지는 예금이다. 당좌예금의 인출은 반드시 수표를 이용하여야 하며 무이자인 것이 특색이다.

원칙적으로 기업은 당좌예금 잔액이 있을 때에만 수표를 발행할 수 있다. 예금 잔액을 초과하여 수표를 발행하면 은행에서는 지급을 거절하게 된다. 예금 잔액이 부족할 경우를 대비하여 은행과 당좌차월계약을 맺어두면 당좌차월 한도액까지도 수표를 발행할 수 있다. 이러한 경우에 은행은 회사가 당좌예금 잔액을 초과하여 발행하는 수표에 대하여 계약된 한도액 내에서 지급에 응하게 된다. 회사에서 볼 때 언제든지 필요한 자금을 차입할 수 있고 불필요한 경우에는 바로 상환할 수 있다.

당좌차월(bank overdraft)은 회사가 부족한 수표지급자금을 은행으로부터 차입하는 것이므로 유동부채로 표시하여야 한다. 회사가 예금 잔액을 초과하여 수표를 발행하였을 때는 초과액을 당좌차월계정의 증가로 기입한다. 그 후 은행에 예금을 하면 당좌차월액을 상환한 후 잔액은 당좌예금 잔액이 된다. 따라서 당좌차월액을 당좌차월 계정의 감소로 기입하고 잔액이 있으면 당좌예금계정의 증가로 기입한다. 그리고 당좌차월에 대한 이자는 이자비용계정으로 처리한다.

다음은 청주상점의 당좌거래 내역과 회계기록이다.

4월 1일 청주상점은 직지은행과 당좌약정을 맺고 ₩1,000,000을 예입하다.(단, 근저당을 설정하고 ₩500,000한도의 당좌차월계약을 함)

4월 7일 충주상점에서 상품 ₩800,000을 매입하고, 대금은 수표를 발행하여 지급하다.

4월 15일 보은상회의 매입채무 ₩650,000을 수표 발행하여 지급하다.

4월 25일 속리상회의 매출채권 ₩700,000을 현금으로 받아 곧 당좌예입하다.

당좌예금과 당좌차월의 기록

	차 변		대 변	
4/1	당좌예금	1,000,000	현금	1,000,000
4/7	상품	800,000	당좌예금	800,000
4/15	매입채무	650,000	당좌예금	200,000
			당좌차월	450,000
4/25	당좌차월	450,000	매출채권	700,000
	당좌예금	250,000		

회사가 하나의 은행과 당좌예금거래를 하는 경우에는 당좌예금 잔액이나 당좌차월 잔액으로 나타난다. 여러 은행과 당좌예금거래를 하는 경우에는 당좌예금 잔액과 당좌차월 잔액이 같이 나타나

는 때가 있다. 이때에는 서로 상계해서는 안 되며 당좌예금과 당좌차월을 각각 기재하여야 한다.

기업이 고객으로부터 받은 수표를 제시하였으나 은행으로부터 수표금액의 지급이 거절되는 경우가 있다. 지급거절의 가장 일반적인 원인은 고객의 예금 잔액이 발행된 수표금액보다 적기 때문이다. 이러한 수표를 부도수표(Not Sufficient Funds Checks, dishonored check)라고 한다. 고객으로부터 받아 예입한 수표가 부도가 되면 당좌예금에서 차감하고 부도수표계정의 증가로 기입한다.

4) 은행계정조정표

은행계정을 조정하는 목적은 회사의 당좌예금 잔액이 은행의 기록과 일치하는가를 확인하기 위함이다. 회사와 은행은 예금과 인출에 관하여 각각 독자적으로 기록을 한다. 따라서 **회사는 정기적으로 회사의 당좌예금 기록과 은행의 원장기록이 일치하는가를 검증할 필요가 있다. 이때 작성하는 표를 은행계정조정표(bank reconciliation statement)라고 한다.**

은행으로부터 받은 은행계정명세서(bank statement)의 잔액이 회사의 당좌예금 잔액과 일치하지 않는 것이 보통이다. 이는 회사와 은행이 장부를 기록하는 시점에 차이가 있기 때문이다.

첫째, 회사에서는 기장 하였으나 은행에서 아직 기록되지 않는 거래
1. 발행수표의 미결제 (outstanding checks) : 회사에서는 수표를 발행하고 당좌예금을 감소시키는 기록을 하였으나 발행된 수표가 은행에 지급 청구되지 않은 수표이다.
2. 예금의 미기입 (deposits in transit) : 회사가 은행에 예입하였으나 은행장부에 기록되지 아니한 예금을 말한다. 특히 야간에 은행의 업무마감 이후에 예치하는 경우에 발생될 수 있다.

둘째, 은행계정 명세서에는 기장 되었으나 회사에서 아직 기록되지 않은 거래
3. 수수료 (service charges) : 은행이 회사에 용역을 제공한 대가로 수수료를 회사의 당좌예금에서 직접 차감한다.
4. 부도수표 (NSF check) : 고객으로부터 받은 수표를 당좌예금 하였으나 수표발행인의 예금부족으로 지급이 거절되는 경우가 있다. 은행에서는 이와 같은 부도수표의 금액을 회사의 예금에서 차감한다.
5. 이자비용 (interest) : 은행은 당좌차월에 대한 이자를 계산하고 이를 회사의 예금에서 인출하게 된다.
6. 미통지예금 (deposit by third parties) : 거래처가 온라인 등으로 회사의 당좌예금에 입금하는 경우이다.

셋째, 회사나 은행의 기장상의 오류

회사에서 기장상의 오류가 있을 때는 이를 정정하여 한다. 특히 회사가 여러 은행에 당좌구좌를 가지고 있을 때는 한 은행의 발행수표를 다른 은행의 지급으로 기록하는 오류가 많다. 마찬가지로 예금에 대한 기록에도 이와 같은 오류가 발생되기 쉽다. 은행에서 오류가 발생하였을 경우에는 회사가 기록할 필요가 없으며 은행측에 정정을 요구하면 된다.

은행계정조정표는 거래은행별로 작하여야성 하며 다음의 세 가지 방법을 들 수 있다.

① 은행당좌예금 잔액증명서의 잔액을 기준으로 금액을 가감 회사의 당좌예금 잔액으로 일치시키는 방법

② 회사의 당좌예금계정잔액을 기준으로 금액을 가감하여 은행의 당좌예금 잔액으로 일치시키는 방법

③ 회사의 당좌예금계정잔액과 은행의 당좌예금 잔액을 각각 가감하여 조정잔액을 일치시키는 방법

이상의 세 가지 방법 중 ③의 방법은 거래의 흐름에 따른 조정하는 방법이므로 가장 합리적인 것으로 평가되고 있다.

2008년 5월 31일 현재 청주상점의 당좌예금 잔액은 ₩1,207,000인데, 은행의 당좌예금 잔액증명서의 잔액은 ₩2,240,000이었다. 그 원인을 조사한 결과 다음과 같은 사실이 발견되었다.

(1) 이미 발행한 수표로서 은행측에서 미지급한 것은 ₩600,000(매입처 삼덕상회)이 있다.

(2) 부산상점의 매출채권 ₩500,000이 은행에 입금되었으나 통지를 받지 못했다.

(3) 은행에서 당월분 수수료 ₩40,000을 차감하였으나 통지를 받지 못했다.

(4) 예입한 거래처수표 ₩69,000이 장부상에서 ₩96,000으로 기장되어 있다.

위의 자료에 의하여 은행계정조정표를 작성하고, 정정에 필요한 분개를 하시오.

은행계정조정표

2008년 5월 31일 현재

회사측당좌예금 잔액		1,207,000	은행측예금 잔액증명서	2,240,000
(2) 미통지예금(가산)		+500,000	(1) 발행수표미지급액(차감)	−600,000
(3) 지급수수료(차감)		− 40,000		
(4) 오류정정(차감)		− 27,000		
잔 액		1,640,000	잔액	1,640,000

정정분개

	차 변		대 변	
(2)	당좌예금	500,000	매출채권	500,000
(3)	지급수수료	40,000	당좌예금	40,000
(4)	매출채권	27,000	당좌예금	27,000

5) 금융상품

현금 및 현금성자산에 속하는 금융상품은 큰 거래비용 없이 현금으로 전환이 용이하고 이자율변동에 따른 가치변동의 위험이 중요하지 않은 금융상품으로서 취득당시 만기일(또는 상환일)이 3개월 이내인 것을 말한다.

금융상품의 예로는 양도성예금증서, 기업어음, 어음관리구좌, 환매조건부채권, 표지어음 등이 있다.

① **양도성예금증서**(CD : certificates of deposit) 정기예금에 양도성을 부여한 예금증서이다. 즉 소지인에게 원금과 확정이자를 지급하는 조건인 정기예금증서로서, 무기명할인식으로 발행되어 만기일 이전에 양도에 의하여 유통시장에서 거래될 수 있다.

② **기업어음**(CP : commercial paper) 기업이 자금조달을 위해 발행하는 어음형식의 단기채권이다. 즉 타인이 발행한 어음을 구입하여 자금을 대여하는 어음대여금의 일종인데, 금융기관이 이 거래의 형성을 위하여 중간에 개입하게 된다는 데 특성이 있다. 그러므로 고객은 이 어음에 대한 거래를 위하여 현금이나 즉시 추심할 수 있는 수표, 어음을 예탁하게 된다.

③ **어음관리구좌**(CMA : cash management account) 일반고객이 자금을 금융기관에 위탁하고, 그 금융기관은 할인어음, 팩토링금융어음, 국채나 공채 등에 투자하여 이에 따른 수익을 이자의 형태로 지급하게 된다.

④ **환매조건부채권**(repurchase) 금융기관이 일정기간후 확정금리를 보태어 되사는 조건으로 발행하는 채권이다. 금융기관과 조건부채권 매매를 하고자 하는 거래상대방 간에 조건부채권 매매계약을 체결함으로써 형성되는 금융상품이다. 여기서 조건부채권 매매는 다음 각 사항에 해당하는 것으로서, 고객과 협의하여 정하여진 이자율로써 거래가 이루어진다.
조건부채권 매도: 법인이 일정기간 후 일정가액으로 환매수할 것을 조건으로 고객에게 매도하게 된다.
조건부채권 매수: 법인이 일정기간 후 일정가액으로 환매도할 것을 조건으로 고객으로부터 매수하게 된다.
법인의 환매수 또는 환매도가격은 일반적으로 다음과 같은 산식으로 계산하게 된다.
환매수(또는 환매도) 가격= 조건부 매도(또는 조건부 매수)가격 x(1+약정일수/365x해당이자율)

⑤ **표지어음** 기업의 받을어음이나 외상매출금을 금융기관이 매입하여 이를 근거로 하여 발행되는 어음을 말한다. 표지어음의 지급인은 이 표지어음을 발행 판매한 금융기관이 해당된다.

2. 단기투자자산

단기투자자산은 기업이 여유자금의 활용 목적으로 보유하는 단기예금, 단기매매증권, 단기대여금 및 유동자산으로 분류되는 매도가능증권과 만기보유증권 등의 자산을 말한다.

이들 자산은 현금 및 현금성자산과 함께 기업의 단기 유동성을 파악하는데 중요한 정보이기 때문에 개별 표시한다.

1) 단기예금

단기예금은 당좌예금이나 보통예금과 같이 현금 및 현금성자산에 속하지 않은 예금으로서 그 만기가 1년 이내에 도래하는 정기예금, 정기적금 등을 그 예로 들 수 있다.

2) 단기매매증권

이는 장기투자수익획득이나 타회사 지배목적으로 소유하는 것이 아니고, 단기적 매매거래에 의하여 그 매매차익을 목적으로 취득하는 유가증권으로서 지분증권 및 채무증권이 그 대상이 되고 있다. 단기매매증권은 단기투자자산 등의 과목으로 통합하여 재무 상태표에 표시할 수 있다.

3) 단기대여금

이는 회수기간이 1년 이내에 도래하는 대여금으로서 차용증서나 어음을 받고 자금을 대여함으로써 계상되어진다. 단기대여금도 기업의 여유자금을 단기적으로 투자대체수단 중 하나가 될 수 있으므로, 단기투자자산에 포함시키고 있다.

4) 유동성 매도가능증권과 만기보유증권

유동성 매도가능증권은 재무 상태표일로부터 1년 내에 만기가 도래하거나 또는 매도 등에 의하여 처분할 것이 거의 확실한 증권이라 할 수 있다. 유동성 만기보유증권은 재무 상태표일로부터 1년 내에 만기가 도래하는 증권을 지칭하게 된다.

3. 매출채권

매출채권(trade receivable)은 매출로 인하여 고객으로부터 장래에 현금으로 받을 금액이다. 매출채권에는 외상매출금(accounts receivable)과 받을어음(notes receivable)으로 구분할 수 있는데 외상매출금은 신용거래에서 발생되며 받을어음은 금액 기한이 명시된 어음상의 채권이다. 회사가 외상으로 상품이나 서비스를 판매할 때 매출채권은 증가하고 고객으로부터 현금으로 받을 때 감소한다. 매출채권계정의 잔액은 회사가 고객으로부터 회수하기를 기대하는 금액을 나타낸다.

1) 외상매출금

외상매출금은 매출과 관련하여 발생하며 교환가치로 측정된다. 매출과 관련하여 발생하는 사항으로 매출할인, 매출환입, 매출 에누리, 매매할인 등이 있다. 매출할인, 매출환입, 매출 에누리는 매출수익을 감소시키는 결과를 초래하였다. 그러나 매매할인은 표시가격에서 일정률을 할인하여 주는 것이다. 할인된 가격이 송장가격이 되며 이 금액으로 장부에 기록된다. 그래서 매매할인은 매출수익의 인식과 아무런 상관이 없다. 따라서 매출할인, 매출환입, 매출 에누리는 매출수익의 인식과 관련이 있으므로 총매출액에서 매출할인, 매출환입, 매출 에누리를 차감하여 매출수익으로 인식하여야 한다. 이에 관한 회계 처리가 이루어지면 외상매출금도 변동하게 된다. 이에 관한 회계 처리는 제5장에서 살펴보았다.

2) 받을어음

어음에는 약속어음과 환어음이 있다. 약속어음은 어음의 발행인이 일정한 금액을 일정기일에 어음의 수취인에게 지급할 것을 약속하는 증서이다. 어음의 발행인은 어음상의 채무자이고 어음의 수취인은 어음상의 채권자가 된다. 환어음은 어음의 발행인이 지급인에게 일정한 금액을 일정기일에 수취인에게 지급할 것을 위탁하는 증서이다. 환어음의 발행인은 어음상의 채무자가 아니므로 어음상의 채무자인 지급인의 동의가 필요하다. 환어음의 수취인은 어음을 받으면 지급인에게 제시하여 지급의 승낙을 받아야 한다. 이를 어음의 인수라고 한다. 그러므로 어음의 지급인이 어음상의 채무자이고 수취인은 어음상의 채권자이다.

약속어음이나 환어음을 수치하면 어음상의 채권이 발생한다. 어음상의 채권이 발생하면 받을어음계정 차변에 기록하고 어음대금을 회수하거나 양도하면 받을어음계정 대변에 기록 한다. 반면에 약속어음을 발행하거나 환어음을 인수하면 어음상의 채무가 발생한다. 어음상의 채무가 발생하면 지급어음계정 대변에 기록하고 어음대금을 지급하면 지급어음계정 차변에 기록한다.

예를 들어 청주상점은 대전상점에서 상품 ₩1,000,000을 매입하고 대금은 약속어음을 발행하여 지급하였다. 각 상점의 입장에서 분개하면 다음과 같다.

어음의 발행과 수취

	차 변		대 변	
청주상점	매입	1,000,000	지급어음	1,000,000
대전상점	받을어음	1,000,000	매출	1,000,000

3) 대손상각비

회사가 매출채권을 회수하려고 노력하였지만 회수할 수 없는 경우가 있을 것이다. 회사가 한 회계기간에 상품과 서비스를 판매한 외상대금이 다음 회계기간에 가서 회수 불가능한 것으로 판명되는 경우가 있다. 회수 불가능채권과 관련된 손실을 회수불능을 초래한 매출액과 대응시키기 위하여 판매가 이루어진 회계기말에 회수불능으로 예상되는 손실금액을 추정하여야 한다. 이와 같이 대손을 추정하는 이유는 수익과 비용을 대응하기 위한 것이다. ① 회수가 불확실한 채권에 대하여 합리적이고 객관적인 기준에 따라 산출한 대손추정액과 ② 회수가 불가능한 채권은 대손상각비(bad debt expenses)로 처리하여야한다.

매출채권에 대한 대손상각의 회계 처리방법은 직접차감법과 충당금설정법이 있다. 직접차감법은 매출채권의 대손금액이 확정되기 전까지는 회계 처리하지 않고 매출채권이 회수불능으로 확정되면 회수 불가능액을 비용으로 인식하여 대손상각비로 처리하고 동시에 매출채권을 직접차감하는 방법이다. 이 방법은 간편하지만 수익과 비용을 대응하지 못하는 문제점이 있다. 또 재무상태표의 매출채권이 회수 가능금액인 순실현가능가치보다 과대하게 표시된다.

충당금설정법은 회계기말에 대손추정액을 당기의 비용으로 인식하여 대손상각비로 처리하고 동시에 대손충당금으로 설정하는 방법으로 수익과 비용을 대응할 수 있다는 장점이 있다. 충당금설정방법에는 매출액비례법, 매출채권잔액비례법, 연령조사법 등이 있다.

매출액비례법은 손익계산서 항목인 매출액의 일정비율을 대손으로 하는 방법이다. 이 방법으로 추정한 대손상각액은 대손충당금의 잔액과 상관없이 전액을 대손상각비로 인식함과 동시에 대손충당금을 추가로 설정하여야 한다.

매출채권비례법은 매출채권잔액에 대하여 과거의 경험률을 적용하여 대손충당금을 설정하는 방법이다. 연령조사법은 매출채권잔액의 경과일수별로 회수 가능성을 구분하여 경과일수의 장단에 따른 대손률을 적용하여 대손충당금을 설정하는 방법이다. 매출채권잔액법과 연령조사법은 재무 상태표 항목인 매출채권의 순실현가능가치 평가에 중점을 두고 있으나 매출이 발생하는 기간에 해당하는 대손상각을 대응할 수 없게 된다는 단점이 있다.

회사는 과거의 경험에 따라 대손금액을 추정한다. 또 기간이 경과한 매출채권을 조사하거나 다가올 경제상황을 고려할 수도 있다. 대부분 회사의 경우, 불황기에는 회수불능채권이 증가하는 것이 일반적이다. 대손을 추산하는 경우에 개별적으로 채권의 대손추산액을 산출하는 방법 또는 과거의 대손경험률에 의하여 산출하는 방법 등 일정한 산정기준을 정하고 이 기준을 매기 계속하여 적용하여야 한다.

매출채권잔액법과 연령조사법으로 추정한 대손상각액은 보고될 대손충당금이 되므로 대손충당금잔액이 있으면 이를 감안하여 대손상각비로 인식하여야 한다. 즉, 회계기말에 대손충당금을 설정할 때 대손충당금잔액이 있다면 대손추산액에서 대손충당금잔액을 차감한 금액을 대손충당금으로 설정하여야 한다. 반대로 대손충당금잔액이 대손추산액을 초과하면 환입하여야 한다.

일반적 상거래에서 발생한 매출채권에 대한 대손상각비는 판매비와관리비로 처리하고, 기타채권에 대한 대손상각비는 영업외비용으로 처리한다.

예를 들어 천지음식의 2008년말 매출채권은 ₩2,000,000이다. 회사는 매출채권의 3%는 고객으로부터 회수 불가능할 것으로 추정하였다.

① 대손충당금 잔액이 없는 경우
② 대손충당금 잔액이 추정액보다 작은 경우 : 대손충당금 잔액 ₩15,000
③ 대손충당금 잔액이 추정액보다 많은 경우 : 대손충당금 잔액 ₩70,000
위의 각 경우의 회계 처리는 다음과 같다.

대손추정-대손충당금설정

	차 변		대 변	
① 대손충당금 0	대손상각비	60,000	대손충당금	60,000
② 대손충당금 부족	대손상각비	45,000	대손충당금	45,000
③ 대손충당금 과잉	대손충당금	10,000	대손충당금환입	10,000

천지음식이 회수 불가능으로 추정한 채권금액은 ₩60,000(₩2,000,000×3%)이며 이 금액은

대손상각비 증가와 대손충당금 증가로 기록한다. 회수 불가능으로 추정된 채권은 회수 불가능으로 확정된 채권이 아니다. 그래서 매출채권을 직접 감소시키지 아니한다. **대손충당금(allowance for doubtful accounts)은 매출채권의 차감적 평가계정(contra-asset account)으로 매출채권을 간접적으로 차감시킨다.** 결과적으로 매출채권계정은 재무 상태표에 순실현가능액으로 표시된다.

매출채권	2,000,000	
대손충당금	60,000	1,940,000

우리나라 기업회계기준서에서는 대손추산액을 위와 같이 대손충당금이라는 평가계정을 설정하여 해당채권계정에서 차감하는 형식으로 기재하거나 유동자산 및 투자자산 합계액에서 대손충당금을 일괄하여 차감할 수 있으며 이 경우 가감한 금액을 주석으로 기재하여야 한다.

매출채권이 회수불능으로 확정되면 매출채권을 제거하여야 한다.

예를 들어 천지음식이 2009년 3월 12일에 거래처 만물재료의 매출채권이 회수불능으로 확정되었다. ① 대손확정된 매출채권이 ₩40,000으로 대손충당금잔액보다 작은 경우 ② 대손확정된 매출채권이 ₩70,000으로 대손충당금잔액보다 많은 경우 그 기록은 다음과 같다.

대손확정

	차　변		대　변	
① 대손확정	대손충당금	40,000	매출채권	40,000
② 대손충당금 부족	대손충당금	60,000	매출채권	70,000
	대손상각비	10,000		

2009년 3월 12일에 대손상각 확정으로 인한 비용은 인식하지 않는다. 대손확정 비용은 2008년 12월 31일에 추정된 대손상각비의 일부였기 때문이다. 즉 대손이 발생하였을 때에는 대손충당금과 상계한다. 또 대손충당금이 부족한 경우에는 그 부족액을 대손상각비로 처리하여야 한다.

회사의 신용정책도 회수불능채권에 영향을 미친다. 회사가 위험이 높은 신용조건을 수락하면 매출액을 증대시킬 수 있다. 대부분 회수불능채권은 이러한 매출에서 발생하기가 쉽다. 그래서 대손상각비는 판매비로 보고된다. 대손상각비는 대금을 지급할 수 없는 고객에게 판매한 상품과 서비스의 원가이기 때문이다.

만일 대손 확정되었던 채권을 회수한다면 당기의 대손채권과 전기 이전의 대손채권으로 구분하여 회계 처리 하여야 한다. 당기의 대손채권은 장부기록이 마감되지 않았기 때문에 취소분개를 하고 매출채권의 회수를 기록하면 된다. 그러나 전기 이전의 대손채권이 당기에 회수되는 경우에는 대손충당금계정을 증가시켜야 한다.

위의 예에서 2009년 3월 12일에 대손확정 되었던 매출채권 ₩40,000을 2009년 9월 10일에 회수하였다고 하자. 이는 당기의 대손채권을 회수하였기 때문에 거래의 영향은 다음과 같다. 만일 2009년 3월 12일에 대손 확정되었던 매출채권 ₩40,000을 2010년 1월 10일에 회수하였다고 하자. 전기 이전의 대손채권을 회수하였기 때문에 거래의 영향은 다음과 같다.

대손채권회수

	차 변		대 변	
대손채권회수 -당기분	매출채권	40,000	대손충당금	40,000
	현금	40,000	매출채권	40,000
대손채권회수 -전기분	현금	40,000	대손충당금	40,000

---

4. 선급비용

이는 선급된 비용 중 1년 내에 비용으로 되는 것으로 한다.

다시 말해서 이는 일정용역에 대한 현금지출은 이루어졌으나 그 용역을 차기 이후에 제공받는 경우 결산시점에 자산으로 계상되는 비용지출의 부분이다.

선급비용은 보험료, 임차료, 이자비용 등을 그 용역을 제공받기 전에 지급한 경우, 그 용역을 제공받지 못한 부분에 대한 비용을 자산화한 것이다.

그러므로 이는 결산시점에서 원가 중 소멸된 원가와 미소멸된 원가를 구분하여 미소멸원가를 자산으로 계상하고 소멸원가를 비용으로 회계 처리하는 과정에서 파생된 것이라 할 수 있다. 자산을 미소멸원가로 간주하게 되면, 대부분의 자산은 선급비용의 성격을 보유한 것으로 볼 수 있다.

5. 이연법인세자산

이는 일시적 차이로 인하여 법인세법 등의 법령에 의하여 납부하여야 할 금액이 법인세비용을 초과하는 경우 그 초과하는 금액과 이월결손금 등에서 발생한 법인세효과로 한다.

여기서 일시적 차이는 일정기간 과세소득과 기업회계상 이익에서 파생된 차이가 그 발생 회계연도 이후에 소멸하게 되는 경우를 말한다. 이에 대하여 과세소득과 회계이익의 차이 중 발생 회계연도 이후의 기간에 소멸하지 않는 영구적 차이는 이연법인세 계상의 대상이 되지 않는다.

그리고 발생된 이월결손금을 차기 이후의 소득에서 차감시킬 수 있는 것이 거의 확실한 경우에는 이 법인세효과를 이연법인세자산으로 인식하게 된다.

그러므로 법인세효과는 과세소득에 가감되는 일시적 차이 및 이월결손금 등에 미래예상 세율을 곱하여 계산한 금액을 의미한다.

요컨대 당해 연도에 세무조정상 손금불산입 익금가산이 이루어지면 이에 대한 세액이 미지급법인세로 증가됨과 동시에 미래에 이만큼의 세액을 감소시킬 수 있다는 관점에서 이연법인세자산으로 계상된다.

유동자산으로 계상되는 이연법인세자산은 차감할 일시적 차이로 인하여 미래에 경감시키게 될 법인세로서 관련된 유동자산에 따라 발생된 것이다. 그리고 다음 연도에 소득에서 차감 가능한 이월결손금과 이월공제에 따른 법인세효과로서 발생하는 이연법인세자산은 유동자산에 귀속된다.

예를 들어 정산사는 결산결과 법인세차감전 순이익을 ₩1,000,000 계상하였으나 세무조정결과 손금불산입과 익금가산액이 ₩200,000이며 법인세율은 30%라고 하자.

이연법인세자산

	차　변		대　변	
이 연 법 인 세	법인세비용	300,000	미지급법인세	360,000
자산	이연법인세자산	60,000		

이연법인세의　계산

	금　액	법인세율	법인세	계정과목
법인세차감전순이익	1,000,000		300,000	법인세비용
손금불산입과 익금가산	200,000		60,000	이연법인세자산
과세표준	1,200,000	30%	360,000	미지급법인세

6. 기타당좌자산

기타당좌자산에는 미수수익, 미수금, 선급금 등이 있다. 기업회계기준서의 실무지침에서는 이들 항목이 중요한 경우에 개별 표시하도록 하고 있다.

1) 미수수익

당기에 속하는 수익 중 미수액을 말한다.

2) 미수금

미수금은 일반적 상거래 이외의 외상거래에서 발생한 채권으로 주로 유형자산이나 투자자산의 처분에서 발생된다. 미수금은 일반적 상거래에서 발생하는 외상매출금과 구분하여야 한다.

3) 선급금

상품이나 제품을 구입할 때 대금의 일부를 미리 지급하거나 공사를 완성하기 전에 계약금을 미리지급할 때, 또는 상품이나 제품을 주문할 때 미리 대금을 지급하는 경우 선급금이 발생한다.

7. 재고자산

재고자산(inventories)은 기업의 정상적인 영업과정에서 판매를 위하여 보유하거나 생산과정에 있는 자산 생산 또는 서비스과정에 투입될 원재료나 소모품의 형태로 존재하는 자산을 말한다.

재고자산에는 외부로부터 매입하여 재판매를 위해 보유하는 상품, 미착상품, 적송품 및 토지와 기타 자산을 포함한다. 또한 재고자산은 판매목적으로 제조한 제품과 반제품 및 생산 중에 있는 재공품을 포함하며, 생산과정이나 서비스를 제공하는 데 투입될 원재료와 부분품, 소모품, 소모공구기구, 비품 및 수선용 부분품 등의 저장품을 포함한다.

재고자산에 포함되는 공구 및 비품은 당기 생산과정에 소비 또는 투입될 품목에 한하며, 1년 이상 보유할 품목이면 비유동자산으로 분류하여야 한다.

㈎ 미착상품

운송 중에 있어 아직 도착하지 않은 미착상품은 법률적인 소유권의 유무에 따라서 재고자산 포함여부를 결정한다. 법률적인 소유권 유무는 매매계약상의 거래조건에 따라서 다르다. 선적지인도조건(F.O.B shipping point)인 경우에는 상품이 선적된 시점에 소유권이 매입자에게 이전되기 때문에 미착상품은 매입자의 재고자산에 포함된다. 그러나 목적지인도조건(F.O.B destination)인 경우에는 상품이 목적지에 도착하여 매입자가 인수한 시점에 소유권이 매입자에게 이전되기 때문에 매입자의 재고자산에 포함되지 않는다.

㈏ 시송품

시송품은 매입자로 하여금 일정기간 사용한 후에 매입 여부를 결정하라는 조건으로 판매한 상품을 말한다. 시송품은 비록 상품에 대한 점유는 이전되었으나 매입자가 매입의사표시를 하기 전까지는 판매되지 않은 것으로 보아야 하기 때문에 판매자의 재고자산에 포함한다.

㈐ 적송품

적송품은 위탁자가 수탁자에게 판매를 위탁하기 위하여 보낸 상품을 말한다. 적송품은 수탁자가 제3자에게 판매를 할 때까지 비록 수탁자가 점유하고 있으나 단순히 보관하고 있는 것에 불과하므로 소유권이 이전된 것이 아니다. 따라서 적송품은 수탁자가 제3자에게 판매하기 전까지는 위탁자의 재고자산에 포함한다. 적송과 관련하여 발생한 제비용은 적송품금액에 포함하여야 한다.

㈑ 할부판매상품

재고자산을 고객에게 인도하고 대금의 회수는 미래에 분할하여 회수하기로 한 경우 대금이 모두 회수되지 않았다고 하더라도 상품의 판매시점에서 판매자의 재고자산에서 제외한다.

재공품은 반제품을 포함한다. 반제품은 현재 상태로 판매가능한 재공품을 말한다.

고자산은

1) 상품
2) 제품
3) 반제품
4) 재공품
5) 원재료
6) 저장품
7) 기타

제3절 유가증권

1. 유가증권의 분류

유가증권은 재산권을 나타내는 증권을 말하며, 실물이 발행된 경우도 있고, 명부에 등록만 되어 있을 수도 있다. 유가증권은 적절한 액면금액단위로 분할되고 시장에서 거래되거나 투자의 대상이 된다. 유가증권에는 지분증권과 채무증권이 포함된다.

지분증권은 회사, 조합 또는 기금 등의 순자산에 대한 소유지분을 나타내는 유가증권(예: 보통주, 우선주, 수익증권 또는 자산유동화출자증권)과 일정금액으로 소유지분을 취득할 수 있는 권리(예: 신주인수권 또는 콜옵션) 또는 소유지분을 처분할 수 있는 권리(예: 풋옵션)를 나타내는 유가증권 및 이와 유사한 유가증권을 말한다.

채무증권은 발행자에 대하여 금전을 청구할 수 있는 권리를 표시하는 유가증권 및 이와 유사한 유가증권을 말한다. 채무증권은 국채, 공채, 사채(전환사채 포함), 자산유동화채권 등을 포함한다.

기업회계기준서 제8호에서 유가증권은 취득한 후에 만기보유증권, 단기매매증권, 그리고 매도가능증권 중의 하나로 분류하도록 규정하고 있다. 분류의 적정성은 재무 상태표일 마다 재검토하여야 한다.

단기매매증권은 유동자산으로 분류한다. 이 경우, 단기매매증권을 단기투자자산 등의 과목으로 통합하여 재무 상태표에 표시할 수 있다.

매도가능증권과 만기보유증권은 투자자산으로 분류한다. 다만, 재무 상태표일로부터 1년 내에 만기가 도래하거나 또는 매도 등에 의하여 처분할 것이 거의 확실한 매도가능증권과, 재무 상태표일로부터 1년 내에 만기가 도래하는 만기보유증권은 유동자산으로 분류한다. 매도가능증권과 만기보유증권을 투자자산으로 분류하는 경우에는 장기투자증권 등의 과목으로 통합하여 표시할 수 있고, 유동자산으로 분류하는 경우에는 단기투자자산 등의 과목으로 통합하여 재무 상태표에 표시할 수 있다.

1) 단기매매증권

단기매매증권은 주로 단기간 내의 매매차익을 목적으로 취득한 유가증권으로서 매수와 매도가 적극적이고 빈번하게 이루어지는 것을 말한다. 단기적인 이익을 획득할 목적으로 운용되는 것이 분명한 증권포트폴리오를 구성하는 유가증권(지분증권 및 채무증권)은 단기매매증권으로 분류한다.

2) 만기보유증권

만기가 확정된 채무증권으로서 상환금액이 확정되었거나 확정이 가능한 채무증권을 만기까지 보유할 적극적인 의도와 능력이 있는 경우에는 만기보유증권으로 분류한다.

3) 매도가능증권

단기매매증권이나 만기보유증권으로 분류되지 아니하는 유가증권(지분증권 및 채무증권)은 매도가능증권으로 분류한다.

유가증권은 다음과 같이 분류할 수 있다.

유가증권 유동자산 – 단기투자자산   – 단기매매증권

유동성 매도가능증권과 만기보유증권

투자자산 – 장기투자자산   – 매도가능증권

만기보유증권

지분법적용투자주식

2. 유가증권의 취득

유가증권의 취득원가는 유가증권 취득을 위하여 제공한 대가의 시장가격에 취득부대비용을 포함한 가액으로 측정한다. 단, 단기매매증권의 부대비용은 단기비용으로 보아 지급수수료 계정으로 처리한다. 제공한 대가의 시장가격이 없는 경우에는 취득한 유가증권의 시장가격으로 취득원가를 측정한다. 제공한 대가와 취득한 유가증권 모두 시장가격이 없는 경우에는 공정가액을 추정하여 취득원가를 측정한다. 유가증권의 취득원가는 당해 유가증권 취득시점의 유가증권 공정가액과 취득부대비용의 합계 금액을 초과할 수 없다.

주식을 매입할 때는 구입에 지급된 가격으로 해당유가증권계정에 기록한다.

2008년 6월1일 D 증권회사를 통하여 태양사 주식 100주를 주당 20,000원에 매입하였다. 대금은 매입수수료 10,000원과 함께 현금으로 지급하였다.

단기매매증권 (지분증권)취득

	차 변		대 변	
지분증권취득	단기매매증권(주식)	2,000,000	현금	2,010,000
	지급수수료	10,000		

유가증권을 보유하고 있는 기간 동안에는 배당금을 받거나 이자를 받게 된다. 모든 유가증권으로부터 발생하는 배당금수익과 이자수익은 당기손익에 포함한다. 대부분의 경우에 배당금영수증을 받은 날 수익으로 기록한다. 배당금을 받으면 배당금수익 계정의 증가로 기입한다. 배당금수익은 손익계산서에 영업외수익으로 보고한다.

태양사로부터 배당금 50,000원을 현금으로 받았다면 영향은 다음과 같다.

2009.3.10 배당금수입

	차 변		대 변	
배당금수령	현금	50,000	배당금수익	50,000

그러나 **주식배당을 받은 경우에는 유가증권의 장부가액을 증가시키지 않고 주식 수만 조정한다.** 주식배당도 무상증자와 마찬가지로 자산의 증가로 보지 않는다. 무상증자의 경우에는 주주에게 이익이 아니다. 다만 소유주식수의 증가를 기록하기 위하여 비망기록이 필요하다. 주식배당을 받은 후에는 주식수가 증가하기 때문에 주당원가가 감소한다.

2008년 8월1일 액면 1,000,000원의 공채를 단가 9,700원으로 매입하고 대금은 경과이자 20,000원과 매입수수료 5,000원과 함께 현금으로 지급하다. 이자지급일은 6월1일과 12월1일이며 이자율은 연 12%이다.

2008.8.1 단기매매증권 (채무증권)취득

	차 변		대 변	
배당금수령	단기매매증권(공채)	975,000	현금	995,000
	미수수익	20,000		

※ 경과이자 ; 1,000,000×12%×2/12 = 20,000

12월 1일 이자지급일에는 유가증권이자 6개월분 60,000원을 받게 된다.

2008.12.1 유가증권이자 수령

	차 변		대 변	
이자수령	현금	60,000	미수수익	20,000
			유가증권이자수익	40,000

사채와 공채는 매일매일 이자가 발생된다. 그러나 주식의 배당금은 매일매일 발생되는 것이 아니다. 이것이 채권에 투자하는 것과 주식에 투자하는 것과의 주요한 차이이다. 채권을 이자지급일 사이에 구입했을 때 구입자는 채권의 시장가격에 경과이자를 가산하여 지급하여야 한다. 이때 경

과이자는 지난번 이자 지급일 이후부터 매매일 까지 발생한 이자를 말하며 단수이자라고도 한다. 이와 같이 정리함으로써 새로운 유가증권 소유자는 다음 이자지급일에 이자 전액을 받을 자격이 있게 된다. 지급된 경과이자 금액은 미수수익(미수유가증권이자)계정의 증가로 기록하여야 한다.

유가증권이자수익 40,000원은 투자자가 소유한 4개월 동안 실제로 발생된 이자금액을 나타 낸다. (1,000,000×12%×4/12 = 40,000)

12월 31일 결산 때는 경과된 사채이자에 대하여 다음의 수정기록이 이루어진다.

2008.12.31 결산수정

	차 변		대 변	
결산수정분개	미수수익	10,000	유가증권이자수익	10,000

※ 1,000,000×12%×1/12 = 10,000

다음은 투자자산인 만기보유증권의 예를 들어보자. 2008년 7월 1일 한산식품은 만기보유목적 으로 두산음료의 사채 10매를 구입하였다고 하자. 액면이자율은 8%이고 이자지급일은 6월 30일 과 12월 31일이다. 사채의 액면가액은 1매당 10,000원, 만기일은 2010년 12월 31일이며 유효이 자율은 10%이다.

한산식품은 앞으로 5회에 걸쳐 6개월마다 1매당 400원의 이자와 2년 6개월 후에 액면가액 10,000원을 받을 것이다. 따라서 한산식품이 지급하려는 가격은 이들 금액을 5%로 할인한 금액 이다. 그러므로 현가표를 이용하여 1매당 사채가격을 계산하면 다음과 같다.

$$PV = (400×4.32948) + (10,000×0.78353) = 9,567.1$$

만기보유증권 취득에 관한 기록은 다음과 같다.

2008.7.1 만기보유증권의 취득

	차 변		대 변	
취득	만기보유증권	95,671	현금	95,671

이 사채는 할인발행된 것이다. 할인액은 4,329원(100,000-95,671)이다. 한산식품은 이자지 급일 마다 할인액을 상각하여 이자수익으로 기록하여야 한다. 사채발행차금의 상각표는 다음과 같다.

A	B	C	D	E	F	G
기간	기초 현재가치	할인발행 차금잔액	(B×0.05) 이자수익	(D-E) 이자수취액치	상각액	(B+F) 기말현재가치
1	95,671	4,329	4,784	4,000	784	96,455
2	96,455	3,545	4,823	4,000	823	97,278
3	97,278	2,722	4,864	4,000	864	98,142
4	98,142	1,858	4,907	4,000	907	99,049
5	99,049	951	4,951*	4,000	951	100,000

* 단수차이조정

그러므로 2008년 12월 31일 한산식품은 다음과 같이 사채이자를 기록하여야 한다.

2008.12.31 만기보유증권 이자의 수입

	차 변		대 변	
이자수령	현금	4,000	이자수익	4,784
	만기보유증권	784		1

만기보유증권(사채)에 가산한 784원은 2003년의 할인발행차금상각액이다. 한산식품이 할인 가격으로 사채를 구입하였기 때문에 할인차금은 사채의 내용연수 동안 자산의 증가와 이자수익의 증가로 인식된다. 한산식품은 사채의 내용연수동안 현금으로 받는 이자이외에 추가로 총 4,329원(할인차액)을 이자수익으로 인식하게 된다.

할인차액을 상각함에 따라 만기보유증권(사채)은 점점 증가하여 만기일에는 100,000원이 된다. 이 금액은 만기일에 받게 될 액면금액과 동일하게 된다. 따라서 만기일에 액면금액을 수취하면 상환손익이 발생하지 않는다.

3. 유가증권의 평가

만기보유증권은 상각후취득원가로 평가하여 재무 상태표에 표시한다. 만기보유증권을 상각후취득원가로 측정할 때에는 취득원가와 만기액면가액의 차이를 상환기간에 걸쳐 유효이자율법에 의하여 상각하여 취득원가와 이자수익에 가감한다. **유효이자율(effective rate)은 투자자가 투자사채로부터 얻으려고 하는 투자수익률 또는 요구수익률이다. 유효이자율은 사채의 수요와 공급에 따라 결정되므로 시장이자율(market rate)이라고 한다.** 단기매매증권과 매도가능증권은 공정가액으로 평가한다. 다만, 매도가능증권 중 시장성이 없는 지분증권의 공정가액을 신뢰성 있게 측정할 수 없는 경우에는 취득원가로 평가한다. 요약하면 단기매매증권(지분증권 및 채무증권)은 공정가액법, 만기보유증권은 원가법(상각후취득원가), 매도가능증권 중 채무증권은 공정가액법, 매도가능증권 중 지분증권은 공정가액법과 원가법(시장성 없는 지분증권)으로 평가한다.

시장성 있는 유가증권은 시장가격을 공정가액으로 보며 시장가격은 재무 상태표일 현재의 종가로 한다. 다만, 재무 상태표일 현재의 종가가 없으며 재무 상태표일과 해당 유가증권의 직전 거래일 사이에 중요한 경제적 상황의 변화가 없는 경우에는 직전 거래일의 종가로 할 수 있다. 중요한 경제적 상황의 변화가 있는 경우에는 그 변화의 영향을 직전 거래일의 종가에 적절히 반영하여 공정가액을 추정한다. 시장성 있는 유가증권이란 국내외 거래소시장에서 거래되는 유가증권을 말한다. 국내 거래소시장 또는 협회중개시장과 외국의 증권거래시장에서 동시에 거래되는 유가증권은 원칙적으로 국내 시장에서 형성된 시장가격을 공정가액으로 본다.

시장성 없는 채무증권은 독립된 평가기관의 평가액(신용등급을 고려한 할인율로 할인한 평가액) 또는 합리적 평가모형 또는 유사기업(유사신용등급)의 시장성 있는 채무증권의 시장가격을 근거로 공정가액을 추정할 수 있다.

시장성 없는 지분증권은 증권투자회사법 등 법규에 따라 공정가액으로 평가하여 공시하는 금액 또는 합리적 평가모형과 적절한 추정치를 사용하여 신뢰성 있게 평가한 금액은 공정가액으로 한다.

시장성 없는 수익증권은 펀드운용회사가 제시하는 수익증권의 매매기준가격을 공정가액으로 할 수 있다.

결산시 단기매매증권의 시장가치가 365,000으로 취득원가(385,000)보다 적기 때문에 재무 상태표 평가액은 사가인 365,000원이 된다. 차액 20,000원은 단기매매증권의 감소와 순이익의 감소(단기투자자산평가손실의 증가)로 기록한다.

결산시 단기매매증권의 시장가치가 365,000으로 취득원가(385,000)보다 적기 때문에 재무 상태표 평가액은 사가인 365,000원이 된다. 차액 20,000원은 단기매매증권의 감소와 순이익의 감소(단기투자자산평가손실의 증가)로 기록한다.

2008.12.31 결산시 유가증권평가

	차 변		대 변	
유가증권평가	단기투자자산평가손실	20,000	단기매매증권	20,000

단기매매증권에 대한 미실현보유손익은 당기손익항목(예: 단기투자자산평가손익)으로 처리한다. 매도가능증권(유동자산으로 분류된 매도가능증권도 포함)에 대한 미실현보유손익은 자본항목의 기타포괄손익누계액(예: 매도가능증권평가손익)으로 처리하고, 당해 유가증권에 대한 자본

항목의 누적금액은 그 유가증권을 처분하거나 감액손실을 인식하는 시점에 일괄하여 당기손익에 반영한다.

매도가능증권 중 시장성이 없는 지분증권의 공정가액을 신뢰성 있게 측정할 수 없는 경우에 해당되어 취득원가로 평가된 지분증권의 공정가액이 측정 가능하게 된 경우, 공정가액으로 평가하고 장부가액과 공정가액의 차이는 자본항목으로 처리한다.

모든 유가증권으로부터 발생하는 배당금수익과 이자수익은 당기손익에 포함한다. 모든 채무증권의 이자수익은 할인 또는 할증차금의 상각액을 가감하여 인식한다. 예를 들면, 매도가능증권으로 분류된 채무증권의 경우에는 할인 또는 할증차금을 상각하여 이자수익을 먼저 인식한 후에, 상각후취득원가와 공정가액의 차이금액인 미실현보유손익을 자본항목으로 처리한다. 매도가능증권과 만기보유증권의 매도, 상환 및 감액으로 실현된 이익이나 손실은 당기손익에 반영한다.

4. 유가증권의 감액손실

유가증권으로부터 회수할 수 있을 것으로 추정되는 금액이 채무증권의 상각후취득원가 또는 지분증권의 취득원가보다 작은 경우에는, 감액손실을 인식할 것을 고려하여야 한다. 감액손실의 발생에 대한 객관적인 증거가 있는지는 재무 상태표일마다 평가하고 그러한 증거가 있는 경우에는 감액이 불필요하다는 명백한 반증이 없는 한, 회수 가능가액을 추정하여 감액손실을 인식하여야 한다. 감액손실금액은 당기손익에 반영한다.

유가증권이 상장 폐지되어 시장성을 잃더라도 그것이 반드시 감액손실의 증거가 되지는 않는다. 또한, 발행자의 신용등급이 하락한 사실 자체가 감액손실의 증거가 되지는 않지만 다른 정보를 함께 고려하는 경우에는 감액손실의 증거가 될 수 있다.

(1) 상각후취득원가로 평가하는 만기보유증권

상각후취득원가로 평가한 만기보유증권의 원리금을 계약상의 조건대로 회수하지 못할 가능성이 매우 높다는 객관적인 증거가 있다면, 감액손실이 발생한 것이다. 감액손실로 인식하는 금액은 유가증권 취득 당시의 유효이자율로 할인한 기대현금흐름의 현재가치(회수 가능가액)와 장부가액의 차이금액이다. 감액손실 금액은 당기손익에 반영한다. 재무 상태표에 보고하는 유가증권의 가액은 감액손실 금액을 차감한 후의 회수 가능가액으로 표시한다.

감액손실을 인식한 이후 감액손실이 회복된 경우에는 회복된 금액을 당기이익으로 인식하되, 회복 후 장부가액이 당초에 감액손실을 인식하지 않았다면 회복일 현재의 상각후취득원가가 되었을 금액을 초과하지 않도록 한다.

(2) 취득원가로 평가하는 지분증권

취득원가로 평가하는 지분증권에 대하여는 재무 상태표일 마다 회수 가능가액을 분석하여 회수 가능가액과 장부가액의 차이금액을 감액손실로 인식한다. 여기서 회수 가능가액은 유가증권발행자의 순자산을, 자산별로 시장가격, 공시지가, 또는 감정가액 등을 적용하여 평가한 공정가액을 말한다.

감액손실을 인식한 이후 감액손실이 회복된 경우에는 회복된 금액을 당기이익으로 인식하되, 회복 후 장부가액이 취득원가를 초과하지 않도록 한다.

(3) 공정가액으로 평가하는 유가증권

매도가능증권에 대해 인식되어 있는 미실현보유손익은 자본항목에서 제거하여 감액손실에 반영한다. 매도가능증권 중 채무증권에 대하여 감액손실로 인식하여야 할 금액은 ㈎에서 ㈏를 차감한 금액이다.

㈎ 회수 가능가액이 상각후취득원가에 미달하는 금액

㈏ 이전 기간에 이미 인식하였던 당해 채무증권의 감액손실.

매도가능증권 중 공정가액으로 평가하는 지분증권에 대하여 감액손실로 인식하여야 할 금액은 ㈎에서 ㈏를 차감한 금액이다.

㈎ 공정가액이 취득원가에 미달하는 금액

㈏ 이전 기간에 이미 인식하였던 당해 지분증권의 감액손실

매도가능증권에 대해 인식되어 있는 미실현보유손익은 자본항목에서 제거하여 감액손실에 반영한다. 감액손실의 회복이 이전에 인식하였던 감액손실 금액을 한도로 하여 회복된 금액을 당기이익으로 인식한다. 감액손실을 인식한 기간 후에 공정가액이 상승하더라도 위와 같은 감액손실의 회복에 해당되지 아니하는 경우에는 당해 공정가액 상승금액을 자본항목(매도가능증권평가이익)으로 처리한다.

5. 유가증권의 분류변경

유가증권의 분류변경에 관한 규정이 없다면 기업의 자의적 분류변경으로 당기순손익을 조정할 수가 있다. 기업회계기준서에서는 유가증권의 보유의도와 보유능력에 변화가 있어 분류변경이 필요한 경우에는 다음과 같이 처리하도록 규정하고 있다.

㈎ 단기매매증권은 다른 유가증권과목으로 분류변경할 수 없으며, 다른 유가증권과목의 경우

에도 단기매매증권으로 분류변경을 할 수 없다. 다만, 단기매매증권이 시장성을 상실한 경우에는 매도가능증권으로 분류하여야 한다.

(내) 매도가능증권은 만기보유증권으로 분류변경할 수 있으며 만기보유증권은 매도가능증권으로 분류변경할 수 있다.

유가증권과목의 분류변경을 할 때에는 분류변경일 현재의 공정가액으로 평가한 후 변경한다. 유가증권 분류변경에 따른 평가 후의 미실현보유손익 잔액은 다음과 같이 처리한다.

(가) 만기보유증권으로부터 매도가능증권으로 분류변경하는 경우에 유가증권 분류변경에 따른 평가에서 발생하는 공정가액과 장부가액의 차이금액은 자본항목으로 처리한다.

(내) 매도가능증권에서 만기보유증권으로 분류변경하는 경우에는 다음과 같이 처리한다.

(1) 분류변경을 위한 평가시점까지 발생한 매도가능증권의 미실현보유손익 잔액은 계속 자본항목으로 처리하고, 그 금액은 만기까지의 잔여기간에 걸쳐 유효이자율법을 적용하여 상각하고 각 기간의 이자수익에 가감한다.

(2) 만기보유증권으로 분류변경된 매도가능증권의 만기액면가액과 분류변경일 현재의 공정가액과의 차이는, 유효이자율법에 의하여 그 채무증권의 만기일까지의 잔여기간에 걸쳐서 상각하고 각 기간의 이자수익에 가감한다.

시장성을 상실하게 된 단기매매증권을 매도가능증권으로 분류변경하는 경우에는 분류변경일 현재의 공정가액(최종시장가격)을 새로운 취득원가로 본다. 이 경우에 분류변경일까지의 미실현보유손익은 당기손익으로 인식한다. 공정가액을 측정할 수 없게 된 매도가능증권의 미실현보유손익은 자본항목으로 계속 처리하고 처분 등에 따라 실현될 때에 당기손익으로 인식한다.

[표 8-3] 유가증권의 분류변경

구 분		분류변경 여부	분류변경금액	미실현보유손익
에 서	으 로			
단기매매증권	매도가능증권 만기보유증권	불 가	–	시장성을 상실한 경우 매도가능증권으로 분류변경하고 평가손익은 당기손익처리
매도가능증권 만기보유증권	단기매매증권	불 가	–	
만기보유증권	매도가능증권	가 능	분류변경일의 공정가액	평가손익은 자본조정처리
매도가능증권	만기보유증권	가 능	분류변경일의 공정가액	매도가능증권평가손익은 만기보유증권평가손익의 과목으로 대체하고 만기일까지의 잔여기간에 걸쳐 유효이자율법으로 상각하여 이자수익에 가감

6. 유가증권의 양도

유가증권의 양도로 유가증권 보유자가 유가증권의 통제를 상실한 때에는 그 유가증권을 재무상태표에서 제거하여야 한다. 유가증권의 통제를 상실한 경우란 유가증권의 경제적 효익을 획득할 수 있는 권리를 전부 실현한 때, 그 권리가 만료된 때, 또는 그 권리를 처분한 때를 말한다. 유가증권 보유자가 유가증권에 대한 통제를 상실하지 않고 유가증권을 양도하는 경우, 당해 거래는 담보차입거래로 본다.

유가증권에 대한 통제를 상실한 때에는 ㈎와 ㈏의 차이금액에, 자본항목에 포함되어 있는 미실현보유이익을 가산하고 미실현보유손실을 차감한 금액을 당기손익으로 처리한다. 즉, 미실현보유손익은 이 시점에 실현된 것으로 본다.

㈎ 유가증권을 양도한 대가로 받았거나 받을 금액

㈏ 유가증권의 장부가액

유가증권의 양도에 따른 실현손익을 인식하기 위해 양도한 유가증권의 원가를 결정할 때에는 개별법, 총평균법, 이동평균법 또는 다른 합리적인 방법을 사용하되, 동일한 방법을 매기 계속 적용한다.

유가증권을 양도하여 새로운 자산을 취득하거나 자산 취득과 동시에 채무를 인수하는 경우에는 ㈎와 ㈏의 차이금액에, 자본항목에 포함되어 있는 미실현보유이익을 가산하고 미실현보유손실을 차감한 금액을 유가증권처분손익으로 당기손익에 반영한다. ㈎ 유가증권의 양도대가로 받은 자산의 공정가액

㈏ 양도한 유가증권의 장부가액과 새로 인수한 채무의 공정가액의 합계 금액

2009.1.20 단기매매증권(주식) 200주(장부가액 960,000원)를 단가 4,700으로 매각하였다.

2009.1.20 단기매매증권처분

	차 변		대 변	
유가증권처분	현금	940,000	단기매매증권	960,000
	단기매매증권처분손실	20,000		

보유중인 유가증권을 매도하고 동시에 또는 단기간 내에 재취득하는 자전거래 방식에 의하여 유가증권의 처분손익을 발생시키는 경우, 다음과 같이 경쟁제한적 자전거래로 볼 수 있는 때에는 처분손익을 인식하지 아니한다. 경쟁제한적 자전거래는 거래시스템 또는 경쟁 제한적 시장 상황

에 의하여 제3자가 개입할 여지가 없거나 제3자가 개입하였더라도 공정가액으로 거래되는 것을 기대하기 어려운 상황 때문에 매매가격이 일치하는 등, 거래 당사자간에 실질적인 경제적 효익의 이전이 없는 유가증권의 매매를 말한다. 경쟁제한적 자전거래로 매도가능증권을 매도한 후 재매수하는 경우에는, 이를 매매거래로 보지 아니하고 당해 유가증권을 계속 보유하고 있는 것으로 본다.

제4절 투자자산

1. 투자자산의 의의

투자자산은 장기적인 투자수익을 얻기 위해 가지고 있는 채무증권과 지분증권, 지분법적용투자주식, 영업활동에 사용되지 않는 토지와 설비자산, 설비확장 및 채무상환 등에 사용할 목적의 예금을 포함한다.

2. 투자자산의 분류

투자자산 내에 별도 표시하는 분류 항목의 예는 다음과 같다.
  (1) 투자부동산
  (2) 장기투자증권
  (3) 지분법적용투자주식
  (4) 장기대여금
  (5) 기타

1) 투자부동산

투자부동산은 투자 목적 또는 비영업용으로 소유하는 토지, 건물 및 기타의 부동산을 말한다. 비영업용부동산이란 법인이 정관에서 정한 사업목적에 직접 사용하지 아니하는 부동산을 말한다.

2) 장기투자증권

비유동자산으로 분류되는 매도가능증권과 만기보유증권을 통합하여 장기투자증권으로 표시할 수 있으며 이들 금액이 중요하지 않은 경우 기타로 공시한다.

3) 지분법적용투자주식

투자주식은 시장성이 없거나 장기보유목적으로 소유하는 주식을 말한다. 투자주식을 보유하는 이유는 특정기업을 지배 또는 통제하거나 장기적인 투자이익을 얻기 위함이다. 투자주식은 주식의 매입가액에 부대비용을 가산하고 이에 총평균법·이동평균법을 적용하여 취득원가를 산정 한다. 취득원가와 단가 산정방법은 유가증권(유동자산)의 경우와 동일하다.

타회사를 지배하고 있는 지배회사는 그 종속회사와의 연결재무제표를 작성해야 한다. 일반적으로 발행주식 총수의 50% 이상을 보유하고 있으면 형식기준으로 지배회사가 된다. 또 발행주식 총수의 50% 이하를 보유하고 있더라도 실질적으로 지배하고 있으면 지배회사가 된다.

종속회사투자주식이외에 기업이 소유하고 있는 투자주식의 회계 처리방법은 세 가지로 구분하여 볼 수 있다.

첫째, 발행주식총수의 50% 이하를 보유하고 있어서 지배력을 가지고 있지는 않더라도 투자주식중 중대한 영향력(significant influence)을 행사할 수 있는 투자주식에 대한 회계 처리는 지분법을 적용하여 평가한 가액을 재무 상태표가액으로 한다. 여기에서 발행주식 총수의 20% 이상의 주식을 소유하고 있는 주식은 특별한 사유가 없는 한 중대한 영향력을 행사할 수 있는 것으로 본다. 장부가액과 재무 상태표가액의 차이가 피투자회사의 당기순손익으로 인하여 발생한 경우는 지분법손익으로 하여 영업외손익으로 보고한다. 또 이익잉여금의 증감으로 인하여 발생한 경우에는 이익잉여금의 증감으로, 자본잉여금 및 자본조정으로 인하여 발생한 경우에는 투자유가증권평가손익의 과목으로 하여 자본조정으로 보고한다.

원가법과 지분법의 회계 처리는 어떤 차이가 있는가? 지분법이란 투자회사가 투자계정에서 피투자회사의 순자산의 변동에 따른 투자회사지분의 변동액을 가감하는 방법이다. 지분법(equity method)은 실가법(actual value method)이라고도 하며 투자주식을 취득할 때는 취득원가로 기록하지만 취득 후에는 피투자회사의 순자산의 변동을 투자주식의 가액에 직접 반영시키는 방법이다. 지분법은 순이익이 발생하면 배당선언과는 관계없이 주식취득 이후의 피투자회사 손익에 대하여 투자회사의 지분소유비율에 해당되는 금액을 투자수익으로 인식하는데 비해 원가법(cost method)은 배당금을 받을 때 배당금수익으로 인식한다.

예를 들어 삼성컴퓨터(주)는 이성반도체(주)가 발행한 주식 20%를 1,000,000원에 매입하였다. 투자주식을 20%이상 소유하고 있으므로 지분법으로 회계 처리해야 한다. 투자주식을 취득하는 경우에는 원가법과 지분법이 동일하다.

투자주식 취득 – 지분법 · 원가법

	차　변		대　변	
투자주식취득	투자주식	1,000,000	현금	1,000,000

　삼성컴퓨터(주)는 결산일에 이성반도체(주)가 순이익을 100,000원 기록하였다는 보고를 받았다. 삼성컴퓨터(주)가 원가법으로 회계 처리하면 기록할 사항이 없다. 만일 지분법으로 처리한다면 순이익의 20%를 투자가치 증가로 기록하여야 한다. 회계 처리의 결과는 다음과 같다.

순이익인식 – 지분법

	차　변		대　변	
순이익의 인식	투자주식	20,000	지분법이익	20,000

　순이익 중 20,000원(100,000×20%)은 지분법이익이다. 이는 손익계산서에 영업외수익으로 처리하여야 한다.

　이성반도체(주)는 주주총회에서 80,000원을 배당금으로 지급하기로 하였고 삼성컴퓨터(주)가 배당금을 현금으로 수령하였다고 하자. 이에 대한 회계 처리는 원가법과 지분법이 다르다. 만일 지분법으로 회계 처리한다면 배당금의 수취는 투자주식의 회수로 기록하여야 한다. 배당금 수령액은 16,000원(80,0000×20%)이다. 기록의 결과는 다음과 같다.

배당금수령 – 지분법

	차　변		대　변	
배당금수령	현금	16,000	투자주식	16,000

　만일 삼성컴퓨터(주)가 원가법으로 처리한다면 배당금은 배당금수익으로 처리하면 된다. 기록의 결과는 다음과 같다.

배당금수령 – 원가법

	차　변		대　변	
배당금수령	현금	16,000	배당금수익	16,000

　회계기말에 재무제표를 작성할 때 투자주식을 평가하여야 한다. 투자주식의 평가는 그 종류

에 따라 원가법, 공정가액(시가법)으로 평가한다. 지분법을 적용한 투자주식은 기말 평가의 문제가 발생하지 않는다. 원가법, 공정가액(시가법)으로 처리한 투자주식은 기말 평가의 대상이 된다.

둘째, 시장성 있는 투자주식 (지분법 적용 대상 주식 제외)은 공정가액(시가법)으로 평가한다. 투자주식의 시가는 유가증권과 동일하게 재무 상태표일의 종가로 하고 재무 상태표일 현재의 종가가 없는 경우에는 직전 거래일의 종가로 하도록 하였다. 공정가액(시가법) 적용에서 발생하는 투자유가증권평가이익(또는 손실)은 자본조정항목으로 보고한다.

그리고 투자주식의 종목별로 발생하는 평가손익은 서로 상계하여 순액만을 투자유가증권평가이익 또는 유가증권평가손실로 표시한다. 자본조정계정에 계상된 투자유가증권평가이익(또는 손실)은 차기 이후에 발생하는 투자유가증권평가이익(또는 손실)과 상계하여 표시하고, 당해 주식의 처분 시 투자유가증권처분이익(또는 손실)(손익계산서에는 투자자산처분이익으로 표시된다)에 차감 또는 부가하여 처리하도록 하였다. 따라서 투자유가증권평가손익을 순액으로 표시함에도 불구하고 종목별로 평가하는 것은 투자주식처분이익을 계산하기 위해서이다. 또한 이를 위해서는 종목별 평가손익이 별도로 관리되어야 한다.

그러나 투자유가증권평가손실을 자본조정계정에 계상한 후 공정가액이 하락하여 회복할 가능성이 없는 경우에는 당해 투자유가증권평가손실을 투자유가증권감액손실(당기손실)로 처리하여야 한다. 감액손실을 계상한 후 공정가액이 회복될 가능성이 있는 경우에는 이를 공정가액으로 평가하여 투자유가증권평가손익으로 회계 처리하면 된다.

셋째, 시장성 없는 투자주식(지분법 적용 대상 주식 제외)은 원가법으로 처리한다. 투자주식의 순자산가액이 하락하여 회복할 가능성이 없는 경우에 당해 투자주식의 취득원가를 순자산가액으로 평가하고 그 차액을 투자유가증권감액손실의 과목으로 하여 당기손실(영업외비용)로 처리하여야 한다. 그리고 차기 이후에 순자산가액이 회복되면 감액 전 장부가액까지 한도로 하여 회복된 금액을 투자유가증권감액손실환입의 과목으로 하여 당기이익(영업외수익)으로 회계 처리한다. 일종의 변형된 저가법으로 이해하면 된다. 시장성 없는 주식의 순자산가액은 발행회사가 기업회계기준에 따라 작성한 재무 상태표의 순자산가액으로 한다.

보유하고 있던 투자주식을 처분할 때 장부가액과 처분가액과의 차액은 투자자산처분손익으로 처리하며 손익계산서에 영업외비용 또는 영업외수익으로 보고한다.

기업회계기준에서는 1년 이내에 매각할 예정인 투자주식을 유가증권으로 재분류할 수 없도록 하였으나 유가증권은 보유목적을 단기에서 장기로 변경하는 경우에는 투자주식으로 재분류할 수 있도록 하였다. 기업의 보유목적 변경 등으로 인하여 유가증권에 속하는 주식을 투자주식으로 대체하는 경우 새로운 투자주식의 재무 상태표가액은 재무 상태표일 현재의 공정가액으로 하며, 이 경우 장부가액과 재무 상태표가액의 차이는 유가증권평가이익 또는 유가증권평가손실의 과목으로 하여 당기손익으로 처리한다. 투자주식의 재분류 시 회계 처리 원칙은 먼저 평가하여 평가손익을 인식하고 그 평가액을 투자주식의 취득원가로 하는 것이다.

4) 장기대여금

장기대여금은 유동자산에 속하지 아니하는 대여금으로서, 재무 상태표일로부터 1년 이후에 현금화될 수 있는 것을 말한다.

제5절   유형자산

1. 유형자산의 의의

유형자산(property, plant, and equipment)은 재화의 생산이나 용역의 제공, 타인에 대한 임대, 또는 자체적으로 사용할 목적으로 보유하는 물리적 형태가 있는 비화폐성자산으로서 토지, 건물, 기계장치 등을 포함하며, 1년을 초과하여 사용할 것이 예상되는 자산을 말한다. 유형자산으로 인식되기 위해서는 다음의 인식조건을 모두 충족하여야 한다.

㈎ 자산으로부터 발생하는 미래 경제적 효익이 기업에 유입될 가능성이 매우 높다.

㈏ 자산의 취득원가를 신뢰성 있게 측정할 수 있다.

유형자산의 예로는 토지, 건물, 구축물, 기계장치, 건설중인자산과 이외에 차량운반구, 선박, 비품, 공기구 등 기타자산 등이 있다. 건물에는 건물, 냉난방, 전기, 통신 및 기타의 건물부속설비 등이 이에 속한다. 구축물은 건물과는 별개로 건설된 구조물 혹은 토목공사물로서 장기적으로 영업활동에 기여하는 자산이다. 예를 들어, 교량, 궤도, 갱도, 정원설비 및 기타의 토목설비 또는 공작물 등이 이에 속한다. 기계장치에는 기계장치·운송설비(콘베어, 호이스트, 기중기 등)와 기타의 부속설비 등이 이에 속한다. 유형자산을 자가제조하는 과정에서 발생되는 제조원가는 건설중인자산계정으로 기록하고, 자산이 완성되어 영업활동에 사용되기 시작하면 이를 해당 유형비유동자산으로 재분류하여야 한다.

유형자산 중 별도 표시하는 분류 항목의 예는 다음과 같다.

⑴ 토지
⑵ 설비자산

⑶ 건설중인자산

⑷ 기타

감가상각을 하지 않는 토지는 감가상각 대상 자산인 설비자산과 우선 구분하여 이들의 규모를 파악할 수 있도록 한다. 그리고 미래 생산 판매활동을 위해 건설중인 설비자산의 규모를 파악할 수 있도록 건설중인자산을 개별 표시한다.

자동차판매점의 진열장에 있는 트럭은 재고자산이다. 이 트럭이 약국에 판매되어 고객에게 약품을 배달하는데 이용되면 유형자산이 된다. 유형자산은 소유자가 여러 기간에 걸쳐 받게 되는 서비스의 흐름으로 생각하는 것이 편리하다. 예를 들어, 트럭을 한대 소유하고 있는데 약 100,000Km의 운송능력이 있다고 하자. 트럭의 원가는 차량운반구라는 유형자산계정에 기록되며, 이는 실제로 운송 서비스 연수동안의 이용가치에 대한 선급을 나타낸다. 마찬가지로 건물은 수년 동안의 건물서비스 제공에 대한 선급으로 간주할 수 있다. 시간이 지남에 따라 기업은 이들 서비스를 이용하고, 유형자산의 원가는 점차적으로 감가상각비로 전환된다.

유형자산을 소유함으로써 이익을 얻게되는 회계기간 동안에 유형자산의 원가가 배분된다는 회계과정을 이해하기 위해서는 유형자산과 선급비용의 유사성을 이해하는 것이 필요하다.

유형자산의 회계 처리는 유형자산의 취득, 유형자산의 수선유지, 감가상각, 유형자산의 처분으로 구분할 수 있다.

2. 유형자산의 취득원가

유형자산은 최초에는 취득원가로 측정하며, 현물출자, 증여, 기타 무상으로 취득한 자산의 가액은 공정가액을 취득원가로 한다. 취득원가는 구입원가 또는 제작원가와 자산을 사용할 수 있도록 준비하는데 직접 관련되는 ㈎내지㈊ 및 ㈌와 관련된 지출 등으로 구성된다. 매입할인 등이 있는 경우에는 이를 차감하여 취득원가를 산출한다.

㈎ 설치장소 준비를 위한 지출

㈏ 외부 운송 및 취급비

㈐ 설치비

㈑ 설계와 관련하여 전문가에게 지급하는 수수료

㈒ 유형자산의 취득과 관련하여 국·공채 등을 불가피하게 매입하는 경우 당해 채권의 매입가액과 기업회계기준에 따라 평가한 현재가치와의 차액

⑷ 자본화대상인 금융비용

⑷ 취득세, 등록세 등 유형자산의 취득과 직접 관련된 제세공과금

⑷ 해당 유형자산의 경제적 사용이 종료된 후에 원상회복을 위하여 그 자산을 제거, 해체하거
나 또는 부지를 복원하는데 소요될 것으로 추정되는 비용이 충당부채의 인식요건을 충족하
는 경우 그 지출의 현재가치

유형자산의 취득원가는 자산을 취득하고, 기업이 취득한 자산을 이용할 수 있는 상태에 이르
기까지의 모든 합리적이고 필요한 지출을 포함한다. 예를 들어 회사의 트럭기사가 새 기계를 공
장으로 운반하다가 교통위반을 하였다고 하자. 교통위반 벌금은 새 기계의 원가가 아니다. 새 기
계의 짐을 풀다가 떨어져서 파손되었다고 하자. 파손을 수리하는데 드는 비용은 당해기간의 비용
으로 인식되어야 하며 기계의 원가에 부가되어서는 아니 된다.

자산은 현금으로 구입할 때 원가가 가장 쉽게 결정된다. 자산의 취득원가는 자산취득에 필요한
현금지출액과 운반비, 보험료, 그리고 설치비, 시운전비, 자산 사용 준비에 필요한 기타 비용을
합한 것이다. 만일 자산을 할부나 어음발행으로 구입한다면 이자요소는 지급이자로 처리하여야
하며 자산의 원가로 기록해서는 안 된다. 그러나 유형자산의 제조, 매입 또는 건설에 사용된 차입
금에 대한 이자비용과 이와 유사한 금융비용은 자산의 취득원가에 산입한다.

교환·현물출자·증여 기타 무상으로 취득한 자산의 가액은 공정가액을 취득원가로 한다. 다
만, 토지·건물을 제외한 동종의 유형자산간의 교환 시 취득가액은 양도한 자산의 장부가액으로
할 수 있다.

기계의 취득에 관계되는 모든 부대비용은 왜 원가에 포함되어야 하나? 이들 부대비용을 왜 기
계가 취득된 기간의 비용으로 처리하지 않나? 이에 대한 해답은 수익과 비용의 대응이라는 기본
적 회계원칙에서 찾을 수 있다. 예를 들어 기계를 소유한 이익을 10년 동안 받을 수 있다고 하
자. 10년 동안 기계의 운영은 수익에 공헌 할 것이다. 결론적으로 기계의 총원가는 자산계정에
기록되어져야 하며 10년 동안 수익에 대응하여 배분되어야 한다. 기계취득 시에 발생된 모든 원
가는 기계를 사용함으로써 받게 될 서비스의 원가이다.

> 벤처21주식회사는 자동차대리점에서 트럭을 11,200,000원에 구입하였다. 그리고 등록세
> 면허세 등 부대비용 800,000원을 지급하였다.
>
> **유형자산의 취득**
>
> | | 차 변 | | 대 변 | |
> |---|---|---|---|---|
> | 취득 | 차량운반구 | 12,000,000 | 현금 | 12,000,000 |

3. 자본적 지출과 수익적 지출

유형자산의 취득 또는 완성 후의 지출이 가장 최근에 평가된 성능수준을 초과하여 미래 경제적 효익을 증가시키는 경우에는 **자본적 지출(capital expenditure)**로 처리하고, 그렇지 않은 경우에는 발생한 기간의 비용으로 인식한다. 예를 들면, 새로운 생산공정의 채택이나 기계부품의 성능개선을 통하여 생산능력 증대, 내용연수 연장, 상당한 원가절감이나 품질향상을 가져오는 경우에는 관련된 지출이 미래 경제적 효익을 증가시키므로 자본적 지출로 처리한다.

유형자산의 수선·유지를 위한 지출은 해당 자산으로부터 당초 예상되었던 성능수준을 회복하거나 유지하기 위한 것이므로 일반적으로 발생한 기간의 비용인 **수익적 지출(revenue expenditure)**로 인식한다. 예를 들면, 공장설비에 대한 유지·보수나 수리를 위한 지출은 당초 예상되었던 성능수준을 향상시켜주기 보다는 유지시켜주기 위한 지출이므로 비용으로 처리한다. 다만, 유형자산의 사용가능기간 중 정기적으로 이루어지는 종합검사, 분해수리와 관련된 지출로서 다음의 요건을 모두 충족하는 경우에는 자본적 지출로 처리한다.

⑺ 종합검사나 분해수리와 관련된 지출을 별개의 감가상각 대상자산으로 인식할 수 있으며,

⑻ 유형자산의 두 가지 인식조건(미래 경제적 효익의 유입가능성이 매우 높고, 자산의 취득원가를 신뢰성 있게 측정할 수 있어야 한다)을 충족하는 경우

자본적 지출은 증설, 개량, 재배치 등으로 유형자산의 사용기간 동안에 그 영향을 미치므로 자산계정에 증가로 기록한다. 수익적 지출은 정상적으로 수선 유지하여 유형자산을 소유하고 사용하는데 필요한 지출이므로 비용계정의 증가로 기록한다. 수익적 지출을 비용계정에 부과하는 것은 지출에서 얻은 이익이 당해기간에 다 할 것이라는 가정에 기초를 두고 있으며, 그러므로 원가는 순이익을 결정하기 위하여 당해기간의 수익에서 차감되어야 한다.

자본적 지출로 처리하는 금액은 유형자산의 내용연수동안 감가상각비로 배분되어진다. 반면에 수익적 지출은 지출 당해 연도의 비용으로 인식될 뿐이다.

그래서 자본적 지출을 수익적 지출로 잘못 기록하면 자산의 내용연수동안 자산은 과소평가되고 상대적으로 당해연도 비용은 과대계상 되므로 순이익이 적어지게 된다. 반대로 수익적 지출을 자본적 지출로 잘못 기록하면 자산의 내용연수동안 자산은 과대평가 되고 상대적으로 당해연도 비용은 과소계상 되므로 순이익이 많아지게 된다.

자본적 지출을 수익적 지출로 잘못 기록하면 자산의 내용연수동안 비밀적립금(secret reserves)이 발생하며 수익적 지출을 자본적 지출로 잘못 기록하면 혼수자본(watered capital)을 발생시키는 결과를 초래한다.

벤처21주식회사는 트럭을 구입한 일주일 후에 컴퓨터자동항법장치를 1,000,000원에 구입하여 부착하였다. 그리고 타이어 펑크 수리비로 50,000원을 지급하였다.

수익적 지출과 자본적 지출

차 변		대 변	
차량운반구	1,000,000	현금	
수선비	50,000		1,050,000

4. 감가상각

기업이 취득한 자산은 영업활동에 사용되어 기업의 수익 창출에 이바지 하게 된다. 자산이 사용되면 그 가치는 감소하는데 그 감소액은 수익을 창출하기 위하여 희생된 것이다. 따라서 자산의 감소액은 비용으로 인식되어야 한다. 유형자산 역시 수익을 창출하기 위하여 영업활동에 사용된다. 토지를 제외한 모든 유형자산은 물리적인 사용에 따라 가치가 소멸된다. 그러나 건설 중인 자산계정으로 분류되고 있는 동안에는 가치가 감소되지 않음은 당연한 일이다.

내용연수(useful life)란 유형자산의 사용 가능한 연수를 말한다. 유형자산이 사용되는 기간은 반드시 물리적 수명을 의미하는 것은 아니다. 기술발전, 노후화 등으로 더 이상 사용하는 것이 경제적으로 의미가 없다면 물리적 수명이 다하기 전이라도 내용연수가 다하는 것이다. 따라서 유형자산의 취득원가는 내용연수동안에 비용으로 인식되어야 한다.

내용연수가 지난 후에도 유형비유동자산의 물리적 수명이 남아 있으면 유형자산의 사용가치가 남아 있을 수 있다. 이를 유형자산의 잔존가치(residual value)라고 한다. 유형자산의 사용에 따라 내용연수동안 취득원가에서 잔존가치를 차감한 만큼의 가액이 비용으로 보고된다.

그런데 유형자산의 내용연수와 잔존가치를 확실하게 알 수는 없다. 따라서 다른 자산의 회계 처리에서 다룬 바와 같이 이를 합리적으로 추정하여 회계 처리에 적용한다.

감가상각(depreciation)은 자산의 원가를 내용연수동안 합리적이고 체계적인 방법으로 비용으로 배분하는 과정이다. 다시 말하면 취득원가에서 추정잔존가치를 차감한 금액을 내용연수동안 비용으로 배분하는 것이다. **취득원가에서 추정잔존가치를 차감한 금액을 감가상각대상금액(depreciable)이라고 한다. 매년 배분된 연간비용을 감가상각비(depreciation expense)라고 부른다.**

감가상각비는 유형자산의 사용에 따른 가치감소를 기록한 것이다. 즉, 유형비유동자산의 가액은 취득원가에서 매년의 감가상각비만큼 감소되는 것이다. 유동자산의 경우 사용에 따라 자산의 가치가 감소하면 이를 해당 유동자산가액에서 직접 차감하였다.

　그러나 유형자산의 경우 가치감소분을 해당 유형비유동자산의 취득가액에서 직접차감하지 않고 별도의 감가상각누계액계정으로 기록한 다음 감가상각누계액계정의 잔액을 유형자산의 취득가액에서 차감하는 형식으로 회계 처리한다.

　예를 들어, 벤처21주식회사가 취득가액이 13,000,000원인 트럭을 구입한 1999년도의 감가상각비가 2,400,000원이라면 이는 트럭의 가치를 직접 2,400,000원 감소시키지 않는다. 대신에 감가상각누계액으로 2,400,000원이 기록되고 트럭의 취득원가 13,000,000원에서 감가상각누계액의 잔액 2,400,000을 차감함으로써 간접적으로 트럭의 장부가액을 10,600,000원으로 나타낸다.

　1999년에 감가상각비는 계정에 다음과 같은 영향을 미친다.

12/31결산시 감가상각

차　　변		대　　변	
감가상각비	2,400,000	감가상각누계액	2,400,000

감가상각누계액계정은 해당 자산의 가치를 감소하는 역할을 하므로 자산의 차감적 평가계정 (contra-asset account)이라고 한다. 유형자산의 장부가액(book value)은 자산의 취득원가에서 감가상각누계액을 차감한 금액이다. 따라서 벤처21의 1999년도 말 장부가액은 10,600,000원이 된다.

　유형자산과 감가상각누계액을 재무 상태표에 보고하는 형식은 다음과 같다.

설비자산	13,000,000	
(−)감가상각누계액	2,400,000	10,600,000

[표 8-6] 감가상각누계액과 장부가액

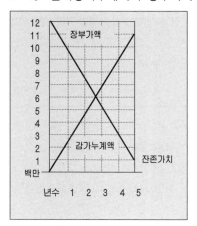

감가상각누계액계정은 특정 유형자산의 취득 후 사용에 따른 감가상각비를 누적하여 기록한 것이다. 따라서 일정내용연수가 경과된 후의 감가상각누계액의 잔액은 취득 이후 그 때까지의 총감가상각액을 나타낸다. [표 8-6]은 감가상각누계액과 장부가액과의 관계를 나타낸 것이다.

감가상각대상액을 내용연수 동안의 연도별로 어떻게 배분하여야 하는가? 회계실무에서는 다양한 배분방법들이 제시되고 있다. 현재 체계적이고 합리적인 배분방법이라면 어떤 방법이라도 사용할 수 있지만, 대부분 기업들이 유형자산의 감가상각을 위하여 적용하고 있는 배분방법은 정액법과 정률법 두 가지이다. 그리고 매년 수행되는 생산활동의 규모에 따라 비례적으로 사용되는 생산량비례법이 있다. 기업회계기준서 제5호에서는 유형자산의 감가상각방법으로 정액법·체감잔액법(예를 들면, 정률법 등)·연수합계법·생산량비례법 등에 의하도록 규정하고 있다.

연간 감가상각비를 계산하는 방법을 위하여 다음의 예를 들어보자. 벤처21주식회사는 1999년 1월 1일 취득원가 13,000,000원의 트럭을 구입하였다. 트럭의 내용연수는 5년으로 추정되며 5년 후 트럭의 잔존가치는 1,000,000원으로 예측하고 있다. 또 5년간 운행거리를 100,000 *Km*로 추정하였다.

1) 정액법

정액법(straight-line method)은 자산의 내용연수동안 매년 동일한 금액을 감가상각하는 방법이다. 연간 감가상각비는 다음과 같이 계산한다.

감가상각비 = (취득원가 − 잔존가치) / 내용연수

정액법에 의한 벤처21의 감가상각계산표는 [표 8-7]과 같다.

[표 8-7] 정액법에 의한 감가상각

연 도	감가대상금액	감가율	감가상각비	감가누계액	장부가액
1999	12,000,000	20%(1/5)	2,400,000	2,400,000	10,600,000
2000	12,000,000	20%(1/5)	2,400,000	4,800,000	8,200,000
2001	12,000,000	20%(1/5)	2,400,000	7,200,000	5,800,000
2002	12,000,000	20%(1/5)	2,400,000	9,600,000	3,400,000
2003	12,000,000	20%(1/5)	2,400,000	12,000,000	1,000,000

2) 체감상각법

체감상각법(accelerated depreciation method)은 유형자산의 사용기간이 경과함에 따라 점차로 감가상각비가 줄어드는 감가상각법으로 가속상각법이라고도 한다. 체감상각법에는 정률법, 이중체감법, 연수합계법이 있다.

(1) 정률법

정률법(constant percentage method)은 유형자산의 장부가액에 매년 동일한 상각률을 적용하여 감가상각하는 방법이다. 연간 감가상각비는 다음과 같이 계산한다.

$$감가상각비 = 장부가액 \times 감가상각률$$
$$단, 감가상각률 = 1 - \sqrt[n]{잔존가치/취득원가}$$
$$n은 내용연수$$

(2) 이중체감법

이중체감법은 정률법과 비슷한 방법으로 미국에서 많이 사용하는 방법이다. **이중체감법(double-declining balance method)은 감가상각비 계산방법은 정률법과 동일하며 감가율을 정액법감가율의 2배를 사용하는 방법이다.** 벤처21의 경우에 이중체감법의 감가율은 정액법의 2배인 40%(1/5 × 2)가 된다. 이중체감법에 의한 벤처21의 감가상각계산표는 [표 8-8]과 같다.

[표 8-8] 이중체감법에 의한 감가상각

연 도	감가대상금액	감가율	감가상각비	감가누계액	장부가액
1999	13,000,000	40%	5,200,000	5,200,000	7,800,000
2000	7,800,000	40%	3,120,000	8,320,000	4,680,000
2001	4,680,000	40%	1,872,000	10,192,000	2,808,000
2002	2,808,000	40%	1,123,000	11,315,000	1,685,000
2003	1,685,000	40%	685,000	12,000,000	1,000,000

※ 685,000원은 674,000원(1,685,000×40%)을 잔존가치에 맞추기 위해 수정한 금액이다.

(3) 연수합계법

연수합계법(sum-of-the-years'-disits method)은 감가상각대상금액에 내용연수의 합계에 대한 기초의 잔여내용연수의 비율을 곱하여 감가상각비를 계산하는 방법이다.

$$감가상각액 = (취득원가 - 잔존가치) \times 매년의 \; 상각률$$

$$매년의 \; 상각률 = \frac{잔존 \; 내용연수}{내용연수의 \; 합}$$

벤처21의 경우 내용연수의 합계는 15(1+2+3+4+5)이다. 그래서 1999년의 감가상각비는 12,000,000×5/15=4,000,000원이 된다. 2000년 초에는 내용연수가 4년 남았으므로 2000년의 감가상각비는 12,000,000×4/15 =3,200,000원이 된다.

3) 생산량비례법

생산량비례법(units-of-production method)은 매년 감가상각비를 산출량에 비례하여 계산하는 방법이다. 이 방법은 광산, 유전, 삼림 등 감모성 자산의 상각액을 계산할 때 적합한 방법이다. 이 방법을 사용하기 위해서는 총예정생산량을 추정할 수 있어야 한다. 매년 생산량이 동일하다면 생산량비례법은 정액법과 비슷한 결과를 가져온다.

$$감가상각액 = (취득원가 - 잔존가치) \times \frac{매기의 \; 실제생산량}{예정총생산량}$$

또 작업시간비례법(working hours method)은 예정 총작업시간 또는 예정 총운전 시간에 대한 매기의 실제 작업시간 또는 실제운전시간의 비율에 의해 감가상각액을 계산하는 방법이다.

$$감가상각액 = (취득원가 - 잔존가치) \times \frac{매기의 \; 실제작업시간}{예정총작업시간}$$

생산량비례법에 의한 벤처21의 감가상각계산표는 [표 8-9]와 같다.

[표 8-9] 생산량 비례법에 의한 감가상각

연도	운행거리	감가대상금액/운행거리	감가상각비	감가누계액	장부가액
1999	15,000	120	1,800,000	1,800,000	11,200,000
2000	30,000	120	3,600,000	5,400,000	7,600,000
2001	20,000	120	2,400,000	7,800,000	5,200,000
2002	25,000	120	3,000,000	10,800,000	2,200,000
2003	10,000	120	1,200,000	12,000,000	1,000,000

4) 감가상각방법의 비교

[표 8-10]은 감가상각방법을 비교한 것이다. 감가상각비가 기록되면 매년 감가상각누계액은 증가하고 반대로 장부가액은 감소한다. 제1차 연도와 제2차 연도에 기록된 감가상각비는 정액법보다 체감상각법이 더 많다는 것을 알 수 있다. 각 방법은 감가상각대상금액을 내용연수 동안에 배분한다.

[표 8-10] 감가상각방법의 비교

연도	정액법		체감상각법		생산량비례법	
	장부가액	감가상각비	장부가액	감가상각비	장부가액	감가상각비
0	13,000,000	13,000,000	13,000,000			
1	10,600,000	2,400,000	7,800,000	5,200,000	11,200,000	1,800,000
2	8,200,000	2,400,000	4,680,000	3,120,000	7,600,000	3,600,000
3	5,800,000	2,400,000	2,808,000	1,872,000	5,200,000	2,400,000
4	3,400,000	2,400,000	1,685,000	1,123,000	2,200,000	3,000,000
5	1,000,000	2,400,000	1,000,000	685,000	1,000,000	1,200,000
		12,000,000		12,000,000		12,000,000

회사가 계속하여 유형자산을 취득하거나 대체하는 경우에는 체감상각법은 정액법보다 순이익을 낮게 하는 결과를 초래할 것이다. 따라서 대부분의 회사들은 정액법을 사용함으로써 순이익을 더 많이 보고하려는 경향이 있다. 기업들은 재무보고목적과 세무보고목적을 위하여 다른 감가상각법을 사용하고 있다. 세무목적을 위하여 체감상각법을 많이 사용하고 있다. 체감상각법은 과세소득을 감소시키며 세금으로 인한 현금유출을 감소시키기 때문이다. 벤처21이 재무보고목적으로 정액법을 사용한다면 1999년의 감가상각비는 2,400,000으로 기록된다. 세무보고목적으로 체감상각법을 사용한다면 1999년의 감가상각비는 5,200,000으로 기록된다. 세무보고목적의 감가상각 비용이 재무보고목적의 감가상각비용보다 더 많기 때문에 이익은 더 적게 기록된다. 이러한 차이로 이연법인세비용을 초래하게 되는 것이다.

5) 감액손실

유형자산의 진부화 또는 시장가치의 급격한 하락 등으로 인하여 유형자산의 미래 경제적 효익이 장부가액에 현저하게 미달할 가능성이 있는 다음과 같은 경우에는 감액손실의 인식여부를 검토하여야 한다.

 (가) 유형자산의 시장가치의 현저한 하락

 (나) 유형자산의 사용강도나 사용방법에 현저한 변화가 있거나, 심각한 물리적 변형이 초래된 경우

 (다) 법률이나 기업환경의 변화 혹은 규제 등의 영향으로 인하여 해당 유형자산의 효용이 현저하게 감소된 경우

 (라) 해당 유형자산으로부터 영업손실이나 순현금의 유출이 발생하고, 미래에도 지속될 것이라고 판단된 경우

유형자산의 감액가능성이 있다고 판단되고, 당해 유형자산의 사용 및 처분으로부터 기대되는 미래의 현금흐름총액의 추정액이 장부가액에 미달하는 경우에는 장부가액을 회수 가능가액으로 조정하고 그 차액을 감액손실로 처리한다. 다만, 차기 이후에 감액된 자산의 회수 가능가액이 장부가액을 초과하는 경우에는 그 자산이 감액되기 전의 장부가액의 감가상각 후 잔액을 한도로 하여 그 초과액을 감액손실환입으로 처리한다.

5. 유형자산의 처분

유형자산의 처분(disposals)이란 유형자산을 폐기(retirement)하거나 판매(sales)하거나 다른 자산과 교환(exchange)하는 것을 말한다. 유형자산을 처분하려면 기초부터 처분시점까지의 감가상각비를 계산하여 처분시점의 장부가액을 산출하여야 한다. 회계기간 중에 처분을 위하여 감가상각비를 계산하려면 연간감가상각비를 계산한 후 그 금액을 기초부터 처분시점까지의 기간에 비례하여 배분한 금액으로 하여야 한다. 유형자산의 처분이 이루어지면 장부에서 유형자산의 취득원가와 감가누계액을 제거하여야 한다. 이때 처분시점의 장부가액과 처분가액간에 차액이 발생하면 유형자산처분이익 또는 손실(gains or losses on disposal of plant assets)을 인식하여야 하며 이는 손익계산서에 영업외수익 또는 영업외비용으로 보고한다.

> 벤처21은 제3차년도말에 트럭을 5,000,000원에 처분하였다고 하자. 회사는 정액법으로 감가상각하였다. 이 거래의 영향은 다음과 같다.
>
> ### 2008.12.31 유형자산의 처분
>
> | 차 변 | | 대 변 | |
> |---|---|---|---|
> | 현금 | 5,000,000 | 차량운반구 | |
> | 감가상각누계액 | 7,200,000 | | 13,000,000 |
> | 유형자산처분손실 | 800,000 | | |

제6절 무형자산

1. 무형자산의 종류

무형자산(intangible assets)은 재화의 생산이나 용역의 제공, 타인에 대한 임대 또는 관리에 사용할 목적으로 기업이 보유하고 있으며, 물리적 형체가 없지만 식별가능하고, 기업이 통제하고 있으며, 미래 경제적 효익이 있는 비화폐성자산으로 산업재산권, 저작권, 개발비 등과 사업결합에서 발생한 영업권을 포함한다. 기업회계기준서 제4호에서는 무형자산으로 정의되기 위한 세 가지 조건으로 식별가능성, 자원에 대한 통제 및 미래 경제적 효익의 존재를 들고 있다. 무형자산이 식별가능하다는 것은 그 자산이 기업실체나 다른 자산으로부터 분리될 수 있거나 법적 권리를 창출할 수 있는 경우 등을 의미한다. 자원에 대한 통제란 그 자원으로부터 미래 경제적 효익을 획득할 수 있고 그 효익에 대해 제3자의 접근을 제한할 수 있는 경우를 말한다. 무형자산의 미래 경제적 효익은 재화의 매출이나 용역수익, 원가절감, 또는 그 자산의 사용에 따른 기타 효익의 형태로 발생한다. 무형자산으로 인식하기 위해서는 무형자산의 정의와 다음의 인식조건을 모두 충족하여야 한다.

㈎ 자산으로부터 발생하는 미래 경제적 효익이 기업에 유입될 가능성이 매우 높다.

㈏ 자산의 취득원가를 신뢰성 있게 측정할 수 있다.

무형자산 중 별도 표시하는 소분류 항목의 예는 다음과 같다.

    (1) 영업권

    (2) 산업재산권

    (3) 개발비

    (4) 기타

기타는 라이선스와 프랜차이즈, 저작권, 컴퓨터소프트웨어, 임차권리금, 광업권, 어업권 등을 포함한다. 다만 이들 항목이 중요한 경우에는 개별 표시한다.

1) 영업권과 부의 영업권

영업권(goods will)은 법률상 권리가 아니라 같은 업종의 다른 기업 보다 높은 수익력을 갖는 경우에 나타나는 가치이다. (기업회계기준서 제4호에서 말하는 무형자산의 범위에서 제외 됨) 영업권은 기업 외부로부터 취득하여 영업활동에 사용함으로써 영업활동의 수익을 창출하는 자산이다. 예를 들어 우리 기업은 같은 업종의 다른 기업 보다 수익력이 월등하게 높다고 하자. 스스로 영업권을 자산으로 기록할 수 있는가(자기창설)? 영업권의 가치는 얼마인가? 영업권이 언제 발생하였나? 하지만 영업권은 무형의 가치이므로 평가의 자의성과 측정의 어려움 때문에 자기창설은 인정되지 아니한다. 반드시 영업권은 합병·영업양수 및 전세권취득 등의 경우에 유상으로 취득한 것으로 한다. 그리고 영업권의 금액은 유상으로 취득한 자원의 가치를 초과하여 지급한 금액이 된다.

그리고 기업인수·합병 등에 관한 회계 처리준칙에 의하면 매수원가 중 매수일 현재 피매수회사로부터 취득한 식별 가능한 자산·부채(순자산)의 공정가액에 대한 매수회사의 지분을 초과하는 부분은 영업권으로 인식한다. 이 경우 영업권은 그 내용연수에 걸쳐 정액법으로 상각한다. 영업권의 내용연수는 미래에 경제적 효익이 유입될 것으로 기대되는 기간으로 하며 20년을 초과하지 못한다. 매수 일에 자산으로 인식된 영업권에 대하여 매결산기에 회수 가능가액으로 평가한다. 이 경우 영업권의 회수 가능가액이 장부가액에 미달하고 그 미달액이 중요한 경우에는 이를 영업권감액손실로 하여 당기비용으로 처리한다. 감액된 영업권은 추후에 회복할 수 없다.

2) 산업재산권 등

무형자산은 사업상 비슷한 성격과 효용을 가진 종류로 분류하여 표시한다. 다만, 재무제표 이용자에게 보다 유용한 정보를 제공할 수 있다면 무형자산의 종류는 더 큰 단위로 통합하거나 더 작은 단위로 구분할 수 있다. 무형자산에는 산업재산권(특허권, 실용신안권, 의장권, 상표권, 상호권 및 상품명 포함), 라이선스와 프랜차이즈, 저작권, 컴퓨터 소프트웨어, 개발비(제조비법, 공식, 모델, 디자인 및 시작품 등의 개발), 임차권리금, 광업권 및 어업권 등이 포함된다. 산업재산권은 법률에 의하여 일정기간 독점적·배타적으로 이용할 수 있는 권리로서 회사가 소유한 특허권(patent), 실용신안권(utility model right), 의장권(design right), 상표권(trade mark), 상호권 및 상품명과 같은 법률적 권리를 말한다. 특허권은 특정발명이 특허법에 의하여 등록되어 일정기간 독점적·배타적으로 이용할 수 있는 권리를 말한다. 실용신안권은 특정의장이 의장법에 의하여 등록되어 일정기간 독점적·배타적으로 이용할 수 있는 권리를 말한다. 상표권은 특정상표가 상표법에 의하여 등록되어 일정기간 독점적·배타적으로 이용할 수 있는 권리를 말한다. 광업권은 광업법에 의하여 등록된 일정한 광구에서 등록을 한 광물과 동 광상 중에 부존하는 다른 광물을 채굴하여 취득할 수 있는 권리를 말하며, 어업권은 수산업법에 의하여 등록된 일정한 수면에서 어업을 경영할 권리이다. 개발비(development costs)는 특정 신제품 또는 신기술의 개발과 관련하여 발생한 비용(소프트웨어 개발과 관련된 비용을 포함한다)으로서 개별적으로 식별가능하고 미래의 경제적 효익을 확실하게 기대할 수 있는 것으로 한다. 신제품 또는 신기술이란 당해 회사로서는 신규로 채택하는 제품이나 기술을 말하며 제품 또는 기술에는 용역, 원재료, 공정, 장비 등을 포함한다.

무형자산은 구입원가와 자산을 사용할 수 있도록 준비하는데 직접 관련된 지출로 구성되는 취득원가로 측정된다. 매입할인 등이 있는 경우 이를 차감하여 취득원가를 산출한다. 무형자산에 대한 대금지급기간이 일반적인 신용기간보다 긴 경우에는 무형자산의 구입원가는 현금구입 상당액이 된다. 기업이 발행한 지분증권과 교환하여 취득한 무형자산의 취득원가는 그 지분증권의 공정가액으로 한다. 무형자산과 기타의 자산을 일괄 취득한 경우에는, 총 취득원가를 무형자산과 기타의 자산의 공정가액에 비례하여 배분한 금액을 무형자산의 취득원가로 한다. 국고보조 등에 의해 무형자산을 무상 또는 공정가액보다 낮은 대가로 취득한 경우에는 그 무형자산의 취득원가는 취득일의 공정가액으로 한다. 국고보조금 등은 취득원가에서 차감하는 형식으로 표시하고 그 자산의 내용연수에 걸쳐 상각금액과 상계하며, 그 자산을 처분하는 경우에는 그 잔액을 처분손익에 반영한다. 다른 종류의 무형자산이나 다른 자산과의 교환으로 무형자산을 취득하는 경우에는 무형자산의 취득원가는 교환으로 제공한 자산의 공정가액으로 측정한다. 다만, 교환으로 제공한 자산의 공정가액이 불확실한 경우에는 교환으로 취득한 자산의 공정가액을 취득원가로 할 수 있다.

동일한 업종 내에서 유사한 용도로 사용되고 공정가액이 비슷한 동종 자산과의 교환이 이루어진 경우에는 수익창출과정이 완료되지 않았기 때문에 교환에 따른 거래손익을 인식하지 않아야 하며, 교환으로 취득한 자산의 취득원가는 교환으로 제공한 자산의 장부가액으로 한다.

미래 경제적 효익을 가져오는 지출이 발생하였더라도 인식기준을 충족하는 무형자산이나 다른 자산이 획득 또는 창출되지 않는다면, 그 지출은 발생한 기간의 비용으로 인식한다. 예를 들면, 연구 활동을 위한 지출은 항상 비용으로 인식한다. 법적 실체를 설립하는 데 발생하는 창업비, 새로운 시설이나 사업을 개시할 때 발생하는 개업비, 그리고 새로운 영업을 시작하거나 새로운 제품 또는 공정을 시작하기 위하여 발생하는 지출 등과 같은 사업개시비용은 자산성을 인정하지 않고 전액을 당기비용 처리한다.

무형자산의 취득 또는 완성 후의 지출로서 다음의 요건을 모두 충족하는 경우에는 자본적 지출로 처리하고, 그렇지 않은 경우에는 발생한 기간의 비용으로 인식한다.

㈎ 관련 지출이 무형자산의 미래 경제적 효익을 실질적으로 증가시킬 가능성이 매우 높다.

㈏ 관련된 지출이 신뢰성 있게 측정될 수 있으며, 무형자산과 직접 관련된다.

반면에 매수일에 피매수회사로부터 취득한 식별 가능한 자산·부채의 공정가액 중 매수회사의 지분이 매수원가를 초과하는 경우에는 그 초과액을 부의 영업권으로 계상한다. 부의 영업권은 무형자산의 차감항목으로 표시한다. 부의 영업권은 ① 매수일에 식별 가능한 부채로 계상할 수는 없으나 미래에 발생할 것으로 기대되는 손실이나 비용과 관련된 부의 영업권과 ② 기타의 부

의 영업권으로 구분된다. 전자의 경우에 해당하는 부의 영업권은 그 손실이나 비용이 매수계약
서상 명시된 경우에 인정한다.

매수계약서상 명시된 미래의 손실이나 비용과 관련된 부의 영업권은 그 손실이나 비용이 실
제로 발생하는 시점에서 일시에 이익으로 환입한다. 다만, 당해 손실이나 비용이 매수계약서상
명시된 기간 내에 발생하지 않은 경우와 기타의 부의 영업권은 다음과 같이 회계 처리한다.

① 피매수회사의 식별 가능한 비화폐성자산의 공정가액 합계액에 해당하는 금액까지는 비화
폐성자산 중 상각가능자산의 가중평균내용연수에 걸쳐 정액법으로 환입한다.

② 식별 가능한 비화폐성자산의 공정가액 합계액을 초과하는 금액은 매수일에 특별이익으로
인식한다.

2. 무형자산의 상각

무형자산의 상각대상금액은 그 자산의 추정내용연수 동안 체계적인 방법에 의하여 비용으로
배분하여야 한다. 즉, 무형자산의 원가를 사용기간에 걸쳐 합리적으로 배분하여야 한다. 무형자
산의 상각은 유형자산과 마찬가지로 무형자산의 원가와 효익을 체계적으로 대응시키는 과정이
다. 또한 무형자산을 상각하기 위하여 내용연수와 잔존가치를 추정하여야 한다. 무형자산의 경
제적 효익은 미래의 상황에 따라 크게 영향을 받으므로 그 효익이 얼마나 지속될지를 추정할 때
미래의 변화를 충분히 고려하여야 한다. 그러나 미래의 예측은 불확실하므로 내용연수를 추정하
기가 어렵다. 무형자산의 상각기간은 독점적·배타적인 권리를 부여하고 있는 관계 법령이나 계
약에 정해진 경우를 제외하고는 20년을 초과할 수 없다. 상각은 자산이 사용 가능한 때부터 시
작한다. 무형자산의 미래 경제적 효익은 시간의 경과에 따라 소비되기 때문에 상각을 통하여 장
부가액을 감소시킨다. 무형자산의 공정가액 또는 회수 가능가액이 증가하더라도 상각은 취득원
가에 기초한다.

무형자산의 상각방법은 자산의 경제적 효익이 소비되는 행태를 반영한 합리적인 방법이어야
한다. 무형자산의 상각대상금액을 내용연수 동안 합리적으로 배분하기 위해 다양한 방법을 사용
할 수 있다. 이러한 상각방법에는 정액법, 체감잔액법(정률법 등), 연수합계법, 생산량비례법 등
이 있다. 다만, 합리적인 상각방법을 정할 수 없는 경우에는 정액법을 사용하여야 한다. 무형자
산상각비는 당해 무형자산에서 직접 차감한다. 무형자산상각비(amortization)는 다른 자산의
제조와 관련된 경우에는 관련 자산의 제조원가로, 그 밖의 경우에는 판매비와 관리비로 계상한
다. 예를 들면, 제조공정에서 사용된 무형자산의 상각비는 재고자산의 원가를 구성한다.

　무형자산의 잔존가액은 없는 것을 원칙으로 한다. 다만, 경제적 내용연수보다 짧은 상각기간을 정한 경우에 상각기간이 종료될 때 제3자가 자산을 구입하는 약정이 있거나, 그 자산에 대한 거래시장이 존재하여 상각기간이 종료되는 시점에 자산의 잔존가액이 거래시장에서 결정될 가능성이 매우 높다면 잔존가액을 인식할 수 있다.

　무형자산의 재무 상태표상 표시방법은 두 가지로 구분할 수 있다. 첫째는 무형자산의 취득원가에서 상각누계액을 직접 차감하는 직접법이고, 둘째는 취득원가에서 상각누계액을 차감하는 형식으로 표시하는 간접법이다. 재무제표 이용자에게 더 많은 정보를 제공할 수 있고 동일한 자산범주에 속하는 유형자산의 표시방법과 일관성을 가질 수 있다는 측면에서 본다면 간접법이 보다 유용할 것이다. 기업회계기준서 제4호에서 무형자산은 간접법으로 재무 상태표에 표시하되 직접법을 적용하는 경우에는 각각의 무형자산의 장부가액의 증감내용을 주석으로 기재하도록 하고 있다.

　자산의 진부화 및 시장가치의 급격한 하락 등으로 인하여 무형자산의 회수 가능가액이 장부가액에 중요하게 미달하게 되는 경우에는 장부가액을 회수 가능가액으로 조정하고 그 차액을 감액손실로 처리한다. 다만, 차기 이후에 감액된 자산의 회수 가능가액이 장부가액을 초과하게 되는 경우에는 그 자산이 감액되기 전 장부가액의 상각후 잔액을 한도로 하여 그 초과액을 감액손실환입으로 처리하여야 한다.

　예를 들어 벤처21은 연초에 특허권을 2,000,000원에 취득하였다고 하자. 취득에 관한 회계처리는 다음과 같다.

무형자산의 취득

	차　변		대　변	
취득	산업재산권	2,000,000	현금	2,000,000

벤체21은 연말 결산때 특허권 취득원가의 1/10을 상각하였다. 회계 처리는 다음과 같다.

무형자산의 상각

	차　변		대　변	
상각	무형자산상각비	200,000	산업재산권	200,000

제7절 기타비유동자산

1. 기타비유동자산의 의의

기타비유동자산은 임차보증금, 이연법인세자산(유동자산으로 분류되는 부분 제외), 장기매출채권 및 장기미수금 등 투자자산, 유형자산, 무형자산에 속하지 않는 비유동자산을 말한다.

기타비유동자산 내에 별도 표시할 항목의 예는 다음과 같다.
  (1) 이연법인세자산
  (2) 기타

기타는 임차보증금, 장기선급비용, 장기선급금, 장기미수금 등을 포함한다. 이들 자산은 투자수익이 없고 다른 자산으로 분류하기 어려워 기타로 통합하여 표시한다. 다만 이들 항목이 중요한 경우에는 별도 표시한다.

1) 이연법인세자산

비유동자산으로 분류되는 이연법인세자산은 차감할 일시적 차이 등으로 인하여 미래에 경감될 법인세부담액으로서 미래의 현금흐름을 예측하는 데 유용한 정보를 제공하므로 구분 표시한다.

2) 임차보증금

임차보증금은 타인의 부동산 또는 동산을 월세 등의 조건으로 사용하기 위하여 지급하는 보증금을 말한다.

연 습 문 제

1. 투자활동의 목적을 설명하라.

2. 기업회계기준에 의하여 자산을 분류하라.

3. 현금 및 현금등가물과 단기금융상품과 유가증권을 구분하라.

4. 영업활동과 관련이 있는 자산항목을 설명하라.

5. 소액현금제도를 설명하라.

6. 유가증권의 종류를 말하고 왜 유가증권에 투자하는지 설명하라.
   유가증권은 지분증권과 채무증권으로 이루어진다. 지분증권과 채무증권을 설명하라.

7. 지분증권 투자에 대한 회계 처리를 설명하라.

8. 부채증권 투자에 대한 회계 처리를 설명하라.

9. 정액법과 체감상각법의 차이를 설명하라.

10. 연수합계법과 생산량비례법을 설명하라.

11. 유형자산의 처분에 대한 회계영향을 설명하라.

12. 무형자산과 관련된 회계 처리를 설명하라.

13. 시장성 있는 단기자금운용목적의 유가증권의 평가방법은?

    a. 공정가액법

    b. 저가법

    c. 시가법

    d. 원가법

14. 투자자 입장에서 배당을 받을 때 지분법을 사용하면 어떻게 기록해야 하나?

    a. 투자수익의 증가

    b. 자기자본의 증가

    c. 투자유가증권의 감소

    d. 투자유가증권의 증가

15. 회사가 할증된 사채를 구입하게 되면 그 할증에 대한 상각액은 어떻게 처리해야 하나?

    a. 사채만기기간 동안 이자수익의 증가

    b. 사채만기기간 동안 이자수익의 감소

    c. 사채만기기간 동안의 투자유가증권의 장부가액의 증가

    d. 사채가 처분 또는 만기 때까지 기록되지 않는다.

16. 영업을 개시하기 전에 발생한 비용은 보통 어떻게 회계 처리하는가?

    a. 발생한 기간의 비용으로 처리

    b. 영업개시 첫 연도에 비용처리

    c. 무형자산으로 영업개시 후 몇 년 동안에 걸쳐 상각

    d. 영업개시 후 수익에서 차감

17. 유형자산의 자본적 지출은 어떻게 회계 처리하는가?

    a. 발생회계연도에 유형자산의 장부가액을 증가시킨다.

    b. 발생회계연도에 유형자산의 장부가액을 감소시킨다.

    c. 발생회계연도에 감가상각누계액을 감소시킨다.

    d. 발생회계연도에 총자산을 감소시킨다.

18. 다음은 한강상점의 6월의 당좌예금기록이다. 거래의 영향을 기록하여라.

자산	=	부채+자본	+(수익−비용)

    6월 1일 새빛은행과 당좌거래를 맺고 현금 1,000,000원을 예입하다. 당좌차월한도는 1,500,000원이다.

    6월 9일 상품 600,000원을 매입하고 대금은 수표를 발행하여 지급하다.

    6월 15일 상품 500,000원을 매입하고 대금은 수표를 발행하여 지급하다.

    6월 23일 매출채권 800,000원을 회수하여 당좌 예입하다.

19. 샛별(주)의 회계장부상 당좌예금 잔액은 472,000원이고 은행 조회잔액은 600,000원이다. 그 차이의 원인을 조사한 결과는 다음과 같다.

    a. 입금한 25,000원이 은행에서 입금 처리되지 않았다.

    b. 회사가 발행한 수표#101 120,000원이 인출되지 않았다.

    c. 은행에 입금되었으나 회사에 통지되지 않은 거래처 입금액 35,000원과 은행수수료 2,000원이 있다.

〈요구사항〉

(a) 위의 자료로 은행계정조정표를 작성하라.

(b) 필요한 회계기록을 하라.

20. (주)금경은 Imprest System으로 300,000원을 설정하고 있다. 소액현금 재충당을 위해 조사하였더니 금고에는 일반관리비 265,000원의 영수증과 현금 23,000원이 보관되어 있었다.

〈요구사항〉

(a) 재충당해야할 금액은 얼마인가?

(b) 12,000원의 불일치액은 어떻게 기록하여야 하나?

21. 줄리엣회사는 1996년 회계연도동안 다음의 거래를 기록했다.

    a. 로미오회사 발행주식의 5%를 300,000원에 구입하고 대금은 중개인 수수료 30,000원과 함께 현금으로 지급하다.

    b. 베네치아회사 발행주식의 2%를 400,000원에 구입하고 대금은 중개인수수료 40,000원과 함께 현금으로 지급하다.

c. 로미오회사로부터 배당으로 50,000원을 받았다.

1996년 말 로미오회사 주식의 시장가치는 350,000원이었다. 베네치아회사 주식의 시가는 360,000원이었다. 줄리엣회사는 다른 유가증권이 없다. 거래는 유가증권으로 적정하게 기록되었다. 다음의 양식을 이용하여 줄리엣회사 계정 잔액에 각 사건이 미치는 영향을 기록하라.

자산	=	부채+자본	+(수익-비용)

22. 1991년에 로미오회사는 줄리엣회사 주식의 40%를 30,000,000원을 주고 구입했다. 주식 매입 후 줄리엣회사의 순이익과 배당은 다음과 같다.

연 도	순이익	배당
1992	8,000,000	3,000,000
1993	7,400,000	2,500,000
1994	8,100,000	3,000,000
1995	8,500,000	3,200,000

1996년초 로미오회사는 줄리엣회사에게 주식을 42,000,000원에 팔았다. 1992년에서 1995년까지 줄리엣회사 주식에 대해 로미오회사는 재무 상태표에 얼마를 기록하는가? 1996년 줄리엣회사의 주식을 매각함으로써 생기는 로미오회사의 순이익(손실)은 얼마인가?

23. 온달회사는 1996년 4월 1일 설비자산을 200,000원을 주고 구입했다. 이 설비자산의 내용 연수는 7년이고 잔존가치는 없을 것으로 기대된다. 감가상각의 방법으로 정액법, 이중체감법, 연수합계법을 사용할 때 각각의 경우 1996년도의 감가상각비는 얼마인가? 회사의 회계 연도 종료일은 12월 31일이다. 만약 생산량비례법을 사용할 경우 감가상각비는 얼마인가? 설비자산은 250,000시간 사용할 수 있을 것으로 기대되며 1996년에 60,000시간을 사용하였다.

제 9장

재무활동과 부채

제1절 부채의 유형

제2절 유동부채

제3절 비유동부채

보 론 가치의 결정

  제 8장에서 회사투자, 주식, 사채, 기타유가증권을 포함한 자산의 가치를 결정하는 방법을 살펴보았다. 기업의 가치와 회사가 발행한 유가증권의 가치는 회사의 영업활동, 투자활동, 재무활동의 영향을 받는다. 재무조달의 원천은 부채와 자본으로 구성된다. 이 장에서는 재무자원의 원천으로서 부채를 측정하고 보고하는데 사용되는 정보와 회계원칙을 다룬다. 기업은 금융기관이나 다른 기업이나 개인으로부터 자금을 차입할 때 부채가 발생한다. 부채는 기업이 현금이나 다른 자원, 서비스를 받는 계약 관계로 발생한 것이다. 받은 것과 교환으로 기업은 채권자에게 현금을 지급하거나 장래에 서비스나 이익을 제공하기로 동의한 것이다.

  일반적으로 부채는 유동부채 비유동부채로 분류하지만 이 장에서는 부채의 원천별로 분류하여 기술한다. 부채로 조달된 재무자원은 다른 자원을 취득하는데 사용된다. 기업은 부채 거래에 관한 정보를 재무 상태표와 현금흐름표에 보고한다.

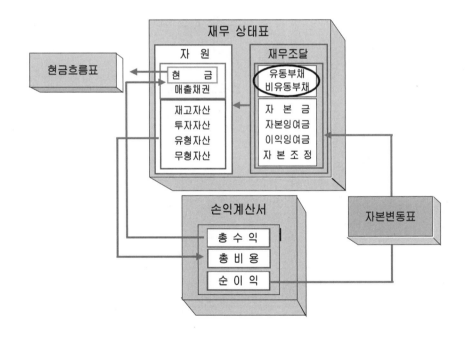

이 장에서 다루는 주요 주제는 다음과 같다.

- 부채의 특징과 측정
- 공급자와 고객에 대한 부채
- 세금과 기타부채
- 대여자에 대한 부채
- 종업원에 대한 부채

제1절 부채의 유형

기업은 장래에 현금으로 지급해야 하거나 상품이나 서비스를 제공해야 하는 여러 가지 부채를 가지고 있다. 이러한 부채는 재무 상태표에 보고된다. 부채는 채권자, 공급자, 고객, 종업원 등과 관련된 계약관계를 나타낸다.

기업이 채권자로부터 돈을 빌릴 때 부채가 발생한다. 이러한 부채는 회사가 은행과 같은 금융기관, 다른 회사, 개인으로부터 돈을 빌릴 때 발생한다. 이는 빌려준 사람은 회사에 재무자원을 제공하고 회사는 빌려준 사람에게 빌린 금액(원금)과 이자를 상환할 것을 약속한 계약이다. 기업은 채권자와 계약할 뿐만 아니라 공급자, 종업원, 기타 상품과 서비스의 제공자와도 계약한다. 예를 들어 백화점은 제조업자로부터 상품을 외상으로 취득하고 가까운 장래에 대금을 지급할 것을 동의한다. 따라서 채권자, 공급자, 종업원에 대한 의무는 기업의 부채의 일부가 되는 것이다.

"부채"라는 용어는 장래의 지급, 상품, 또는 서비스 제공에 대한 기업의 의무이다. 부채는 과거사건(어떤 가치를 받는 것)과 미래사건(받은 것과 교환으로 어떤 가치를 주는 것)을 연계시킨다.

[표 9-1]은 기업회계기준서에서 규정한 부채항목이다. 자산과 마찬가지로 부채는 유동부채와 비유동부채로 분류한다. 유동부채는 재무 상태표일로부터 1년 이내 혹은 영업순환기간 이내에 만기가 도래하는 부채를 의미한다. 비유동부채는 유동부채에 속하지 않는 모든 부채를 말한다. 즉, 비유동부채는 재무 상태표일로부터 1년 이후 혹은 영업순환기간 이후에 만기가 도래하는 부채이다.

[표 9-1] 부채의 유형

부 채			
유동부채	① 단기차입금 ④ 미지급비용	② 매입채무 ⑤ 이연법인세부채	③ 미지급법인세 ⑥ 기타
비유동부채	① 사 채 ④ 장기차입금 ⑦이연법인세부채	② 신주인수권부사채 ⑤ 퇴직급여충당부채 ⑧ 기타	③ 전환사채 ⑥장기제품보증충당부채

제2절 유동부채

유동부채 내에 별도 표시할 소분류 항목의 예는 다음과 같다.
  (1) 단기차입금
  (2) 매입채무
  (3) 미지급법인세
  (4) 미지급비용
  (5) 이연법인세부채
  (6) 기타

1. 단기차입금

  기업의 **차입금은 은행과 같은 금융기관이나 다른 회사 또는 개인으로부터 빌린 돈이다.** 따라서 차입금은 빌려준 사람에 대한 부채가 된다. 일반적으로 차입금은 기업 부채의 대부분을 차지한다. 차입금은 차입기간에 따라 단기차입금과 장기차입금으로 구분할 수 있으며 재무 상태표에 각각 유동부채와 비유동부채로 보고된다. 기업의 유동부채는 1년 안에 상환해야 할 의무가 있다. 따라서 금융기관으로부터 발생한 당좌차월액과 1년 내에 상환될 차입금은 단기차입금으로 보고한다. 장기차입금은 1년 이후에 상환되는 차입금으로 차입처별 차입액, 차입용도, 이자율, 상환방법 등을 주석으로 기재하여야 한다. 비유동부채라고 하더라도 상환계획에 따라 1년이내에 만기가 도래하는 비유동부채를 유동성비유동부채(current maturities of long-term debt)라고 한다. 예를 들어 재무 상태표를 작성할 때 장기차입금중 상환계획에 따라 1년 이내에 상환기일이 도래하는 유동성비유동부채는 유동부채로 보고하여야 한다.

2. 매입채무

  대부분 회사들은 상품이나 서비스를 공급자로부터 외상으로 매입한다. 이러한 거래로 매입채무(accounts payable)가 발생하게 된다. 매입채무는 일반적 상거래에서 발생한 외상매입금과 지급어음을 말한다. 따라서 장부에 기록할 때는 외상매입금, 지급어음과 같은 계정과목을 사용할 수 있지만 재무 상태표에는 매입채무계정으로 보고하여야 한다.

1) 외상매입금

매입채무는 상품판매회사에서 상품을 외상으로 구입하거나 제조회사에서 원재료를 외상으로 구입할 때 발생한다. 일반적으로 매입채무는 60일 이내에 지급해야 하는 유동부채이다. **매입채무는 단기 재무조달의 원천이지만 영업활동의 결과임을 명심하여야 한다.** 영업활동에 사용하기 위한 자원을 외상으로 취득할 때 매입채무계정으로 회계 처리한다. 반면에 그 이외 자산을 구입하고 대금을 차후에 지급하기로 하였을 때는 미지급금으로 회계 처리하여야 한다.

매입채무는 상품이나 서비스를 외상으로 구입하였을 때 증가하고 외상대금을 지급하면 감소된다. 매입조건에 따라 매입한 상품이 파손되었거나 품질이 불량하여 대금 중 일부를 감액 받았거나 반품을 하는 경우가 있다. **매입 에누리(purchase allowance)는 매입한 상품을 반품하지 않고 대금의 일부를 감액 받는 것을 말하며 매입환출(purchase returns)은 매입한 상품을 반품하는 것을 말한다.** 매입 에누리와환출(purchase allowance and returns)이 있을 경우에는 매입채무가 감소된다. 이에 관한 회계 처리는 제5장에서 살펴보았다.

회사가 거래처와 외상거래를 설정하면 상품대금을 미리 지급하지 않고도 상품이나 원재료를 주문할 수 있다. 공급자는 가끔 특정 기일 내에 매입채무를 지급하도록 매입할인을 제안하는 경우가 있다. 제조업자나 도매업자들은 고객이 외상대금을 빨리 지급하도록 동기부여를 제공하는 데 **매입회사가 할인 유효기간 내에 대금을 지급하는 경우에 발생하는 할인액을 매입할인(purchase discount) 또는 매입현금할인(cash discount on purchase)이라 한다.** 판매회사는 현금을 빨리 회수하여 영업자금으로 활용할 수 있으며 매입회사는 현금을 절약할 수 있다.

기업회계기준에 의하면 매입할인은 총매입액에서 차감하여 당기매입액을 계산하도록 하였다. 따라서 매입할인액이 있을 경우에도 매입채무가 감소된다.

외상대금의 관리는 모든 회사에서 아주 중요한 기능이다. 회계정보는 경영자가 이러한 의사결정의 중요성을 이해하는데 도움을 줄 수 있다.

한편 장기성매입채무는 유동부채에 속하지 아니하는 일반적 상거래에서 발생한 장기의 외상매입금 및 지급어음을 말한다.

2) 지급어음

지급어음(trade notes)은 주된 영업활동에 필요한 상품 및 서비스를 매입할 때 발생하는 어음부채이다.

예를 들어 신사상회는 2008년 6월 20일 경진사에서 상품 100,000을 매입하고 대금은 약속어음을 발행하여 지급하였다고 하자.

지급어음의 회계 처리

	차 변		대 변	
6/20 외상매입	상품	100,000	지급어음	100,000

3. 미지급금과 미지급비용

미지급금(accounts payable-nontrade)은 일반적 상거래 이외에서 발생한 채무를 말한다. 재고자산 이외의 자산을 구입하고 대금을 차후에 지급하기로 하였을 때는 미지급금으로 회계 처리한다. 재고자산을 외상으로 매입하였을 때 기록하는 매입채무와 구분하여야 한다. 예를 들면 소모품, 토지나 건물과 같은 자산을 구입하고 대금을 지급하지 못한 경우이다. 한편 미지급비용(accrued liabilities)은 발생된 비용으로서 현금으로 지급하지 아니한 것이다.

4. 선수금과 선수수익

고객에 대한 부채가 발생할 수도 있다. 선수금(advances received from customers)은 수주공사나 수주품 및 기타 일반적 상거래에서 발생한 부채이다. 선수금은 상품 주문을 받을 때 대금의 일부 또는 전부를 미리 받은 금액을 말한다. 선수금은 장래에 고객에게 상품이나 서비스를 제공할 의무를 나타내는 것이다. 한편 선수수익(unearned revenues)은 받은 수익 중 차기이후에 속하는 수익금액을 말한다.

고객이 미래에 받게될 상품이나 서비스에 대한 대금을 미리 현금으로 지급하는 경우가 있다. 선수금은 회사가 고객으로부터 상품이나 서비스 대금을 미리 받았을 때 발생한다.

예를 들어 5월 1일 한국항공은 제주도 왕복 비행기표를 200,000원에 판매하였다고 하자. 그리고 고객은 7월 26일과 8월 2일에 탑승하였다면 한국항공은 다음과 같이 기록할 것이다.

선수금의 회계 처리

	차 변		대 변	
5/ 1 선수금의 증가	현금	200,000	선수금	200,000
7/26 선수금의 감소	선수금	100,000	매출	100,000
8/ 2 선수금의 감소	선수금	100,000	매출	100,000

고객은 여름방학 때 제주도 여행을 하려고 비행기표를 구입하였다고 하자. 한국항공은 고객이 비행기표를 구입하였을 때 부채가 발생한다. 그리고 고객이 비행기표를 사용하였을 때 한국항공은 의무를 이행하게 되고 수익이 실현되는 것이다.

5. 예수금

예수금(returnable deposits)은 일반적 상거래 이외에서 발생한 일시적 제예수금이다. 예수금은 제 3자에게 지급해야할 금액을 종업원으로부터 미리 받아 일시적으로 보관하고 있거나 계약이나 의무이행을 위하여 공급자로부터 미리 받아 일시적으로 보관하고 있는 부채이다. 예수금은 발생한 원천에 따라 크게 두 가지로 구분할 수 있다. 하나는 거래처에서 받은 예수금이고 다른 하나는 종업원에게 받은 예수금이다. 거래처에서 받은 예수금에는 전세금, 하자보증금, 대리점보증금, 공사입찰보증금, 부가세예수금 등이 있다. 이와 같은 예수금은 부가세 예수금을 제외하고는 계약이행의 보증금으로 받은 것이므로 공급자가 의무를 수행하거나 계약이 완료되면 반환하여야 한다.

종업원에게 받은 예수금에는 소득세 예수금, 주민세예수금, 연금예수금 의료보험예수금 등이 있다.

예를 들어 신구주식회사는 5월분 종업원 급여중 소득세 250,000원, 주민세 20,000원 연금 120,000원 의료보험료 60,00원을 원천징수하고 현금 4,550,000원을 지급하였다고 하자. 그리고 신구주식회사는 다음달 10일 제예수금을 관계기관에 납부하였다고 하자. 거래를 기록하면 다음과 같다.

예수금의 회계 처리

	차 변		대 변	
5/ 25 예수금의 증가	급여	5,000,000	현금 소득세예수금 주민세예수금 연금예수금 의료보험예수금	4,550,000 250,000 20,000 120,000 60,000
6/10 예수금의 납부	소득세예수금 주민세예수금 연금예수금 의료보험예수금	250,000 20,000 120,000 60,000	현금	450,000

이와 같은 예수금은 종업원으로부터 원천징수한 것이므로 소득세예수금, 주민세예수금은 세무서에, 그 이외의 예수금은 관계기관에 납부하면 부채가 소멸된다. 또 거래처에서 받은 예수금 중 부가세예수금은 세무서에 납부해야할 부채이다.

6. 부채성충당금

기업의 부채중에는 확정적 사건은 이미 발생했으나 금액이나 만기일을 알 수 없는 경우가 있다 이러한 부채는 시간이 지나야 결정되기 때문에 합리적으로 추정하여 계상하여야 하므로 추정부채라고 하며 부채성충당금이라고도 한다. 기업회계기준에서는 당기의 수익에 대응하는 비용으로서 장래에 지출될 것이 확실하고 당기의 수익에서 차감되는 것이 합리적인 것에 대하여는 그 금액을 추산하여 부채성충당금으로 계상하여야 한다고 규정하고 있다.

부채성충당금으로는 퇴직급여충당금, 판매보증충당금, 공사보증충당금 등을 들 수 있다. 이러한 부채성충당금은 그 사용할 시기에 따라서 유동부채와 비유동부채로 구분하여 보고한다. 그러나 부채성충당금중 이를 연차적으로 분할하여 사용하거나, 그 전부 또는 일부의 사용시기를 합리적으로 예측할 수 없는 경우에는 이를 전부 비유동부채에 속하는 것으로 보고하여야 한다.

1) 판매보증충당금

회사로서는 판매보증은 고객에게 역시 중요한 의무중의 하나이다. **판매보증(warranty)은 판매자가 일정기간 동안 결함 있는 제품을 수선 또는 교환해 주거나 제품서비스를 하기로 고객에게 한 약속이다.** 이때 추정된 판매보증원가를 상품이나 서비스가 판매된 기간에 인식되어야 한다. 이와 같이 판매보증에 의해 사후관리비를 예상하여 미리 설정하는 충당금을 판매보증충당금(obligation by warranty)이라고 한다.

판매보증비(warranty expenses)는 판매보증한 상품의 매출수익과 대응하여 발생된다. 판매된 제품에 대해 서비스가 이행되고 보증원가가 발생하면 판매보증충당금을 감소시켜야 한다.

예를 들어 현대자동차가 4월에 50억원의 자동차를 판매하였다고 하자. 판매된 자동차와 관련된 추정보증원가를 비용과 부채로 기록하여야 한다. 추정비용이 1,000,000원이라면 기록은 다음과 같다.

부채성충당금의 계상

	차 변		대 변	
계상	판매보증비	1,000,000	판매보증충당금	1,000,000

예를 들어 현대자동차가 6월에 서비스원가로 300,000원을 지출하였다고 하자.

부채성충당금의 계상

	차 변		대 변	
보증이행	판매보증충당금	300,000	현금	300,000

대부분의 회사들은 판매보증비나 판매보증충당금을 재무제표에 구분하여 보고하지 아니한다. 주로 기타부채나 기타비용으로 처리한다. 경쟁 때문에 판매보증비를 공시하는 것을 꺼려하기 때문이다.

한편 공사보증충당금 건설공사에 있어서 완공 후 공사하자의 보수공사에 대비하여 설정한 준비액을 말한다. 이에 대한 회계 처리는 판매보증충담금과 마찬가지다.

7. 미지급법인세와 이연법인세

모든 회사는 국세 지방세 등 세금을 납부하여야 한다. 세금은 납세의무가 발생한 기간의 비용으로 인식하여야 한다. 예를 들어 회사가 500,000원의 재산세 고지서를 받았다고 하자. 재산세는 2008년 7월 1일부터 2009년 6월 30일까지 1년분이다. 만일 12월 31일이 결산일이라면 2008년에 250,000원, 2009년에 250,000원을 비용으로 인식하여야 한다. 재산세는 세금과공과계정에 기록한다.

여기서는 미지급법인세 이연법인세대를 기술한다.

많은 회사는 법인세를 특별한 회계문제로 다루고 있다. 회사는 소득에 대해 법인세를 납부해야 한다. 회사는 손익계산서에 법인세비용을 보고한다. 당해회계기간에 발생한 법인세의무액은 보통 손익계산서에 보고된 금액과 동일하지 않다. 법인세비용은 손익계산서에 보고된 이익과 관련된 세금액이다.

과세목적으로 인식되는 익금은 손익계산서의 수익과 다를 수 있다. 법인세법에서 어떤 수익은 이연되는 것을 허용하고 있기 때문이다. 또한 과세목적으로 인식되는 손금도 손익계산서에 보고되는 비용과 다를 수 있다. 따라서 회계기간 동안 부과되는 법인세는 법인세비용과 다르다. 만일 회계기간 동안의 법인세비용이 같은 기간 동안의 미지급법인세보다 크면 이연법인세가 증가한다. 반대로 만일 회계기간 동안의 법인세비용이 같은 기간 동안의 미지급법인세보다 적으면 이연법인세가 감소한다. 회사가 재무 상태표에 **이연법인세부채(deferred tax liability)를 보고할 때 부채는 회사가 이미 실현한 이익과 관련하여 장래에 지급해야하는 법인세의 추정액을 나타낸다.**

이연법인세부채				
	차 변		대 변	
보증이행	법인세비용	650,000	미지급법인세	500,000
			이연법인세부채	150,000

미지급법인세(income taxes payable)는 법인세 등의 미지급액으로 유동부채이다. 이연법인세부채(deferred income taxes)는 법인세비용이 법인세 등의 법령에 의하여 납부하여야할 금액을 초과하는 금액을 말한다. 이는 과세목적으로 이연된 이익이 장래 기간에 인식될 때 정부에 빚지는 미래의 세금을 나타낸다.

8. 미지급배당금

주주총회에서 배당결의를 하게 되면 회사는 배당금을 지급하여야 할 의무가 발생하게 되므로 미지급배당금으로 회계 처리하여야 한다.

> 예를들어 신성주식회사는 주주총회에서 발행주식 5,000,000에 대해 현금배당 10% 주식배당 5%를 결의하였다.
>
> **배당금 결의**
>
> | | 차 변 | | 대 변 | |
> |---|---|---|---|---|
> | 2/ 25
주주총회 결의 | 이월이익잉여금 | 750,000 | 미지급배당금
미교부주식배당금 | 500,000
250,000 |

9. 유동성장기차입금

유동성장기차입금은 장기차입금의 상환일자가 재무 상태표 일로부터 1년 이내에 도래하면 비유동부채에서 유동부채로 분류하여 보고하여야 한다.

제3절 비유동부채

비유동부채 내에 별도 표시할 소분류 항목의 예는 다음과 같다.

(1) 사채

(2) 신주인수권부사채

(3) 전환사채

(4) 장기차입금

(5) 퇴직급여충당부채

(6) 장기제품보증충당부채

(7) 이연법인세부채

(8) 기타

1. 사채

1) 사채의 의의와 종류

(1) 사채의 의의

기업은 보통 은행이나 보험회사에 어음을 발행하여 필요한 자금을 장기적으로 조달한다. 기업이 대형 프로젝트를 계획하는 경우에는 특정인이나 특정금융기관이 공급할 수 있는 금액 이상의 거대한 자본이 필요하다. 이와 같이 거대한 자본이 장기간 필요할 때는 추가로 주식을 발행하거나 사채를 발행하여 자금을 조달한다.

사채(bonds)는 장래의 특정일에 일정한 금액을 지급하고 일정 기간마다 이자를 지급할 것을 약정한 증권이다. 사채의 발행은 거대한 차입자금을 수많은 단위로 분산하는 방법이다. 사채증권은 장기성 이자부 어음(long term interest-bearing note)과 같다. 사채는 일반대중에게 판매되므로 다수의 투자자가 이에 참가하게 된다.

사채는 여러 가지로 주식과 차이가 있다. 첫째로, 사채는 부채이며 사채보유자는 회사의 소유자가 아니라 채권자이다. 사채보유자는 발행회사의 채권자이며 주주의 청구권에 우선하여 원금과 이자의 지급에 대한 청구권을 갖는다. 일반적으로 사채보유자는 의결권이 없고 약정이자를 받는 이외에 회사의 이익배당에 참가할 수 없다. 둘째로, 사채이자의 지급은 회사의 계약의무사항이다. 그러나 배당금은 이사회의 배당선언이 있기 전까지는 회사의 법률적 의무가 되지 않는다. 마지막으로, 사채는 만기일이 있으며 회사는 만기일에 액면가액으로 상환하여야 한다. 그러나 주식은 만기일이 없으며 영속적으로 자금을 사용할 수 있다.

기업은 재무적 안정성을 위해서 추가로 주식을 발행하여 자금을 조달하는 것이 바람직하지만, 이익이 적거나 자본시장의 상황 등으로 증자를 하는 것이 불리한 경우에는 사채를 발행하여 자금을 조달하게 된다.

(2) 사채의 성격과 종류

사채의 발행은 이사회의 승인을 얻어야 한다(상법469조). 상법에서는 채권자를 보호하기 위하여 사채의 총액이 자본금과 준비금의 2배를 초과하지 못하도록 하고 있으며, 만약 재무 상태표의 순자산액이 자본금과 준비금의 합계액에 미달된 경우에는 순자산액의 2배를 넘지 못하도록 하고 있다(상법470조).

회사가 사채를 발행할 때는 사채보유자와 사채증서라는 계약서에 계약을 맺는다. 발행된 사채는 여러 가지 개별 사채권으로 분할된다. 1만원권, 10만원권, 100만원권, 1,000만원권, 1억권, 10억권 등 다양한 가치를 가질 수 있다. 사채증서에는 액면가액, 이자율, 이자지급일, 만기일이 표시되어 있다. 사채의 원금을 액면금액(face value)이라 부르며 사채 1매당 10,000원이다. 사채증서에 표시된 이자율을 액면이자율(coupon rate, contract rate) 또는 표시이자율(stated interest rate)이라고 하며 액면가액에 대한 이자율이다. 이자율은 일반적으로 년 이자율로 표시된다. 사채이자의 지급은 1년, 6개월 또는 3개월마다 지급된다. 우리나라의 대부분 사채는 3개월마다 이자를 지급한다. 주식의 시장가격은 1주당 금액으로 시세가 표시되지만 사채의 가격은 일반적으로 액면금액의 %로 표시된다. 그러므로 96% 또는 96으로 표시된 사채의 가격은 9,600원(10,000원의 96%)을 의미한다.

사채는 사채증서에 표시되는 계약조건에 따라 여러 가지 형태로 발행된다.

기명사채(registered bonds)는 사채증서를 배서에 의해 다른 사람에게 양도할 수 있다. 발행회사는 각 사채보유자의 이름과 주소를 등록한다. 이 경우 이자의 지급은 등록된 사채보유자에게 지급된다. 이자부사채(coupon bonds, bearer bonds)는 단순히 매매에 의해 이전되며 사채보유자의 이름이 회사에 등록되지 않는다. 따라서 발행회사는 사채소유자의 인적사항을 모른다. 지급가능증서의 형태인 이자표(이자지급교부표)가 사채증서에 부착되어 있다. 사채상환기간 동안 이자지급일이 되면 이자표 중 하나가 만기가 된다. 사채보유자는 해당이자표를 절취하여 은행에 제시하고 이자를 수령한다.

특정자산의 담보로 보증된 사채를 보증사채(secured bond, mortgage bonds)라고 하며 보증이 없는 사채를 무보증사채라고 한다. 무보증사채(debenture bonds)의 가격은 회사의 신뢰도에 좌우된다. 대기업에 의해 발행되는 무보증사채는 열악한 재무 상태의 회사가 발행한 보증사채보다 사채의 가격이 높을 수도 있다.

투자자를 유인하기 위하여 회사는 때로 사채증서에 전환특권을 포함시키기도 한다. 전환사채(convertible bonds)는 일정한 조건에 따라 보통주로 전환할 수 있는 사채이다. 회사의 이익이 증가되는 경우에는 전환으로 투자자에게 이익이 될 수 있다.

발행된 모든 사채가 일시에 상환되는 것을 일시상환사채(term bonds)라고 한다. 대부분의 사채는 일시상환사채이다. 사채상환에 필요한 현금조달의 부담을 줄이기 위하여 복수의 만기일을 정하고 순차적으로 상환하는 사채를 **연속상환사채(serial bonds)**라고 한다. 발행회사가 만기 이전에 사채를 상환할 권리를 갖는 사채를 **수시상환사채(callable bonds)**라고 한다. 이 경우 사채보유자가 강제로 투자를 포기하는데 대한 보상으로 상환가격이 사채의 액면금액보다 다소 높은 것이 일반적이다.

2) 사채의 발행과 사채이자

(1) 사채의 가격과 사채이자

사채를 발행하여 자금을 조달할 때 장래의 특정일에 원금과 이자를 지급할 것을 명확히 약정하여야 한다. 사채증서에 명시된 이자율을 액면이자율이라고 한다. **이자지급일에 지급하여야 할 사채이자는 액면가액에 액면이자율을 곱하여 산출한다.**

사채이자 = 액면금액 × 액면이자율

그리고 **자본시장에서 사채의 수요와 공급에 따라 결정되는 이자율을 시장이자율(market rate) 또는 유효이자율(effective rate)이라고 한다.**

회사가 사채를 발행하면 두 가지 형태의 지급의무가 발생한다. 하나는 만기일에 사채의 액면금액을 지급하여야 하고, 둘째는 액면금액에 대한 일정율의 이자를 정기적으로 지급하여야 한다. 투자자가 이들 두 가지 금액을 받을 권리에 대해 지급하려는 가격은 두 가지 금액에 대한 현재가치의 합계액이 된다.

사채액면금액의 현재가치는 만기일에 받게 될 금액의 현재가치이다. 예를 들어 1년 후에 1,000원이 지급되고 이자율이 년 10%라고 하자. 현재가치는 909.09원(1,000/1.10)이다. 2년 후에 1,000원이 지급된다면 복리로 계산하여 현재가치는 826.40원(909.09/1.10)이다. 이러한 계산은 부록에 있는 현가계산표 〈표 1-A〉를 이용하여 쉽게 계산할 수 있다. 기간 2 이자율 10%의 현가요소는 0.8264이다. 1,000원을 곱하면 현재가치는 826.40원이 된다.

사채이자의 현재가치는 정기적으로 이자지급일 마다 받게 될 사채이자의 현재가치를 합계한 금액이다. 일정기간 마다 일정액을 지급하는 것을 연금(annuity)이라고 한다. 연금의 현재가치는 부록에 있는 연금 현가계산표 〈표 1-C〉를 이용하여 쉽게 계산할 수 있다. 예를 들어 이자율이 10%일 때 5년 간 매년 말 1,000원씩 받게 될 연금의 현재 가치는 3,790.80원(1,000×3.7908)이 된다.

투자자가 지급하려는 가격(사채의 발행가격) =
  만기일에 받게 될 원금의 현재가치
  + 정기적으로 지급 받게 될 사채이자의 현재가치

투자자가 사채에 대해 지급하려는 금액은 미래에 받게 될 원금과 이자액에 대한 현재가치이다. 그러므로 사채를 발행하여 돈을 빌리려고 원하는 회사는 시장이자율의 이자를 지급하여야 한다. 시장이자율은 항상 변동하기 때문에 액면이자율과 사채발행일의 시장이자율이 상이하다는 것은 당연한 일이다. 따라서 사채의 발행가격은 시장이자율에 의하여 좌우된다.

사채를 액면가격으로 매각한다면 유효이자율은 사채에 인쇄된 액면이자율과 동일하게 된다. 시장이자율 또는 유효이자율이 액면이자율보다 높을 경우 사채는 액면금액보다 낮은 가격으로 할인(discount)판매될 것이다. 투자자는 시장이자율보다 낮은 액면이자율의 사채에 대하여 액면금액 모두를 지불하려고 하지 않기 때문이다. 실제로 할인액은 시장이자율과 액면이자율과의 차이를 보충하는데 필요한 금액을 나타낸다. 반대로 시장이자율이 액면이자율보다 낮은 경우에는 사채는 액면금액 이상으로 할증(premium)판매될 것이다. 이 경우 투자자는 시장이자율보다 높은 액면이자율의 사채에 대해 액면가액보다 더 많이 지급하려고 하기 때문이다. 이와 같이 **사채를 발행하는 방법에는 발행가격을 액면금액으로 발행하는 액면(평가)발행(at par value), 액면금액 이하로 발행하는 할인발행(at discount), 액면금액이상으로 발행하는 할증발행(at premium)의 세 가지가 있다.** 우리나라에서는 할인발행을 하고 있으며 할증발행은 이루어지지 않는다. 할인발행이거나 할증발행이거나 상환금액은 액면가액과 동일하게 된다.

> 액면발행 : 액면이자율 = 시장이자율(유효이자율), 액면가액 = 발행가격
> 할인발행 : 액면이자율 < 시장이자율(유효이자율), 액면가액 > 발행가격
> 할증발행 : 액면이자율 > 시장이자율(유효이자율), 액면가액 < 발행가격

사채가 발행된 후에 이들 사채의 시장가격은 시장이자율의 변동에 반비례하여 변동된다. 즉, 시장이자율이 상승하면 사채의 시장가격은 하락하고 반대로 시장이자율이 하락하면 사채의 시장가격은 올라간다. 또 사채의 시장가격은 만기일의 잔여기간에도 영향을 받는다. 사채는 만기일에 액면가액이 상환되기 때문에 만기일이 가까운 사채일수록 사채의 시장가격은 액면가액에 접근하게 될 것이다. 따라서 만기일의 시장가치는 만기금액과 일치하게 될 것이다.

(2) 사채의 액면발행

예를 들어 한양주식회사는 2001년 1월 1일 5년 만기 액면이자율 12% (이자지급일 6/30, 12/31) 액면가액 100,000원의 사채를 발행하였다고 하자. 사채발행시 시장이자율은 12%이다. 액면이자율과 시장이자율이 동일하기 때문에 사채는 액면발행된다. 현재가치의 계산과 사채발행일의 회계기록은 다음과 같다.

원금의 현재가치
6% 10기 후 100,000의 현가   0.5584×100,000 =   55,840
이자의 현재가치
6% 10기 6,000원의 연금현가   7.3601× 6,000 =   44,160
사채의 현재가치   100,000

2001.1.1 사채발행 – 액면발행

	차 변		대 변	
액면발행	현금	100,000	사채	100,000

현재가치의 개념을 다른 관점에서 설명해 보자. 오늘 55,840원을 투자하면 5년 후에 원리합계는 100,000원이 된다. 또 44,160원을 오늘 투자하면 5년 동안 6개월마다 6,000원을 인출할 수 있다. 5년 후 마지막 인출을 하면 '0'이 된다.

회사는 2001년 6월 30일 6개월분 이자 6,000원(100,000×12%/2)을 지급하여야 한다. 회계기록은 다음과 같다.

2001.6.30 사채이자지급

	차 변		대 변	
이자지급	사채이자비용	6,000	현금	6,000

이자지급일은 사채에 명기되어 있다. 사채는 가끔 이자기산일이 아닌 날짜에 발행될 수도 있다. 이 경우에 투자자는 사채의 발행가격에 발행일까지 발생된 이자를 가산하여 지급하여야 한다. 이와 같이 함으로써 회사가 이자지급일에 모든 발행 사채에 대해 6개월분 이자 전액을 지급하는 것이 가능하게 된다. 이자지급일이 아닌 날짜에 사채를 구입한 투자자로부터 회수된 발생이자는 다음 이자지급일에 그들에게 반환된다.

위의 예에서 이자지급일 2개월 후에 사채가 판매되었다면 회계기록은 다음과 같다.

2001.9.1 사채발행 - 이자지급일사이

	차 변		대 변	
이자지급일사이에 사채발행	현금	102,000	사채 미지급사채이자	100,000 2,000

투자자의 관점에서 이들 이자 거래를 고려해 보자. 투자자는 사채를 매입하였을 때 2개월분 2,000원을 미리 지급하였으므로 4개월 동안 사채를 보유한 후에 6개월분의 사채이자 6,000원을 받게 된다. 투자자는 4개월 동안 사채를 보유하였으며 결과적으로 사채를 보유한 4개월분의 이자를 얻게 된다.

사채보유자가 다른 사람에게 사채를 매각할 때도 사채의 시장가격에 지난번 이자지급일 이후에 발생된 이자(단수이자)를 가산한 금액으로 판매한다. 이러한 실무로 사채발행회사는 이자지급일에 사채를 소유한 투자자에게 이자기간 동안의 전체 이자를 지급하는 것이 가능하다. 그렇지 않으면 사채발행회사는 이자지급기간 사이에 사채를 구입하고 판매한 모든 투자자에게 그들이 사채를 보유한 기간을 계산하여 일일이 이자를 지급해야 할 것이다.

(3) 사채의 할인발행

예를 들어 한양주식회사는 2001년 1월 1일 5년 만기 액면이자율 12% (이자지급일 6/30, 12/31) 액면가액 100,000원의 사채를 발행하였다고 하자. 사채발행시 시장이자율은 13%이다. 시장이자율이 액면이자율 보다 높기 때문에 할인발행된다. 현재가치는 다음과 같이 계산된다.

원금의 현재가치
6.5% 10기 후 100,000의 현가 $0.5327 \times 100,000 =$ 53,270
이자의 현재가치
6.5% 10기 6,000의 연금현가 $7.1888 \times 6,000 =$ 43,133
사채의 현재가치   96,403

할인발행에 대한 회계기록은 다음과 같다.

2001.1.1 사채발행 - 할인발행

	차 변		대 변	
액면발행	현금 사채할인발행차금	96,403 3,597	사채	100,000

위의 두 가지 금액은 액면발행할 때 보다 감소되었다. 시장이자율이 12%에서 13%로 증가하였기 때문이다. 미래금액의 현재가치가 감소하였는데 이는 현재가치를 계산하는데 사용된 시장이자율이 증가한 만큼 감소하였다.

사채의 할인발행은 사채가 발행될 때 사채발행가액이 사채의 액면가액보다 적은 경우를 말한다. 이 경우 사채발행가액은 사채발행회사가 수령하는 금액에서 사채발행수수료와 사채발행과 관련하여 발생한 기타 비용 즉 사채발행비(bond issue costs)를 차감한 후의 금액을 말한다. 이 때 **만기 시 지급할 액면가액과 사채발행액과의 차액(할인액)을 사채할인발행차금(discount on bonds payable)이라 한다.** 사채할인발행차금은 평가계정(contra account)으로 재무 상태표상에는 사채계정에서 차감하는 형식으로 기재한다.

사채를 발행한 후에 B/S를 작성하면 사채는 다음과 같이 표시된다.

사채	100,000	
차감: 사채할인발행차금	3,597	96,403

사채할인발행차금은 사채의 장부 가치를 표시할 수 있도록 사채의 액면가격에서 차감한다. 사채발행일의 사채의 장부 가치는 사채가 판매되는 금액과 동일하다. 다시 말하면 사채발행일 현재 회사의 부채액은 사채권자로부터 빌린 돈의 금액과 동일하다. 그러나 사채 상환 기간 동안 이들 장부가치는 점점 증가하여 사채만기일에는 사채의 액면가치에 도달하게 된다는 것을 알아야 한다.

사채 100,000원에 대하여 회사는 매년 12,000원(100,000×12%)의 이자를 지급하여야 한다. 회사는 이들 이자 지급 이외에 만기일에 100,000을 상환하여야 한다. 이 상환액은 사채를 발행하였을 때 받은 96,403원 보다 3,597원이 더 많다. 이는 시장이자율 보다 낮은 액면이자율을 투자자가 받아들이도록 유인하는데 필요한 금액으로 볼 수 있다. 따라서 액면가격에서 할인된 3,597원은 사채의 상환가격에 포함되어 있는 추가적인 이자부분으로 간주될 수 있다.

이 금액이 사채 상환 때까지 사채보유자에게 지급되어지는 것은 아니지만 회사는 이들 비용의 대가로 빌린 돈을 이용하여 전체기간 동안 이익을 얻는다. 그러므로 사채할인발행차금은 발행된 사채의 상환기간에 걸쳐 배분되어져야만 한다. 사채할인발행차금을 사채이자로 배분하는 과정을 사채할인발행차금의 상각이라고 한다. 따라서 할인발행의 경우에 사채 상환기간의 총 이자비용은 정기적으로 지급하는 사채이자에 사채할인발행차금을 가산한 금액이 된다.

할인발행의 경우 액면 100,000원의 사채에 대한 상환기간 5년의 총이자비용은 63,597원이다. 63,597원 중 60,000원은 정기적으로 지급하는 사채이자 (6,000×10기)이고 3,597원은 사채할인발행차금이다. 그러므로 연평균 이자비용은 12,719.4원(63,597/ 5년)인데 사채이자 12,000원과 사채할인발행차금 상각액 719.4원이다. 이 분석은 다음과 같다.

총이자현금지급액 (100,000×12%×5년)		60,000
가산:사채의 액면금액에 포함된 이자분		
사채상환가액	100,000	
빌린 돈	96,403	3,597
사채상환기간 동안 총비용		63,597
년 평균 비용		(63,597/5년) 12,719.4

사채할인발행차금을 상각하는 방법에는 정액법(직선법: straight-line method)과 유효이자율법(effective interest rate method)의 두 가지가 있다. 정액법은 사채할인발행차금을 매기 균등하게 사채이자에 배분하는 방법이다. 위의 예에서 사채할인발행차금의 기초잔액은 3,597원이다. 정액법으로 상각하면 사채할인발행차금의 1/10 또는 359.7원을 상각하여야 하며 사채이자에 가산한다. 이자지급일에 사채이자를 기록하기 위한 6개월마다의 회계기록은 다음과 같다.

매년 6.30, 12.31 사채이자와 사채할인발행차금상각

	차　　변		대　　변	
할인발행차금상각	사채이자비용	6,359.70	현금 사채할인발행차금	6,000 359.70

이자지급 때 마다 사채할인발행차금을 상각하는 대신에 결산 시에 한꺼번에 상각하는 것이 더 간편하다. 사채할인발행차금 상각에서 발생되는 추가적 이자비용은 현금 지출을 필요로 하지 않으며 이때의 상각액은 단지 사채할인발행차금을 감소시킬 뿐이다. 이와 같이 부채에 대한 차감계정인 사채할인발행차금을 감소함으로써 사채의 장부 가치를 증가시킨다. 사채할인발행차금 3,597은 5년 말에는 완전히 제거된다. 그 때 순부채(장부가액)는 사채의 액면금액이 될 것이다.

사채할인발행차금을 상각을 함에 있어서 정액법은 사채발행기간에 걸쳐 빌린 돈의 전체원가를 인식하지만 이 방법은 이론적 약점을 지니고 있다. 즉 매년 동일한 이자비용이 인식된다는 것이다. 그러나 사채할인발행차금을 상각하는 것은 사채라는 부채를 점차적으로 증가시키고, 사채할증발행차금을 상각하는 것은 부채를 점차적으로 감소시키는 원인이 된다. 만일 매년 균등한 이자비용을 변동되는 사채의 장부가격에 대한 %로 표시하면 이자율은 매기 상이하게 된다. 따라서 매기 장부가액에 대한 이자율은 일정하지 않다. 이러한 문제는 사채 할인이나 할증에 대하여 유효이자율을 사용함으로써 피할 수 있다. 유효이자율법은 매기 변동되는 사채의 장부가액에 대하여 일정 %의 이자비용을 인식하는 것이다.

이러한 이유 때문에 유효이자율법은 직선법보다 이론적으로 우수한 방법이다. 기업회계기준에서는 사채할인발행차금 및 사채할증발행차금은 사채발행시부터 최종상환시까지의 기간에 유

효이자율법을 적용하여 상각 또는 환입하고 동 상각 또는 환입액은 사채이자에 가감하여 처리하도록 규정하고 있다. 따라서 원칙적으로 유효이자율법만 인정된다. 그러나 금액이 크지 않을 경우에는 정액법도 허용하고 있다.

유효이자율법(effective interest rate method)은 매 이자기간의 기초 사채장부가액에 일정한 이자율이 적용되도록 사채할인 또는 할증발행차금을 상각하는 방법이다. 따라서 매기 이자비용은 동일하지 않다. 사채가 할인가격으로 판매될 때는 발행회사에 의해 발생된 유효이자율은 사채의 계약이자율보다 높다. 반대로 사채가 할증발행 될 때 유효이자율은 계약이자율 보다 낮다.

유효이자율법이 사용될 때 손익계산서에 보고할 사채이자비용은 이자지급기간의 기초의 사채장부가격에 유효이자율을 곱하여 계산한다. 상각에 사용되는 유효이자율은 사채가 발행될 당시의 시장이자율이다. 유효이자율이 적용되는 사채의 장부가액은 사채의 액면가액에 사채할인발행차금의 미상각액을 차감하거나 사채할증발행차금의 미상각액을 가산하여 계산한다. 사채할인발행차금의 상각액은 유효이자율에 의해 계산된 이자비용과 그 기간 동안 사채보유자에게 지급된 (또는 지급되어야할)이자액과의 차액이다. 사채할인발행차금이 상각될 때 사채의 장부가액은 상환가치 쪽으로 매기 증가된다. 기간이 경과될 때마다 사채의 장부가격이 증가함에 따라 매기 유효이자 비용은 일정율이기 때문에 이자비용 역시 계속 증가한다. 이는 경제적 실질을 반영한 것으로 이것이 유효이자법과 정액법 상각의 기본적 차이이다.

앞의 예에서 유효이자율법에 의한 사채할인발행차금 상각표는 [표 9-2]와 같다.

[표 9-2] 사채할인발행차금 상각표

이자지급기간	A 사채이자 100,000×6%	B 이자비용 E×6.5%	C 사채할인발행 차금 상각액 B-A	D 사채할인발행 차금미상각액 D-C	E 매 기초 사채 장부가액 100,000-D
				3,597	96,403
1	6,000	6,266	266	3,331	96,669
2	6,000	6,284	284	3,047	96,953
3	6,000	6,302	302	2,745	97,255
4	6,000	6,322	322	2,423	97,577
5	6,000	6,343	343	2,080	97,920
6	6,000	6,365	365	1,715	98,285
7	6,000	6,389	389	1,326	98,674
8	6,000	6,415	415	911	99,089
9	6,000	6,441	441	470	99,530
10	6,000	6,470	470	-	100,000

이 표에서 "이자기간"은 6개월이다. 따라서 사채이자(A), 이자비용(B), 사채할인발행차금 상각액(C)의 기간은 6개월이다. 또 사채할인발행차금의 잔액(D)과 사채의 장부가액(E)은 이자지급일 현재 금액이다.

사채이자(A)는 액면금액 100,000원의 6%(액면이자율)인 6,000원으로 매기 일정하다. 이자비용(B)은 기초장부가액의 6.5%(유효이자율)이며 매기 증가한다. 사채할인발행차금 상각액(C)은 사채이자 6,000원과 이자비용과의 차액이다. 사채할인발행차금 잔액(D)은 최초 금액 3,597원이 점점 감소하여 만기일에는 '0'이 된다. 사채의 장부가액(E)은 발행금액 96,403원에서 점점 증가하여 만기일에 100,000원이 된다.

유효이자율법으로 상각하면 첫 이자지급일의 회계기록은 다음과 같다.

2001.6.30 사채이자와 사채할인발행차금상각

	차 변		대 변	
할인발행차금상각	사채이자비용	6,266	현금	6,000
			사채할인발행차금	226

(4) 사채의 할증발행

예를 들어 한양주식회사는 2001년 1월 1일 5년 만기 액면이자율 12% (이자지급일 6/30, 12/31) 액면가액 100,000원의 사채를 발행하였다고 하자. 사채발행시 시장이자율은 11%이다. 시장이자율이 액면이자율 보다 낮기 때문에 할증발행 된다. 현재가치는 다음과 같이 계산된다.

```
원금의 현재가치
   5.5%  10기 후 100,000의 현가     0.5854×100,000 =     58,540
이자의 현재가치
   5.5%  10기 6,000의 연금현가      7.5376×  6,000 =     45,226
사채의 현재가치                                        103,766
```

할증발행에 대한 회계기록은 다음과 같다.

2001.1.1 사채발행 −할증발행

	차 변		대 변	
할증발행	현금	103,766	사채	100,000
			사채할증발행차금	3,766

사채의 할증발행은 사채가 발행될 때 사채발행가액이 사채의 액면가액보다 큰 경우를 말한다. 사채발행가액은 사채발행회사가 수령하는 금액에서 사채발행수수료등 사채발행비를 차감한 금액을 말한다. **사채가 할증발행될 때 만기금액인 사채의 액면가액과 발행시 사채발행가액과의 차액(할증액)을 사채할증발행차금(premium on bonds payable)이라 한다.** 사채할증발행차금은 평가계정(contra account)으로 재무 상태표상에는 사채계정에서 부가하는 형식으로 기재한다.

사채를 판매한 후 B/S 가 작성된다면 부채는 다음과 같이 표시된다.

사채	100,000	
가산 : 사채할증발행차금	3,766	103,766

사채할증발행차금은 부채의 현재 장부가치를 표시하기 위하여 사채의 상환금액에 가산하여야 한다. 사채의 상환기간에 걸쳐 이 장부가치는 점점 감소되어 상환액 100,000원이 된다. 앞에서 사채할인발행차금이 사채이자에 추가하여 어떻게 이자비용이 증가하는지 살펴보았다. 반대로 사채할증발행차금은 사채이자비용을 감소시킨다.

사채를 발행하여 받은 금액은 만기일에 상환하여야 할 금액보다 3,766원이 많다. 이 할증액 3,766원은 이익이 아니다. 빌린 돈의 비용을 결정하는데 있어서 정기적으로 지급하는 사채이자에서 상쇄해야 한다. 사채가 할증발행될 때는 사채 상환기간에 걸친 총이자비용은 사채이자 총액에서 사채할증발행차금을 차감한 금액과 같다. 앞의 예에서 사채 상환기간 동안의 총이자비용은 사채이자 60,000원에서 사채할증발행차금 3,766원을 차감하여 계산한다. 빌린 돈에 대한 이자비용은 56,234원이다. 연평균 이자비용은 11,246.80원(56,234/5년)이 되며 이는 사채이자 12,000원에서 사채할증발행차금 상각액 753.20원을 차감하여 계산한다. 따라서 정액법으로 상각하면 매 이자지급일의 회계기록은 다음과 같다.

매년 6.30, 12.31 이자지급과 사채할증발행차금상각 - 정액법

	차 변		대 변	
할증발행차금상각	사채이자비용	5,623.40	현금	6,000
- 정액법	사채할증발행차금	376.60		

앞의 예에서 유효이자율법에 의한 사채할증발행차금 상각표는 [표 9-3]과 같다.

상각표에서 6개월의 이자비용은 기초의 장부가액의 5.5%이다. 액면이자율 보다 적으므로 이자비용은 사채보유자에게 지급되는 사채이자 6,000원 보다 적다. 사채의 장부가액이 감소함에 따라 이자비용으로 인식되는 금액도 감소한다. 유효이자율법으로 상각하면 첫 이자지급일의 회

계기록은 다음과 같다.

2001.6.30 사채이자와 사채할증발행차금상각 − 유효이자율법

	차 변		대 변	
할증발행차금상각	사채이자비용	5,707	현금	6,000
− 유효이자율법	사채할증발행차금	293		

상각에 대한 회계 처리는 이자지급일에 맞추어 할 수도 있지만 결산일에는 당해 연도 상각액 모두를 기록해야 한다. 위의 예에서 12월 31일 1년에 할증발행 상각을 한번 기록한다면 상각액 은 602원(293+309)이 된다.

[표 9-3] 사채할증발행차금 상각표

이자지급기간	A 사채이자 100,000×6%	B 이자비용 E×5.5%	C 사채할증발행 차금 상각액 A−B	D 사채할증발행 차금미상각액 D−C	E 매 기초 사채 장부가액 100,000+D
				3,766	103,766
1	6,000	5,707	293	3,473	103,473
2	6,000	5,691	309	3,164	103,164
3	6,000	5,674	326	2,838	102,838
4	6,000	5,657	343	2,495	102,495
5	6,000	5,638	362	2,133	102,133
6	6,000	5,618	382	1,751	101,751
7	6,000	5,597	403	1,348	101,348
8	6,000	5,575	425	923	100,923
9	6,000	5,551	449	474	100,474
10	6,000	5,526	474	−	100,000

3) 사채의 상환

대부분의 사채는 만기일에 액면금액으로 상환된다. 만기일이 되면 사채할인 또는 할증발행차 금은 잔액이 '0'이 되어 사채의 장부가액은 액면가액과 일치하게 된다. 따라서 만기상환을 하면 사채를 감소시키고 현금을 감소시키면 된다. 그러나 사채는 가끔 만기일 이전에 상환되기도 한 다. 사채를 조기에 상환하는 이유는 발행 회사가 미래의 이자비용을 절약하기 위함이다. 사채발 행 후 시장이자율이 기존의 사채에 지급해야 할 이자율 이하로 하락하면 회사는 더 낮은 이자율로 새로운 사채를 발행하여 이들 사채를 상환함으로써 이익을 얻을 수 있다. 또 회사는 만기일 이전에 시장에서 사채를 매입하여 상환할 수도 있다.

만일 발행회사가 장부가액 보다 낮은 가격으로 사채를 매입하면 사채상환에 대한 이득이 실현된다. 이는 사채상환이익으로 기록하여야 한다. 만일 발행회사가 장부가액을 초과한 가격으로 매입하면 손실이 인식된다. 이는 사채상환손실로 기록하여야 한다. 매입 상환일 현재 사채의 장부가액을 산정하기 위하여 지난번 사채할인 또는 할증발행차금 상각 이후 상환일까지의 상각액을 계산하여야 한다.

$$사채상환손익 = 사채의 장부가액 - 사채의 매입가액$$

이 경우에 발생하는 사채상환손익(loss/gain on retirement of bonds)은 손익계산서에 영업외비용 또는 영업외수익으로 보고하여야 한다.

> 예를 들어 한양주식회사는 2001년 1월 1일 5년 만기 액면이자율 12%(이자지급일 6/30, 12/31) 액면가액 100,000원의 사채를 발행하였다고 하자. 사채발행시 시장이자율은 11%이었으므로 할증발행된다. 회사는 2004년 초에 사채를 102,000원에 상환하였다고 하자. 사채의 장부가격은 101,751원이고 사채의 매입가격은 102,000원이므로 249원의 상환손실을 기록하여야 한다. 회계기록은 다음과 같다.
>
> **2004.1.1 사채의 상환**
>
> | | 차 변 | | 대 변 | |
> |---|---|---|---|---|
> | 사채의 상환 | 사채 | 100,000 | 현금 | 102,000 |
> | | 사채할증발행차금 | 1,751 | | |
> | | 사채상환손실 | 249 | | |

투자자들에게 사채 발행을 매력적으로 하기 위해 회사가 만기일에 사채지급에 사용할 감채기금(sinking fund)을 설정할 수도 있다. 감채기금은 일정금액의 현금을 정기적으로 적립함으로써 설정되어진다. 현금은 대개 신탁예금 되어 지며 수탁자는 그것을 투자하여 감채기금에 그 이익을 가산한다. 매기 적립하는 예금에 감채기금투자 이익을 가산한 것은 만기일 사채발행금액과 거의 동일하게 된다. 사채만기일이 가까워지면 수탁자는 기금의 모든 유가증권을 매각하여 사채 보유자에게 지급할 현금으로 사용할 수 있도록 하여야 한다. 기금에 남아 있는 현금이 있으면 수탁자는 회사에 반환하여야 한다. 감채기금은 유동부채를 지급하는데 사용할 수 없기 때문에 유동자산에 포함되지 않는다. 기금을 구성하는 현금과 유가증권은 투자자산으로 분류하여야 한다. 감채기금 유가증권에서 발생한 수익은 회사의 수익이 된다.

2. 전환사채와 신주인수권부사채

전환사채(convertible bonds)는 사채권자의 청구에 의하여 주식으로 전환할 수 있는 사채이며, 신주인수권부사채는 사채권자에게 신주인수권을 부여한 사채이다. 전환사채는 특히 주식가격이 상승할 때 인기 있는 자금조달 방법이다. 전환사채는 주식의 시장가격이 상승할 때 이익에 참가할 기회를 주는 것이다. 그렇지 않을 때는 사채보유자는 주주로서가 아니라 채권자로 그대로 있으면 된다. 이러한 잠재적 이익 때문에 전환사채는 비전환사채보다 일반적으로 이자율이 낮다.

전환비율은 사채가 승인된 날의 주식의 시장가격보다 높은 가격으로 책정되는 것이 보통이다. 발행회사는 전환에 따른 손익을 인식하지 않는다. 사채의 장부가액은 단지 주식의 교환에 대체되어 진다. 만일 사채가 할인 또는 할증발행 되었다면 사채와 관련되는 사채할인 또는 할증발행차금의 미상각액은 사채의 장부가액을 주식에 대체하는 전환시점에 제거되어야 한다.

3. 장기차입금

장기차입금은 상환기일이 1년 이상인 차입금을 말한다.

4. 퇴직급여충당부채

많은 회사들은 종업원들에게 현재의 급여와 함께 이연보상을 제공한다. 현재보상은 급여, 의료복지, 휴가, 병가 등으로 구성되어있다. 이연된 보상으로는 퇴직금을 예로 들 수 있다.

회사의 현재보상은 발생하였을 때 비용으로 인식한다. 급여는 종업원이 서비스를 제공하였을 때 인식된다. 따라서 미지급한 급여는 회계연도 말에 급여(비용)와 미지급급여(부채)로 기록한다. 미지급급여(wage payable)는 다음 회계연도에 지급될 부채이므로 유동부채로 보고한다.

최근까지는 많은 회사가 퇴직금을 부채로 기록하지 않았다. 퇴직금은 종업원이 퇴직한 기간의 비용으로 기록하였다. 동시에 어떤 회사는 퇴직금을 준비하기 위해 충분한 자원을 투자하지도 않았다. 따라서 퇴직금에는 많은 문제가 있었다.

종업원이 퇴직할 때 근무연수에 따라 누적 계산된 퇴직급여를 받게 되는 경우에 그 퇴직금은 종업원의 과거 근무에 대한 보상의 성격을 갖게 된다. 따라서 기업은 당해종업원의 근무기간 동안의 급여의 일부로 보아 퇴직급여라는 비용계정에 기록하여야 하며 동시에 퇴직급여충당금이라는 부채계정에 기록한다. 회계기말시점에서의 퇴직급여충당금은 당회계기 말에 모든 종업원이 퇴직했을 경우에 지급하여야 할 퇴직금에 상당하는 금액이다.

퇴직금은 종업원이 입사하여 퇴직할 때까지 회사에 제공한 근로의 대가로 지급하는 것이므로 인건비의 성격을 가지고 있다. 기업회계기준에서는 회계연도 말 현재 전임직원이 일시에 퇴직할 경우 지급하여야 할 퇴직금을 퇴직급여충당금으로 설정할 것을 요구하고 있다. 또 회계연도 말 현재 전임직원의 퇴직금소요액과 퇴직급여충당금의 설정잔액 및 기중의 퇴직금지급액과 임원퇴직금의 처리방법 등을 주석으로 기재하여야 한다. 예를 들어 복지주식회사는 결산시에 전종업원이 일시에 퇴직할 경우 지급해야할 퇴직금은 15,000,000원으로 계산되었으며 전기 말 퇴직급여충당금 잔액은 14,200,000원이었다고 하자. 당해 연도에 설정하여야 할 퇴직급여충당금은 800,000원(15,000,000-14,400,000)이 된다. 만일 종업원이 퇴직할 경우에는 퇴직금을 지급하고 퇴직급여충당금을 감소시킨다. 예를 들어 종업원이 퇴직하게 되어 퇴직금을 500,000원 지급하였다고 하자. 회계기록은 다음과 같다.

부채성충당금의 회계

	차 변		대 변	
부채성충당금의 계상	퇴직급여	800,000	퇴직급여충당금	800,000
부채성충당금의 감소	퇴직급여충당금	500,000	현금	500,000

5. 장기제품보증충당부채

기업의 부채 중에는 확정적 사건은 이미 발생했으나 금액이나 만기일을 알 수 없는 경우가 있다 이러한 부채는 시간이 지나야 결정되기 때문에 합리적으로 추정하여 계상하여야 하므로 추정부채라고 하며 부채성충당금이라고도 한다. 기업회계기준에서는 당기의 수익에 대응하는 비용으로서 장래에 지출될 것이 확실하고 당기의 수익에서 차감되는 것이 합리적인 것에 대하여는 그 금액을 추산하여 부채성충당금으로 계상하여야 한다고 규정하고 있다.

부채성충당금으로는 퇴직급여충당금, 판매보증충당금, 공사보증충당금 등을 들 수 있다. 이러한 부채성충당금은 그 사용할 시기에 따라서 유동부채와 비유동부채로 구분하여 보고한다. 그러나 부채성충당금중 이를 연차적으로 분할하여 사용하거나, 그 전부 또는 일부의 사용 시기를 합리적으로 예측할 수 없는 경우에는 이를 전부 비유동부채에 속하는 것으로 보고하여야 한다.

6. 이연법인세부채

비유동부채로 분류되는 이연법인세부채는 가산할 일시적 차이로 인하여 미래에 부담하게 될 법인세부담액으로서 미래의 현금흐름을 예측하는 데 유용한 정보를 제공하므로 구분 표시한다.

보론 가치의 결정

1. 가치에 영향을 미치는 요소

1998년 1월말 포항제철의 주가는 주당 약 66,000원이었다. 이때 한국전력의 주가는 주당 약 20,000원이었다. 두 회사의 주식가격은 지난 며칠 동안 상승하였다. 왜 여러 회사의 주식이 상이한 금액으로 판매되는가? 왜 주식가격은 시간의 경과에 따라 변동되는가? 분명히 투자자에게 이러한 문제는 중요하다. 시장에서 가격을 설정하는데 투자자들이 사용하는 평가과정은 매우 복잡하다. 투자자들이 투자에 대해 지불하려는 금액을 결정할 때까지 고려해야 할 요소가 많이 있다. 그럼에도 불구하고 가치의 개념은 매우 중요하다. 회사가 재무회계정보를 제공하는 기본적 이유 중의 하나는 투자자가 회사의 유가증권을 평가하는데 도움을 주기 위함이다. 더구나, 경영자, 채권자, 공급자 등 의사결정자들은 끊임없이 자산의 가치나 투자의 가치에 관한 의사결정을 하고 있다. 따라서 모든 유형의 투자에 적용되는 가치의 기본적 개념을 이해하는 것은 대단히 중요하다.

자산의 가치에 영향을 미치는 기본적 속성은 무엇인가? 다음의 의사결정을 생각해보자. 자산 A나 자산 B에 동일한 금액을 투자할 수 있다고 하자. 투자 A는 1년 후에 10,000원을 받는 것이다. 투자 B는 1년 후에 20,000원을 받는 것이다. 두 투자안의 지급이 동일한 확률이라면 어느 투자안이 더 가치가 있는가? 투자 B가 투자자가 기대하는 수익이 더 높기 때문에 더 가치가 있다. 따라서 자산의 가치에 영향을 미치는 주요 요소는 투자자의 기대수익이다. **만일 자산의 다른 속성이 동일하다면 높은 수익을 지급하는 자산이 낮은 수익을 지급하는 자산보다 더 가치가 있다.**

또 두 자산 C와 D에 동일한 금액을 투자할 수 있다고 하자. 두 가지 투자안 모두 10,000원을 받는 것이다. 투자 C는 6개월 후에 10,000원을 받으며 투자 D는 1년 후에 10,000원을 받는다. 두 투자안의 지급이 동일한 확률이라면 투자 C가 더 가치가 있다. 투자자로서는 수익을 늦게 받는 것보다 빨리 받기를 선호하기 때문이다. 투자 D로부터 10,000원을 받기 전에 투자 C로부터 받은 10,000원을 이용하여 6개월 동안 추가수익을 얻을 수 있다. 따라서 자산의 가치에 영향을 미치는 또 다른 요소는 투자자에 대한 수익의 시기이다. **만일 자산의 다른 속성이 동일하다면 수익을 빨리 지급하는 자산이 수익을 늦게 지급하는 자산보다 더 가치가 있다.**

매우 중요한 다른 요소 하나를 보자. 두 가지 자산 E와 F에 동일한 금액을 투자할 수 있다고 하자. 둘 다 1년 후에 10,000원을 받는 것이다. 투자 E는 확실하게 지급보증을 하고 있다. 투자 F는 만일 어떤 사건이 발생하면(예로, 발행자가 지급에 필요한 현금을 충분히 보유하고 있는 경우) 10,000원을 지급할 것이지만 확실하게 지급을 보증하지 않았다. 투자 E는 위험이 적기 때문에 투자 F 보다 더 가치가 있을 것이다. E로부터 10,000원을 받을 수 있지만 F로부터 10,000원을 받을 수 없을 지도 모른다. 따라서 자산의 가치에 영향을 미치는 다른 하나의 요소는 자산의 위험이다. **만일 자산의 다른 속성이 동일하다면 위험이 적은 자산이 위험이 더 큰 자산보다 더 가치가 있다.**

투자가치에 영향을 미치는 세 가지 기본 속성을 [그림 보-1]에 예시하고 있다. 이들 세 가지는 투자자의 기대수익, 기대되는 금액의 시기, 금액과 관련된 위험(혹은 불확실성)이다.

[그림 보-1] 투자자산에 영향을 미치는 제속성

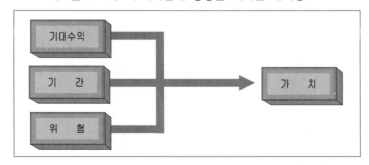

2. 가치결정과 금액, 기간, 위험

실제로 투자안은 앞의 A와 B, C와 D, E와 F가 비교되었던 것처럼 단순하게 비교되어질 수 없다. 자산은 금액, 기간, 위험이 서로 다르다. 따라서 자산 가치를 비교하는데 세 가지 요소 모두가 동시에 고려되어야 한다.

1) 가치와 수익률

가치와 수익률 계산은 그렇게 복잡한 것은 아니다. 예를 들어 은행에 1,000,000원을 예금하였다고 하자. 이자율은 10%이다. 1년 후에 투자가치(원리합계)는 얼마인가? 1년 동안 투자수익(예금이자)은 얼마인가? 투자의 총가치는 투자금액(원금)에 수익(예금이자)을 합한 금액이다.

기말가치 = 기초가치 + 수익(1년 동안)

1년 동안 수익은 기초의 투자가치에 투자수익률을 곱한 것이다.

수익(1년 동안) = 기초가치 × 수익률(연간)

따라서 우리는 1년 후의 가치등식을 다시 쓸 수 있다.

기말가치 = 기초가치 + (기초가치 × 수익률)   또는
기말가치 = 기초가치 × (1 + 수익률)

예시를 위하여 우리는 예금 금액을 공식에 대입할 수 있다.

수익(1년동안) = 기초가치 × 수익률(연간)
  100,000 = 1,000,000 × 0.10

기말가치 = 기초가치 + 수익(1년동안)
  1,100,000 = 1,000,000 + 100,000

기말가치 = 기초가치 + (기초가치 × 수익률)   또는
  1,100,000 = 1,000,000 + (1,000,000 × 0.10)

기말가치 = 기초가치 × (1 + 수익률)
  1,100,000 = 1,000,000 × (1 + 0.10)

우리는 투자의 가치를 투자로부터 기대되는 수익금액과 수익의 기간으로 나타낼 수 있다.

기말가치 = 기초가치 × (1 + 수익률)

만일 미래가치(기말가치)를 FV, 현재가치(기초가치)를 PV, 수익률을 R이라고 하면, 등식을 다음과 같이 나타낼 수 있다.

$$FV = PV \times (1 + R)$$

만일 (1 + R)나누면 투자의 미래가치를 현재가치로 표시할 수 있다.

$$PV = FV / (1 + R)$$

이 현재가치를 검증하기 위하여 다음과 같이 쓸 수 있다.

$$1,000,000 = 1,100,000/(1+0.10)$$

따라서 투자의 가치를 기대되는 미래가치와 투자로부터 기대되는 수익률로 나타낼 수 있다. "현재가치(present value)"와 "미래가치(future value)"라는 용어는 자산과 부채를 나타낼 때 자주 사용된다. **투자나 부채의 현재가치(present value)는 기초의 가치 또는 기초에 빚진 금액이다. 투자나 부채의 미래가치(future value)는 미래 어느 시점의 가치 총액 또는 미래 어느 시점에서 갚아야할 금액이다.**

2) 복리

투자는 가끔 한 기간 이상에 걸쳐 이루어진다. 예를 들어, 1년 후에 예금에 대한 수익 100,000원을 받는 대신에 그 수익을 재투자(예금)하였다고 하자. 만일 10%의 이자가 계속된다면 제2차년도 말의 투자가치는 얼마일까? 제2차년도의 투자금액은 앞에서 계산한 것처럼 제1차년도 말의 투자가치 1,100,000원이다. 그러므로 제2차년도 말의 투자가치는

가치(제2차년도말) = 가치(제1차년도말) × (1 + 수익률)
$$1,210,000 = 1,100,000 \times 1.10$$

제2차년도 수익은 제1차년도의 수익보다 더 크다. 2년 동안의 수익은 최초투자에 1년 동안 번 수익을 합한 금액을 재투자하여 얻은 것이기 때문이다.

투자된 금액	1,000,000	⟶	1,000,000
제1차년도 수익	1,000,000×0.10	⟶	100,000
제2차년도 수익	1,100,000×0.10	⟶	110,000
가치 (2년도말)		⟶	1,210,000

전기의 수익으로부터 수익을 얻는 과정을 복리(compounding)라고 한다. 2차년도말의 투자가치는 1차년도 기초의 가치에 1, 2차년도의 수익을 합한 것이다. 우리는 2차년도말의 투자가치를 다음과 같이 나타낼 수 있다.

$$FV = PV \times (1+R)^t$$

여기서 t는 투자가 복리로 계산되는 기간을 나타낸다.

예를 들어 $1,210,000 = 1,000,000 \times (1.10)^2$

그리고 투자의 현재가치를 다음과 같이 나타낼 수 있다.

$$PV \ = \ FV \ / \ (1 \ + \ R)^t$$

이 현재가치등식은 투자가치에 관한 일반적 표시이기 때문에 중요하다. **투자의 현재 가치는 투자자가 미래 기대현금흐름을 (1 +수익률)기간 으로 나눈 금액이다.**

t의 기간은 다양하게 사용될 수도 있다(예로, 월, 분기, 반년, 년). 그러나 R의 가치는 t와 동일 기간이어야 한다. 만일 t의 기간이 월이면 R은 월 수익률로 표시되어야 한다. 예를 들어, t가 1년일 때 R이 12%이면 t가 월일 때 R은 1%가 될 것이다. R은 투자의 **할인율(discount rate)**이라고도 한다. 투자의 현재가치는 미래가치를 역으로 복리 계산하여 환산한 것이다. 이러한 환산절차를 할인이라고 한다.

3) 기대현금흐름의 현재가치

현재가치 등식은 어떤 형태의 투자에도 적용 가능하다. 예를 들어, 3년 동안 매년 말에 10,000원을 받는 투자를 구입할 수 있다고 가정하자. 투자수익률은 8%이다. 투자에 대해 얼마나 많은 돈을 지급 받을 수 있는가? 이러한 질문은 미래에 기대하는 금액의 현재가치를 결정하라는 것이다. 이 예와 다른 많은 투자에서 FV는 투자자가 미래에 받게 될 일련의 금액이다. 우리는 이들 금액을 현재가치 등식에서 미래현금수입(C)으로 나타낼 수 있으며 현재 가치는 다음과 같이 계산할 수 있다.

$$PV \ = \ [C/(1+R)^1] \ + \ [C/(1+R)^2] \ + \ [C/(1+R)^3]$$
$$PV \ = \ [10,000/(1.08)^1] \ + \ [10,000/(1.08)^2] \ + \ [10,000/(1.08)^3]$$

미래의 기대현금흐름은 3년 동안 매년 말 10,000원이다. 따라서 투자의 미래가치는 세 가지 다른 금액으로 구성된다. 1차년도 말에 받은 금액은 1년 동안 할인된다. 2차년도 말에 받는 금액은 2년 동안 할인된다. 3차년도 말에 받는 금액은 3년 동안 할인된다. 투자가치는 다음과 같이 결정할 수 있다.

$$PV = 9,259 + 8,573 + 7,938 = 25,770$$

투자에 대해 25,770원을 지불하고 3년동안 매년 10,000원 수익을 받으면 투자수익률은 8%가 될 것이다. 이러한 계산은 [표 7-2]에 예시되어 있다.

[표 보-2] 기대현금흐름의 현재가치

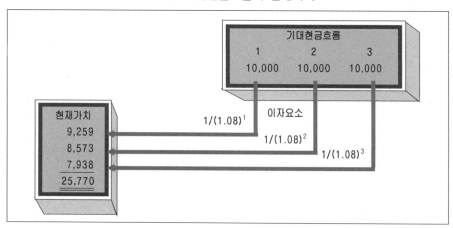

미래의 기대되는 금액의 각각은 적절한 이자요소에 의해 할인되어 현재가치가 된다. 상이한 시기에 받는 금액을 포함하기 위하여 현재가치등식을 다음과 같이 쓸 수 있다.

$$PV = \Sigma \ [C \ / \ (1 + R)^t]$$

여기서 **투자의 현재가치는 투자로부터 기대되는 미래현금의 각각을 (1 + 수익률)기간 으로 나눈 금액의 합계이다.**

4) 현재가치등식과 위험

현재가치등식은 투자로부터 받는 금액과 금액을 받게 되는 시간을 고려하고 있다. 이들은 자산 가치에 영향을 미치는 세 가지 기본 요소 중 두 가지임을 상기하기 바란다. 세 번째 요소는 위험이다. 현재가치요소는 위험을 어떻게 고려하나?

위험은 수익률에 의해 표시된다. 투자에 대한 위험이 증가함에 따라 투자수익률은 커진다. 위험이 큰 투자는 투자자에게 더 높은 수익률을 제시한다. 그렇지 않으면 투자자들은 위험이 낮은 투자를 선택할 것이기 때문이다. 높은 수익률은 높은 위험의 가치이다. 그것은 투자의 판매자가 위험을 수락하는 구입자에게 지급해야하는 프리미엄이다. 예를 들어, 투자자가 두 투자안 A, B를 구입할 수 있다고 하자. 두 투자안 모두 1년 후에 10,000원을 지급 받는 것이다. 그러나 B가 A보다 위험이 더 크다고 하자. 투자 A는 투자수익률 5%를 지급한다. 위험이 더 높은데 대해 투자자를 보상하기 위해 투자 B는 5%보다 더 많이 지급해야 한다. 만일 B가 7%를 지급한다면 두 투자안의 가격(현재가치)은 다음과 같다.

$$PV(투자~A) = 10,000/1.05 = 9,524$$
$$PV(투자~B) = 10,000/1.07 = 9,346$$

위험과 수익률과의 정확한 관계를 규명하기란 쉽지 않다. 시간이 경과함에 따라 변동하기 때문이다. 수익률은 어느 때나 일반적 이자율수준의 투자에서 위험의 금액에 대한 프리미엄을 합한 것이다. 이자율의 일반적 수준은 만일 위험이 없었다면 투자가 지불하게 되는 수익률로 생각될 수 있다. 따라서 수익률(R)은 무위험수익률(risk-free)(R_f)과 투자의 위험에 대한 대가인 위험프리미엄(R_p)의 합계이다.

$$R = R_f + R_p$$

이자율 변동의 일반적 수준은 인플레이션에 관한 투자자의 기대와 중앙은행에 의한 이자율수준에 좌우된다. 한국은행은 은행이 빌린 자금에 대해 이자율(재할인율)을 설정한다. 이것은 차입자에 대한 은행이자율에 영향을 미치고 또 경제전반의 이자율에 영향을 미친다. R_f의 근사치는 중앙은행의 이자율(재할인율)을 관찰함으로써 얻어질 수 있다.

5) 가치속성과 현재가치등식

현재가치 등식은 자산의 가치에 영향을 미치는 세 가지 요소 모두를 포함한다. 즉, 투자수익금액, 수익을 받는 시간, 위험인데 이들 요소는 [그림 보-3]에 예시되어 있다. 화살표는 가치의 증가를 초래하는 각 요소의 변동 방향을 나타낸다. 투자수익의 증가는 가치를 증가시킨다. 수익률(위험)이나 기간이 크면 가치는 감소한다.

[그림 보-3] 투자가치에 영향을 미치는 요소

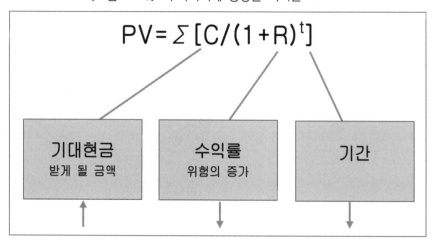

연 습 문 제

1. 부채거래의 기본적 유형을 설명하라.

2. 대여자에 대한 부채에 관한 정보를 설명하라.

3. 공급자와 고객에 대한 부채를 설명하라.

4. 종업원에 대한 부채를 설명하라.

5. 법인세와 이연법인세부채를 비교하라.

6. 회사가 보고하는 기타부채를 설명하라.

7. 사채와 주식의 차이를 설명하라.

8. 사채의 종류를 설명하라.

9. 사채의 발행가격은 어떻게 결정되는가?

10. 사채발행차금의 성격을 설명하라.

11. 퇴직급여충당금을 설명하라.

12. 부채성충당금을 설명하고 예를 들어라.

13. 쎈주식회사는 1995년 손익계산서상의 법인세비용이 300,000원이었다. 세무상소득에 근거한 미지급법인세는 250,000으로 기록되었다. 이 결과 쎈회사의 이연법인세대계정의 잔액은?

    a. 50,000증가하였다.

    b. 50,000감소하였다.

    c. 법인세비용이 50,000감소하였다.

    d. 법인세비용이 50,000증가하였다.

14. 국노사는 5월 1일 100,000원의 상품을 2/10, n/30의 조건으로 외상 매입하였다. 회사가 다음의 날짜에 지급해야할 금액은 얼마인가?

	5월 8일	5월12일	6월 2일
a.	98,000	100,000	100,000
b.	98,000	98,000	100,000
c.	98,000	98,000	98,000
d.	100,000	100,000	100,000

15. 다음중 성격이 다른 하나는?

    a. 퇴직급여충당금

    b. 대손충당금

    c. 수선충당금

    d. 판매보증충당금

16. 다음 중 유동부채로 분류될 수 있는 것은?

    a. 비유동부채가 차환된 것

    b. 비유동부채가 자본으로 전환된 것

    c. 일년이내에 상환될 비유동부채

    d. 재무 상태표의 단기 투자자산 자금으로 부채를 상환하려는 경우

17. 사채를 할증발행하는 경우의 시장이자율은?

    a. 시장이자율이 액면이자율보다 높다.

    b. 시장이자율이 액면이자율보다 낮다.

    c. 시장이자율이 액면이자율과 같다.

    d. 시장이자율은 액면이자율과 무관하다.

18. 다음의 각 상황은 사채의 할인발행인가 할증발행인가를 판단하고 그 이유를 설명하여라.

   a) 사채의 액면이자율은 10%이고 시장이자율은 9%이다.
   b) 사채의 표시이자율은 12%이고 유효이자율은 12%이다.
   c) 사채의 명목이자율은 14%이고 시장이자율은 15%이다.

19. 네모회사는 1995년 고객에게 3,000,000원의 상품을 판매하였다. 이 상품의 보증기간은 1년 이다. 네모회사는 구입한 날로부터 1년 이내에 상품의 결함이 발생하면 수리해주거나 대체 해준다. 1995년 회계연도 말 네모회사는 1996년 동안 발생할 보증비용이 200,000원이 될 것이라고 추정했다. 하지만 1996년 실제로 발생한 보증비용은 다음과 같다 : 부품 - 80,000원, 노무비 - 118,000원, 운송비 - 9,000원. 1995년과 1996년에 보증과 관련된 거 래를 어떻게 기록해야 하는가? 다음의 등식을 이용하라.

자산	=	부채 + 자본	+ (수익 - 비용)

20. 중부회사의 1993년 법인세비용은 211,500원이었다. 이 금액 중 19,646원은 이연법인세이고 191,854원만이 당해 연도 납부할 금액이다. 1993년 이 회사가 법인세와 관련된 거래를 어떻게 기록해야 하는가? 다음의 등식을 이용하라.

자산	=	부채 + 자본	+ (수익 - 비용)

회사가 이연법인세를 인식하는 이유를 설명하라. 손익계산서에 미치는 영향은 무엇인가?

21. 채무의 확인

한 기업은 돈을 빌리기 위해 은행, 개인 그리고 다른 회사와 계약을 할 수도 있다. 또한 기 업은 공급자, 종업원과 고객과 계약을 할 수도 있다.

〈요구사항〉
기업이 계약관계에서 발생할 수 있는 채무의 형태를 설명하라. 이와 같은 채무가 기업 재무 상태표에 어떻게 기록되는가?

22. 하진건강원의 1999년 기초퇴직급여충당금은 38,000,000원이었다. 5월에 종업원이 퇴직하여 퇴직금으로 1,200,000원을 지급하였다. 1999년 말 설정되어야할 퇴직급여충당금이 40,000,000원이라면 수정기입의 영향을 기록하라.

자산	=	부채 + 자본	+ (수익 - 비용)

23. 다음의 상각표를 보고 물음에 답하라.

년 도	사채이자	이자비용	미상각액	장부가액
1995. 1. 1			7,580	92,420
1995.12.31	8,000	9,240	6,340	93,660
1996.12.31	8,000	9,370	4,970	95,030
1997.12.31	8,000	9,500	3,470	96,530
1998.12.31	8,000	9,650	1,820	98,180
1999.12.31	8,000	9,820	-	100,000

a) 사채가 할증발행 되었는가 할인발행 되었는가를 판단하고 그 이유를 설명하라.
b) 사채발행차금의 상각표는 정액법으로 작성 되었는가 유효이자율법으로 작성되었는가?
c) 1995. 1. 1 사채발행의 거래와 1995.12.31 사채이자 거래의 영향을 기록하라.

자산	=	부채 + 자본	+ (수익 - 비용)

제 10장

재무활동과 자본

제1절   자본의 의의

제2절   주주투자와 자본금

제3절   자본잉여금

제4절   기타포괄손익누계액

제5절   이익잉여금

제6절   자본조정

기업의 가치와 회사가 발행한 유가증권의 가치는 회사의 영업활동, 투자활동, 재무활동의 영향을 받는다. 재무조달의 원천은 부채와 자본으로 구성된다. 이 장에서는 재무자원의 원천으로서 자본을 측정하고 보고하는데 사용되는 정보와 회계원칙을 다룬다.

모든 기업에는 소유주가 있는데 소유주는 투자수익을 목적으로 기업에 투자한 사람들이다. 소유주가 재무자원을 기업에 투자할 때와 기업이 소유주에게 투자수익을 분배할 때 재무활동이 발생한다. 기업의 자본항목은 자본금, 자본잉여금, 이익잉여금, 자본조정항목으로 구분한다. 기업의 순이익은 기업의 소유주에게 투자수익으로 분배되거나 기업에 재투자된다. 순이익의 재투자는 이익잉여금항목에 보고된다. 기업은 자본거래에 관한 정보를 재무 상태표, 현금흐름표, 자본변동표에 보고한다.

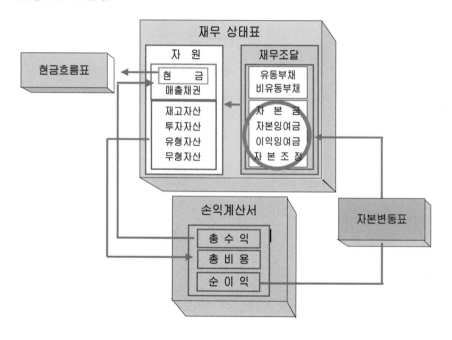

이 장에서 다루는 주요 주제는 다음과 같다.

- 주주의 투자와 불입자본금
- 주주지분에 영향을 미치는 거래
- 이익잉여금의 처분
- 자본잉여금
- 주식의 종류
- 자본조정항목

제1절   자본의 의의

자본은 기업의 자산에서 부채를 차감하고 남은 잔여지분(residual equity)으로 소유주에게 귀속되므로 소유주지분(owners'equity)이라고 한다. 주식회사의 소유주는 주주이므로 자본을 주주지분(stockholders' equity)이라고 부르기도 한다.

$$자산 = 부채(채권자지분) + 자본(주주지분)$$
$$자산 - 부채(채권자지분) = 자본(주주지분)$$

채권자의 청구권이 주주의 청구권에 우선하기 때문에 기업의 자산에 대한 채권자의 청구권이 먼저 해결되어야 한다. 그러므로 자본은 기업자산에 대한 잔여지분인 것이다. 자산과 부채는 여러 가지 평가방법에 의하여 금액이 결정되지만 자본은 평가에 의하여 금액이 결정되는 것이 아니고 자산에서 부채를 차감한 금액이므로 잔여지분이라 말한다.

부채는 회사가 현금을 지급하거나 상품이나 서비스를 제공해야 할 의무를 나타낸다. 회사는 부채를 상환해야 할 법률적 책임이 있다. 회사에 대한 채권자의 청구권은 법률적으로 강제적이다. 주주지분 역시 회사에 대한 청구권을 나타내는데 주식을 소유한 주주의 청구권을 나타낸다. 그러나 주주의 청구권은 회사의 이익에 대한 것이며 회사의 이익이 있을 때만 가능하다. 이익은 일정기간 동안 발생한 비용을 초과하여 회사가 창출한 가치를 측정한 것이다. 따라서 이익은 주주의 청구권의 가치를 증가시킨다. 회사가 주주에게 배당금을 지급하면 주주의 청구권은 감소한다. 반면에 회사가 이익을 내지 못하면 일반적으로 주주의 가치는 감소하고 배당금도 지급하지 못한다. 회사가 영업활동으로부터 손실을 계상하면 주주의 가치는 줄어든다. 더구나 채권자의 청구권이 주주의 청구권에 우선하기 때문에 채권자의 청구권이 먼저 해결되어야 한다. 따라서 부채와 주주지분의 구별은 대단히 중요하다.

자본은 자본금, 자본잉여금, 자본조정, 기타포괄손익누계액 및 이익잉여금(또는 결손금)으로 구분한다.

자본항목은 주주지분에 관한 두 가지 주요한 정보를 나타낸다.

하나는 불입자본으로 자본금과 자본잉여금을 합한 금액이다. 불입자본(contributed capital)은 주주가 직접 회사에 투자한 금액이다.

다른 하나는 이익잉여금이다. 이익잉여금은 영업활동의 결과로 발생한 이익을 회사에 재투자한 것이다. 자본을 불입자본과 이익잉여금으로 구분하는 것은 매우중요하다. 제1장에서 설명한 것과 같이 이익잉여금으로 주주에게 배당을 하여야 하며 불입자본으로 배당을 하여서는 안 된다. 불입자본으로 배당을 하는 것은 불입자본을 환급하는 것이기 때문이다. 이는 자본잠식으로 기업의 경영을 어렵게 한다.

자본조정은 자본거래에 해당하나 자본금이나 자본잉여금으로 분류할 수 없는 항목이다.

기타포괄손익누계액은 일정 기간 동안 주주와의 자본거래를 제외한 모든 거래나 사건에서 인식한 자본의 변동을 말한다.

[표 10-1]은 기업회계기준서 제21호에서 규정한 자본항목이다.

[표 10-1] 자본의 구성

자 본	
자 본 금	1. 보통주자본금 2. 우선주자본금
자본잉여금	1. 주식발행초과금 2. 기타자본잉여금　　① 자기주식처분이익 　　　　　　　　　　② 감자차익 등
자본조정	1 자기주식 2. 기타자본조정　① 주식할인발행차금 　　　　　　　　② 주식매수선택권 　　　　　　　　③ 출자전환채무 　　　　　　　　④ 감자차손 　　　　　　　　⑤ 청약증거금 중 신주납입충당예정액 　　　　　　　　⑥ 자기주식처분손실 등
기타포괄손익 누계액	1. 매도가능증권평가손익 2. 해외사업환산손익 3. 현금흐름위험회피 파생상품평가손익 등
이익잉여금	1. 법정적립금　　　　① 이익준비금 　　　　　　　　　② 기타법정적립금 2. 임의적립금　　　　① 사업확장적립금　　② 감채적립금 　　　　　　　　　③ 배당평균적립금　　④ 결손보전적립금 　　　　　　　　　⑤ 세법상 적립후 환입될 준비금 3. 미처분이익잉여금(또는 미처리결손금)

제2절 주주투자와 자본금

1. 주식회사

주식회사의 자본금제도에는 수권자본금제도와 공칭자본금제도가 있다. 우리나라에서는 회사 설립 시에 앞으로 회사가 발행하려고 하는 수권주식수의 1/4 이상을 발행하고 후에 추가자금이 필요할 경우에 이사회의 결의로 증자를 실시할 수 있는 수권자본금제도를 도입하고 있다. 여기서 회사가 발행할 주식의 총수를 수권주식수라 하고, 실제로 회사가 발생한 주식 수를 발행주식수라고 한다. 이와는 달리 공칭자본금제도란 회사설립 시에 발행하려고 하는 주식을 전액 발행해야 하는 제도로 증자를 할 때 정관변경 등 절차가 복잡하다.

한편, 주식회사의 설립방법에는 주식의 총수를 누가 인수하느냐에 따라 발기설립과 모집설립이 있다. 발기설립은 회사를 설립할 때 발행하는 총주식을 발기인이 모두 인수하여 회사를 설립하는 방법이고, 모집설립은 회사를 설립할 때 발행하는 총주식 중 일부를 발기인이 인수하고 나머지는 일반인으로부터 주주를 모집하여 회사를 설립하는 방법이다.

주식회사를 설립할 때는 3인 이상의 발기인이 정관을 작성하고 자본금의 납입을 받아 법원에 설립등기를 하여야 한다. 발기인은 정관에 회사가 발행할 주식의 총수, 1주의 금액, 회사를 설립할 때 발행하는 주식의 총수를 기재하여야 하고, 회사를 설립할 때 발행하는 주식의 총수는 회사가 발행할 주식의 총수의 1/4 이상이어야 한다. 그리고 주식회사의 자본금은 5천만원 이상이어야 하며, 주식의 금액은 균일하여야 하고, 1주당 액면가액은 100원 이상으로 하여야 한다.

2. 보통주와 우선주

1) 보통주

주식회사가 발행하는 주식의 대다수를 차지하고 있는 가장 일반적인 주식이 보통주이다. 보통주에는 이익배분에 비례적으로 참가할 권리인 배당권, 청산 시에 잔여자산배분에 비례적으로 참가할 권리인 청산분배권, 경영에 비례적으로 참가할 권리인 의결권 및 신주발행에 대하여 비례적으로 참가할 권리인 주식선매권을 부여하고 있다. 하지만 우선주에 대한 이익배당과 청산분배가 보통주에 앞서서 이루어지기 때문에, 보통주주에 대한 배당이나 청산분배를 보증하는 것은 아니다. 이와 반면에 의결권과 주식선매권은 보증하고 있다.

2) 우선주

회사는 한 종류 이상의 주식을 발행한다. 주식의 종류는 의결권과 배당권에 따라 나눌 수 있다. **우선주(preferred stock)는 보통주 보다 이익배당과 청산분배에 대하여 우선적인 권리를 부여한 주식이다.** 현금배당은 보통주주에게 배당하기 전에 우선주주에게 먼저 배당하여야 한다. 만일 회사가 청산을 하게 되면 우선주는 보통주보다 먼저 자산을 배분 받게 된다. 그러므로 우선주는 보통주보다 위험이 적은 투자이다. 우선주에는 통상 의결권이 없다. 우선주는 회사의 이익배분에는 참가하나 경영에 관한 의사결정에는 참가할 수 없다. 그래서 우선주는 보통주보다 통상 낮은 가격으로 거래한다.

우선주는 우선주에 추가적으로 주어지는 권리에 따라 누적적 우선주, 참가적 우선주, 전환우선주 등이 있다. 한편, 발행회사가 이익의 일부로 재구입할 수 있는 권리를 가지는 상환우선주가 있다.

전환우선주(convertible preferred stock)는 사채와 마찬가지로 보통주로 전환할 수 있다. 전환우선주는 우선주주의 의사에 따라 미리 약정한 비율로 보통주로 전환할 수 있는 권리를 부여한 우선주를 말한다. 전환우선주에 대하여는 전환의 조건, 청구기간, 전환으로 인하여 발행할 주식의 수와 내용을 정관으로 규정하여야 한다. 회사는 보통주처럼 많은 위험을 원하지 않은 투자자를 위하여 우선주를 발행한다. 만일 회사의 경영성과가 좋으면 우선주주는 투자에 대한 적절한 투자수익을 받을 수 있고 주식의 가치가 높아짐으로 보통주로 전환하여 이익을 얻을 수 있다. 회사의 경영성과가 나쁘다고 하더라도 보통주보다 더 높은 배당을 받을 수 있다.

누적적 우선주(cumulative preferred stock)는 이전 연도에 이익배당을 지급 받지 못한 경우에는 당기에 보통주의 이익배당에 앞서 이전 연도에 지급 받지 못한 이익배당을 우선적으로 지급 받을 수 있는 권리를 부여한 주식을 말한다. 현금배당의 지급은 보통주와 마찬가지 방법으로 우선주에 지급된다. 그러나 배당금 지급 금액은 보통주와 우선주간에 차이가 있다. 우선주는 보통 특정 배당률을 받는다. 보통주의 배당은 회사의 수익성에 좌우된다. 회사의 이익이 많으면 이익이 적을 때 보다 더 많은 배당을 받는다. 만일 손실이 발생하면 배당을 못 받을 수 도 있다. 만일 누적적 우선주라면 받지 못한 배당금을 미래에 받을 수 있다. 반면에, 그렇지 못한 우선주를 비누적적 우선주라고 한다. 일반적으로 우선주라고 하면 누적적 우선주를 말한다.

참가적 우선주(participating preferred stock)는 보통주에 동률의 배당을 지불 받은 후에도 잔여이익이 있을 때, 그 잔여분에 대해서 보통주와 함께 일정한 한도까지 이익배당에 참여 할 수 있는 우선주를 말한다. 예를 들어 우선주의 배당률이 6%인데 보통주에 대한 현금배당을 10%

지급하였다고 하자. 만일 참가적 우선주라면 우선주는 10%까지 배당을 받을 수 있다.

상환우선주(redeemable preferred stock)는 회사가 일정한 요건 하에서 이익으로 재구입할 수 있는 주식을 말한다. 상법은 이익배당에 관하여 우선적 내용이 있는 주식에 대하여 이익으로써 소각할 수 있도록 규정하고 있으며, 상환우선주의 상환가액, 상환기간, 상환방법 등의 내용을 정관에 기재하도록 하고 있다.

회사가 상환우선주를 발행하는 이유는 일시적으로 자금사정이 어려운 경우에 상환우선주를 발행하여 자금을 조달하고, 일정기간 후 자금사정이 호전되면 상환우선주를 상환함으로써 우선주에 대한 배당압력을 피하고자 하는데 있다. 따라서 상환우선주는 투자자의 입장에서 보면 전환우선주보다 선호도가 낮기 때문에 발행가액이 전환우선주보다 낮은 것이 일반적이다.

우선주는 일정률의 배당을 우선적으로 지급하고, 경우에 따라서는 상환할 수 있으며, 의결권이 없다는 사실에서 자본이라기보다 오히려 부채에 가깝다. 그러나 우선주는 특정의 만기일이 없으며, 배당은 이자와 같이 강제적 지급의무가 존재하는 확정부채가 아니기 때문에 부채라기보다 오히려 자본에 가까운 특성도 지니고 있다.

3. 주주투자와 자본금 변동

기업이 발행하는 주식의 종류와 수량 및 금액은 정관이 정하는 바에 따른다. 정관에는 회사가 발행할 수 있는 주식의 한도를 정하고 있는데 이를 수권자본(authorized shares)이라 하며 회사가 실제로 발행한 주식을 발행주식(issued shares)이라고 한다. 기업의 자본금은 발행주식의 수에 따라 변동한다. 회사가 자본금을 증가시키는 것을 증자라고 하며 자본금을 감소시키는 것을 감자라고 한다.

기업이 주식을 발행하는 경우는 회사를 설립할 때와 설립 후 회사의 필요에 따라 증자를 할 때이다. 증자에는 실질적 증자와 형식적 증자가 있다. **실질적 증자는 주주가 실제로 현금이나 현물을 투자하는 것으로 자산이 증가하고 자본이 증가한다. 형식적 증자는 주주의 투자가 실제로 이루어지지 않으며 자산의 변동도 없다.** 형식적 증자에는 자본잉여금의 자본전입이나 주식배당 스톡옵션 전환사채의 전환이 있다. 마찬가지로 감자에는 실질적 감자와 형식적 감자가 있다. **자본금의 감소로 자산이 감소하는 것을 실질적 감자라고 한다. 실질적 감자는 유상소각이라고도 하며 주식을 매입하여 소각하는 경우이다. 형식적 감자는 자본금은 감소하였지만 자산은 감소하지 않는 것을 말한다.** 주식의 병합이나 주금의 감소가 있다.

1) 자본금

기업회계기준서에 따르면 자본금은 보통주자본금, 우선주자본금 등으로 주식의 종류에 따라 분류하도록 규정하고 있다. 또한 회사가 발행할 주식의 총수, 1주의 금액 및 발행한 주식의 수와 당해 회계연도 중에 증자, 감자, 주식배당 또는 기타의 사유로 자본금이 변동한 경우에는 그 내용을 주석으로 기재하도록 규정하고 있다. 우리나라는 외국과 달리 액면가액이 표시되어 있는 주식의 발행만 허용하고 있다. 따라서 자본금은 법정자본금을 의미하는 것으로 기업이 발행한 주식의 액면가액의 합계액을 나타낸다. **자본금은 항상 액면가액에 발행주식총수를 곱한 금액으로 기록하여야 하며 기업이 유지해야할 최소한의 자본을 의미한다.**

자본금 = 액면가액 × 발행주식총수

자 본 금
1. 보통주자본금(발행주식수×××주)   ×××
2. 우선주자본금(발행주식수×××주)   ×××

(1) 액면발행

주식에는 액면가액으로 표시되어 있지만 실제로 발행되는 가격은 다양하다. 주식의 발행에는 액면발행(평가발행), 할증발행, 할인발행이 있다. 주식의 발행가액이 액면가액과 같은 경우를 액면발행(issue at par)이라 한다. 이 경우에는 발행가액 전액을 현금계정 차변과 자본금계정 대변에 기록하여여 한다.

예를 들어 새롬주식회사는 액면가액 5,000원의 주식 1,000주를 액면 발행하였다고 하자. 거래의 기록은 다음과 같다.

주식의 발행 - 액면발행

차 변		대 변	
현금	5,000,000	자본금	5,000,000

(2) 할증발행

주식의 발행가액이 액면가액을 초과하는 경우를 **할증발행(issue at premium)이라한다. 이 경우에는 발행가액을 현금계정차변에 기록하고, 액면가액을 자본금계정 대변에 기록하고 주식**

발행가액이 액면가액을 초과하는 금액을 주식발행초과금계정 대변에 기록한다. 이 때 주식발행 가액은 증자의 경우에 신주발행수수료 등 신주발행을 위하여 직접 발생한 기타의 비용을 차감한 후의 가액을 말한다. **주식발행초과금은 자본잉여금으로 보고하여야 한다.**

예를 들어 새롬주식회사는 증자 결의에 따라 액면가액 5,000원의 주식 1,000주를 5,500원에 할증 발행하였다고 하자. 또 주식발행수수료 등 신주발행비 100,000원을 지급하였다. 거래의 기록은 다음과 같다.

주식의 발행 - 할증발행

차 변		대 변	
현금	54000,000	자본금	5,000,000
		주식발행초과금	400,000

(3) 할인발행

주식의 발행가액이 액면가액보다 작은 경우를 할인발행(issue at discount)이라한다. 상법에서 주식의 할인발행을 원칙적으로 인정하지 않으나 회사설립 2년 후 일정 요건을 갖추는 경우에는 이를 인정하고 있다. 이 경우에는 발행가액을 현금계정 차변에 기록하고, 액면가액을 자본금계정 대변에 기록하고 주식발행가액이 액면가액에 미달하는 금액을 주식할인발행차금계정 차변에 기록한다. 이 때 주식발행가액은 증자의 경우에 신주발행수수료 등 신주발행을 위하여 직접발생한 기타의 비용을 차감한 후의 가액을 말한다. 주식할인발행차금은 자본에서 차감되는 자본조정항목이다. 주식할인발행차금은 주식발행초과금이 있으면 상계하고 잔액은 주식발행연도로부터 3년 이내의 기간에 매기 균등액을 상각한다. 주식할인발행차금상각은 당기의 비용이 아니고 이익잉여금의 감소항목이므로 이익잉여금처분계산서에 보고하여야 한다. 처분할 이익잉여금이 부족하거나 결손이 있는 경우에는 차기이후 연도에 이월하여 상각할 수 있다.

예를 들어 새롬주식회사가 연초에 액면가액 5,000원의 주식 1,000주를 4,700원에 할인발행하였다고 하자. 또 연말 결산시 주식할인발행차금의 1/3을 상각하였다. 각 거래의 기록은 다음과 같다.

주식의 발행 - 할인발행

	차 변		대 변	
할인발행	현금	4,700,000	자본금	5,000,000
	주식할인발행차금	300,000		
주식할인발행 차금의 상각	이익잉여금 (주식할인발행차금상각)	100,000	주식할인발행차금	100,000

2) 형식적증자

형식적 증자는 자본금은 증가하지만 자산의 변동이 없는 증자로 자본잉여금과 이익준비금의 자본전입, 전환주식의 전환, 전환사채의 전환, 신주인수권부사채의 행사를 들 수 있다.

(1) 무상증자

자본잉여금과 이익준비금을 자본에 전입하는 것을 무상증자라고 한다. 무상증자는 총자본에 변동이 없으나 자본 구성항목에 변화를 초래한다.

예를 들어 새롬주식회사는 주식발행초과금 500,000원을 무상증자하고 주식을 발행하여 주주에게 교부하였다고 하자. 거래의 영향은 다음과 같다.

형식적(무상)증자

차 변		대 변	
주식발행초과금	500,000	자본금	500,000

[표 10-2] 무상증자의 영향

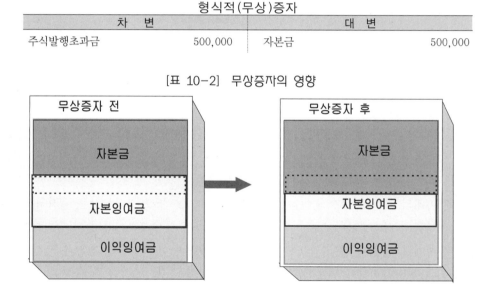

[표 10-2]는 자본잉여금을 자본금으로 전환하면 자본잉여금이 감소하고 자본금이 증가하므로 주주지분에는 아무 변동이 없음을 나타내고 있다.

(2) 주식배당

회사는 주식을 발행하여 배당하기도 한다. 주식배당(stock dividends)은 회사가 주주의 변동 없이 현재의 주주에게 주식을 배분하는 것이다. **주식배당은 주식발행회사가 이익잉여금을 자본**

전입하여 주식을 교부하는 것을 말한다. 즉, 주식배당은 기업의 이익잉여금을 자본화시킬 목적으로 주식을 주주에게 무상으로 분배하는 것이므로 무상증자이다. 기업회계기준에 의하면 배당금은 당기에 처분할 배당액으로 하되 금전에 의한 배당과 주식에 의한 배당으로 구분하여 기재하도록 규정하고 있다.

상법에서는 주식배당은 이익배당 총액의 1/2를 초과하지 못하도록 하고 있다. 또한 주식배당은 주식의 권면액으로 하여야 하고 주식으로 배당할 이익의 금액 중 주식의 권면액에 미달하는 단수가 있는 경우에는 그 부분은 금전으로 배당하여야 한다고 규정하고 있다. 따라서 주식배당시 회계 처리는 액면가액법에 따라야 한다.

액면가액법은 주식배당으로 분배하는 주식의 액면가액만큼의 금액을 이익잉여금에서 자본금으로 대체시키는 방법이다. 주식배당의 경우에 지분율이 변동하거나 주식발행회사의 순자산이 변동하는 것은 아니다. 즉 주식배당의 효과는 회사가 발행한 주식의 총수를 증가시키며 주주 개인의 소유주식 수도 증가시킨다. 주주 개인의 소유주식 수의 증가는 배분전의 소유주식수에 비례한다.

예를 들어 (주)영원사는 2008년 2월 25일 5%의 주식배당을 하였다고 하자. 액면가액은 1,000원이고 발행주식수는 10,000주이다. 500주(10,000주×5%)×1,000원=500,000이다.

주식배당

차 변		대 변	
이익잉여금	500,000	자본금	500,000

이 결과 발행주식 총수는 5% 증가하게 된다. 현금배당과는 달리 주식배당은 현금을 지급하지 않기 때문에 회사의 현금은 감소되지 않는다. 주식배당으로 이익잉여금이 감소되나 자본금이 증가되기 때문에 총주주지분은 변동되지 않는다. 다만 주식배당금액만큼 이익잉여금이 감소하고 자본금이 증가하는데 불과하다.

(3) 전환주식

또 전환주식의 전환은 우선주를 보통주로 전환하는 것이다. 자본금에는 변동이 없고 자본의 구성만 달라진다. 전환사채와 신주인수권부사채의 행사는 사채가 감소되고 자본금이 증가되므로 자산에는 아무 변동도 없다.

3) 자기주식의 취득과 유통주식

기업이 발행하여 유통되고 있는 주식을 발행회사가 재취득하는 경우가 있다. **자기회사의 주식을 매입소각하거나 일시적으로 보유할 목적으로 매입하여 보유하고 있는 주식을 자기주식(treasury stock) 또는 금고주라고 한다.** 상법에서는 다음과 같은 경우에 자기주식을 취득할 수 있도록 규정하고 있다.

① 주식을 소각하기 위한 때
② 회사의 합병 또는 다른 회사의 영업전부의 양수로 인한 때
③ 회사의 권리를 실행함에 있어 그 목적을 달성하기 위하여 필요한 때
④ 단수의 처리를 위하여 필요한 때
⑤ 주주가 주식매수청구권을 행사한 때

회사가 자기주식을 보유하면 유통주식수가 감소한다. 유통주식수는 투자자의 지분을 계산하는데 매우 중요한 개념이다. 예를 들면 자기주식은 배당금을 지급하지 않는다. 총배당액은 유통주식수에 따라 계산하여야 한다. **유통주식수(outstanding shares)는 현재 투자자가 소유하고 있는 주식의 총수를 말한다. 발행주식수(issued shares)는 회사가 투자자에게 판매하였던 주식의 총수이다.** 그래서 유통주식수는 발행주식수에서 자기주식수를 차감하여 계산한다.

유통주식수 = 발행주식수 − 자기주식수

자기주식을 취득하였을 때는 취득가액으로 자기주식계정 차변과 현금계정 대변에 기록하고, 처분할 때는 자기주식본계정의 장부가액을 감소시키고 처분가액과 장부가액과의 차액은 자기주식처분손익으로 처리한다. 자기주식은 자본조정항목으로 기록하여야 한다. 자기주식처분이익은 영업활동의 결과가 아니라 재무활동의 결과이므로 손익계산서에 보고되는 것이 아니라 재무 상태표에 자본잉여금으로 보고하여야 한다. 자기주식처분이익은 자기주식처분손실을 차감한 금액으로 보고하여야 한다. 자기주식처분손실 잔액은 자본조정항목으로 보고한다.

예를 들어 새롬주식회사는 자기회사주식 100주를 주당 8,000원에 매입하였다고 하자. 그리고 새롬주식회사는 소유하고 있던 자기주식 100주를 주당 9,000원에 매각하였다고 하자. 기록은 다음과 같다.

자기주식

	차　변		대　변	
자기주식의 매입	자기주식	800,000	현금	800,000
자기주식의 처분	현금	900,000	자기주식	800,000
			자기주식처분이익	100,000

4. 감자

기업은 사업을 축소하거나 결손금을 보전하기 위하여 자본금을 감소시키는 경우가 있다. 자본금을 감소시키는 것을 감자라고 한다. 감자에는 실질적 감자와 형식적 감자가 있다.

1) 실질적감자

자본금의 감소로 자산이 감소하는 것을 실질적 감자라고 한다. 실질적 감자는 유상소각이라고도 하며 주식을 매입하여 소각하는 것이 그 예이다. 예를 들어 새롬주식회사는 보통주 100주를 주당 4,000원에 매입하여 소각하였다고 하자. 거래의 영향은 다음과 같다.

실질적감자

차　변		대　변	
자본금	500,000	현금	400,000
		감자차익	100,000

보통주를 소각할 때 지급한 금액과 액면가액과의 차액은 감자차익 또는 감자차손으로 처리한다. 감자차익은 기타자본잉여금으로 보고하여야 한다. 감자차손은 감자차익이 있다면 상계한 잔액으로 기록하며 자본조정항목으로 보고하여야 한다.

2) 형식적감자

형식적 감자는 자본금은 감소하였지만 자산은 감소하지 않는 것을 말한다. 형식적 감자는 무상소각이라고도 하며 주식의 병합이나 주금의 감소가 있다. 주금의 병합은 주식의 수를 일정 비율로 감소시키는 것이며 주금의 감소는 주식의 액면 금액을 감소시키는 것이다. 회사는 일반적으로 결손금을 보전하기 위하여 무상소각을 한다. 예를 들어 새롬주식회사는 결손금 2,500,000원을 보전하기 위하여 액면가액 8,000원(발행주식수 1,000주)의 주식을 액면 5,000원으로 감소하였다고 하자. 거래의 영향은 다음과 같다.

형식적감자

차 변		대 변	
자본금	3,000,000	결손금	2,500,000
		감자차익	500,000

자본금은 3,000,000원(1,000주×3,000) 감소하였다. 처리전결손금 2,500,000원을 전보하고 남은 500,000원은 감자차익으로 처리하여야 한다.

제3절　자본잉여금

1. 자본잉여금

자본금과 자본잉여금을 불입자본이라 한다. 불입자본이란 주주가 회사에 직접 투자한 금액이다. 자본잉여금(additional paid-in capital) 자본거래에서 발생한 잉여금으로 증자나 감자와 같이 기업의 재무활동으로 발생한다. 자본잉여금은 영업활동으로 발생하는 이익잉여금과 구분하여 보고하여야 한다. 기업회계기준서 제21호에서는 자본잉여금으로 주식발행초과금, 자기주식처분이익, 감자차익 등으로 규정하고 있다.

한편 상법에서는 주식발행초과금, 감자차익, 합병차익 및 기타자본잉여금을 자본준비금항목으로 적립하도록 규정하고 있다. 법정준비금인 자본준비금의 사용은 다음 두 가지로 제한된다. ① 이익준비금으로 자본의 결손보전에 충당하고서도 부족한 경우에 결손보전을 충당하는 경우이다. ② 이사회나 주주총회의 결의에 의하여 증자를 하기 위해 자본금으로 전입시키는 경우이다.

2. 자본잉여금의 종류

기업회계기준서에서는 자본잉여금은 주식발행초과금과　기타자본잉여금으로 구분하여 표시하도록 규정하고 있다. 주식발행초과금과　기타자본잉여금에 속하는 자기주식처분이익, 감자차익에 관한 회계 처리는 앞 절에서 설명하였다.

1) 주식발행초과금

주식발행초과금이란 주식발행가액이 액면가액을 초과하는 경우 그 초과하는 금액을 말한다. 이 때 주식발행가액은 증자의 경우에 신주발행수수료 등 신주발행을 위하여 직접발생한 기타의 비용을 차감한 후의 가액을 말한다.

2) 기타자본잉여금

기타자본잉여금은 주식발행초과금 이외의 자본잉여금을 말한다. 기타자본잉여금에는 자기주식처분이익 과 감자차익이 있다.

자기주식처분이익은 자기주식을 처분한 가격이 취득한 가격보다 높을 때 그 차액을 말한다. 자기주식처분이익은 자기주식처분손실을 차감한 금액으로 보고하여야 한다.

감자차익이란 회사 규모의 축소 또는 결손금을 보전하기 위하여 자본금을 감소하는 경우에 그 자본금의 감소액이 주식의 소각, 주금의 반환에 요한 금액과 결손의 보전에 충당한 금액을 초과한 때 그 초과 금액을 말한다.

제4절   기타포괄손익누계액

포괄손익(comprehensive income)은 일정 기간 동안 주주와의 자본거래를 제외한 모든 거래나 사건에서 인식한 자본의 변동을 말한다. 포괄손익에는 주주의 투자 및 주주에 대한 분배 등 자본거래를 제외한 모든 원천에서 인식된 자본의 변동이 포함된다. 기업회계기준서에서는 기타포괄손익누계액을 매도가능증권평가손익, 해외사업환산손익 및 현금흐름위험회피 파생상품평가손익 등으로 구분하여 표시하도록 하고 있다.

1. 매도가능증권평가손익

단기매매증권이나 만기보유증권으로 분류되지 아니하는 유가가증권은 매도가능권으로 분류한다. 매도가능증권은 매결산일 현재 장부가액을 수정하며, 공정가액과 평가전 장부가액의 차이인 미실현 보유 이익을 매도가능증권평가손익으로 기록한다. 매도가능증권평가손익은 기타포괄손익누계액으로 보고하여야 한다.

2. 해외사업환산손익

해외에서 독립적으로 운영되고있는 해외지점, 해외영업소, 해외소재지분법적용회사가 소유하고 있는 외화자산과 외화부채는 회계 연도 말에 원화로 환산하여야 한다. 이 때 발생하는 환산차액은 해외사업환산손익으로 기록한다. 해외사업환산손익은 기타포괄손익누계액으로 보고하여야 한다.

3. 현금흐름위험회피 파생상품손익

현금흐름회피 파생상품은 예상거래에 대한 미래현금흐름의 변동에 따라 나타나는 위험을 회피하기 위한 선물계약이나 이자율스왑 등과 같은 파생상품이다. 이러한 파생상품은 그 예상거래가 종료될 때까지 매 회계 연도 말에 그 파생상품에 대한 가치를 측정하여 평가손익을 계상하여야 한다. 예상현금흐름거래가 정산되지 않았기 때문에 파생상품평가손익은 미실현손익의 성격을 띠고 있으므로 기타포괄손익누계액으로 보고하여야 한다.

제5절 이익잉여금

1. 이익잉여금의 처분

이익잉여금은 영업활동, 재무활동, 투자활동으로 기업이 창출한 이익을 배당으로 사외에 유출하지 않고 기업에 재투자한 것이다. 기업의 순이익을 배당금으로 주주에게 배분할 것인가 기업에 재투자할 것인가를 결정하는 것을 이익잉여금의 처분이라고 한다. 이익잉여금의 처분은 주주총회의 결의를 통하여 확정된다. 결산시 손익계정에서 산출되는 당기순이익은 미처분이익잉여금계정에 대체하여 차기이월시킨다. 이때 미처분이익잉여금계정에 대체되는 것은 당기순이익과 전기이월이익잉여금의 합계액이다.

우리나라에서는 이사회에서 승인된 재무제표가 주주총회에서 수정없이 확정되는 경우가 대부분이다. 하지만 상법상 주주총회는 재무제표에 대한 승인 및 수정권한을 가지고 있고, 주주총회에서 재무제표를 수정·승인하면 수정된 재무제표가 법적으로 유효한 재무제표가 된다.

그러므로 당기순이익과 전기이월이익잉여금의 합계액인 미처분이익잉여금은 이사회에서 그 처분안이 확정된다. 그리고 처분안은 주주총회의 결의에 따라 확정된다.

이익잉여금은 당기순이익에 의하여 증가한다. 예를 들어 새롬주식회사는 2008년 12월 31일 순이익을 1,000,000원 기록하였다고 하자. 이를 기록하면 다음과 같다.

2008.12.31 당기순이익의 대체

	차 변		대 변	
2008.12.31 당기순이익의 대체	손익	1,000,000	미처분이익잉여금	1,000,000

새롬주식회사의 2008년의 순이익 대체전 이익잉여금이 4,000,000이라면 순이익대체후 이익잉여금은 5,000,000원으로 증가한다. 반면에, 이익잉여금은 배당으로 감소한다. 새롬주식회사는 배당금을 400,000원, 재투자를 600,000원으로 이익잉여금을 처분하였다면 이익잉여금은 400,000원 감소하여 4,600,000원이 된다. 이를 나타낸 것이 [표 10-3]이다.

[표10-3] 이익잉여금의 변동

순이익대체전(결산)	순이익대체후(결산)	이익잉여금처분(주주총회)
		미지급배당금 400,000
이익잉여금 4,000,000 ➡	이익잉여금 5,000,000 ➡	이익잉여금 4,600,000

이익잉여금	이익잉여금	미지급배당금 400,000
		이익잉여금
법정적립금 2,500,000	법정적립금 2,500,000	
임의적립금 1,300,000	임의적립금 1,300,000	법정적립금 2,900,000
미처분이익잉여금 200,000	미처분이익잉여금 200,000	임의적립금 1,600,000
	당기순이익 1,000,000	미처분이익잉여금 100,000

이익잉여금은 회사의 이해관계자에게 중요한 정보가 된다. 이익잉여금의 변동에 관한 정보는 이익잉여금처분계산서를 통하여 제공된다. 이익잉여금은 이익준비금, 기타법정준비금, 임의적

립금, 미처분이익잉여금으로 구성된다. [표 10-4]와 같이 이익잉여금은 개념적으로 크게 기처
분이익잉여금과 처분전이익잉여금으로 구분할 수 있다. 기처분이익잉여금에는 법정적립금과 임
의적립금이 있다. 그리고 법정적립금에는 상법에 의한 이익준비금과 기타법규에 의한 기타법정
적립금이 있다. 기타법정적립금에는 조세감면규제법에 의한 기업합리화적립금과 상장법인재무
관리규정에 의한 재무구조개선적립금 등이 있다.

한편, 차기이월이익잉여금이란 당기 말 처분전이익잉여금과 임의적립금이입액의 합계액에서
이익잉여금처분액을 차감한 금액이다.

[표 10-4] 이익잉여금의 분류

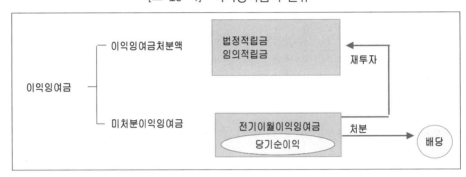

2. 재투자와 이익잉여금

순이익의 재투자는 법정적립금, 임의적립금으로 구분되며 이익잉여금처분액이라고도 한다.

1) 법정적립금

법정적립금(statutory reserves)은 법률에 의해 의무적으로 적립해야하는 적립금으로 이익
준비금과 기타법정적립금으로 나누어진다.

(1) 이익준비금

이익준비금은 상법의 규정에 의해 적립하는 법정적립금이다. 회사는 자본금의 1/2에 달할 때
까지 매결산기의 금전에 의한 이익배당액의 1/10 이상의 금액을 이익준비금으로 적립하여야 한
다. 이익준비금은 결손보전이나 자본전입 이외에는 사용할 수 없다.

(2) 기타법정적립금

기타법정적립금으로는 조세감면규제법에 의한 기업합리화적립금과 상장법인 재무관리규정에 의한 재무구조개선적립금이 있다. 이들 적립금은 법정적립금으로서 결손보전이나 자본전입에 사용할 수 있다.

기업합리화적립금은 조세감면규제법(제91조)에 의하여 세액공제, 세액감면 또는 소득공제를 받은 기업이 그 공제 받은 세액만큼을 의무적으로 적립하여야 하는 금액이다. 기업합리화적립금은 기계의 구입 또는 공장의 건설에 사용하도록 규정하고 있다.

한편, 재무구조개선적립금은 상장법인재무관리규정에 의거하여 상장법인이 자기자본비율의 30%에 달할 때까지 매사업연도마다 유형자산처분이익이 유형자산처분손실과 해당 법인세 및 주민세를 초과하는 경우에는 그 초과액의 50/100과, 당기순이익에서 이월결손금을 차감한 금액의 10/100을 적립하는 금액이다. 다만, 그 금액이 500만원 미만인 경우에는 적립하지 않을 수 있다.

2) 임의적립금

임의적립금은 법률의 규정에 의해서가 아니고 회사가 임의로 일정한 목적을 위하여 정관의 규정이나 주주총회의 결의에 따라 적립한 것이다. 이에는 사업확장적립금, 감채적립금, 배당평균적립금, 결손보전적립금, 자가보험적립금, 재해손실적립금, 퇴직급여적립금 및 세법상 적립하여 일정기간이 경과한 후 환입될 준비금 등이 있다. 임의적립금은 사용용도를 바꾸기 위해서 이입할 때도 제한이 없다. 예를 들면, 사업확장적립금을 결손보전의 목적으로 이입할 수 있는 것이다. 이러한 임의적립금은 그 성격에 따라 다시 소극적 적립금과 적극적 적립금으로 나눌 수 있다. 임의적립금은 법인세 등을 이연할 목적으로 적립하여 일정기간이 경과한 후 환입될 준비금을 포함한다. 이러한 준비금을 설정함으로써 동액만큼 기업의 당해 연도 과세소득이 감소하기 때문에 준비금이 다시 환입될 때까지 기업은 일정기간 동안 세금을 유예 받는 것이다.

예를 들어 새롬주식회사의 이익잉여금처분은 다음과 같다고 하자.

이익준비금	200,000원	기타법정적립금	200,000원
배당금	400,000원	사업확장적립금	150,000원
재해손실적립금	150,000원	차기이월이익잉여금	100,000원

이를 기록하면 다음과 같다.

2009.2.24 이익잉여금의 처분

	차 변		대 변	
2009.2.24 이익잉여금의 처분	미처분이익잉여금	1,100,000	이익준비금	200,000
			기타법정적립금	200,000
			사업확장적립금	150,000
			재해손실적립금	150,000
			미지급배당금	400,000

(1) 적극적 적립금

적극적 적립금은 기업이 순자산의 유출을 적극적으로 제한하기 위하여 설정하는 적립금이다. 적극적 적립금에는 사업확장적립금, 감채적립금 등이 있다. 적극적 적립금은 해당 목적을 위해 사용하더라도 적립금계정 자체의 감소는 없는 것이 특징이다. 적립목적이 달성되면 이월이익잉여금으로 이입하여 다른 목적의 적립에 사용하거나, 뚜렷한 사용목적이 없는 경우에는 별도적립금의 명칭으로 대체하여 적립할 수 있다. 예를 들어 새롬주식회사는 사업확장적립금 800,000원으로 기계를 취득하였다고 하자. 이를 기록하면 다음과 같다.

적극적적립금

	차 변		대 변	
적극적적립금	기계	800,000	현금	800,000
	사업확장적립금	800,000	별도적립금	800,000

(2) 소극적 적립금

소극적 적립금은 장래에 발생할 손실 등으로 처분 가능한 이월이익잉여금이 감소하는 것을 대비하기 위하여 설정되는 적립금이다. 소극적 적립금에는 배당평균적립금, 결손보전적립금, 퇴직급여적립금, 재해손실적립금 등이 있다. 소극적 적립금은 해당 목적에 사용이 되면 이월이익잉여금으로 환원되어 소멸하는 것이 특징이다.

배당평균적립금은 회사가 매기 배당률을 적정한 범위의 수준에서 유지하고 주가의 안정을 기하며 회사의 신용확보를 위하여 설정하는 적립금이다.

결손보전적립금은 장래에 발생 가능한 결손에 대비하여 결손보전을 목적으로 이익의 일부를 사내에 유보한 것이다.

퇴직급여적립금은 회사의 임원이나 종업원이 퇴직할 때 공로 등의 대가로 지급한 퇴직위로금 등의 재원을 마련할 목적으로 이익의 일부를 사내에 유보한 것이다. 이것은 근로의 대가로 지급되는 퇴직금에 충당하기 위한 퇴직급여금과는 그 성격이 다른 것이다. 퇴직급여적립금은 회사가 임의적으로 주주총회의 결의를 거쳐 회사에 유보하는 것으로 기업이 반드시 임원 등의 퇴직급여로 지급하여야 할 의무가 있는 것이 아니므로 부채가 아니다.

재해손실적립금은 장래의 예측 불가능한 재해손실에 대비하기 위한 목적으로 이익의 일부를 사내에 유보한 것이다. 예를 들어 새롬주식회사는 화재로 인한 재고자산손실액 500,000원을 재해손실적립금 500,000원으로 보전하였다고 하자. 이를 기록하면 다음과 같다.

소극적적립금

	차 변		대 변	
소극적적립금	재해손실적립금	500,000	재고자산	500,000

3. 배당금

배당(dividends)은 기업이 영업활동으로 창출한 이익을 재투자하지 않고 주주들에게 분배하는 것이다. 배당은 현금배당과 주식배당으로 구분된다. 현금배당(cash dividends)은 주주에게 현금을 지급하는 것이다. 현금배당을 하면 회사의 현금이 감소하고 이익잉여금이 감소한다. 배당은 오직 유통주식(shares outstanding)에 대해서 지급된다. 자기주식에 대해서는 지급되지 아니한다. 이는 회사가 자신에게 배당금을 지급하게 되기 때문이다.

주주의 입장에서 배당은 투자에 대한 투자수익(return on investment)이다. 따라서 배당은 기업이 획득한 이익의 범위 내에서 이루어져야 한다. 이익의 범위를 넘어서 배당을 하게 되면 투자금액을 반환(return of investment)하는 것이다. 이익을 초과해서 배당을 지속하면 회사의 자본이 유지되지 못한다. 기업의 배당 가능액은 다음과 같이 계산된다.

> 배당가능액 = (처분전이익잉여금 + 임의적립금등의 이입액)
> − (이익준비금 + 기타법정적립금 + 이익잉여금처분에 의한 상각액 등)

기업의 이익을 누계한 것이 이익잉여금이다. 그러므로 배당은 항상 이익잉여금에서 지급하여야 하며 불입자본(자본금과 자본잉여금)에서 지급하여서는 안 된다. 그러나 이익잉여금 중에서도 이익준비금, 기업합리화적립금, 재무구조개선적립금과 같은 법정적립금은 배당이 불가능하며 사내에 유보하여야 한다.

배당과 관련하여 몇 가지 날짜를 구분하는 것이 중요하다. **배당기준일(date of record)은 배당을 받을 수 있는 권리를 확정하는 날이다.** 배당기준일은 일반적으로 회계연도 말일이며, 이 날짜로 주주명부를 작성하며 주주명부에 기재된 자는 배당을 받을 수 있다. 이익잉여금처분안은 주주총회에서 확정되므로 배당기준일에는 회계 처리가 이루어지지 않는다. **배당선언일(date of declaration)은 주주총회에서 배당금의 지급을 공식적으로 결의하는 날을 말한다.** 주주총회의 결의가 있어야 배당금을 주주에게 지급할 수가 있다.

현금배당은 이익잉여금이 감소하고 미지급배당금(dividends payable)이 증가한다. 반면에 주식배당은 이익잉여금이 감소하고 미교부주식배당금이 증가한다. 예를 들어 성도주식회사는 2009년 2월 24일 주주총회에서 현금배당 400,000원, 주식배당 300,000원이 승인되었다고 하자. 이에 관한 기록은 다음과 같다.

2009.2.24 미지급배당금과 미교부주식배당금

	차 변		대 변	
배당선언	미처분이익잉여금	700,000	미지급배당금	400,000
			미교부주식배덩금	300,000

배당지급일(date of payment)은 배당기준일 현재 주주명부에 기재된 주주들에게 배당금을 지급하는 날이다. 예를 들어 성도주식회사는 2009년 2월 24일 주주총회의 배당 결의에 따라 2009년 3월 10일 주주에게 배당금과 주식을 발행하여 지급하였다고 하자. 이 거래의 결과는 다음과 같다.

2009.3.10 배당금 지급

	차 변		대 변	
배당금지급	미지급배당금	400,000	현금	400,000
	미교부주식배당금	300,000	보통주자본금	300,000

주식을 발행하여 지급하면 미교부주식배당금을 자본금계정에 대체하여야 한다.

위의 예에서 본 것같이 한 회계기간의 이익에 대한 배당금은 실제로 다음 회계연도에 지급이 이루어지게 된다. 회계기간 동안에 지급된 현금배당은 현금흐름표에 보고된다.

제6절 자본조정

1. 자본조정의 의의

자본조정은 당해 항목의 성격으로 보아 자본거래에 해당하나 최종 납입된 자본으로 볼 수 없거나 자본의 가감 성격으로 자본금이나 자본잉여금으로 분류할 수 없는 항목이다.

재무 상태표에서 자본조정항목에 의해 임시적인 항목이나 미실현손익 등을 처리하기 때문에 손익계산서는 발생주의회계에 어긋나는 불명확한 사항들을 포함하지 않게 된다. 기업회계기준에서는 예를 들면, 자기주식, 주식할인발행차금, 주식매수선택권, 출자전환채무, 감자차손 및 자기주식처분손실 등이 포함된다. 자본조정 중 자기주식은 별도 항목으로 구분하여 표시한다. 주식할인발행차금, 주식매수선택권, 출자전환채무, 감자차손 및 자기주식처분손실 등은 기타자본조정으로 통합하여 표시할 수 있다.

2. 배당건설이자

배당건설이자란 회사설립 후 정상적인 영업을 시작하기까지 장기간이 소요되어 장기간 이익배당을 할 수 없는 회사가 이익잉여금잔액이 없이 배당을 하는 경우에 그 배당액을 말한다. 전력, 가스, 수도, 철도 등의 사업에 있어서 그 설비건설에 오랜 시일이 필요하며 단시일 내에 개업이 불가능한 것이 일반적이다. 이러한 경우 상법에서는 회사가 설립된 후 2년 이상 그 영업의 전부를 개업할 수 없다고 인정되는 때에는 그 개업 전 일정한 기간 내에 일정한 이자를 주주에게 배당할 수 있도록 하고 있다. 그러나 그 이율은 연 5%를 초과하지 못한다. 예를 들어 남부가스회사는 설립 3차까지 영업을 할 수 없어 법원의 인가를 얻어 액면가액의 5%(500,000원)를 배당으로 지급하였다. 이 거래의 기록은 다음과 같다.

배당건설이자 지급

	차 변		대 변	
배당건설이자 지급	배당건설이자	500,000	현금	500,000

기업회계기준은 배당건설이자에 대해 개업 후 연 6% 이상 이익을 배당하는 경우에 6%를 초

과하는 금액과 동액 이상을 상각하도록 규정하고 있으며, 동 상각액은 주식할인발행차금과 마찬가지로 이익잉여금의 처분 항목으로 규정하고 있다. 기업회계기준에서 배당건설이자를 자본의 차감항목으로 보는 것은 배당건설이자가 장래에 지급될 배당금의 선급과 유사한 성격을 갖기 때문이다. 예를 들어 남부가스회사는 5차 연도에 이익이 발생하여 8%의 이익배당이 가능하였다고 하자. 6%를 초과하는 배당액은 2%(8%-6%)이다. 따라서 배당건설이자상각액은 200,000원 (500,000×2%/5%)이고 배당건설이자 잔액은 300,000원이다.

배당건설이자 상각

	차 변		대 변	
배당건설이자 상각	배당건설이자상각 (미처분이익이여금)	200,000	배당건설이자	500,000

연 습 문 제

1. 재무 상태표의 주주지분난에 보고되는 주요정보를 설명하라.

2. 주식회사의 설립방법을 설명하라.

3. 적극적적립금과 소극적적립금을 설명하고 그 예를 들어라.

4. 수권주식, 유통주식, 발행주식을 설명하라.

5. 형식적 증자를 설명하고 예를 들어라.

6. 자본잉여금은 무엇을 나타내는지 설명하라.

7. 회계기간 동안 주주지분의 변동시키는 사건의 유형을 설명하라.

8. 현금배당과 주식배당을 구분하고 지분에 대한 배당의 영향을 설명하라.

9. 이익잉여금은 회사의 무엇을 나타내는지 설명하라.

10. 보통주와 우선주를 구분하고 왜 한 종류 이상의 주식을 발행하는지 설명하라.

11. 우선주의 종류를 설명하라.

12. 자본조정항목을 설명하라.

13. 회사주식의 5%를 소유하고 있는 주주가 갖는 권리가 아닌 것은?

　　a. 보통주배당에 대해 5%를 받을 권리

　　b. 보통주주에 관련된 문제에 투표할 권리

　　c. 당해 연도 순이익중 5%의 배당을 받을 권리

　　d. 회사가 새로 발행한 보통주를 5% 구입할 수 있는 권리

14. 만약 회사가 액면 5,000원 주식 1,000주를 주당 6,000원에 발행한다면, 발행으로 인한 액면을 초과하는 주식발행초과금은?

　　a. 500,000

　　b. 600,000

　　c. 1,000,000

　　d. 1,100,000

15. 1995년 12월 31일 기업의 이익잉여금은 400,000원이다. 1996년 순이익이 175,000원이고 현금배당을 75,000원 했다. 또 1996년 동안 총 50,000원의 자기주식을 구입했다면 1996년 12월 31일 이익잉여금의 잔액은?

　　a. 450,000

　　b. 550,000

　　c. 575,000

　　d. 500,000

16. 다음은 우선주에 관한 일반적인 내용이다. 틀린 것은?

　　a. 배당률이 고정되어 있다.

　　b. 보통주보다 배당률이 높다

　　c. 보통주보다 더 많은 잔여이익을 받는다.

　　d. 보통주보다 의결권을 많이 행사할 수 있다.

17. 다음 중 형식적 증자에 속하지 않은 것은?

　　a. 주식발행초과금의 자본전입

　　b. 이익준비금의 자본전입

　　c. 전환사채의 전환

　　d. 자기주식

18. 보석회사는 1996년 동안 주당 액면 5,000원인 주식을 주당 8,000원에 200주 발행했다. 회사는 1996년에 500,000원의 순이익을 냈고 200,000원의 배당을 했다. 회사는 20주의 자기주식을 9,000원에 팔았다. 자기주식을 구입할 때의 가격은 주당 7,000원이었다. 회사가 1995년 회계연도 말 공시한 정보는 다음과 같다.

보통주	400,000
자본잉여금	3,000,000
이익잉여금	5,200,000
자기주식	(350,000)
총자기자본	8,250,000

1996년 회계연도 말에 보고될 자기자본금액은 얼마인가?

(힌트: 자기주식의 매매차익은 자본잉여금에서 고려해야 한다.)

19. 오정사는 2000년에 영업을 시작하였다. 액면 5,000원의 보통주 100,000주를 발행하였고 액면 10,000원 배당률 8%의 우선주 10,000주를 발행하였다. 우선주는 누적적이고, 의결권이 없다. 보통주는 7,000원에 우선주는 액면가액으로 발행하였다. 이 회사의 수권자본은 보통주 500,000주, 우선주 50,000주이다. 오정사의 보통주에 대한 순이익과 현금배당은 다음과 같고 매년 지급 가능한 우선주 배당은 현금으로 지급하였다. 2002년 말에 보통주 1,000주를 8,000원에 재구입하였다.

연 도	순이익	보통주배당
2000	5,000,000	0
2001	20,000,000	6,000,000
2002	22,000,000	7,000,000

<요구사항>

a) 섭섭회사의 2001년과 2002년의 재무 상태표의 자기자본부분을 나타내어라.

b) 자기주식취득에 관한 영향을 기록하라.

자산	=	부채 + 자본	+ (수익−비용)

20. 섭섭회사의 1999년 12월 31일 현재 자본항목은 자본금 12,000,000원(액면 5,000원, 2,400 주) 자본잉여금 800,000원 이익잉여금 2,000,000원이다.

〈요구사항〉

아래 양식을 이용하여 다음 각 사항에 대한 회계 처리를 기록하여라.

a) 6%의 현금배당과 4%의 주식배당을 계획하고 이익잉여금처분안을 작성하였다.

b) 3:1의 비율로 감자를 하였다.

자산	=	부채 + 자본	+ (수익-비용)

21. 주식거래의 해석

김재벌씨는 1999년 초 현재 화니사의 발행주식 100,000주중 1,000주를 가지고 있다. 김재 벌씨는 이 주식을 1997년에 주당 8,000원으로 구입하였다. 1999년 1월 1일 화니사의 자본 금은 500,000,000원이고 자본잉여금은 300,000,000원이다. 그리고 주식의 총시장 가치는 1,200,000,000원이다. 화니사는 1999년 주당 15,000원에 20,000주의 신주를 발행하였다. 김재벌씨는 신주 중에서 200주를 구입하였다. 주식발행후 화니사는 1주를 5주로 하는 주식 분할을 하고 액면가를 주당 1,000원으로 낮추었다. 1999년도 순이익은 80,000,000원이고 35,000,000원의 현금배당을 하였다.

〈요구사항〉

다음 각 물음에 답하시오.

a. 김재벌씨가 소유한 주식은 1999년초 현재 화니사 발행주식의 몇 퍼센트인가? 1999년 말에는 또한 몇 퍼센트인가?

b. 1999년 말 화니사의 자본금, 자본잉여금과 이익잉여금은 얼마인가?

c. 김재벌씨가 1999년에 받은 배당금은 얼마인가? 화니사의 배당률은 얼마인가? 김재벌씨 의 투자수익률은 얼마인가?

22. 자기자본의 분석

서로 다른 3개 산업의 기업에 대한 재무제표를 구하라. 자기자본의 주된 유사점과 차이점 을 살펴보아라. 재무 상태표의 자본항목에서 주요 거래와 서로 다른 항목의 상대금액을 비 교하라.

부 록

1. 현가표

1. 현가표

〈표 1-A〉 ₩1의 현재가치표 $P=\dfrac{1}{(1+r)^n}$

n	1%	2%	3%	4%	5%	6%	7%	8%	9%	10%
01	0.99010	0.98039	0.97087	0.96154	0.95238	0.94340	0.93458	0.92593	0.91743	0.90909
02	0.98030	0.96117	0.94260	0.92456	0.90703	0.89000	0.87344	0.85734	0.84168	0.82645
03	0.97059	0.94232	0.91514	0.88900	0.86384	0.83962	0.81630	0.79383	0.77218	0.75131
04	0.96098	0.92385	0.88849	0.85480	0.82270	0.79209	0.76290	0.73503	0.70843	0.68301
05	0.95147	0.90573	0.86261	0.82193	0.78353	0.74726	0.71299	0.68058	0.64993	0.62092
06	0.94204	0.88797	0.83748	0.79031	0.74622	0.70496	0.66634	0.63017	0.59627	0.56447
07	0.93272	0.87056	0.81309	0.75992	0.71068	0.66506	0.62275	0.58349	0.54703	0.5316
08	0.92348	0.85349	0.78941	0.73069	0.67684	0.62741	0.58201	0.54027	0.50187	0.46651
09	0.91434	0.83675	0.76642	0.70259	0.64461	0.59190	0.54393	0.50025	0.46043	0.42410
10	0.90529	0.82035	0.74409	0.67556	0.61391	0.55839	0.50835	0.46319	0.42241	0.38554
11	0.89632	0.80426	0.72242	0.64958	0.58468	0.52679	0.47509	0.42888	0.38753	0.35049
12	0.88745	0.78849	0.70138	0.62460	0.55684	0.49697	0.44401	0.39711	0.35553	0.31863
13	0.87866	0.77303	0.68095	0.60057	0.53032	0.46884	0.41496	0.36770	0.32618	0.28966
14	0.86996	0.75787	0.66112	0.57748	0.50507	0.44230	0.38782	0.34046	0.29925	0.26333
15	0.86135	0.74301	0.64188	0.55526	0.48102	0.41728	0.36245	0.31524	0.27454	0.23939
16	0.85282	0.72845	0.62317	0.53391	0.45811	0.39365	0.33873	0.29189	0.25187	0.21763
17	0.84438	0.71416	0.60502	0.51337	0.43630	0.37136	0.31657	0.27027	0.23107	0.19784
18	0.83602	0.70016	0.58739	0.49363	0.41552	0.35034	0.29586	0.25025	0.21199	0.17986
19	0.82774	0.68643	0.57029	0.47464	0.39573	0.33051	0.27651	0.23171	0.19449	0.16351
20	0.81954	0.67297	0.55368	0.45639	0.37689	0.31180	0.25841	0.21455	0.17843	0.14864
21	0.81143	0.65978	0.53755	0.43883	0.35894	0.29415	0.24151	0.19866	0.16370	0.13513
22	0.80340	0.64684	0.52189	0.42195	0.34185	0.27750	0.22571	0.18394	0.15618	0.12285
23	0.79544	0.63416	0.5669	0.40573	0.32557	0.26180	0.21095	0.17031	0.13778	0.11168
24	0.78757	0.62172	0.49193	0.39012	0.31007	0.24698	0.19715	0.15770	0.12640	0.10153
25	0.77977	0.60953	0.47761	0.37512	0.29530	0.23300	0.18425	0.14602	0.11597	0.09230

n	11%	12%	13%	14%	15%	16%	17%	18%	19%	20%
01	0.90090	0.89286	0.88496	0.87719	0.86957	0.86207	0.85470	0.84746	0.84034	0.83333
02	0.81162	0.79719	0.76315	0.76947	0.75614	0.74316	0.73051	0.71818	0.70616	0.69444
03	0.73119	0.71178	0.69305	0.67497	0.65752	0.64066	0.62437	0.60863	0.59342	0.57870
04	0.65873	0.63552	0.61332	0.59208	0.57175	0.55229	0.53365	0.51579	0.49867	0.48225
05	0.59345	0.56743	0.54276	0.51937	0.49718	0.47611	0.45611	0.43711	0.41905	0.40188
06	0.35464	0.50663	0.48032	0.45559	0.43233	0.41044	0.38984	0.37043	0.35214	0.33490
07	0.48166	0.45235	0.42506	0.39964	0.37594	0.35383	0.33320	0.31392	0.29592	0.27908
08	0.43393	0.40388	0.37616	0.35056	0.32690	0.30503	0.28478	0.26604	0.24867	0.23257
09	0.39092	0.36061	0.33288	0.30751	0.28426	0.26295	0.24340	0.22546	0.20897	0.19381
10	0.35218	0.32197	0.29459	0.26974	0.24718	0.22668	0.20804	0.19106	0.17560	0.16151
11	0.31728	0.28748	0.26070	0.23662	0.21494	0.19542	0.17781	0.16192	0.14756	0.13459
12	0.28584	0.25667	0.23071	0.20756	0.18691	0.16846	0.15197	0.13722	0.12400	0.11216
13	0.25751	0.22917	0.20416	0.18207	0.16253	0.14523	0.12989	0.11629	0.10420	0.09346
14	0.23199	0.20462	0.18068	0.15971	0.14133	0.12520	0.11102	0.09855	0.08757	0.07789
15	0.20900	0.18270	0.15989	0.14010	0.12289	0.10793	0.09489	0.08352	0.07359	0.06491
16	0.18829	0.16312	0.14150	0.12289	0.10686	0.09304	0.08110	0.07078	0.06184	0.05409
17	0.16963	0.14564	0.12522	0.10780	0.09293	0.08021	0.06932	0.05998	0.05196	0.04507
18	0.15282	0.13004	0.11081	0.09458	0.08080	0.06914	0.05925	0.05083	0.04367	0.03756
19	0.13768	0.11611	0.09806	0.08295	0.07026	0.05961	0.05064	0.04308	0.03669	0.03130
20	0.12430	0.10367	0.08678	0.07276	0.06110	0.05139	0.04328	0.03651	0.03084	0.02608
21	0.11174	0.09256	0.07680	0.06383	0.05313	0.04430	0.03699	0.03094	0.02591	0.02174
22	0.10067	0.08264	0.06796	0.05599	0.04620	0.03819	0.03162	0.02622	0.02178	0.01811
23	0.09069	0.07379	0.06014	0.04911	0.04017	0.03292	0.02702	0.02222	0.01830	0.01509
24	0.08170	0.06588	0.05322	0.04808	0.03493	0.02838	0.02310	0.01883	0.01538	0.01258
25	0.07361	0.05882	0.04710	0.03779	0.03038	0.02447	0.01974	0.01596	0.01292	0.01048

〈표 1-B〉 ₩1의 미래가치표

(n) $A = p(1+i)^n$

기간	1/4%	1/2%	3/4%	1%	$1\frac{1}{2}$%	2%	3%	4%
1	1.00250	1.00500	1.00750	1.01000	1.01500	1.02000	1.03000	1.04000
2	1.00501	1.01003	1.01506	1.02010	1.03023	1.04040	1.06090	1.08160
3	1.00752	1.01508	1.02267	1.03030	1.04568	1.06121	1.09273	1.12486
4	1.01004	1.02015	1.03034	1.04060	1.06136	1.08243	1.12551	1.16986
5	1.01256	1.02525	1.03807	1.05101	1.07728	1.10408	1.15927	1.21665
6	1.01509	1.03038	1.04585	1.06152	1.09344	1.12616	1.19405	1.26532
7	1.01763	1.03553	1.05370	1.07214	1.10984	1.14869	1.22987	1.31593
8	1.02018	1.04071	1.06160	1.08286	1.12649	1.17166	1.26677	1.36857
9	1.02273	1.04591	1.06956	1.09369	1.14339	1.19509	1.30477	1.42331
10	1.02528	1.05114	1.07758	1.10462	1.16054	1.21899	1.34392	1.48024
11	1.02785	1.05640	1.08566	1.11567	1.17795	1.24337	1.38423	1.53945
12	1.03042	1.06168	1.09381	1.12683	1.19562	1.26824	1.42576	1.60103
13	1.03299	1.06699	1.10201	1.13809	1.21355	1.29361	1.46853	1.66507
14	1.03557	1.07232	1.11028	1.14947	1.23176	1.31948	1.51259	1.73168
15	1.03816	1.07768	1.11860	1.16097	1.25023	1.34587	1.55797	1.80094
16	1.04076	1.08307	1.12699	1.17258	1.26899	1.37279	1.60471	1.87298
17	1.04336	1.08849	1.13544	1.18430	1.28802	1.40024	1.65285	1.94790
18	1.04597	1.09393	1.14396	1.19615	1.30734	1.42825	1.70243	2.02582
19	1.04858	1.09940	1.15254	1.20811	1.32695	1.45681	1.75351	2.10685
20	1.05121	1.10490	1.16118	1.22019	1.34686	1.48595	1.80611	2.19112
22	1.05647	1.11597	1.17867	1.24472	1.38756	1.54598	1.91610	2.36992
24	1.06176	1.12716	1.19641	1.26973	1.42950	1.60844	2.03279	2.56330
26	1.06707	1.13846	1.21443	1.2526	1.47271	1.67342	2.15659	2.77247
28	1.07241	1.14987	1.23271	1.32129	1.51722	1.74102	2.28793	2.99870
30	1.07778	1.16140	1.25127	1.34785	1.56308	1.81136	2.42726	3.24340
32	1.08318	1.17304	1.27011	1.37494	1.61032	1.88454	2.57508	3.50806
34	1.08860	1.18480	1.28923	1.40258	1.65900	1.96068	2.73191	3.79432
36	1.09405	1.19668	1.30865	1.43077	1.70914	2.03989	2.89828	4.10393
38	1.09953	1.20868	1.32835	1.45953	1.76080	2.12230	3.07478	4.43881
40	1.10503	1.22079	1.34835	1.48886	1.81402	2.20804	3.26204	4.80102
45	1.11892	1.25162	1.39968	1.56481	1.95421	2.43785	3.78160	5.84118
50	1.13297	1.28323	1.45296	1.64463	2.10524	2.69159	4.38391.	7.10668
100	1.28362	1.64667	2.11108	2.70481	4.43205	7.24465	19.21863	50.50496

* ₩1의 일정기간·일정률로 현재시점에서 투하되어 미래에 누적될 금액을 나타내는 표

				(n)				
5%	6%	7%	8%	10%	12%	15%	20%	기간
1.05000	1.06000	1.07000	1.08000	1.10000	1.12000	1.15000	1.20000	1
1.10250	1.12360	1.14490	1.16640	1.21000	1.25440	1.32250	1.44000	2
1.15763	1.19102	1.22504	1.25971	1.33100	1.40493	1.52088	1.72800	3
1.21551	1.26248	1.31080	1.36049	1.46410	1.57352	1.74901	2.07360	4
1.27628	1.33823	1.40255	1.46933	1.61051	1.76234	2.01136	2.48832	5
1.34010	1.41852	1.50073	1.58687	1.77156	1.97382	2.31306	2.98598	6
1.40710	1.50363	1.60578	1.71382	1.94872	2.21068	2.66002	3.58318	7
1.47746	1.59385	1.71819	1.85039	2.14359	2.47596	3.05902	4.29982	8
1.55133	1.68943	1.83846	1.99900	2.35795	2.77308	3.51788	5.15978	9
1.62889	1.79085	1.96715	2.15892	2.59374	3.10585	4.04556	6.19174	10
1.71034	1.89830	2.10485	2.33164	2.85312	3.47855	4.65239	7.43008	11
1.79586	2.01220	2.25219	2.51817	3.13843	3.89598	5.35025	8.91610	12
1.88565	2.13293	2.40985	2.71962	3.45227	4.36349	6.15279	10.69932	13
1.97993	2.26090	2.57853	2.93719	3.79750	4.88711	7.07571	12.83918	14
2.07893	2.39656	2.75903	3.17217	4.17725	5.47357	8.13706	15.40702	15
2.18287	2.54035	2.95216	3.42594	4.59497	6.13039	9.35762	18.48843	16
2.29202	2.69277	3.15882	3.70002	5.05447	6.86604	10.76126	22.18611	17
2.40662	2.85434	3.27993	3.99602	5.55992	7.68997	12.37545	26.62333	18
2.52695	3.02560	3.61653	4.31570	6.11591	8.61276	14.23177	31.94800	19
2.65330	3.20714	3.86968	4.66096	6.72750	9.64629	16.36654	38.33760	20
2.92526	3.60354	4.43010	5.43651	8.14027	12.10031	21.64475	55.20614	22
3.22510	4.04893	5.07237	6.34118	9.84973	15.17863	28.62518	79.49685	24
3.55567	4.54938	5.80735	7.39635	11.91818	19.04007	37.85680	114.4755	26
3.92013	5.11169	6.64884	8.62711	14.42099	23.88387	50.06561	164.8447	28
4.32194	5.74349	7.61226	10.06266	17.44940	29.95992	66.21177	237.3763	30
4.76494	6.15339	8.71527	11.73708	21.11378	37.58173	87.56507	341.8219	32
5.25335	7.25103	9.97811	13.69013	25.54767	47.14252	115.80480	492.2235	34
5.79182	8.14725	11.42394	15.96817	30.91268	59.13557	153.15185	708.8019	36
6.38548	9.15425	13.07927	18.62528	37.40434	74.17966	202.54332	1020.675	38
7.03999	10.28572	14.97446	21.72452	45.25926	93.05097	267.86355	1469.772	40
8.98501	13.76461	21.00245	31.92045	72.89048	163.9876	538.76927	3656.262	45
11.46740	18.42015	29.45703	46.90161	117.3909	289.0022	1083.65744	9100.438	50
131.5013	339.3021	867.7163	2199.761	13780.61	83522.27	117×10^4	828×105	100

〈표 1-C〉 ₩1의 연금현가표 : $P_0 = \dfrac{1 - \dfrac{1}{(1+r)^n}}{r}$

n	1%	2%	3%	4%	5%	6%	7%	8%	9%	10%
1	0.9901	0.9804	0.9709	0.9615	0.9524	0.9434	0.9346	0.9259	0.9174	0.9.91
2	1.9704	1.9416	1.9135	1.8861	1.8594	1.8334	1.8080	1.7833	1.7591	1.7355
3	2.9410	2.8839	2.8286	2.7751	2.7232	2.6730	2.6243	2.5771	2.5313	2.4868
4	3.9020	3.8077	3.7171	3.6299	3.5459	3.4651	3.3872	3.3121	3.2397	3.1699
5	4.8535	4.7134	4.5797	4.4518	4.3295	4.2123	4.1002	3.9927	3.8896	3.7908
6	5.7955	5.6014	5.4172	5.2421	5.0757	4.9173	4.7665	4.6229	4.4859	4.3553
7	6.7282	6.4720	6.2302	6.0020	5.7863	5.5824	5.3893	5.2064	5.0329	4.8684
8	7.6517	7.3254	7.0196	6.7327	6.4632	6.2098	5.9713	5.7466	5.5348	5.3349
9	8.5661	8.1622	7.7861	7.4353	7.1078	6.8017	6.5152	6.2469	5.9952	5.7590
10	9.4714	8.9825	8.5302	8.1109	7.7217	7.3601	7.0236	6.7101	6.4176	6.1446
11	10.3677	9.7868	9.2526	8.7604	8.3064	7.8868	7.4987	7.1389	6.8052	6.4951
12	11.2552	10.5753	9.9539	9.3850	8.8632	8.3838	7.9427	7.5361	7.1607	6.8137
13	12.1338	11.3483	10.6349	9.9856	9.3935	8.8527	8.3576	7.9038	7.4869	7.1034
14	13.0038	12.1062	11.2960	10.5631	9.8986	9.2950	8.7454	8.2442	7.7861	7.3667
15	13.8651	12.8492	11.9379	11.1183	10.3796	9.7122	9.1079	8.5595	8.0607	7.6061
16	14.7180	13.5777	12.5610	11.6522	10.8377	10.1059	9.4466	8.8514	8.3123	7.8237
17	15.5624	14.2918	13.1660	12.1656	11.2740	10.4772	9.7632	9.1216	8.5436	8.0215
18	16.3984	14.9920	13.7534	12.6592	11.6895	10.8276	10.0591	9.3719	8.7556	8.2014
19	17.2261	15.6784	14.3237	13.1339	12.0853	11.1581	10.3356	9.6036	8.9510	8.3649
20	18.0457	16.3514	14.8774	13.5903	12.4622	11.4699	10.5940	9.8181	9.1285	8.5136
21	18.8571	17.0111	15.4149	14.0291	12.8211	11.7640	10.8355	10.0168	9.2922	8.6487
22	19.6605	17.6580	15.9368	14.4511	13.1630	12.0416	11.0612	10.2007	9.4424	8.7715
23	20.4559	18.2921	16.4435	14.8568	13.4885	12.3033	11.2722	10.3710	9.5802	8.8832
24	21.2435	18.9139	16.9355	15.2469	13.7986	12.5503	11.4693	10.5287	9.7066	8.9847
25	22.0233	19.5234	17.4131	15.6220	14.0939	12.7833	11.6536	10.6748	9.8226	9.0770

n	11%	12%	13%	14%	15%	16%	17%	18%	19%	20%
1	0.9009	0.8929	0.8850	0.3772	0.8696	0.8621	0.8547	0.8475	0.8403	0.8333
2	1.7125	1.6901	1.6681	1.6467	1.6257	1.6052	1.5852	1.5656	1.5465	1.5278
3	2.4437	2.4018	2.3612	2.3216	2.2832	2.2459	2.2096	2.1743	2.1399	2.1065
4	3.1024	3.0373	2.9745	2.9137	2.8550	2.7982	2.7432	2.6901	2.6386	2.5887
5	3.6959	3.6048	3.5172	3.4331	3.3522	3.2743	3.1993	3.1272	3.0576	2.9906
6	4.2305	4.1114	3.9976	3.8887	3.7845	3.6847	3.5892	3.4976	3.4098	3.3255
7	4.7122	4.5638	4.4226	4.2883	4.1604	4.0388	3.9224	3.8115	3.7657	3.6046
8	5.1461	4.9676	4.7988	4.6389	4.4873	4.3436	4.2072	4.0776	3.9544	3.8372
9	5.5370	5.3282	5.1317	4.9464	4.7716	4.6065	4.4506	4.3030	4.1633	4.0310
10	5.8892	5.6502	5.4262	5.2161	5.0188	4.8332	4.6586	4.4941	4.3389	4.1925
11	6.2065	5.9377	5.6869	5.4527	5.2337	5.0286	4.8364	4.6560	4.4865	4.3271
12	6.4924	6.1944	5.9176	5.6603	5.4206	5.1971	4.9884	4.7932	4.6105	4.4392
13	6.7499	6.4235	6.1218	5.8424	5.5831	5.3423	5.1183	4.9095	4.7147	4.5327
14	6.9819	6.6282	6.3025	6.0021	5.7245	5.4675	5.2293	5.0081	4.8023	4.6106
15	7.1909	6.8109	6.4624	6.1422	5.8474	5.5755	5.3242	5.0916	4.8759	4.6755
16	7.3792	6.9740	6.6039	6.2651	5.9542	5.6685	5.4053	5.1624	4.9377	4.7296
17	7.5488	7.1196	6.7291	6.3729	6.0472	5.7487	5.4746	5.2223	4.9897	4.7746
18	7.7016	7.2497	6.8399	6.4674	6.1280	5.8178	5.5339	5.2732	5.0333	4.8122
19	7.8393	7.3658	6.9380	6.5504	6.1982	5.8775	5.5845	5.3162	5.0700	4.8435
20	7.9633	7.4694	7.0248	6.6231	6.2593	5.9288	5.6278	5.3527	5.1009	4.8696
21	8.0751	7.5620	7.1016	6.6870	6.3125	5.9731	5.6648	5.3837	5.1268	4.8913
22	8.1757	7.6446	7.1695	6.7429	6.3587	6.0113	5.6964	5.4099	5.1486	4.9094
23	8.2664	7.7184	7.2297	6.7921	6.3988	6.0442	5.7234	5.4321	5.1668	4.9245
24	8.3481	7.7843	7.2829	6.8351	6.4338	6.0726	5.7465	5.4509	5.1822	4.9371
25	8.4217	7.8431	7.3320	6.8729	6.4641	6.0971	5.7662	5.4669	5.1951	4.9476

저자 약력

최우근
· 숭실대학교 경영학과 졸업
· 숭실대학교 경영학 박사
· 켈리포니아주립대학(LA) 객원교수
· (현) 서원대학교 회계학과 교수
· ≪새롭게 쓴 회계원리≫
· ≪생활속의 회계정보≫(공저)
· ≪일반기업회계기준 재무회계≫

새롭게 쓴 **회계원리**

1998년 2월 28일 초판1쇄 발행
1999년 3월 1일 개정1쇄 발행
2001년 2월 28일 개정2쇄 발행
2002년 2월 28일 개정3쇄 발행
2003년 2월 28일 개정4쇄 발행
2005년 2월 25일 개정5쇄 발행
2012년 3월 10일 3판1쇄 발행
2014년 2월 25일 4판1쇄 발행

저　자　최우근
펴낸이　임순재
펴낸곳　**한올출판사**
　　　　등록 제11-403호
　　　　121-849
　　　　주　　소　서울시 마포구 성산동 133-3 한올빌딩 3층
　　　　전　　화　(02)376-4298(대표)
　　　　팩　　스　(02)302-8073
　　　　홈페이지　www.hanol.co.kr
　　　　e-메 일　hanol@hanol.co.kr
　　　　정　　가　20,000원